Research on the National Legislation of Anti Corruption

反腐败
国家立法研究

莫洪宪 主编

法律出版社
LAW PRESS·CHINA

2014年国家社会科学基金重大攻关项目（第三批）

（批准号:14ZDC011）

项目主持人:莫洪宪　武汉大学法学院教授、法学博士

核心研究成员:何荣功　武汉大学法学院教授、法学博士、博士后

熊　琦　武汉大学法学院副教授、法学博士、博士后

陈金林　武汉大学法学院副教授、法学博士、博士后

刘　夏　河南大学法学院副教授、法学博士

周天泓　广州市人大常委会研究室二级主任科员、法学博士

黄　鹏　广东外语外贸大学法学院讲师、法学博士

序　言

腐败是涉及党和国家前途命运的重大问题。杜绝腐败蔓延,需要形成依法反腐的制度性格局,而依法反腐的基本前提,正是具有较为系统、完备的反腐败法律制度。虽然,反腐败立法实践在我国由来已久,且长期以来,我国在反腐败领域进行了大量的立法和实践工作,反腐败的条文并不缺位,但这些条文散落于各单项法律中,截至目前,我国尚无一部系统、统一的“反腐败法”出台。从世界范围来看,当腐败问题比较严重时,集中立法是治理腐败较为成功的手段。自十八大以来,中央领导层多次强调要加快推进反腐败国家立法,坚决遏制和预防腐败现象,这既彰显了执政党的反腐决心,也顺应了社会民众的反腐呼声。为此,只有推进反腐败国家立法工作,使反腐败工作有法可依,有章可循,且通过系统、科学的法律规定使反腐工作具有长期效应,形成以“打击”为基础,以“控制”为特征,以“预防”为重点的综合治理体系。

《反腐败国家立法研究》是2014年国家社会科学基金重大攻关项目(第三批)(批准号:14ZDCO11)的最终研究成果。该成果以《反腐败国家立法研究报告》和《中华人民共和国反腐败法》(学术建议稿及说明)等组成。《反腐败国家立法研究报告》是法条学术建议稿以及配套说明的理论源泉,该报告主要分为以下篇章:腐败的概念特征、腐败的成因及其对于刑事法治的整体意义、反腐败国家战略与刑事政策的法治转型、反腐败立法现状分析、反腐败机构设置与职能、利益冲突管理制度、廉政教育与反腐败社会参与、反腐败的国际合作等。在理论研究的基础上形成的立法学术建议稿及说明,主要分为七章共75条,分别为总则、反腐的国家战略与推进、反腐败的机构与设置、利益冲突管理、预防腐败、廉洁教育与公众参与、国际合作和附则等。

一、本课题成果内容与理论创见

本课题成果内容与理论创见分别在四个子模块中呈现：

一是反腐败立法基础理论研究。课题组详细梳理了国内外关于腐败的定义，认为腐败判断是一个规范命题，立足于某一领域或强调某种性质的惯用定义一旦被要求具有全称约束力后，可能会出现不成立或不相容的情况。所以，如果依然企图追求以一个普遍的定义来对所有“腐败”进行概括，很容易导致腐败概念的泛化。根据我国反腐败的实际需要，进行有重点的“特指”，因而立法宜采用列举式定义，而不应用概括全称式定义。通过对我国以往的“运动式反腐”的反思与对“制度性反腐”的研究，可以明确国家反腐战略和刑事政策的出路在于确保政府主导经济社会发展的框架下，构建科学有效的权力结构，促进国家公权力的合理分化、有效制衡监督与功能性整合。此外，在我国两组案例数据的基础上，对腐败现象（针对危害性体现得较为严重的一种行为样态——官商勾结型腐败）的表现形态及成因进行实证研究，以及对腐败成因与刑事法治权威之间的关系和贿赂犯罪的法益（客体）进行批判性的审视与重构。此外，课题组系统性地分析了有效的反腐败方案，并在此基础上梳理并反思我国当前反腐败立法的现状，提出了以下主要观点：由于当前我国主流意识形态对腐败现象存在错误的归因，由此导致我国反腐败立法存在多方面的不足，如党纪优先于国法，象征性立法多于实效性立法，立法科学性不足，忽略制度的执行可能性，事后惩罚重于事前的制度性预防等等。这些不足，应当通过一部系统性的反腐败立法予以弥补。

二是预防腐败的立法研究。主要由“利益冲突管理”与“廉洁教育与反腐败的社会参与”两个部分组成。前者旨在创新预防腐败机制，重视利益冲突管理机制对反腐败的作用。利益冲突管理机制作为预防腐败制度建设的重要环节和规范措施，得到全球反腐败治理的高度重视。当前我国处于廉洁建设和反腐败治理的攻坚阶段，创新利益冲突管理预防腐败机制，是实现国家治理体系和治理能力现代化的需求，也是调整国内法律法规以承担国际公约义务的需要。因此，课题组认为有必要构建和完善以公职伦理制度、财产申报制度、利益处理制度、职务消费行为规范制度、收送礼品馈赠禁止限制制度、经商兼职等从事营利活动禁止限制制度、利用职权不当得利行为禁止制度、再就业等离职后行为禁止限制制度、利益冲突回避制度、裸官行为禁止限制制度为主要内容的利益冲突管理法律规范体系。后者聚焦“廉洁教育与社会参与”。根据国际社会的反腐败经验,廉洁教育和社会参与对于反腐败具有尤其重要的意义。课题组总结认为,中国当前的廉洁教育道德说教过重,权利意识提升不足。因此,接下来的廉洁教育,应当以提升公民在反腐败方面的权利意识为核心内容,引导公民形成科学的廉洁观念,认识自己在反腐败方面的权利及其实现方式,促进其参与意识,保障其知情权,以政府的实际行动而非道德说教推动廉洁教育。在当前中国,民众参与反腐败的程度不高,其主要原因是缺乏制度性激励,其参与权的实现难以得到有效的保障。

三是反腐败执法机构立法研究。课题组力求研究创新反腐败治理机制,整合反腐败资源力量,扩大监察范围,丰富监察手段,实现对行使公权力的公职人员监察全面覆盖,建立集中统一、权威高效的监察体系,履行反腐败职责,深入推进党风廉洁建设和反腐败斗争,构建不敢腐、不能腐、不想腐的有效机制。根据《宪法》《监察法》的规定,国家监察委员会是行使国家监察职能的专责机关,对所有行使公权力的公职人员进行监察,调查职务违法和职务犯罪,开展廉政建设和反腐败工作。国家和地方监察委员会由人大产生,对人大负责,接受人大监督,同由立法机关(人大)产生的行政机关(政府)、司法机关(检察院与法院)并列。与之前监察体制最大的区别是,监察机关将是与政府并列的国家机关,而非政府的组成部门,从而实现监察权和行政权的并列和分立。监察委员会是我国专门的反腐败机构。将监察机关与行政机关并列,符合“执行和监督分设”的现代组织机构设置原则,有利于增强监察机关的独立性和权威性。国家监察体制改革将检察机关原职务犯罪侦查部门包括反贪污贿赂局、反渎职侵权局以及职务犯罪预防部门,与现有的政府监察部门、预防腐败部门进行整合。监察委员会依法履行监督、调查、处置三项职责,其中监督职责是基础性职责,调查、处置职责则是监督职责的必然延伸。从惩治与预防的辩证关系与历史经验看,惩治有力才能预防有效,调查职能应当是监察委员会的核心职能,直接关系监察委员会各项职能的发挥。

四是反腐败国际合作立法研究。当前我国开展反腐败国际合作的症结主要集中于“外逃腐败官员的缉拿”与“腐败资产的返还”两个方面。尽管进入21世纪后，我国的反腐败国际合作逐渐步入正轨，双边合作、区域性合作和全球合作进展显著，成果丰硕。但是，当前阻碍反腐败海外追逃的因素依然存在，一些具体问题也悬而未决。为此，课题组认为，今后应加强国际形象的宣传，把握死刑的政策和标准，同时创新法律制度，如扩大自首制度适用范围、落实特别没收程序、构建资产分享制度等，此外还应优化人员配置，加强业务培训，提高办案人员综合素质，统合部门优势，调动地方办案积极性，等等。

尽管该著作是本课题研究的最终成果，但随着反腐败斗争的深入，尤其是党的十九大为新时期国家发展制定了新的战略，在“四个全面”战略布局指引下，对构建“不敢腐、不能腐、不想腐”机制上进一步作出重大部署，提出明确要求，形成了一个动态发展的反腐败目标体系。党的十九大报告明确指出“只有以反腐败永远在路上的坚韧和执着，深化标本兼治，保证干部清正、政府清廉、政治清明，才能跳出历史周期率，确保党和国家长治久安。当前，反腐败斗争形势依然严峻复杂，巩固压倒性态势、夺取压倒性胜利的决心必须坚如磐石。要坚持无禁区、全覆盖、零容忍，坚持重遏制、强高压、长震慑，坚持受贿行贿一起查，坚决防止党内形成利益集团。在市县党委建立巡察制度，加大整治群众身边腐败问题力度。不管腐败分子逃到哪里，都要缉拿归案、绳之以法。推进反腐败国家立法，建设覆盖纪检监察系统的检举举报平台。强化不敢腐的震慑，扎牢不能腐的笼子，增强不想腐的自觉，通过不懈努力换来海晏河清、朗朗乾坤”。十九大报告立意高远、内涵丰富、博大精深，具有很强的思想性、战略性、前瞻性、指导性，对推进反腐败国家立法奠定了重要的思想基础、政治基础和理论基础。据此，我们必须深入思考：(1)如何跳出当前反腐运动困局。(李永忠 2013)现有的反腐败法规制度体系虽然对腐败治理起到一定作用，但由于整体战略规划上的制度反腐依然显得有些欠缺、重实体轻程序的法制体系存在明显的失衡性、制度效能的发挥显得公信力不高和保障力不强等原因，要保证清正清廉清明长期可持续，还有些力不从心。(2)如何以好的法律为保障预防腐败或惩治腐败，这是依法治国的必然要求。进一步加强对外开放和国际合作，特别是作为有责任担当的大国，反腐败国际合作，需将《联合国反腐败公约》“中国化”进行国内立法。(文丰安 2015)在我国传统文化中，儒家思想占据绝对统治地位；随着时代发展，法治思想的相对弱势影响了当前法治反腐的推进；在社会主义市场经济条件下，中国传统廉政文化必须进行现代转换，调整自身定位，使全体人民都成为廉政文化的信仰者和社会主义法治的忠实崇尚者、自觉遵守者、坚定捍卫者。(3)如何适应《联合国反腐败公约》的要求加强反腐败国际合作，不断探索与完善反腐败合作方式与机制，真正做到与国际反腐败公约无缝衔接，与国际接轨。这既是履行《联合国反腐败公约》权利和义务的需要，也是我国建立反腐败法律制度体系的重要内容。

二、构建系统化、规范化的反腐败法律制度体系之挑战

推进反腐败国家立法研究，所解决的不仅是腐败与反腐败基础理论问题，更重要的是在党的十九大精神指导下如何在现有基础上继续深入推进反腐败国家立法等一系列理论、立法、司法和实践问题。在新时代的背景之下构建系统化、规范化的反腐败法律制度体系具有重大的学术价值、应用价值和社会意义。我国反腐败国家立法尚处初步阶段，没有形成总分结合、全面覆盖、体系完整的预防与惩治腐败的法制体系。在全面铺开监察体制改革等反腐败机制重大改革的历史条件下，以我国反腐败社会实践和现实生活为研究主轴，直面我国反腐败社会实践和现实生活，针对我国反腐败实践和生活中存在的问题、矛盾和困惑，给予理论上的回应。在推进反腐败国家立法的研究中，以“实践回应”的思维开展研究，有利于更好地把握推进反腐败国家立法的历史由来、现实基础和未来指向，使推进反腐败国家立法研究更具针对性、现实性和实效性。

(一)推进反腐败国家立法体系化的重要意义

第一，反腐败国家立法是反腐的“治本”问题。十九大报告提出，推进科学立法、民主立法、依法立法，以良法促进发展，保障善治。健全权力运行制约和监督体系的重要内容是加强反腐败国家立法，加强对权力运行的制约和监督，把权力关进制度的笼子里。依法反腐、制度反腐是治理腐败的治本之策。在历经十八大以来以“治标”为重要目标的反腐举措，“治本”已经提上日程，反腐败国家立法在预防与惩治腐败上制度的完善，是巩固反腐成果，根治腐败行为的保障。

第二，反腐败国家立法是依法治国的重要组成部分。十八大之后，党中

央提出了“四个全面”战略布局,全面依法治国是重要战略举措。十九大后中央成立全面依法治国领导小组,加强对法治中国建设的统一领导,是坚持法治强国的一大重要举措。依法治国是长期的、复杂的、战略性的任务,领导小组的成立将为全面推进依法治国,协调推进法治国家、法治政府、法治社会一体化建设,提供强有力的组织基础。反腐败事关党和国家的兴衰,是依法治国方略的一部分,应当将依法反腐的定位提升到建设法治强国,社会主义法治文明的高度理解。

第三,反腐败国家立法是“立法先行”改革原则的要求。“凡重大改革要于法有据”,坚持在法治轨道上推进改革。十九大报告将依法立法与科学立法、民主立法并列为立法原则,这是立法原则的一大变化,核心问题是解决法出多门、通过法来逐利、部门利益和地方保护主义法律化等问题。惩治是最好的预防,制度是最大的保障。只有坚持反腐败立法先行,才能为法治反腐奠定基础。

第四,反腐败国家立法是解决长期以来反腐败法制存在不足的有效路径。长期以来,我国没有一部专门的反腐败法,在反腐法制战略上欠缺;旨在预防和惩治腐败的财产公开、公职人员监督等专门立法不足;法制体系上失衡,重实体轻程序;制度效能上优先性,决策力不足、公信力不高、保障性不足。[①] 体系完善的反腐败国家立法能够克服现有体制机制的不足,理顺反腐败制度与实践的各方关系。

第五,反腐败国家立法是国家监察体制改革历史契机中的应然走向。2016 年 1 月北京、浙江、山西开展监察体制改革试点;《监察法》在第十三届全国人民代表大会第一次会议于 2018 年 3 月 20 日通过,并自公布之日起施行。国家监察体制改革是事关全局的重大政治改革,是国家监察制度的顶层设计,是反腐败立法的重要内容。国家监察体制改革为反腐败的权力分配、程序制度上确立了新的框架,在反腐法制走向上,就应当进一步推进反腐败国家立法。在体系化的反腐败国家立法层面,应当结合监察体制改革立法的经验与问题,理顺监督格局,确保国家反腐立法的高质高效。

第六,反腐败国家立法是我国加强反腐败国际合作的要求。当前腐败问

---

① 刘峰:《十八大以来反腐败国家立法研究的回顾与展望》,载《法学评论》2017 年第 5 期。

题为国际社会所共同关注，反腐败追逃、追赃以及海外腐败行为等都成为各国共同面对的议题。只有国家层面完善反腐败法律法规，才能在国家合作、协助中有所依据，推进跨国反腐败行动。与国际上已有成熟法律规制的国家相比，我国海外反腐败立法仅于2011年《刑法修正案（八）》中有所规定。目前，我国对海外反腐败立法尚未给予应有的重视，存在海外反腐败立法基本制度内容严重缺失，缺乏协调统一的海外反腐败主管机关等问题。[②] 国家反腐败立法能够在涉外领域健全规范，推动反腐败国际合作工作进展。

（二）推进反腐败国家立法体系化的基本原则

第一，反腐败国家立法应坚持权力监督原则。反腐败战略规划上的核心是权力结构问题，是以权力结构为核心的党和国家制度改革问题。将权力机构改革列入反腐败国家立法"五年计划"，厘清权力与权利的授受、制衡和回归。从预防腐败角度，国家机关部门"权力清单"是约束和明晰部门权责的重要制度；适当简政放权，减少不必要的行政审批环节，也能减少腐败诱因；加强国家公务人员选拔、任用和考核评价环节的监督与检查，都是预防国家公职人员腐败的关键点。在惩治腐败上，同样也需要权力监督，监督者与被监督者、执法执纪人员与腐败案件被调查人，都同样享有监督的权利与被监督的义务。贯彻权力监督原则应当是反腐败国家立法的题中之意和基本理念。

第二，反腐败国家立法应坚持惩治与预防腐败一体化原则。惩治腐败是党和国家通过创制、适用与执行党纪、政纪处罚和刑罚治理腐败的治标之策。惩治腐败本身会带来一定的预防效果，然而构建不敢腐、不能腐、不想腐的事前预防法制体系才是反腐败的治本之策。目前我国惩治和预防腐败法律体系仍呈现出以惩治性法律为主、预防性法律为辅、保障性法律缺失的现象，腐败现象的滋生蔓延、屡禁不止与预防性立法的缺失有很大关系。加强预防腐败立法，要以"权利制约权力""权力制约权力"等法律制度支撑，将减少权力运行的隐秘性、避免公职人员私人利益与公务利益冲突、建立健全廉洁激励等机制法治化。同时，应当对惩治腐败的法律体系进行完善，进一步落实"零

---

② 石玉英：《我国反海外腐败立法的现状、问题和出路》，载《湖北大学学报》（哲学社会科学版）2016年第4期。

容忍”的反腐策略,将公职人员行为规范化、细节化,惩治方式多元化。

第三,反腐败国家立法应坚持立法工作基本原则。依法立法、科学立法、民主立法是党的十九大提出的立法工作基本原则,并提出“推进合宪性审查工作”。反腐败国家立法,特别是反腐败基本法应当严格“依宪立法”,应当提升反腐败基本法与专法的科学化程度,完善惩防腐败的领导体制、工作机制、职权配置;确保反腐败法制体系的内在融贯协调;注重惩防腐败措施的有效性、合理性与合比例性。要重视提高反腐败立法的民主化,提高公众参与度,听取专家学者、社会公众、媒体、网络等各方面的声音。同时,要解决越权立法,违反立法程序立法的问题,推动反腐败相关法律法规的“立改废”等工作常态化。《立法法》修改后赋予了设区的地方立法权,但是对于反腐败来说,只有国家立法才是足够和适当的,地方性立法在反腐领域应当是有限的补充或者细化,而且不能涉及限制性的惩治腐败手段。在这个意义上,反腐败国家立法的治理腐败在立法层级上的基本要求。

第四,反腐败国家立法应坚持全面覆盖原则。国家监察体制改革的一个根本出发点是“要健全国家监察组织架构,形成全面覆盖国家机关及其公务员的国家监察体系”。随着党内监督的加强,已经实现了监督全覆盖,覆盖了所有的国家机关、社会团体及企事业单位的党员;而行政监察机关作为政府的组成部门,只负责监察行政机关的工作人员,以及政府任命的工作人员,不可能覆盖到政府以外的机构和人员,由此便形成了“一条腿长一条腿短”的尴尬局面。监察体制改革确立的全面覆盖原则,应当同样成为反腐败国家立法的基本准则。首先,反腐败国家立法应覆盖全部国家机关及公务员、国有企业事业单位的管理人员;其次,反腐败国家立法以党规为重要组成部分,应当涵盖全部特别是从事公务的党员;再次,反腐败国家立法应当涵盖与公务人员廉洁性从业紧密相关、并与之有不正当权力交易可能的人群,对可能影响公务人员廉洁性的亲属、特定关系人以及有贿赂行为的人等,都应当有专门的惩防机制;最后,国家反腐立法应扩展视野与范围,更加重视社会自治组织、企业等内部的反腐机制,同时也重视国际经济政治往来中的腐败问题。腐败从来都不是国家权力的专属领域,在私权主体的往来中同样存在。该类主体的腐败问题,长期以来不受重视,形成了腐败的社会风气,对于国家的反腐败法制伤害严重。

第五,反腐败国家立法层级采取基本法加专门法、党规国法共同组成的反腐败法制体系。确立"积极治理主义"理念在国家腐败治理体系中的首要地位,创新由国家法与政党法"二元"规范体系与衔接机制,创立国家腐败治理基本法、分步推进体系完善,是推进中国反腐败立法战略转型的必然选择。[③] 首先,必须制定一部专门的反腐败法。构建以打击为基础,以控制为特征,以预防为重点的综合治理体系。其次,全面推进依法治国,总目标是建设中国特色社会主义法治体系,建设社会主义法治国家,形成完备的法律规范体系、高效的法治实施体系、严密的法治监督体系、有力的法治保障体系,形成完善的党内法规体系。依规管党治党建设党是依法治国的重要前提和政治保障。全面推进依法治国,既要求党依据宪法和法律治国理政,也要求党依据党内法规管党治党。我们党经过长期探索实践,已经形成了一整套层次清晰、运行有效的党内监督制度体系,使管党治党建设党有章可循、有规可依。最后,现有反腐败法律体系包括《刑法》《刑事诉讼法》《公务员法》《反洗钱法》《政府采购法》《招标投标法》等,未来应进一步加强在社会组织领域、经济领域等反腐立法。同时在现有针对公职人员的反腐立法上,增强治本之策,建立健全官员财产申报等法律制度。

第六,反腐败国际立法应坚持实体与程序并重原则。反腐败国家立法要进入实际运行层面,同时贯彻保障人权的宪法要求,需要实体与程序的并重。

(三)推进反腐败国家立法体系化建构的内容

首先,完善反腐败国家立法的体系框架。

世界各国(地区)的反腐败立法可分为两类,即集中型立法和分散型立法。前者是制定一部针对腐败问题的综合性立法,如专门的反腐败法或预防腐败法。后者是根据反腐败的形势需要,针对腐败发生的不同环节和领域而分别或相继制定一系列单行法规。从世界范围来看,反腐败国家立法可参考的经验是要有完善的反腐败法律体系,包括选举法、反腐败基本法、刑法、刑事诉讼法以及专门性的反腐败法律。对于我国来说,制定"中华人民共和国反腐败法"这一反腐败基本法的主张受到学界重视。[④] 在反腐败专法的范围

③ 刘艳红:《中国反腐败立法的战略转型及其体系化构建》,载《中国法学》2016 年第 4 期。

④ 何家弘、张小敏:《反腐败立法研究》,载《中国刑事法杂志》2015 年第 6 期。

上，包括制定“预防腐败法”“反贪污贿赂法”“财产申报法”“反腐败国际合作法”“行政组织法”“媒体监督法”“举报人保护法”等法律法规，以及完善防止公职人员利益冲突制度、遗产税和赠与税制度、金融实名制度、领导干部任职离任审计制度等规章制度。根据前述界定，我国反腐败国家立法，应当制定一部以惩治和预防腐败为目标的基本法，以明确责任主体，发挥基本法的宣示与号召作用。同时，将党规作为国家反腐败立法的组成部分，以党规更为严格的内容，形成与国家反腐立法在反腐领域上的有益配合。再者，要完善公职人员以外群体的反腐败法律制度文化。要在底线正义上，建立健全刑事法律的反腐法制，为各个领域的惩防腐败立法提供最后的保障。

其次，建立健全预防腐败国家立法体系。

从我国加入的《联合国反腐败公约》来看，其体系大致上分为三部分：第一部分是预防腐败的规定，包括设立专门的预防腐败机构，建立公职人员的管理制度，建立以透明、竞争、客观为标准的公共采购制度等；第二部分是处罚腐败的规定，包括腐败犯罪的定罪和量刑，以及查处腐败犯罪的主体、程序和方法；第三部分是关于反腐败国际合作的规定，包括引渡嫌犯、司法协助、执法合作、资产追回、履约监督等。其中，《联合国反腐败公约》在预防腐败方面的制度，包括政府官员的选任制度、政府官员的行为准则、政府权力的监督制约、政府财政的公众监督、政府官员的财产申报等，值得我们借鉴。

一是要健全完善的公职人员管理制度。公职人员腐败行为的发生与公职人员管理制度紧密相关，在编制、绩效、薪酬、纪律等方面建立合理的制度，能够有效减少腐败动机的发生，形成“不想腐”的环境。在公职人员管理制度上，应当畅通公职上升渠道，明确激励机制，规范选人用人程序，并在合理范围内提升公职人员薪酬，在此基础上对公职人员廉洁性提出要求，严格纪律，对存在腐败行为苗头的人员及时制止教育，形成常态化、动态化的廉洁监管。

二是要建立符合中国国情的财产申报制度。官员财产申报制度在世界范围内各国要求不同，为此《联合国反腐败公约》第 8 条仅提出了“最低限度”的要求：“各缔约国均应当根据本国法律的基本原则，酌情努力制定措施和建立制度，要求公职人员特别就可能与其公职人员的职能发生利益冲突的职务外活动、任职、投资、资产以及贵重馈赠或者重大利益向有关机关申报。”

财产申报制度是一项管理利益冲突的“道德法律”,其通过防止利益冲突间接实现预防腐败的作用,是反腐败基础性的间接辅助措施。财产申报制度无法单独实现预防腐败作用,只有与其他反腐配套措施所形成的体制性全面监管体系才能发挥反腐倡廉的作用。由于其自身反腐败机制存在缺陷,非理性夸大其反腐败作用反而对治理腐败的事业和改革的可持续性产生负面冲击,因此应当科学对待财产申报在反腐败制度体系中的功能。[5] 我国当前主要根据中共中央办公厅、国务院办公厅 2017 年 2 月 8 日修订发布的《关于领导干部报告个人有关事项的规定》和《领导干部有关事项报告核查结果处理办法》进行个人事项报告。目前存在的主要问题是仅有收入报告而无财产公开,不如实报告的责任规定亦不明确,监督措施不到位,应当进一步改进,以申报促整改。

三是完善公职人员防止利益冲突机制。防止利益冲突机制是指公务员要避免任何影响其个人或家庭财务利益的公务行为,避免接受任何与其职位、职能和责任冲突或容易产生冲突的职位、职责以及金融、商业、信托或其他相关利益。近年来,防止利益冲突制度在我国日益受到重视,我国主要是建立了回避制度和从业限制制度。回避制度具体包括任职回避、公务回避和地区回避三个方面的内容。[6] 2015 年 10 月,中央发布了《中国共产党廉洁自律准则》,2018 年 8 月发布《中国共产党纪律处分条例》,较为详细地规定了防止利益冲突制度。《纪律处分条例》规定,党员干部必须正确行使人民赋予的权力,清正廉洁,反对任何滥用职权、谋求私利的行为,处罚的违反利益冲突规定的行为。归纳起来主要有以下两类:(1)禁止领导干部私自从事可能与其职权行使存在利益冲突的营利性活动。(2)禁止领导干部的配偶、子女及其配偶从事可能与其职务行为存在利益冲突的营利行为。利益冲突机制在现实中是复杂多样的,公职人员利用岗位形成的条件和资源,可以在多种渠道为亲属和特定关系人获得利益。在国家反腐败立法中,要通过党规国法的结合,尽可能全面限制或禁止利益冲突的发生。

四是建立完善的政务公开制度和规范、公开透明的财政预算制度。政务

---

⑤ 莫洪宪、黄鹏:《科学对待财产申报制度的反腐功能》,载《吉首大学学报》(社会科学版)2017 年第 1 期。

⑥ 张杰:《当前推进反腐败国家立法的若干思考》,载《法治研究》2016 年第 3 期。

公开为群众、媒体监督公职人员提供了渠道，也是保障公众知情权的要求。我国现有的政务公开机制存在公开不足、渠道单一、时效性不充分等问题，在不同地区、不同部门之间存在较大差距，与社会的期待较远。有必要修改现有的政务公开法律规定，进一步扩大知情权范围，减少依申请公开的范围，提高主动公开的积极性。预算公开透明是实现对政府权力的监督和约束的重要手段，财政预决算管理和改革应全程公开透明。政府预算应实现除涉密信息外，都予以公开。当前，应实现财政预算对政府内部预算公开、对人大公开和对社会公众的公开。特别是对广泛受到关注的"三公经费"等问题应当更加重视。

五是要建立严密的金融监管系列制度，防止腐败资产逃避监管。完善银行业、证券业、保险业、股票期货、信托基金等金融业方面的法律法规，完善金融监督管理制度，彻底堵塞腐败资金的流通渠道。当前尤其要重点加强和完善金融实名制和大额现金支付登记报告制度。分别对公职人员的财产申报、资产处理、回避、离职后的限制、违法惩罚等制度以及反腐败中的国际司法合作作出规定。完善我国的《反洗钱法》《公务员法》《预算法》和相应的刑事法律制度，对涉及行政行为、行政程序、反洗钱的法律规定、公务员法律制度，刑法对于腐败犯罪的规定以及刑事诉讼程序等进行实证调查。

最后，建立完善惩治腐败国家立法。

我国现有反腐败立法偏重打击与惩治。但同时现有惩治腐败的立法也尚不够完善。第一，要推进反腐败国家立法，建设覆盖纪检监察系统的检举举报平台。强化"不敢腐"的威慑，扎牢"不能腐"的笼子，增强"不想腐"的自觉。第二，完善国家监察法律制定，在保障监察效率的同时，注重监察法修改中的人权保障内容。监察体制改革构建"党统一指挥，全面覆盖，权威高效"的监督体系，要依法赋予监察委员会职责权限和调查手段，用"留置"取代双规措施实现的制度进步，要在改革中进一步落实和完善。第三，要完善腐败行为刑事处罚机制的多元化和有效化。在《刑法修正案（九）》对贪污贿赂犯罪进行的修订以及随后出台司法解释中，相应的制裁措施尚有不完善之处，亟待完善。第四，加快制定《反腐败国际合作法》，使其在追逃追赃方面发挥积极作用[7],要在国家反腐败法治体系中完善反腐败国际合作的内容。

本课题研究的顺利完成得力于中央纪委监委、最高人民检察院原反贪总局领导和实务专家的指导和帮助,得力于香港廉政公署、台湾刑事法学会的大力支持和帮助,得力于从事廉政研究的顶级专家李斌雄等教授的支持和帮助,在此一并致以衷心感谢！课题研究成果的问世得力于法律出版社孙东育和黄倩倩女士的支持和帮助,他们的辛勤汗水成就了我们的心愿,在此表示衷心感谢!

我们党和国家坚持法治反腐,反腐败立法研究将不断深入完善。

课题组

2018 年 2 月

⑦ 聂资鲁:《反腐败制度建设重在补齐短板》,载《检察日报》2017 年 7 月 4 日,第 8 版。

目　　录

第一章 腐败的基本概念

第一节 腐败定义的多面概观

“腐败是我们这个时代的一个主要弊端。它处处暴露出丑陋的嘴脸,几乎所有重大问题的根源盖出于此,或者说腐败至少阻碍了对这些问题的解决。”[①]腐败现象,自人类社会制度诞生之日起成了制度的梦魇,任何社会制度都无法避免其困扰。而在当今社会,随着经济全球化的速度大大加快,腐败呈现出一种“连横”趋势,爆发出惊人的“破坏力”。有舆论认为,腐败已经成为与毒品和恐怖主义并列的世界难题。20 世纪末,基于意识形态的分歧以及地缘政治的考量,西方国家往往将腐败视为发展中国家或者国家在不发达阶段所独有的现象,而将本国存在的腐败现象视为一种对社会常态的非常规偏离。但是,近年来政治腐败尤其是高层腐败在西方社会日渐多发,极大地震颤了西方学者。腐败自古以来就是执政者(统治者)影响其执政(统治)稳定性的一大隐患,对于我国而言,它随着我国社会制度的变迁而不断衍生。行至今日,我国社会不仅面临着传统社会的制度惯性所引发的“旧式腐败”的风险,更面临着社会转型与全球化带来的“新式腐败”的冲击,这引起了国家对于腐败危害的超高度警惕。而腐败研究的重要性也越发显现。

腐败的内涵和外延是腐败研究的基本命题,也是分析腐败问题的逻辑起点。但是由于受到文化、价值、传统、风俗、伦理等因素的制约,一种行为是否

---

① [德]彼得·艾根:《全球反腐网——世界反贿赂斗争》,吴勉等译,四川出版集团天地出版社 2006 年版,第 1 页。

属于腐败行为，处于不同社会的人意见有可能一致，也有可能相异。因此，学者们根据各自的参照系对腐败的定义进行了不同角度的剖析，回顾中外学者的见解对于加深腐败概念的认识大有裨益。

一、西方学术界关于腐败定义的展开及评价

从现有成果看，西方学术界对于“腐败定义”的研究相当充分。依历史发展脉络，可划分为古典学派与现代学派——因前者处在前现代社会科学时期（before modern social science），代表人物也主要来自古典哲学、经济学、政治学等学科，故称为古典学派；后者处于现代社会科学时期（modern social science），代表人物主要是20世纪以来的各学科学者，故称为现代学派。古典学派对于腐败的研究，有以下两个共同点：第一，腐败都被视为一种“恶”，这种“恶”一方面反映在个人道德失范，另一方面则反映在政治体制上；第二，腐败并不是个人的生活层面的事件，而是涉及政治过程和政治体制。现代学派则尽量避免从道德层面去定义腐败，而寻求更加理性、深刻的分析视角。[②] 学者阿诺德·海登海默梳理各家争鸣，概括出三种主要范式：

（一）公职层面的定义

公职层面的腐败定义，围绕公共职务而展开，以公共职位与社会成员的关系以及公职人员所遵循的规范与职责来确定腐败的定义。此类定义着眼于公职拥有者为了个人利益（广义的包括个人的亲朋）而不当使用其所掌控的公共权力，违背职责、脱开规范、破坏法律。

采取此类视角的学者有：约瑟夫·奈（J. S. Nye）：“……因为考虑（家庭、私人团体）金钱或地位上的好处而偏离公共角色规范职责的行为；或者违背某些规则而以权谋私的行为。这些行为包括贿赂（运用报酬改变处于委托职位上的人的判断）、裙带关系（以亲疏关系而非功绩用人）和不正当的占有（非法占有公共资源以供私用）”；[③]苏珊·罗斯·艾克曼：“腐败是国家管理出现问题的一种症状。这种症状表现为那些原本用来管理公民与国家之间

---

② 参见李莉：《如何定义腐败：政治学的解释进路》，载《探求》2011年第5期。

③ J. S. Nye. Corruption and Political Development : A Cost-Benefit Analysis, *American Political Science Review*, 41, No. 2, June 1967, pp. 417 – 427. 转引自马海军：《转型期中国腐败问题比较研究》，知识产权出版社2008年版，第31页。

关系的机制,却被官员用来达到个人发财致富的目的”;[4]亨廷顿:“腐化可界定为政府官员为达目的而违反公认之规范的行为”。[5] 一些国际组织相关文件中的定义也采取了此类模式,如透明国际(Transparency International)将腐败定义为:“国家部门中官员的行为,不论是从事政治事务的官员还是行政管理的公务员,他们通过错误地使用公众委托给他们的权力,使他们自己或者亲近于他们的人不正当地和非法地富裕起来”;[6]《联合国反腐败公约》虽然没明确定义腐败,但其第三章以列举的方式,将贿赂、贪污、挪用、影响力交易、滥用职权、资产非法增加等规定为犯罪,同时对“公职人员”也进行了界定,这说明该公约以“公职”为面向而对腐败展开规定的。

(二)市场层面的定义

从经济学角度来看,权力可以市场化,而腐败就是以权力为资源而进行的一种扩大收益的经营行为,即权力交易。由于腐败是一种交易行为,因此腐败具有如下特点:首先,腐败者有责任分配资源,但是并不拥有这些资源的产权;其次,这种分配资源的方式违反规则或法律;最后,腐败者与相关利益者都会获益。

持此类观点的,学者有罗伯特·O.帝尔森:“腐败与强制价格范式向自由市场的转变相关联。在供求关系严重失衡的情形下,近代科层制度的理想模式——中央集权式的分配机制会走向崩溃,当事人认为,为了获得较稳妥的预期利益,付出较高的代价而冒众所周知的制裁风险是值得的,科层机构承担着分配资源、签订契约和实施法令的任务,它们在执行这些任务的过程中形成了腐败的动机,在这一动机的支配下,与市场相结合,产生诸如贿赂、勒索和接受回扣等行为,也就是我们经常提到的‘寻租’行为的结果”;[7]克拉韦伦:“一个腐败的官员视他的权力为一种商业行为,他寻求个人收入的最大化。这个公职随即变成一个利益最大化单位。他的收入总额取决于市场形

---

④ [美]苏珊·罗斯·艾克曼:《腐败与政府》,王江、程文浩译,新华出版社2000年版,第3页。

⑤ Samuel P. Huntington, *Political Order in Changing Societies*, Yale University Press, 1968, p. 59.

⑥ [新西兰]杰瑞米·波普:《制约腐败——建构国家廉政体系》,清华大学公共管理学院廉政研究室译,中国方正出版社2002年版,第5页。

⑦ 转引自韩丹:《道德辩护与道德困境——腐败问题的伦理学探究》,中央编译出版社2012年版,第40~41页。

势和他个人在寻求利益最大化上的天赋和才能”。[⑧]

(三)公益层面的定义

公共职务不仅是一种权力,更是以公共利益为内容。不同于前两类以“公共职务”的属性为着眼点而展开腐败定义的方式,此类定义方式以“公共职位”的内容为切入点,认为腐败就是为了特殊利益而侵害公共利益。由此,一切与公共利益相悖的行为都是腐败行为。

例如,德国柏林大学的卡尔·弗里德里希认为:“不论何时,作为负责某项工作或者负有某种责任的职员或官员的掌权者,受非法提供的金钱或其他的报酬引诱,做出有利于提供报酬的人从而损害公众和公众利益的行为,腐败就可以说存在了。”[⑨]

(四)评价

阿诺德·海登海默归纳的三种范式较为合理地理清了西方学者对于腐败定义的研究思路,利于我们直观地审视、评判和借鉴各家观点。公职层面的定义有力地抓住了腐败的本质,但是强调“公职”以及公职人员所遵循的规范与职责,会遇到规范分析所面临的问题:哪些规范将被用来区分腐败行为和非腐败行为?如果以公共职位为中心确定腐败的定义,那么应该如何陈述管制公职人员的规则和规范呢?无论是用道德的规范还是法律的规范都会面临着规则的差异问题。[⑩] 至于经济学上的定义路径,大部分西方学者认为市场层面的定义更多的是为分析腐败提供了一种框架,而谈不上是一种实在的定义。以公共利益为中心的定义,也涉及规范分析的问题,即应当采用什么标准对公共利益进行评价。一旦“公共利益”的概念模糊不清,“腐败”评价就很容易成为一种简单的道德非难。如果完全以公共利益为出发点来界定腐败,当其与法律相冲突时,如损害了公共利益但没有违法,或者违反了法律但没有损害公共利益等情况出现时,腐败的评价就会陷入两难。

---

⑧ Heidenheimer, A. J., Perspective on the Perception of Corruption, in A. J. Heidenheimer, M. Johnston, and Victor T. LeVine, *Political Corruption: A Handbook* (New Brunswick. N. J.: Transaction Publishers, 1989). 转引自李莉:《如何定义腐败:政治学的解释进路》,载《探求》2011 年第 5 期。

⑨ 转引自王沪宁:《腐败与反腐败》,上海人民出版社 1989 年版,第 19 页。

⑩ 马海军:《转型期中国腐败问题比较研究》,知识产权出版社 2008 年版,第 31 页。

二、国内学术界关于腐败定义的展开与评价

通过解读西方学者对腐败的主流定义,我们可以看出腐败定义的变迁与西方政治学的发展是紧密联系的。也可以说,这些关于腐败的定义都是针对西方政治体制下出现的行为、现象所作的分析和概括。威廉姆斯就曾指出奈伊的定义中对腐败行为的特征都是按照西方社会的标准来描述的,而这些标准对于大多数发展中国家而言是非常片面的。[11] 因此,国内学者多从自身的学科出发以各自的研究领域为基础对"腐败"进行界定。

(一)政治学领域的定义

因为腐败主要生发于政治领域,与政治运行关系密切,因此从政治学的角度来界定腐败是国内学界的主流。例如,王沪宁认为:"从狭义上说,腐败行为指运用公共权力来实现私人目标,这里涉及权力、公职、职责、公众利益和私人利益;从广义上讲,腐败行为意味着政府治理一般意义上的败坏,这里不一定有人直接得到利益或者好处,但整个社会的利益受到损害。"[12]在王沪宁看来,腐败应当区分出不同层次的内容,不同层次之间不能一概而论。受此影响,陈正云等也对腐败进行了双层次的划分,认为:"广义的腐败,是指享有和使用公权力的人即国家工作人员没有依法正当地运用权力,为国家、社会和人民群众谋福利,即不廉政、不勤政。狭义的腐败即职务犯罪。"[13]显然,这里的"广义上的腐败"对应的是王沪宁定义中的"狭义上的腐败"。与前述定义相异,学者过勇将腐败分为了三个层级:"狭义的腐败,在西方许多学术研究中,腐败主要指的是政府官员的受贿和贪污行为;一般意义的腐败,滥用委托权力谋取私人利益而确定的腐败行为,腐败的主体是任何掌握委托权力的人,可能是个人,也可能是集团、单位;广义上的腐败,这可能包括社会上所有不正当的行为,无论是否与公共权力有关"。[14] 这里,过勇关于广义上腐败的界定相当宽泛,扩大了腐败行为的外延,如制假、赌博、盗窃、抢劫、伤害、杀

---

⑪ 参见李莉:《如何定义腐败:政治学的解释进路》,载《探求》2011 年第 5 期。

⑫ 王沪宁:《反腐败:中国的实验》,三环出版社 1990 年版,第 6 页。

⑬ 陈正云、胡健泼:《腐败含义辨析——以增强腐败治理有效性为视角》,载《人民检察》2008 年第 12 期。

⑭ 过勇:《经济转轨、制度与腐败》,社会科学文献出版社 2007 年版,第 16 ~ 17 页。

人等诸多不正当的行为都是“腐败”，其科学性有待商榷。

(二)经济学领域的定义

根据前文所述，在经济学领域里，腐败就是一种设租和寻租行为。吴敬琏是最早采用经济学视角来定义腐败的学者之一，他认为：“腐败是权力与货币的交换，这种‘以权谋私’现象，在经济学术语上叫做设租和寻租活动。”[15]“租金”是指一切由垄断因素所造成的、超过开放的平等竞争性市场收益水平的“额外收益”，如政府实施某些价格管制、配额制度、生产经营许可证制度，都会使部分当事人获得垄断特权，破坏市场正常竞争机制，从而人为地使这些当事人享受来自垄断的额外收益；“寻租”就是对这种额外收益的寻求。“租金”并非天然不合理，出于经济安全等因素考虑，政府有必要适当地进行管制市场，而“寻租”也存在合法与非法两种方式。

(三)法学领域的定义

以法学角度考察腐败，就会认为只要是法律或法规中有明确规定禁止的、滥用权力谋取私利的行为都属于腐败行为。这种界定方式主要是从反腐败的角度出发，一方面法律能够为确定腐败范围提供客观标准，能够避免将腐败概念泛化和扩大化；另一方面如果不以法律为准绳来评价腐败行为，那么就失去了其应有的意义。学者蔡陈聪认为：“法学意义上的腐败，一是指违反诸如经济法、行政法等一般法律，有一定社会危害性的行为；二是指某些违反刑法具有社会危害性应受到刑法惩罚的犯罪行为。”[16]李建华、周小毛认为：“从法律意义上讲，腐败就是指违反法律规范的贪污贿赂等犯罪行为，即腐败的典型形式就是那些以贪污贿赂为主要表现形态的违法犯罪行为。基于此种原因，各国法律都把腐败行为的主要表现列为主要犯罪行为。这实质上为判断腐败行为提供了具体的法律标准。”[17]

(四)社会学领域的定义

在西方学术界，学者鉴于以公共权力为核心定义腐败概念范围上存在的缺陷，因而换以社会学的视角来界定腐败行为。但是，国内从社会学视角来

---

⑮ 陈可雄：《反腐败必须釜底抽薪——访著名经济学家吴敬琏教授》，载《新华文摘》1994 年第 1 期。

⑯ 蔡陈聪：《论腐败的定义及其类型》，载《中国青年政治学院学报》2001 年第 2 期。

⑰ 李建华、周小毛：《腐败论》，中南工业大学出版社 1997 年版，第 15 页。

界定腐败的相关论述很少。学者蔡陈聪认为,“倘若学术界愿意从社会学视角观察,那么,腐败实际上是一种消极的越轨行为……凡是违反合理性和合法性社会规范的越轨行为,都是妨碍社会公共生活或社会进步的消极的越轨行为。唯有这种消极的越轨行为才是腐败。因此,腐败是违反合理性和合法性社会规范且妨碍社会公共生活或社会进步的行为”。[18]

(五)评价

我国学者以其自身的学术专业为依托,对腐败的定义进行了较为深入地拓展。但也正因为如此,腐败定义在覆盖的广度上都有欠缺。例如,政治学层面上的腐败定义强调腐败的本质是公共权力的异化。但是,这种腐败的概念存在一些不足,未必能涵盖并不涉及公共权力的其他领域的腐败行为,如下文提及的利用“影响力”(关系、身份、地位等)的腐败行为。在经济学视野中,寻租是腐败行为的一种方式,但腐败行为并不仅仅局限于寻租。同时寻租仅仅说明了腐败行为的过程,却并不涉及腐败行为所导致的结果。从法学角度来界定腐败概念,虽然可以揭示出腐败的违法性质,但其界定的局限之处在于法律条款本身的公平性问题以及一些合法但在公众看来可能是腐败的行为也难以囊括其中。国内学者采用“越轨理论”解释腐败本身并没有什么问题,腐败也确实是一种越轨行为,但“违反社会规范且妨碍社会公共生活”的越轨行为的覆盖面很广,并不是所有这些越轨行为都是腐败行为,而腐败行为只是其中的一部分。[19]

第二节　腐败定义的合理界定

综观上述中西方学者的定义,尽管侧重点不同,但是学者们都试图以“普遍判断”或“全称命题”的形式来概括腐败。不过,正如美国科罗拉多大学丹佛分校教授彼得·德莱昂引用约翰斯顿的观点所述:“由于对‘谁,在什么时候,得到了什么,怎样得到’等问题有争议,因此对腐败下定义是件困难的事

[18] 蔡陈聪:《论腐败的定义及其类型》,载《中国青年政治学院学报》2001 年第 2 期。

[19] 参见岳磊:《我国腐败行为的“关系”研究》,华中科技大学 2013 年博士学位论文,第 11 ~ 14 页。

情。我们不应该期望在腐败与非腐败行为之间找到一种明显的区别。”[20]换言之,腐败判断是一个规范命题,立足于某一领域或强调某种性质的惯用定义一旦被要求具有全称约束力,即普遍有效,可能会出现不成立或不相容的情况。[21] 所以,如果依然企图追求以一个普遍的定义来对“腐败”进行概括,这样的思维模式不仅容易深陷“抽象性”的泥潭而无法与反腐实际相对接,也很容易导致腐败概念的泛化。[22] 我们应当根据反腐的实际需要进行有重点的“特指”,特别是在进行《国家反腐败法》立法时,必须要对腐败的主体以及行为方式进行限定,从而避免流于空泛。

从前述众多学者的定义中,我们可以发现学者之间还是存在一个“公约数”,即都认为:公职人员滥用公共权力以获得个人利益的行为是腐败。既然是大家的共识,那么能否就以这个最没有争议的“共识”来限定“腐败”的内涵,从而明确反腐败的重点呢?腐败的这一“共识”定义,存在三方面的特点:(1)主体是公职人员,在我国可用国家工作人员进行指称;(2)手段是滥用公共权力;(3)意图或者结果是获得个人利益。金伯利·A.艾略特在探讨腐败的含义时曾提出:“(腐败)最通常的专业性定义是,某种滥用公共权力来获得私人利益的行为……定义中的每一个要素的含义——滥用、公共权力、私人利益都是需要讨论的。”[23]基于此,下文拟结合艾氏的这一问题对共识定义展开分析,进而修正补充,最终形成合理的定义。

一、围绕“腐败”共识定义的分析

(一)“政府主义”取向限制了腐败主体与行为

在共识定义中,腐败的主体被表述为“公职人员”,腐败的手段被表述为

---

[20] 转引自马海军:《转型期中国腐败问题比较研究》,知识产权出版社2008年版,第30页。

[21] 参见韩丹:《道德辩护与道德困境——腐败问题的伦理学探究》,中央编译出版社2012年版,第59页。

[22] 近年来,“腐败”概念的泛化已经引起了学者们的高度重视。例如,社会上民众经常以“腐败”一词来指代各种不良风气,诸如学术腐败、教育腐败、足球腐败等提法,时常见诸媒体。“腐败”一词使用的随意性使得“腐败”的外延不断模糊,一些不应归入腐败的社会不良现象(如不符合职业道德规范的行业不正之风)也被纳入“腐败”范畴,从而为“腐败”定义的界定增加了难度。“腐败”概念如此泛化,不仅不利于正确判断反腐败的形势,也不利于明确反腐败的重点,更不利于从源头上治理腐败。参见李晓明、张长梅:《腐败概念的泛化与界定》,载《当代法学》2008年第3期。

[23] [美]金伯利·A.艾略特:《腐败与全球经济》,刘勇等译,北京出版社2000年版,第198页。

滥用公共权力。有学者将此概括为“政府主义”取向的定义，或者说是以政府为中心而展开的定义。[24] 尽管从社会群众的普遍认知而言，国家工作人员滥用公权力是腐败的主要表现，因为能够滥用公共权力的似乎也只有政府官员，但是这种“政府主义”取向无疑是狭隘的。

在很多腐败案件中，腐败行为不仅仅是国家工作人员单方面的个人行为，很多时候请托者、中间人在整个行为过程中起到了关键作用。因此，腐败行为是各方行动者“共谋”的结果，腐败行为的各方参与者都应为腐败行为及后果负责。

学者指出：“与资源支配者有密切关系的个体往往成为请托者与资源支配者之间腐败行为的中介，他们凭借与资源支配者之间的密切关系，为请托者谋取利益的同时，自己也获取了不正当利益。可以说，他们是导致请托者与资源支配者之间腐败行为的催化剂与推动剂。”[25]而参与者的这些行为也被规定在我国《刑法》的相应条款中，[26]分别对应“利用影响力受贿罪”、“利用影响力行贿罪”和“介绍贿赂罪”。所以，腐败行为已经不仅仅局限于滥用权力，而是扩展到影响力（关系、地位、声望）等个人基于一定的身份所形成的特殊资源。“由于刑法规范具有范围的确定性，惩治的严厉性，司法的权威性等特点，其在反腐败中也就具有无可替代的特殊功效。因而，强化刑法的效

---

[24] 参见韩丹：《道德辩护与道德困境——腐败问题的伦理学探究》，中央编译出版社 2012 年版，第 45 页。

[25] 岳磊：《我国腐败行为的“关系”研究》，华中科技大学 2013 年博士学位论文，第 177 页。

[26] 《刑法》第 388 条之一规定：“国家工作人员的近亲属或者其他与该国家工作人员关系密切的人，通过该国家工作人员职务上的行为，或者利用该国家工作人员职权或者地位形成的便利条件，通过其他国家工作人员职务上的行为，为请托人谋取不正当利益，索取请托人财物或者收受请托人财物，数额较大或者有其他较重情节的，处三年以下有期徒刑或者拘役，并处罚金；数额巨大或者有其他严重情节的，处三年以上七年以下有期徒刑，并处罚金；数额特别巨大或者有其他特别严重情节的，处七年以上有期徒刑，并处罚金或者没收财产。离职的国家工作人员或者其近亲属以及其他与其关系密切的人，利用该离职的国家工作人员原职权或者地位形成的便利条件实施前款行为的，依照前款的规定定罪处罚。”（利用影响力受贿罪）第 390 条之一规定：“为谋取不正当利益，向国家工作人员的近亲属或者其他与该国家工作人员关系密切的人，或者向离职的国家工作人员或者其近亲属以及其他与其关系密切的人行贿的，处三年以下有期徒刑或者拘役，并处罚金；情节严重的，或者使国家利益遭受重大损失的，处三年以上七年以下有期徒刑，并处罚金；情节特别严重的，或者使国家利益遭受特别重大损失的，处七年以上十年以下有期徒刑，并处罚金。单位犯前款罪的，对单位判处罚金，并对其直接负责的主管人员和其他直接责任人员，处三年以下有期徒刑或者拘役，并处罚金。”（利用影响力行贿罪）第 392 条规定：“向国家工作人员介绍贿赂，情节严重的，处三年以下有期徒刑或者拘役。”（介绍贿赂罪）

能，充分发挥刑法在反腐败斗争中的作用，首先成为我们关注的重点。”[27]换言之，在界定“腐败”概念时一定要实现与刑法规范的有效对接，即一个恰当“腐败”定义必定是吸收了刑法中所规定的行为的结果。显然，共识定义难以全面地反映出刑法对于腐败犯罪的规定。

（二）腐败意图“私人化”表述易流于道德非难，造成评价不足

对于腐败的意图，学者们保持了高度一致，即认为必须是出于私人利益。一般而言，私人利益通常被理解为个体利益，而根据司法实践的拓展，个体利益早已经超出了其字面含义，不仅指涉本人利益，还包括小团体的利益。刑法专门规定单位行贿罪就是考虑了这一层因素。但是问题也正在于此。一般而言，私人利益是公共利益的对称，当利益受众明确为个人时，两种形式的利益很容易区别。但是如果利益受众范围大且特定、人数极多时，两种利益的界限便很难区分。尽管司法实践中，对“单位”“小团体”进行了特定的指涉，但是正如前文对于西方学者提出的“以公共利益为面向的腐败定义”批评时所指出，“公共利益”本就是一个模糊不清的概念，私人利益和公共利益很难作一个规范的判断。正如学者李莉指出：“对于上述定义中所强调的公共利益与私人利益的划分等概念，我们在讨论中国腐败问题的时候就要特别注意。中国自改革开放以来，虽然国家与社会的界限在不断明晰，但完全意义上的市民社会却并未出现，因此公私领域的界限非常模糊。”[28]所以，如果单就腐败现象的描述而言，在腐败的定义中添加“为了私人利益”这样的表述倒也无妨。但是一旦上升到国家立法的高度，即在专门的法律文件中对腐败进行界定时，“私人利益”因其过于生活化的表述与模糊化的外延，难以成为立法词汇。

二、腐败定义的形成及特征

（一）“腐败”定义的最终形成

在关于腐败定义的研讨中，每一种对腐败的理解与定义，都是学者基于特定的视角、分析方法、认识基点以及衡量标准等进行综合考量所得出的结

㉗ 孙恒山：《“腐败”概念的分析与刑法学思考》，载《当代法学》2005年第1期。

㉘ 李莉：《如何定义腐败：政治学的解释进路》，载《探求》2011年第5期。

果,都具有一定的道理。但是,问题的研讨总是服务于一定的目的,研讨内容的划定,包括特定概念的理解,必须考虑合目的性。

从长远的、根本的目的来看,反腐败自然是为了激浊扬清,荡除社会各个领域中的一切不正之风,使社会和谐有序,充满正能量。但是这不可能一蹴而就,就眼下我国的反腐而言,关键在于肃清吏治,加强党风廉政建设,即"重构政治生态"[29]应当是今后一段时期我国反腐败的主要目的。

就反腐败而言,一切的研究归根结底是为了寻求有效的方法和对策,遏制腐败的滋生和蔓延。这就要求必须合理划定腐败的范围。因为腐败的范围圈定得过于宽泛或过于狭窄,都会造成反腐败斗争的重点与核心的偏离。[30]前文在各家观点的基础上,概括出了"共识定义"。但是这一定义以政府为中心的取向以及利益"私人化"的表述,使该定义涵盖面过于狭窄,必须要作出修正。基于前文对我国腐败增生的原因以及当前反腐败重点的分析,考虑到刑法中对于腐败犯罪的规定以及概括全称式定义的缺陷,本书认为,在反腐败国家立法中,腐败应当进行列举式定义,即反腐败法所指称的腐败行为。具体包括:(1)国家工作人员滥用权力或影响力谋取利益的行为及其对向行为;(2)与国家工作人员关系密切的人利用影响力谋取利益的行为及其对向行为;(3)向国家工作人员、与国家工作人员关系密切的人提供不正当利益的行为;(4)国家工作人员滥用职权、玩忽职守以及其他滥用权力的行为。

(二)腐败的特征:对应然定义的三点说明

1. 主体的特定性。在我国的法律文件中,国家工作人员是一个确定的概念,包括在国家各级权力机关、各级行政机关、各级司法机关、各级军事机关、国有公司、企业、事业单位、人民团体中从事公务的人员,以及国家机关、国有公司、企业、事业单位委派到非国有公司、企业、事业单位、社会团体中从事公务的人员。其他依法从事公务,并领取相应报酬的人员也属于国家工作人员的范畴。稍有争议的是,中国共产党的各级机关、各级政协机关,各民主党派机关中的工作人员是否属于国家工作人员?从国家的角度来说,执政党的各

---

[29] 此语由习近平总书记在十八届中纪委五次全会上提出,参见《重构政治生态工作艰巨繁重》,载长江商报网:http://www.changjiangtimes.com/2015/01/496001.html,最后访问日期:2016年4月5日。

[30] 参见孙恒山:《"腐败"概念的分析与刑法学思考》,载《当代法学》2005年第1期。

级机关以及人民政协的各级机关不属于国家机构。但从我国的实践来看,中国共产党是唯一的执政党,这是《宪法》明文规定的,其中的工作人员绝大多数实际从事的是公共管理事务。因此,应该将他们视为“其他依法从事公务”的人员。同理,各级政协机关、各民主党派机关中只要从事公共管理事务的工作人员,就应当视为国家工作人员。[31] 因此,可以说在我国,国家工作人员与公职人员在范畴上并无多大区别。

此外,定义中的“与国家工作人员关系密切的人”是指国家工作人员的近亲属或者其他与国家工作人员关系密切的人,他们基于身份、地位、关系而具有特殊的“影响力”。这里的“影响力”既包括权力性影响力(公职人员具有的与职务有关的影响力),也包括非权力性影响力(与职务无关的影响力,如朋友关系、同学关系、同乡关系、师生关系等)。之所以把利用非权力性影响力获取不正当利益也吸收进腐败定义中,是因为该行为损害了社会群众对于“公共权力”合理使用的信赖。虽然在损害程度上不及直接利用权力或者权力性影响力那么大,但非权力性影响力之所以能被利用也是因为权力所具有的“影响力”所致。正如学者指出,“这里存在着明显的承接关系”,[32]即国家公职人员的亲属(或者具有其他关系的人)凭借与公共权力执掌者的特殊关系,无形中被赋予了一定的特殊地位,从而获得了一定的特殊待遇。利用该地位其实是递延权力,这样公共权力就被泛化,违背了公众的根本意志,扭曲了人民授权的法则,从根本上颠覆了公共权力的价值理念。[33] 因此,利用影响力与利用权力获取不正当利益在本质上存在一致性,应当一并纳入“腐败”定义中进行评价。

应当说明的是,由于我国是以公有制为基础,多种所有制共同发展为基本经济制度,这就决定了公共服务、公共职能、公共权力主要由国家及其代表公共机构来行使。且当前仅发生于非公经济领域内的侵占、贿赂等腐败尚未直接涉及、决定公权力的行使,因而目前不宜将非公经济领域纳入国家反腐败法中进行惩治。当然,如果非公经济部门涉及公部门的腐败,如行贿(受贿的对向行为)、帮助转移赃款(共犯行为)等,则另当别论。从长远来看,随着

---

[31] 参见林亚刚:《刑法学教义》,北京大学出版社 2014 年版,第 36 ~ 37 页。
[32] 庄德水:《公共权力腐败的利益冲突根源》,载《中共中央党校学报》2011 年第 4 期。
[33] 参见沈士光:《公共行政伦理学导论》,上海人民出版社 2008 年版,第 132 页。

市场经济的逐步扩大以及政治体制改革的逐步推进，非公经济在社会公共职能所承担的责任比例势必会越来越大，届时从社会整体的公平正义出发，可以考虑将其纳入反腐败国家战略中，进行综合治理。

2. 利益的不正当性、多元性与非必要性。虽然说“权力倾向腐败，绝对的权力倾向绝对的腐败”，[34]但是当权力拥有者在行使权力时加入了自身的利益衡量、取舍时才会倾向于腐败。所以，认定某一行为是否属于腐败行为时，还应当判断行为人所得的利益是否正当。以“权权交易”举例来说，A 利用权力提拔 B 的亲属，B 反过来也利用权力提拔 A 的亲属，这种行为在表面上和形式上可能完全是符合法律规定和相关程序的，但其实质上却是腐败。因为从利益的属性上看，职级晋升这一利益对于利益对象而言是不确定的合法利益，行为人通过使用权力使之确定化，应当认为这偏离了权力使用的目的。

一般而言，利益往往是指经济利益。但是，腐败不一定要以金钱交易的方式出现。韦托・坦茨曾言：“并非所有的腐败都能够导致支付……一个国家的总统为了自己和家人的出行便利，在家乡建设一个飞机场，实际上也是一种腐败行为，尽管他并未获得贿赂性收益。”[35]根据马斯洛需求层次理论，除了物质之外，行为人通过腐败不仅仅是满足物质财富，政治上的显赫与精神追求也是腐败的目的。所以，腐败所获得的利益呈现出多元化样态。

需要强调的是，在本书的定义中，利益是界定腐败行为的非必要因素，在第三类腐败行为中就不需要利益因素。从起源上看，所谓公权力就是基于公众共同需要而产生，凝聚了公共意志以维护公共秩序、增进公共利益、实现权利主体正当利益并最终促进人的自由而全面发展的强制力量和支配性力量。这是人们让渡一部分权利以聚合成公权力的一种应然状态，即公权力蕴含包括公平、公正、正义等原则的价值理性诉求，而且这些诉求主要是通过公权力本身的特征才得以体现的。[36] 但是，历史和现实都表明，权力是一种支配他人的力量，具有扩张性和蜕变性。中外各种腐败案例充分证明了滥用权力是产

---

[34] ［英］阿克顿：《自由与权力》，侯健、范亚峰译，商务印书馆 2001 年版，第 286 页。

[35] ［英］韦托・坦茨：《世界范围内的腐败：原因、后果、范围和医治对策》，胡鞍钢译，东方出版社 1988 年版，第 459 页。

[36] 池忠军、王浩：《遏制公权力异化与腐败的制度伦理向度》，载《南昌大学学报》（人文社会科学版）2007 年第 4 期。

生腐败的主要元凶。在本书看来,单纯的滥用权力,就已经偏离了公权力的伦理属性。从实现廉洁政治的反腐败目标出发,一切滥用权力的行为都应被纳入反腐败体系中,进行综合治理。

3. 手段的不合规性。在当代民主社会,一切权力都是公权力。但是"一切有权力的人都容易滥用权力,这是一条万古不易的经验。有权力的人们使用权力一直遇到有界限的地方才休止"。[37] 为此,国家制定了一系列的规范(法律规范、道德规范等)来约束权力的使用,使权力的运行符合公共利益的价值取向。一旦权力的拥有者使权力在运行过程中脱离规范的约束,就偏离了公益的目的。需要注意的是,除了法律可以约束权力之外,还有其他社会规范。也就是说,不能将腐败的手段限定为违反法律的使用权力行为,因为一些普遍被认为是腐败的行为很可能并不是违法的,如"权色交易""权权交易"等。事实上,国内外一些学者在对腐败概念进行界定的时候,就已经注意到腐败行为不仅仅是违法的,更是违反社会规范的。如亨廷顿"违反公认的准则"、坦茨"有意识地不遵从规则"、于风政"违反法律和社会公认的行为规范"和蔡陈聪"违反合理性和合法性社会规范"等。[38]

第三节 腐败的类型

在腐败的基本概念研究中,学者们在界定腐败的概念之后,一般都会从各自定义出发,参照相关的国家社会背景,对腐败现象进行分类。学者们之所以重视对腐败现象进行分类,是因为科学的分类有助于拓展腐败研究的纵深,全面了解腐败的特征和发展趋势,进而为全局性反腐战略的推进与专门预防和治理某一类型腐败行为的相关措施的提出提供现实依据。

一、腐败分类标准简述

与腐败的定义研究类似,学者们基于视角与国家社会背景的差异,会根据不同的标准对腐败现象进行分类。目前,西方学术界和国内学术界对腐败

---

[37] [法]孟德斯鸠:《论法的精神(上)》,张雁深译,商务印书馆1961年版,第154页。

[38] 参见岳磊:《我国腐败行为的"关系"研究》,华中科技大学2013年博士学位论文,第167页。

类型的划分呈现出不同的倾向,前者注重实证的宏观研究,视野定位于世界范围内发生的腐败问题,将各国的腐败现象进行分门别类的梳理;后者更倾向于从学理上划分腐败类型,主要集中于腐败的主体、腐败的发生领域、腐败行为的表现方式等角度确定类型。下文将对其中具有代表性的标准进行简述。

(一)西方学者划分腐败类型的标准

美国耶鲁大学的艾克曼将腐败分为四类:(1)偷窃式统治,指政府领导人使其政治系统组织化,以便使其寻租可能最大化,并能根据个人利益重新分配这些租金。(2)双边垄断,指统治者同黑手党形成一种联盟,由后者提供保护性服务。(3)黑手党统治,这类国家实质上已丧失实际统治权,官员主要致力于受贿,以受贿为主。(4)竞争性受贿,这意味着在普通公民和企业内部存在大量腐败官员,一些官员的腐败在鼓励另一些官员去收受贿赂,导致腐败成螺旋形上升趋势。[39]

迈克尔·约翰斯顿根据政治和经济机会的不均等性将腐败现象划分为四种类型:(1)利益集团竞争型腐败,指利益集团凭借各种经济资源来寻求社会的影响。(2)精英统治型腐败,指精英们控制着经济机会,以此获利;操纵着政治机会,以获得更多的经济报答。(3)半施舍型腐败,指精英们不仅政治参与性较大,而且还可在激烈竞争和相对稀少的经济机会中寻求权力。(4)施舍机器型腐败:利用施舍组织控制政治竞争,控制政府,攫取经济利益。[40]

艾略特把腐败分为三类:(1)小腐败:也称下层腐败,主要发生于私人部门与非选举的政府公务员,特别是低层次的行政官僚,通常涉及税收、规章、申请执照、政府税利分配等;(2)大腐败:也称高层腐败,主要发生于政府最高层,在政治领袖、官僚以及私人部门之间产生的大的腐败行为;(3)影响介入型腐败:主要发生在被选举官员、非选举公务员与私营部门之间,后者提供贿赂,前两者"分享贿赂"。[41]

---

[39] 参见[美]苏珊·罗斯·艾克曼:《腐败与政府》,王江、程文浩译,新华出版社 2000 年版。

[40] 参见[美]迈克尔·约翰斯顿:《腐败征候群:财富、权力和民主》,袁建华译,上海人民出版社 2009 年版。

[41] 参见[美]金伯利·艾略特:《腐败与全球经济》,刘勇、李宪、刘斌译,北京出版社 2000 年版。

海登海默根据人们对腐败的容忍程度把腐败分为三类：(1)黑色腐败：共同体的大部分上层人物和大众都一致谴责的一种行为，希望在原则的基础上对之予以惩罚；(2)灰色腐败：有些人尤其是上层阶级希望惩罚某项行为，其他人不希望，大众则可能是模棱两可的；(3)白色腐败：上层和大众的多数人可能都不积极支持惩罚的腐败行为，他们认为这是可以容忍的。[42]

(二)国内学者划分腐败类型的标准

国内学者的研究虽然大多集中于腐败行为涉及的要素，如腐败的主体、腐败的发生领域、腐败行为的表现形式等领域，但是也有学者从实证的角度对腐败进行分类。各种类型的标准具体如下：

1. 学者何增科根据腐败行为主体的性质和数量对腐败分为个体腐败与群体腐败，同时根据腐败行为主体之间是否有双向的不适当行为，可以将腐败区分为相互性腐败(交易性腐败)与非交互性腐败(非交易性腐败)。[43] 学者张炎着眼于腐败分子本身，将腐败分子划归为以下六类：权欲熏心型、贪污受贿型、网络亲信型、贪色腐化型、敲诈勒索型、花天酒地型。[44]

2. 学者熊学文和胡雪华根据腐败行为的发生领域，将腐败分为：政策性腐败、行政性腐败、技术性腐败、商业性腐败、司法腐败。[45] 而学者任建明、杜治洲将腐败区分为权力腐败、行业腐败和社会腐败。权力腐败主要是公职人员对公共权力的滥用，主要发生在政治领域；行业腐败是各个行业中人们利用行业优势和职业之便中饱私囊；社会腐败是社会生活各方面的蜕化堕落，是社会整体腐败的综合反映。[46]

3. 学者任建明、杜治洲根据腐败获取不正当利益的主动性程度，将腐败分为主动型腐败和被动型腐败。主动型腐败可以分为以下三种：服务取酬型，即国家机关的工作人员通过提供某些服务向社会收取一定的额外费用；

---

[42] 转引自王沪宁：《腐败与反腐败——当代国外腐败问题研究》，上海人民出版社 1990 年版，第 90 页。

[43] 参见何增科：《中国转型期腐败和反腐败问题研究(上篇)》，载《经济体制比较》2003 年第 1 期。

[44] 参见张炎：《新形势下腐败分子的类型探析》，载《中共浙江省委党校学报》1998 年第 4 期。

[45] 参见熊学文、胡雪华：《略论腐败行为的主体及分类》，载《湖南省政法管理干部学院学报》2001 年第 4 期。

[46] 参见任建明、杜治洲：《腐败与反腐败：理论、模型和方法》，清华大学出版社 2009 年版，第 26 页。

服务榨取型,即提供管理与服务的机会,勒索、榨取钱财;单纯榨取型,即不提供任何服务而专以权力榨取、勒索财物。被动型腐败的主要形式是收受贿赂。[47]

4. 学者过勇、胡鞍钢借鉴国际货币基金组织在 1999 年从实证角度对东欧企业的调查后对转型经济中腐败现象的分类结论,结合我国转型经济的实际情况,根据是否通过提供非法报酬的方式以及对规章制度制定过程还是执行过程加以影响,将我国转型经济的腐败现象划分为四种类型:一是国家捕获和行政垄断,二是影响,三是行政腐败,四是关系。[48]

二、本书对于腐败的分类

正如前文所述,划分腐败类型的最终意义在于为全局性反腐战略的推进与具体防治某一类腐败行为的相关措施的提出提供现实依据,这就要求从腐败现实中提炼的类型必须能全面反应腐败的特征和发展趋势。

本书认为,魏德安教授将腐败类型的考察置于改革开放这一宏大的历史背景中,以经济发展模式这一中国近三十年来时代发展的关键词为主线,动态地梳理了腐败类型的演进,同时考察了不同类型的腐败对于当下中国经济发展的影响,因此提出的腐败类型值得借鉴与采纳。不过,由于魏德安教授是以中国的经济发展为考察对象,因此对于腐败所带来的"利益"倾向于经济学的表述,即认为掠夺性腐败与交易型腐败最后的结果都表现为经济利益。对此,本书在界定腐败时已经作出分析,认为腐败不一定要以经济利益的方式出现,腐败所获得的利益呈现出多元化样态。而且,在本书列举的腐败行为中,利益是非必要因素。所以,本书认为划分当下中国的腐败可以是否以权力为交易对象作为视角,将腐败行为分为两种类型:一是非交易型腐败,具体手段包括贪污、挪用以及单纯滥用权力的行为等;二是交易型腐败,具体手段包括权钱交易(贿赂)、权权交易、权色交易以及其他以权力为对象的交易类型等。

---

[47] 参见任建明、杜治洲:《腐败与反腐败:理论、模型和方法》,清华大学出版社 2009 年版,第 27 页。

[48] 参见过勇、胡鞍钢:《行政垄断、寻租与腐败》,载《经济社会体制比较》2003 年第 2 期。

第二章　腐败的成因及其对于刑事法治的整体意义

第一节　腐败的成因

一、基于国际经验的全景式分析

横向来看，腐败是一个全球问题；纵向来看，腐败是一个自古以来困扰人类的问题。因此关于腐败成因的研究可谓汗牛充栋，关于腐败的成因也有各种观点。与腐败定义的学说史类似，腐败成因的研究也可分为传统式与现代式。前者主要指的是20世纪80年代以前，主要在刑法学、政治学、历史学与社会学的文本研究范式中展开的腐败成因研究；后者指的是20世纪80年代之后，经济学的视角——尤其是实证研究的结果对这个问题产生的重大影响。①

根据经济学者Dimant与Tosato的一项最新的全景式研究，②所有迄今能找到（至少部分）实证依据的腐败成因可以列为28项，分别为：(1)官僚主义及低效的行政与治理结构；(2)公民参与度与言论自由；(3)经济自由度；(4)经济增长率；(5)族群多样性；(6)性别；(7)全球化程度；(8)政府规模；(9)政府结构；(10)政治体系；(11)历史因素；(12)法律体系；(13)市场竞争与政治竞争性；(14)自然资源丰富度；(15)政治稳定性；(16)贫穷程度；

---

① J. Lambsdorff, G. Schulze, What Can We Know About Corruption? A Very Short History of Corruption Research and A List of What We Should Aim for, *Journal of Economics and Statistics*, 2015, 235(2): pp. 100 ff.

② E. Diamant, G. Tosato, Causes and Effects of Corruption: What Has Past Decade's Empirical Research Taught Us? A Survey, *Journal of Economic Surveys*, 2017, pp. 1 – 22.

(17)财产权保护;(18)宗教因素;(19)贸易开放程度;(20)透明度;(21)城市化程度;(22)工资水平;(23)传染效应;(24)经济发展前景;(25)教育程度;(26)电子执政水平;(27)移民情况;(28)互联网情况。鉴于人们主要由实证数据中寻找统计显著性而获得"成因"(causes),因此这些全景、实证意义上的"成因"更接近"相关性",而不是传统文本研究中的"原因"。换言之,在这些全景式"成因"中,人们不区别"表象性"与"根本性"——后者需要在所有"成因"的基础上进行筛选。基于 Dimant 与 Tosato 的综述,现择要解释这些成因的具体含义。[③]

关于官僚主义与腐败的关联,学者 Tanzi 发现:"管制与统治权威给予官员以垄断的权力",因此管制越多,介入私营经济领域的频率也就越高,相关人员参与腐败行为的可能性也就越大;具体而言,在低效的行政官僚体系中,管制就会更加欠缺透明度,更缺乏责任性,权力则更易于集中在个人手中,从而排斥竞争。[④] 近来学者 Goel 与 Nelson 也发现:"政府,尤其是管制部门干预经济,的确会提高腐败的发生率。"[⑤]

公民参与度与言论自由和腐败之间的关联主要发生于:较高的公民参与度与言论自由度意味着腐败活动被揭露之后的耻辱感上升更多、社会地位下降更快,反腐败的社会规范的覆盖面更广泛。民选制度也使得腐败官员落马的概率更大。2015 年,一项针对 1980 ~ 2007 年 126 个国家的取样研究表明,民主化程度与媒体自由度对腐败确有抑制效果,[⑥]那么反过来也可以观察到欠缺言论自由是腐败滋生的一项成因。

经济自由度与腐败的关系体现在:前者程度越高,意味着生产方式、销售方式、资源配置等因素被管制的概率越少,许可、审批、配额等因素起作用的范围就越狭窄,腐败行为也就越难以被当作参与经济活动的必不可少的环

---

③ E. Diamant, G. Tosato, Causes and Effects of Corruption: What Has Past Decade's Empirical Research Taught Us? A Survey, *Journal of Economic Surveys*, 2017, pp. 2 – 12.

④ Tanzi, V. , *Corruption Around the World: Causes, Consequences, Scope, and Cures*, Staff Papers-International Monetary Fund, 1998, pp. 559 – 594.

⑤ R. Goel, M. Nelson, Causes of Corruption: History, Geography and Government, *Journal of Policy Modeling*, 2010, 32(4): pp. 433 – 447.

⑥ S. Bhattacharyya, R. Hodler, Media Freedom and Democracy in the Fight Against Corruption, *European Journal of Political Economy*, 2015, 39: pp. 13 – 24.

节。这一项成因被较多的观测者所证实,其中既包括使用较早数据者,[7]也包括使用较新数据者。[8]

至于经济增长率和腐败的关系则较为特殊。腐败阻碍经济增长是显而易见的,但经济增长是否可以缓解腐败的发生,则研究较少。一项基于世界银行 1970～2000 年数据的分析指出,当存在强制度性时(政治体制使拥有权力者受到较大的制约),经济增长可以抑制腐败,但没有证据显失这种抑制体现在弱制度性的场合(政治体制不能使拥有权力者受到较大的制约)。[9]

所谓族群多样性指的是族群林立可能导致同一民族内的腐败,但这只是根据少数国家的数据[10]进行的观察,具有一定局限性。

性别与腐败的关系体现在女性具有较低的自私性,因此女性官员的腐败倾向更少。学者们观察到,政府部门中女性职员占比更高的国家,腐败发生率较低。[11] 当然,很容易想到这种情况可能涉及因没有控制变量而得出的假相关性,因为政府中女性职员占比较高的国家,往往是政治、经济等各方面较为发达的国家,在这种情况下,腐败发生率较低也是正常的。然而,近期的一项研究声称已控制相关变量,最终仍然得出了相同的结论:男性官员占比高是腐败的一项成因。[12]

全球化程度与腐败的关系体现在前者越高,则腐败发生率越低。然而,对于低收入国家,是否存在这种关系还有争议。[13]

政府规模、政府结构与政治体系被认为都与腐败有关。但这些结论仍然存在一定争议。一般认为政府规模越大,腐败程度也越高,其中的机制是因

---

⑦ M. Paldam, The Cross-country Pattern of Corruption: Economics, Culture and the Seesaw Dynamics, *European Journal of Political Economy*, 2002, 18(2): pp. 215－240.

⑧ S. Saha, R. Gounder, J. Su, The Interaction Effect of Economic Freedom and Democracy on Corruption: A Panel Cross-country Analysis, *Economics Letters*, 2009, 05(2): pp. 173－176.

⑨ T. Aidt, J. Dutta, V. Sena, Governance Regimes, Corruption and Growth: Theory and Evidence, *Journal of Comparative Economics*, 2008, 36(2): p. 202 f.

⑩ O. Dincer, Ethnic and Religious Diversity and Corruption, *Economics Letters*, 2008, 99(1): pp. 98－102.

⑪ A. Swamy, S. Knack et al., Gender and Corruption, *Journal of Development Economics*, 2001, 64(1): pp. 25－55.

⑫ B. Frank, J. Lambsdorff, F. Boehm, Gender and Corruption: Lessons from Laboratory Corruption Experiments, *European Journal of Development Research*, 2011, 23(1): pp. 59－71.

⑬ E. Diamant, G. Tosato, Causes and Effects of Corruption: What Has Past Decade's Empirical Research Taught Us? A Survey, *Journal of Economic Surveys*, 2017, p. 4.

为政府规模越大,官僚机构层级越复杂,则官员个人责任越小,国家整体干预经济的程度越深。但一项针对转型国家的研究显示,“大政府”反而能有效控制贪腐;但更新的研究则表明大政府与腐败之间的正面关联性确实存在。2012 年的一项研究在控制相关变量之后认为,当民主化水平较低时,大政府会提升腐败的概率;当民主化程度较高时,大政府会降低腐败概率。⑭ 然而这一结果并未解释之前研究所揭示的矛盾,因为转型国家的民主化程度通常并未达到很高的程度。一般认为政府越呈“中心化”,腐败程度越高。其机制是“去中心化”的政治架构会提升不同地区之间的竞争,缓解由政府所导致错误政策的统一效果,为不愿意参与腐败的公民提供更换所在地的可能,以逃避不合理的政策。该项研究的争议较小。政治体系与腐败的关联在于,民主类型的政府较易防止腐败,尤其是中长期、不间断的民主对腐败的制约更为有效。⑮

关于历史因素与腐败的关联,现有的数据主要采集自前西方殖民地国家。例如,有的研究试图证明前英国殖民地的腐败概率显著较低;有的研究则认为其他历史因素,如宗教、法律体系、政治稳定性等对腐败有较大影响。但这些因素各自均有单独的研究。

在实证研究者的眼中,法律体系与腐败的关系主要指的是法系对遏制腐败的影响。此项关联的争议较大。有研究表明,英美法系国家的腐败发生率较低,然而控制变量之后,有的研究者认为这两者之间并没有显著关系。一项针对 100 个国家的研究则又肯定了英美法对腐败低发生率的贡献。这似乎意味着一国选用了属于英美法系之外的法律体系,⑯是腐败发生的成因之一。

自然资源丰富度与腐败的关联,常被称为“资源诅咒”(resource curse),指的是一国经济中自然资源的高集中度是腐败的诱因之一,其争议不大。⑰

---

⑭ G. Kotera, K. Okada, S. Samreth, Government size, Democracy, and Corruption: An Empirical Investigation, *Economic Modelling*, 2012, 29(6): pp. 2340 – 2348.

⑮ L. Pellegrini, R. Gerlagh, Causes of Corruption: A Survey of Cross-country Analyses and Extended Results, *Economics of Governance*, 2008, 9: pp. 245 – 263.

⑯ R. Goel, M. Nelson, supa note 5.

⑰ J. Sachs, A. Warner, Sources of Slow Growth in African Economies, *Journal of African Economies*, 1997, 6(3): pp. 335 – 376.

晚近的研究试图弄清具体资源种类(石油、贵金属、矿藏等)与腐败的关系,但争议较大。

政治稳定性与腐败的关联并不如人们想象得那样直观。一方面,如果政治不稳定影响公民行为,那么公民在考虑短期行为的预期时,会更倾向于参与腐败;另一方面,某些长期、大型的腐败行为(如发生在基础建设领域者)则需要稳定而集权的政府才能完成。⑱

贫穷与腐败的关联争议较小,因为穷国较难提供维持有效法制的资源,而穷国的公民在获取由政府垄断的基本公共服务(教育、水资源、行政许可、执照颁发)方面具有强烈的动机。

财产权受保护程度低也会助长腐败,其机制是较低的财产权保护使得公民在经济活动中的风险较高,因此其更愿意参与腐败,以对冲这种风险。经济发展落后、财产权不受保护与腐败,这三者常常是相互联系在一起的。⑲

有学者认为城市化与腐败有正相关,其机制是城市化瓦解了家庭与宗教的社会控制,并使政府的工程与资源集中化。但相反的意见则认为,城市化的生活使腐败行为更容易被监测。⑳

低工资容易导致腐败是很多人所熟知的,这也是"高薪养廉"政策的出发点。然而,高薪只能降低基于硬性需求(如维持家庭开销)的腐败,并不能降低基于贪婪需求(如追求奢侈品)的腐败概率㉑。所以,对于部分腐败行为而言,低工资是其成因。㉒

近年来,一些新的关联性被纳入学者们的研究视野,如传染效应、教育与互联网。关于传染效应,以美国不同州为对象的研究表明,相邻州的腐败每

---

⑱ E. Diamant, G. Tosato, Causes and Effects of Corruption: What Has Past Decade's Empirical Research Taught Us? A Survey, *Journal of Economic Surveys*, 2017, p. 6.

⑲ D. Acemoglu, T. Verdier, Property Rights, Corruption and the Allocation of Talent: A General Equilibrium Approach, *The Economic Journal*, 1998, 108(450), pp. 1381 - 1403.

⑳ R. Goel, M. Nelson, Causes of Corruption: History, Geography and Government. *Journal of Policy Modeling*, 2010, 32(4), pp. 433 - 447.

㉑ V. Tanzi, Corruption Around the World, (1998) Staff Papers 45(4), pp. 572 - 573.

㉒ C. Rijckeghem, B. Weder, Bureaucratic Corruption and the Rate of Temptation: Do Wages in the Civil Service Affect Corruption, and by How Much?, *Journal of Development Economics*, 2001, 65(2), pp. 307 - 331.

增加10%则本州的腐败增加4% ~11%。[23] 而有的学者在不同国家之间也观察到这一现象,并将传染效应视为地区性腐败现象的成因。[24]

教育因素的提升能降低腐败的发生率,这既是我国研究者所熟知的,也是我国反腐败政策一贯非常重视的方面。然而,除一般所理解的教育对个人素质及道德水平的提升以外,国外研究者还注意到较高的教育水平提升了个体对公民自由权的认识,并使个人对来自政府权力的威压更难以接受,从而降低了被动参与腐败的概率。[25] 从这个意义来说,教育程度低也是腐败的成因之一。

作为一项新事物,互联网与腐败的关联受到近年研究的注意,人们发现互联网提升人民对腐败的认识,有助于减少腐败发生。[26]

二、对全景式"成因"的筛选与归纳

上文所列举的二十多项腐败"成因"主要是各国实证研究者的经验分析之结果。从中可知,至少有28种社会参数在不同时期、不同国家和地区对腐败的发生具备不同大小的影响力。因此,全景式成因分析具有全面性、广泛性,为腐败问题给出了一幅宏观图景,但其欠缺体系性,无法直接指导反腐败的社会实践,需要进一步加以筛选、梳理。

其中有一些被视为不同参数的成因,明显具有相同或相似的社会机制,可以合并考虑。例如,"市场竞争性"与"贸易开放性"显然与"经济自由度"具有相似性,因为市场竞争度和贸易开放性越大,说明经济自由度越高,官僚机构对经济的实际控制越小,是市场而不是权力在经济活动中起到支配作用,因此没有必要单独将前两者与后者并列为成因。又如,"透明度",与"官僚主义"具有相似的社会机制,都体现公权力活动受到监管的可能性大小,没

---

[23] R. Goel, M. Nelson, Causes of Corruption: History, Geography and Government, *Journal of Policy Modeling*, 2010, 32(4).

[24] S. Becker, P. Egger, T. Seidel, Common Political Culture: Evidence on Regional Corruption Contagion, *European Journal of Political Economy*, 2009, 25, pp. 300–310.

[25] R. Truex, Corruption, Attitudes, and Education: Survey Evidence from Nepal, *World Development*, 2011, 39(7): pp. 1133–1142.

[26] T. Andersen, J. Bentzen, C. Dalgaard, P. Selaya, Does the Internet Reduce Corruption? Evidence from US States and Across Countries, *The World Bank Economic Review*, 2011, 25(3), pp. 387–417.

有必要单独列出。再如,“经济前景”,虽然与“贫穷”指标略有区别——前者指的是未来经济发展趋势,后者指的是社会现有的经济状况,但两者对腐败的影响机制是类似的。总之,前述 28 项“成因”中,剔除可以合并考虑的项,这是应当进行的第一步筛选。

然而仍剩有二十多项“成因”,遍及经济、政治、社会心理、意识形态、历史、文化、地缘等方面,仍显得较芜杂。如果用更确切的表达,这些“成因”更接近腐败的“因素”:腐败几乎可以被归因为任何事项。[27]

如果我们试图从理论的角度对这些“因素”进行归纳,会发现它们可以被抽象为以下几种不同的成因类型[28]:

其一,参与者的“理性”选择(rational choice)作为腐败原因。这种情况涉及经济自由度、政府规模、政府结构、政治体制、政治稳定性、贫穷度、财产权保护、工资水平、经济前景等具体成因。换言之,这种情况是在给定政治—经济大环境变量之后,对个体选择进行并参与腐败行为的“原因”的研究。公共选择理论(public choice theory)假设理性人在给定的环境下会作出有利于个人效用最大化的选择,即理性选择。[29] 当行为人计算因行贿、受贿所带来的风险小于获得的利益时,进行腐败行为就在其行动选项之中了。因此学者 Klitgaard 认为腐败不是激情犯罪,而是深思熟虑的犯罪。[30]

如果将理性选择视为腐败成因,可以较好地在个体层面上解释腐败现象的发生,但并不能较好地从社会角度解释之。在相似的内外部条件存在的情况下,选择受贿、行贿的个体总是居于少数,但这并不意味着只有他们是理性的。而是选择合法行为的多数人同样是理性的,但显然还存在其他因素阻碍了多数人的犯罪。[31] 另外,这一模型主要考虑两个变量——腐败的风险与

---

[27] G. Caiden, Where Corruption Lives, 2001, p. 26.

[28] Cf. G. Graaf, Causes of Corruption: Towards a Contextual Theory of Corruption, *Public Administration Quarterly*, 2007, 31(1/2): p. 45 f.

[29] G. Tullock: “public choice.” The New Palgrave Dictionary of Economics. Second Edition. Eds. Steven N. Durlauf and Lawrence E. Blume. Palgrave Macmillan, 2008. The New Palgrave Dictionary of Economics Online. Palgrave Macmillan, 07 Feb 2017 <http://www.dictionaryofeconomics.com/article?id=pde2008_P000240>.

[30] R. Klitgaard, International Cooperation on Combating Corruption, in *New Perspectives on Combating Corruption*, 1998, p. 46.

[31] Cf. G. Graaf, Causes of Corruption: Towards a Contextual Theory of Corruption, *Public Administration Quarterly*, 2007, 31(1/2): p. 48.

收益。显然社会控制后者较难，控制前者相对容易：只要加大处罚力度，提高监管效率，增加执法力度，认真对待反腐败的惩治措施，似乎容易做到大幅度提高腐败风险。然而这样带来的重刑主义倾向是值得警惕的。[32] 而且，我国历史上多次出现过将腐败惩治力度提高到一定程度后则不再有效的历史教训。

其二，价值观与道德因素作为腐败原因。根据其所处的层级，又可以分为三个子类型。

1. 个人层面：腐败参与者个人道德素质低下。个人层面的另一种归因是认为腐败主要来自行为人个人道德素质低下，对于社会而言，是一堆水果中的"坏苹果"，需要对此进行清除，以免影响到其他人——这就是所谓"坏苹果"譬喻或理论。[33] 前述具体成因中涉及此类型的有性别、宗教与教育。简言之，在这类成因中，错误的个人价值观导致了腐败行为的发生。然而，将遏制腐败的重心放在个人道德素质上是不合适的，因为即便腐败是由道德欠缺所引起的，那又是什么引起了人们道德的欠缺？[34] 后者才是（道德与价值观方面的）根本性问题。但从另一方面来看，个人道德观的缺失作为腐败发生的一方面原因，是对"理性选择"理论的一种重要补充，这两个理论并非不能结合起来，因为理性人在作权衡时，所谓获利并非仅指经济上的利益。个人在道德上的满足感与荣誉感完全可能被视为获利而被纳入权衡，从而影响理性选择的结果。[35]

2. 组织层面：当行为人所在的群体充斥着腐败文化或习惯时，行为人选择腐败的概率会大大提高。这一归因介于宏观与微观的中间层面，体现了两者的联系：组织或系统中存在的文化影响个人的心态，个体心态则最终决定是否进行腐败行为。换言之，尚不清楚组织层面的文化是独立决定腐败，还

---

[32] 参见何荣功：《"重刑"反腐与刑法理性》，载《法学》2014 年第 12 期。

[33] M. Punch, Police Corruption and Its Prevention, *European Journal on Criminal Policy and Research*, 2000, (8): p. 317.

[34] G. Graaf, Causes of Corruption: Towards a Contextual Theory of Corruption, (2007) Public Administration Quarterly 31(1/2): p. 50.

[35] Vgl. H. Frister, Strafrecht AT, 2011, Rn. 2/12.

是仅仅加强了个人道德上的原因。[36] 不过,已有实证研究的数据显现出组织层面因素的重大影响力,尤其在解释腐败的传染性(腐败"窝案")方面。身处具有腐败习惯甚至文化群体中的个体,如果选择拒绝参与腐败,会被视为"背叛"并承受巨大的压力。[37]

3. 社会层面:当社会道德观整体出现问题,公私不分成为社会常态,其后果就是人们将私人领域的馈赠—回报模式带到公权力领域,[38]从而导致腐败的发生。与此有关的具体成因包括宗教、历史、法系等因素。值得注意的是,宏观与微观层面的道德失范往往并不同步发生。[39] 换言之,在有的国家,提供与接受贿赂往往在私人层面意味着较好的(对家庭、对友人等的)责任感,腐败行为体现了一定的道德性,[40]更具有欺骗性与迷惑性,这是必须引起重视的。由于微观层面的道德往往具有回报性,而宏观层面则缺乏这一点。如何在宏观层面上培育守法的伦理,是一个重要问题。根据国外学者的研究,微观—宏观道德冲突在第三世界国家相当明显,[41]在发达国家则情况较好。因此社会、经济的全面发展是解决这一问题的重要手段。

其三,权力干预经济能力过强、对权力监管不力作为腐败原因。与此有关的具体成因包括官僚与低效行政、经济自由、政府规模、政府结构、政治体制等。前文已提到,政府手中不受监管的权力越多,管制就越多,介入私营经济领域的频率也就越高,相关人员参与腐败行为的可能性也就越大;而在低效的行政官僚体系中,管制就会更加欠缺透明度,更缺乏责任性,权力则更易于集中在个人手中,也导致腐败滋生。政府规模越大,官僚机构层级越复杂,则官员个人责任越小,国家整体干预经济的程度越深。政府越呈"中心化",腐败程度越高。因为"去中心化"的政治架构会提升不同地区之间的竞争,缓解由政府所导致错误政策的统一效果,为不愿意

㊱ G. Graaf, Causes of Corruption: Towards a Contextual Theory of Corruption, *Public Administration Quarterly*, 2007, 31(1/2): pp. 51 - 52.

㊲ M. Punch, Police Corruption and Its Prevention, *European Journal on Criminal Policy and Research*, 2002, (8): p. 317.

㊳ S. Rose-Ackerman, *Corruption and Government: Causes, Consequences and Reform*, 1999, p. 91.

㊴ C. Hoeffling, Korruption als soziale Beziehung, 2002, S. 71.

㊵ G. Graaf, Causes of Corruption: Towards a Contextual Theory of Corruption, *Public Administration Quarterly*, 2007, 31(1/2): p. 54.

㊶ Id., at 55 - 56.

参与腐败的公民提供更换所在地的可能，以逃避不合理的政策。民主类型的政府较易防止腐败，尤其是中长期、不间断的民主对腐败的制约更为有效。所有这些看似独立的成因，均指向同一件事：干预经济的权力有多大，及其是否受到有效制约。前者越大，后者越小，那么腐败的发生率必然会提升。如果一个社会控制或缩小政府权力是一项较难完成的任务，那么至少有效完善对其进行监督，也能起到明显的反腐败效果。根据 2007 年在印度尼西亚进行的一项实证研究，即便在腐败严重的国家，完善对权力的监管也能明显降低腐败发生率。[42]

三、基于我国实证数据的分析

考虑到以上分析主要建立在国际经验之上，其结论固然对我国情况有启发作用，但在多大程度上与我国国情相契合，则需要进一步探讨。鉴于此，我们拟在我国两组案例数据的基础上，对腐败现象的表现形态及成因进行实证研究。此次实证研究针对的是我国当下反腐败形势中，危害性体现得较为严重的一种行为样态——官商勾结型腐败。在贿赂犯罪的多种实际表现形式中，“官商勾结”现象两方参与者的经济实力与政治影响力一般较强，“社会资本”(Sozialkapital)通常较雄厚，[43]该现象遂成为一种隐蔽性较大、利益链条相对更复杂、社会危害性更严重、社会影响更为深远、查处相对较困难的表现形式，因而成了新时期打击腐败犯罪的重点与难点问题。2013 年“两会”期间，中共中央总书记、国家主席习近平在江苏代表团审议政府工作报告时，告诫各级官员官商交往要有道，要“划出公私分明的界限”，而不要“勾肩搭背、不分彼此”，此即对遏制“官商勾结”现象专门提出的要求。毋庸置疑，我国特殊的国情决定了腐败问题主要是围绕权钱交易进行的，主要涉及的是公权力。从这个意义来说，官商勾结现象集中体现了腐败现象在我国当下的政治、经济、社会环境中的最典型的特征。

至于何为“官商勾结”型腐败，从总的行为模式来看，“官商勾结”腐败现象大体可以分为两类，分别为“国家劫持型”(state capture)模式与“行政腐化

---

[42] B. Olken, Monitoring Corruption, *Journal of Political Economy*, 2007, 115(2).

[43] Vgl. P. Graeff, Korruption und Sozialkapital, in B. Priddat/M. Schmid (Hrsg.): Korruption als Ordnung zweiter Art, 2011, S. 11 ff., bes. S. 24 ff.

型”(administrative corruption)模式。其中前者主要指的是,企业或其经营者借助对官员提供不法的、不透明的利益条件,对法律、规定及其他政府政策的制定过程施加有效影响;后者指的是企业或其经营者借助上述不法条件,对已经制定完毕的法律、政策的执行过程施加有效影响。[44] 所以,所谓“官商勾结”腐败现象,指的是官员接受具有一定经济实力的企业及其经营者、管理者所提供的不法利益,(承诺)在制定法律、推行政策时,以及在具体执行法律、政策时,向其输送利益的行为。在界定上,此概念具有如下三个特征:(1)对“官”无须进行任何限定;(2)对“商”进行了经济能力上的限制,从而将“小规模”腐败排除在外;(3)“勾结”行为应完整地包含“国家劫持”与“行政腐化”两种行为模式。从这个意义来说,本书所提出的概念相当于在联合国《反腐败公诉与侦查措施手册》中提出的“大规模”(grand)与“小规模”(petty)腐败标准[45]中取了前者,在学者 Grey 等人主张的“国家劫持”与“行政腐化”标准[46]中同时选取两者。以表 2-1 说明如下:

表 2-1 “官商勾结”腐败现象的界定

划分标准:规模/行为模式	大规模(联合国标准)	小规模(联合国标准)
国家劫持(Grey 标准)	属于本书所谓官商勾结	不属于本书所谓官商勾结
行政腐化(Grey 标准)	属于本书所谓官商勾结	不属于本书所谓官商勾结

(一)案例库的建立

由于腐败具有一定的政治敏感性,腐败案件的侦查也具有相当大的难度。很多国家并未将其掌握的所有腐败信息向公众及研究者完全开放,我国也不例外。到目前为止,我们尚无法对十八大以来发现和惩处的所有涉及“官商勾结”的案件进行全面分析或完全可靠的抽样分析。所以本研究采用两种次优的替代选择。

第一,我们将十八大以来的官方文件、公开出版物和媒体报道公布的腐

---

[44] C. Grey, J. Hellman, R. Ryterman, *Anticorruption in Transition* 2, 2004, p. 10.

[45] P. Langseth et al., *UN Handbook on Practical Anti-Corruption Measures for Prosecutors and Investigators*, 2004, p. 23 f.

[46] C. Grey, J. Hellman, R. *Ryterman*, *Anticorruption in Transition* 2, 2004, p. 10. 值得注意的是,联合国《反腐败公诉与侦查措施手册》中认为大规模腐败即为国家劫持型腐败;小规模腐败即为行政腐化型腐败。本书不采纳这一立场。

败案件中涉及"官商勾结"的腐败案件作为统计分析的对象。数据的可获得性较高,案情的公开性强,是这种方法的优势。然而,这些案件并不是随机取样的,从而会在一定程度上影响结果的可靠性。另外,媒体报道有追逐"眼球效应"的趋势,其公布的落马官员多为省部级以上高官,这些样本自然难以单独展现基层官员与商人之间的利益生态。

第二,我们同时以湖北省武汉市近年查处的实际案例为样本,搜集了武汉市 2012 年以来涉及"官商勾结"的违纪官员的相关信息,建立了一系列指标,并从每一起案件中提取出相关的数据。

据此,本研究建立了两个案例库:案例库 A(媒体)和案例库 B(武汉市)。案例库 A 包含 31 起腐败案例,它涵盖了中国自十八大以来发现和惩处的几乎所有涉及副省部级以上官员(本书称为高级官员)的腐败案件。案例库 B 包含 125 起武汉市自 2012 年至今发现和惩处的违纪官员中涉嫌受贿的案件。

显然,就单独的案例库而言,案例库 A 与案例库 B 各在某一方面具有较强的说服力。案例库 A 可以被看作是对涉及高级官员的腐败案件的取样。然而,其不足在于所包含的案件数量相对较少,而且对涉嫌腐败的高级官员的调查容易受到政治因素的影响。依据现有的资料,本书尚无法对其中政治因素影响的变量数据进行控制。

案例库 B 所包含的案件数量相对较多,这使对于"官商勾结"类型分布和多发领域的分析更有说服力。然而,案例库 B 中的案件并不是随机选取的,也不包含我国近期所有发现和惩处的涉及中级、低级官员的腐败案件。因此,案例库 B 在时间序列上的代表性较弱。而且,由于受到材料公开性的限制,案例库 B 实际上被信息提供者先行筛选了一道,不如案例库 A 那样丰富,有些信息甚至无法取得。

另外,基于条件所限,我们未对行贿者建立案例库进行考察。因此,此处将重点放在"官商勾结"中的"官"这一方面,对 A、B 两个案例库同时进行考察,力图较客观地揭示出不同层级官员在受贿犯罪问题上的形态差异。

(二)初步观察结果:腐败案例中涉案官员的"生态"

1. 涉嫌受贿的官员占违纪官员总数的百分比

图2-1为十八大以来涉"官商勾结"的官员占所有违纪高官总数的百分比(案例库A)。截至2014年8月31日,中纪委共公布"落马"高官49人,通过解读官方文件、相关媒体报道,计算出其中涉"官商勾结"的官员有31人,占总数的63%。

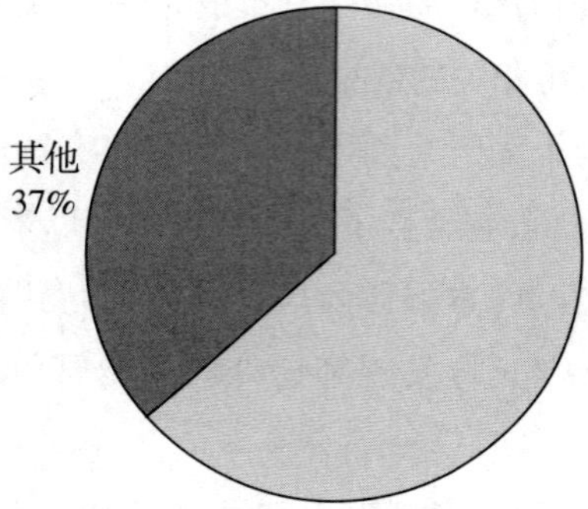

图2-1 涉"官商勾结"官员占所有违纪高官总数的百分比(案例库A)

图2-2为武汉市2012年以来涉"官商勾结"的官员占所有违纪官员总数的百分比(案例库B)。依图2-2所示,涉"官商勾结"者占总数的一半。

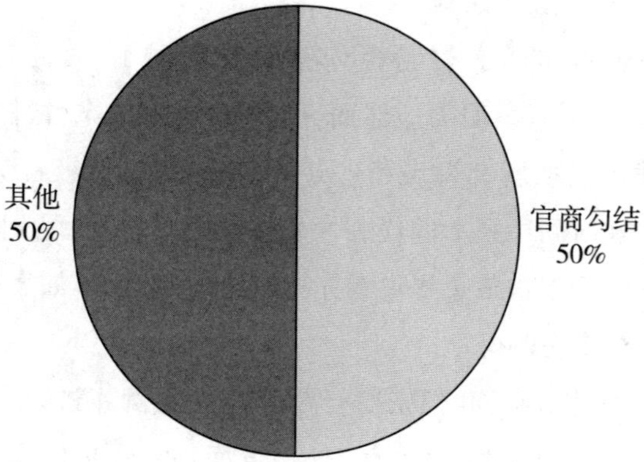

图2-2 涉"官商勾结"官员占所有违纪官员总数的百分比(案例库B)

对比图2-1与图2-2,可以看到违纪高官中涉"官商勾结"的官员所占的百分比远高于低级别官员,这揭示违纪高官级别更高时,其违纪行为涉"官商勾结”的可能性更大。基于初步观察,可以认为,这种情况的出现是由于高官因其任职时间长、掌握的权力大,与低级别官员相比拥有更多的可支配资源,对某些不法商人而言,高官更容易成为其“目标”人选。这既符合一般的生活常识,同时也为国外的研究所证实。[47]

2. 学历

从学历上来看,高级官员(图 2-3)的学历普遍较高,涉案者中博士有 8 人,硕士有 17 人;基层干部(图 2-4)的学历则较为复杂,从初中以下学历至博士,各种学历均有分布,但本科及以上学历依然占到多数。两个案例库之间学历分布上的差距,也基本上符合我国干部人才阶梯中学历分布差异的实际情况。当前,“落马”官员的高学历化倾向明显,这很可能是因为学历和晋升有现实的联系,一些官员积极通过在职教育、继续教育来提升自己的学历所致。由于样本中缺乏更细致的信息,暂时无法区分学校教育与在职教育对“官商勾结”影响上的区别。

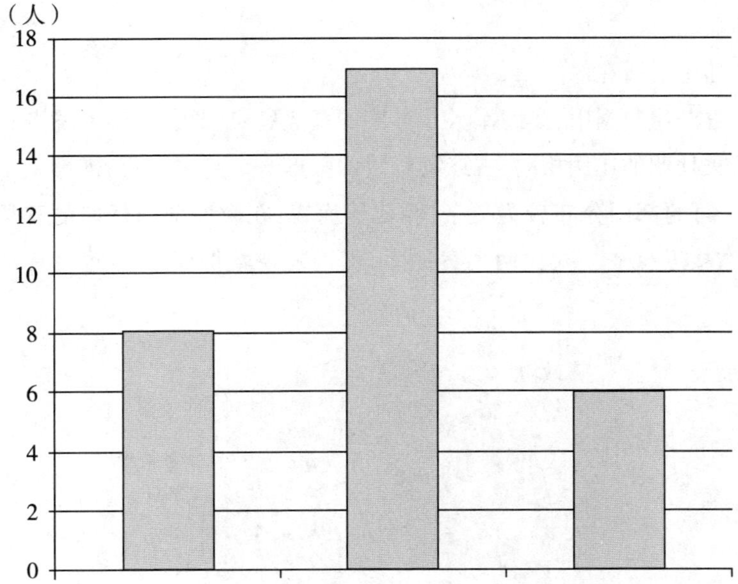

图 2-3　高级官员学历

---

[47] P. Green, T. Ward, *State Crime, Governments, Violence and Corruption*, 2004, p. 28.

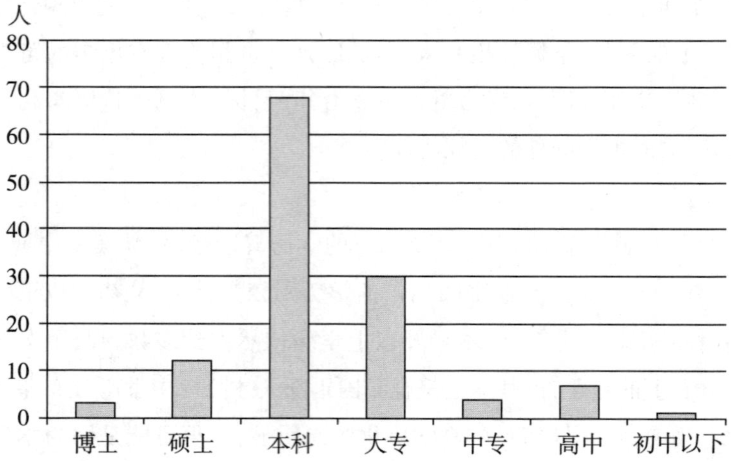

图 2－4　基层干部学历

另外，近年来的社会实态显示，官员的“研究生化”或者“博士化”可能提高了官员的业务素质和能力，但并未明显提升官员的道德情操与法律修养。

3. 违纪时所在部门

在这一组数据中，案例库 A 中涉案的高级官员（图 2－5）在党务机关与政府机关任职的比例相同，占涉案总数的大部分。与之相反，涉案基层官员（图 2－6）的部门分布较为复杂，相比较而言，在政府部门任职的官员仍居多，总数接近 50%。对比两个案例库，可以发现案例库 A 中政协官员比重

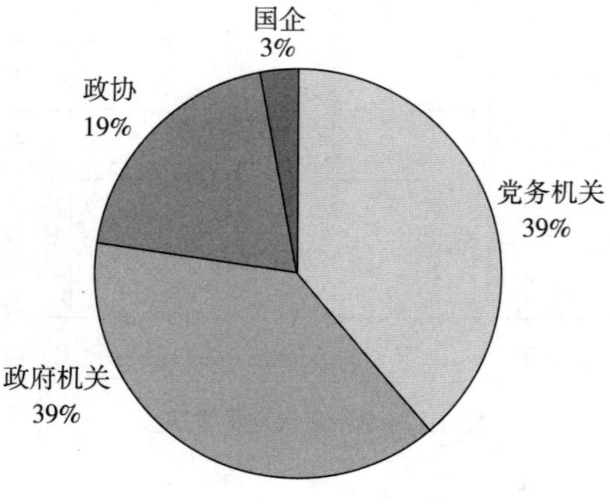

图 2－5　涉案高级官员任职部门分布（案例库 A）

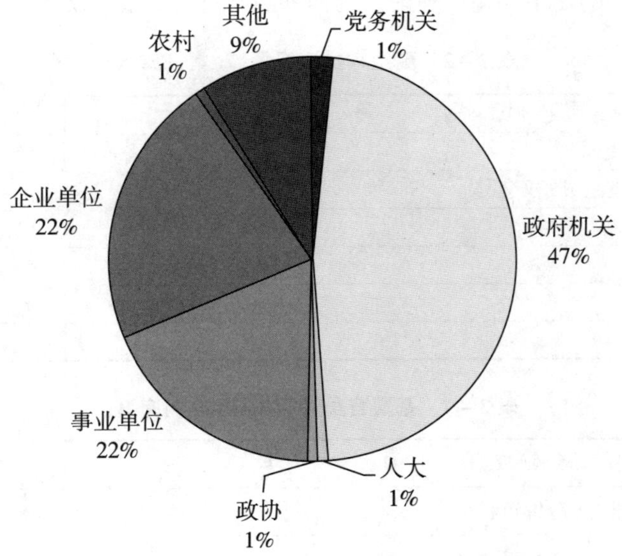

图 2-6 基层官员任职部门分布(案例库 B)

远远大于案例库 B。考察我国高级官员组织工作的惯例,可能的原因在于涉案政协高官,基本上都曾于所在省市内的地级市担任市委书记,有的甚至担任过两个以上地市的“一把手”,或者在所在省级政府重要部门(如省发改委)担任过“一把手”。从本组数据可以看出,诸多政协官员的“落马”,有力地证明了党对于腐败的零容忍:只要曾经有过官商勾结等违法违纪行为的,即使已退休或即将退休,也不意味着“软着陆”,仍旧会被追究相应责任。

4. 违纪领域

对比表 2-2 与表 2-3,可以发现两个案例库中官员的违纪领域大致相当,多集中于房地产、土地转让、工程建设、能源等领域。由于基层官员职能分工更为细致,表 2-3 中的涉案领域更为零散。近年来我国政府大力推动城市化进程,各种市政基础工程建设、房地产项目当中产生了巨大的利益空间,而有关部门的政府官员掌握着资源配置权、项目审批权、行政处罚权等诸多权力。由于缺乏有效的权力制约与监督机制,“官商勾结”的现象自然地聚集于这些领域。这一观察结果证实了当代理人(agent)对腐败收益预期较高而对监督效果预期较低时,将会倾向于背离委托人(principal)的利益,而与客户(client)私下勾结的理论,[48]与国外的研究结果相一致。[49]

表 2-2 高级官员违纪领域(案例库 A)

案例库 A 中的违纪领域	人次	百分比
房地产、拆迁	9	23.07
国企收购、重组、股权交易	4	10.25
能源、矿产	12	30.77
土地转让	5	12.82
工程建设	7	17.94
其他	2	5.13

表 2-3 基层官员违纪领域(案例库 B)

案例库 B 中的违纪领域	人次	百分比
工程建设、维修、造价审计	48	37.20
业务往来	5	3.90
医疗卫生	6	4.70
房地产开发	7	5.40
招投标	5	3.90
企业改制	8	6.20
能源、政策补贴	6	4.70
项目资金申报、审批	13	10.10
经营权	8	6.20
土地评估、征地拆迁、土地开发	19	14.70
资金周转	2	1.60
交通	1	0.80
合作开发	1	0.80

---

[48] S. Ross, *The Economic Theory of Agency*: *The Principal's Problem*, Vol. 63, No. 2, Decision Making under Uncertainty, 1973, p. 138.

[49] J. Tirole, Hierarchies and Bureaucracies, *Journal of Law, Economics and Organization*, Vol. 2, No. 2 (Autumn, 1986), p. 183.

5. 性别

案例库A(图2-7)中,男性有31人,女性为1人;案例库B(图2-8)中,男性有102人,女性为23人。看起来,性别这一因素似乎无论对腐败案件的整体出现数量,还是对"官商勾结"行为的发生数量都体现出强关联性。这似乎印证了国外的分析结论:(男性)性别是腐败发生的一项原因。甚至在有的研究中,以女性交通警察替换男性警察,确实得到了腐败案件下降的结果。[50] 但仔细分析该数据,既无法确定性别对官员涉嫌贪污贿赂罪的影响,

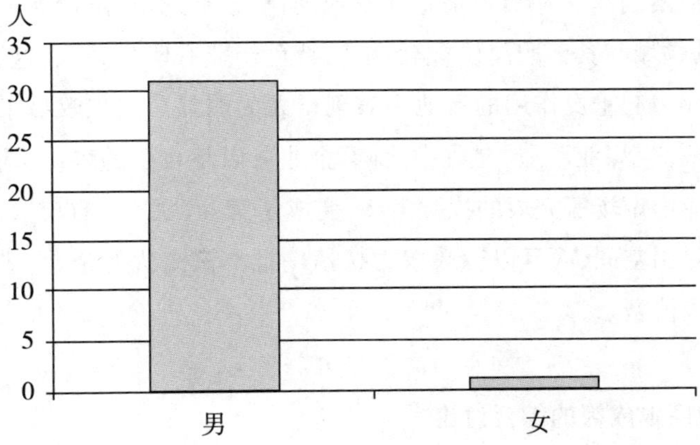

图2-7　高级官员性别(案例库A)

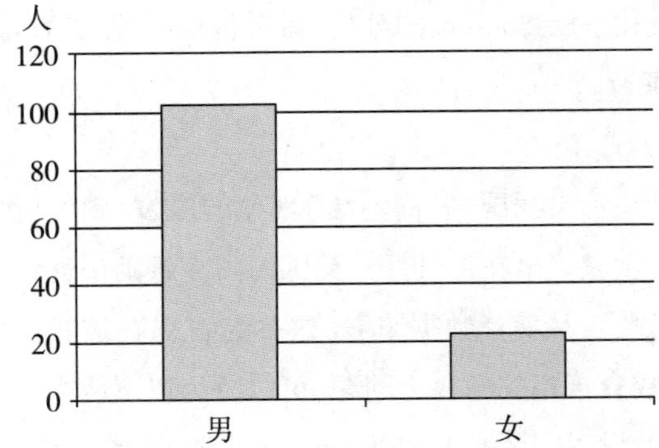

图2-8　基层官员性别(案例库B)

[50] O. Azfar, Y. Lee, A. Swamy, The Causes and Consequences of Corruption, *The Annals of the American Academy of Political and Social Science*, 2001, Vol. 573, p. 52.

也无法肯定地得出性别对于“官商勾结”出现频次的影响。因为根据现有的数据无法得出性别这一参数的独立性。相反,通过对比两个案例库里各自的性别比例,可知该比例大致与我国各级别官员中的性别比例的变化趋势相一致,即官员级别越高,男性的比例也就越高。

6. 其他反映“官商勾结”现象中官员“生态”的观察结果

综合观察案例库 A 与案例库 B,可以发现地域、产业也是具有重要意义的变量。“官商勾结”现象往往带有明显的地区特色,形成所谓“窝案”频发的现象。从案例库 A 中可以清晰地发现,腐败官员抱团、裙带现象严重,“官商勾结”的领域与其任职岗位、地区中的特色产业有明显关联,这在资源、能源等政府权力起重要作用的行业中表现得尤为明显。如主政吕梁多年的聂某任内的两次“煤业改造”过程中,哪家企业可以整合小的煤矿,均由政府决定。原本应由市场所完成的优胜劣汰,变成了官商“关系”的较量,不但留下了极大的寻租空间,而且以行政权力扶植一批本该淘汰的企业,造成了社会资源的巨大浪费。

四、对腐败成因的综合讨论

基于我国“官商勾结”现象的实证数据与国外学者对腐败成因的全景性研究,我们可以从宏观、微观两个层面展开对腐败成因的综合讨论。前者包括政治、经济、文化、社会等因素的分析,后者包括心理、教育等因素的分析。

(一)宏观层面

1. 公权力方

前文数据已显示出我国“官商勾结”现象的高发、频发区,无一例外都是权力集中的社会领域。早在 19 世纪,英国的阿克顿勋爵就认识到“绝对的权力导致绝对的腐败”,从实证数据来看,这一名言仍在被我国的情况所应验。总的来说,与腐败直接相关的权力问题,可以分为以下两个方面加以讨论。

第一,权力的设置问题。上文的实证分析显示,违纪领域是一个具有强相关性的参数。“官商勾结”现象的发生,与官员权力所在领域有直接关系。违纪的高级官员(案例库 A)职权范围处于房地产、拆迁、国企收购、重组、股权交易、能源、矿产、土地转让、工程建设领域者,涉“官商勾结”的比例均在 10% 以上。而中低层官员(案例库 B)职权范围处于工程建设、维修、造价审计、房地产开发、企业改制、项目资金申报、审批、经营权、土地评估、征地拆迁、土地开发领域者,涉"官商勾结"的比例均在5%以上。至于裁量空间较小、设租能力相对较弱的领域,如资金周转、交通、合作开发等,被卷入"官商勾结"的可能性均不到2%。由此可见,"官商勾结"关系,是一种权力敏感型关系。

因此,减少政府对经济的不当干预,进一步推进社会主义市场经济改革,"让市场活力充分释放",[51]使市场而不是权力成为配置资源的主体,从而使权力设租行为丧失意义,这正是杜绝腐败的"治本"之策。前文也提到,作为理性经济人(homo oeconomicus),"商"寻求与"官"进行"勾结"的动机当然是牟利,一旦官员手中权力受到限制,即使与之"勾结"其预期利益也不足以抵消成本,则行为的驱动力也就消失了。[52] 一项针对东欧、中亚及高加索地区的实证研究表明:如果一国的行政力量过分强大,而且形成了权力无序市场,那么该国的"国家劫持"型腐败就将难以控制;如果国家对官僚机构的约束与控制能力不够强大,则该国的"行政腐化"型腐败就将难以控制;与此相应,优化国家权力设置、重新定义国家的功能、发展法治与市场经济机制,则对两种腐败模式都有明显改善作用。[53]

值得注意的是,我们提倡减少政府对经济"不必要"的干预,并非呼吁削减政府权力的合理管理机能。若干转型国家(如俄罗斯)的经验证明,在法治不健全、市场经济体系未能完全走上正轨的情况下,急于推行私有化等措施并不能从根本上改善腐败现象,因为这相当于将原来的腐败行为转移到了新的领域。缩减政府权力并不必然有助于反腐败,[54]其原因在于,削减用来维持市场机制良性运行的保障性权力,反而等于放任、助长腐败。因此,可以认为腐败的根源是"权力滥用",而不是"权力"本身。[55] 那么,在谈论政府权力

---

[51] 《李克强:让市场活力和改革红利充分释放》,载新华网:2015年3月23日新闻,http://news.xinhuanet.com/fortune/2015-03/23/c_127608372.htm,最后访问日期:2017年1月15日。

[52] Vgl. P. Graeff, Korruption und Sozialkapital, in B. Priddat/M. Schmid (Hrsg.): Korruption als Ordnung zweiter Art, 2011, S. 11 ff., bes. S. 26 ff.

[53] C. Grey/J. Hellman/R. Ryterman, *Anticorruption in Transition* 2, 2004, p. 11.

[54] J. Gerring/S. Thacker, Do Neoliberal Policies Deter Political Corruption?, *International Organization*, 2005, Vol. 59, No. 1, pp. 250-251.

[55] L. Pellegrini, *Corruption, Development and the Environment*, 2011, p. 26.

配置的改善之前,应该有效识别政府对经济的“不必要”干预。考虑到在本质上,任何国家的经济都不可能真正靠行业管制与行政力量发展起来,[56]如果一种国家权力的唯一目的在于设立管制、维持或扩大官僚权力,而非对经济发展提供实质性帮助,[57]那么这种权力就属于本书所说的“不必要”干预。

第二,权力的运行问题。我国行政权力的运行在一定程度上缺乏有效约束和监督,容易被随意操作,使得行政权力转化为谋利手段,运行失范。[58] 在这种背景下,“官商勾结”也就成了一种必然。从上文对“官商勾结”关系中官员“生态”的观察结果来看,违纪时官员的所在部门是“官商勾结”的一个重要因素:不管是案例库 A 还是案例库 B,处于党务与政府部门(实权部门)的涉事官员均占多数。因为实权部门权力无序运行的可能性要远大于非实权部门,而对实权部门进行有效监督的可能性远小于非实权部门。“官商勾结”现象在党务与政府部门的集中分布现象充分反映出“官商勾结”关系是一个对监管效率高度敏感的关系。加强权力运行的监管效率,是应对“官商勾结”现象的有效措施。

学者赵连阁曾对煤矿生产过程中监督权的运行、官商勾结与煤矿事故之间的关系进行研究,其结论是:监督人的权力滥用打开了“官商勾结”之门;矿长可能利用对资源的实际控制权,最大限度地为双方牟取非金钱利益,形成矿长和监督人间事实上的委托代理关系。[59] 如果将这里的“矿长”理解为“商”,而监督人理解为“官”,则很容易将此模型推广到一般意义的“官商勾结”现象上。德国等地的实证研究也表明,在一个监督相对严格,责任追究机制相对高效、可靠的国家,参与“官商勾结”者的意愿会大大降低,因为从长远来看,腐败行为的收益并不会高于成本。[60] 例如,某企业虽借由“官商勾结”以低品质服务获取了政府的工程项目,但在数十年后的地震中暴露出严

---

[56] 参见龙静云:《经济自由:市场经济内生的伦理品质》,载《武汉大学学报》(哲社版)2006 年 9 月。

[57] 《李克强斥繁冗流程》,载中国政府网:2015 年 4 月 15 日新闻,http://www.gov.cn/xinwen/2015-04/15/content_2847229.htm,最后访问日期:2015 年 4 月 15 日。

[58] 参见唐志君:《行政利益结构:研究行政权力运行的新视角》,载《云南行政学院学报》2000 年第 6 期。

[59] 赵连阁:《中国煤矿安全监督低效:官商勾结还是权利滥用》,载《中国工业经济》2000 年 9 月。

[60] C. Redewitz, Korruption als Wirtschaftliche Handlung, 2014, pp. 38-39.

重工程质量问题,不但受到查处,且要为事故受害者生命、财产的损失而负责,这样的预期收益足以阻吓一般的潜在行贿者。然而,以上环节中每一个关键性节点的可靠性都必须得到保证,这种阻吓才会发生作用。因此,治理"官商勾结"现象是一个综合工程。学者 Klitgaard 就如何改善委托人(国家)—代理人(官员)—客户(商人)之间的"权力—监督"关系,提出了具体措施,可资借鉴:(1)应对代理人进行严格遴选,并加以培训;(2)对代理人与客户之间的利益平衡设置;(3)对代理人与客户的信息进行搜集与分析;(4)重构与改善委托人与代理人之间的关系;(5)提高腐败的道德成本。[61] 其中提高道德成本被置于最后一位,说明在没有理顺制度的前提下过分强调个人道德因素的意义,无益于问题的根本解决。

我国目前的社会政治环境决定了"自上而下"型监督较为有效,如十八大以来中纪委向各省份、重要机构派驻巡视小组,收到了有目共睹的成效。然而,这种监督的发起方仍在权力部门,具有一定的运动性、非常规性色彩,其长效机制值得进一步研究。只有让社会大众积极、有效地发起并参与"自下而上"型监督,才能让腐败得到全方位的遏制。德国学者 Bannenberg 认为腐败的劲敌是"公开",因此强化政府的行政信息公开制度,以及建立由律师充任的"州巡视员"(Landesombudsmann)制度,都是有效的监督措施。[62] 同理,领导干部廉政公示制度的建立,将极大地改善监督权力的效果。另外,腐败犯罪在发达国家也被称为"监察型犯罪"(Kontrolldelikt),意即事前的预警、监控措施,而不是事后的惩罚措施,能最有效地应对腐败犯罪。[63] 据此,设立腐败风险预警机制将是有意义的举措。首先,应进行风险识别,找出"官商勾结"案件的一系列警兆(如前文所注意到的领域参数、职位参数等),建立预警指标的"定性"体系。其次,将前述警兆指标"定量"化,设立预警临界值。一旦警兆数值超过预警临界值,即触发预警警报并实施风险控制措施,具体可以采取三色预警或五色预警的方式。最后,应建立"官商勾结"风险监测和信息收集机制,拓宽信息收集渠道,加强纪检监察机关与人大、政协等

---

[61] R. Klitgaard, Gifts and bribes. In R. J. Zeckhauser, & R. Zeckhauser (Ed.), *Strategy and Choice*, 1991, p. 211.

[62] B. Bannenberg/W. Schaupensteiner, Korruption in Deutschland, 2004, S. 277 f.

[63] B. Bannenberg/W. Schaupensteiner, Korruption in Deutschland, 2004, S. 279.

机关的联系,建立纪检监察机关与组织人事、执法、财政、审计、检察、信访等部门的信息共享机制,及时了解权力运行过程中廉政工作动态信息。

2. 非公权力方

我国"官商勾结"现象的另一个原因在于企业自身。企业(及其经营者)往往出于各种原因对"官商勾结"现象表现出容忍与趋附。企业内部告发(whistle blowing)是国际上日渐兴盛的反腐败有效措施。但在我国,企业内部告发意愿仍较低。[64] 其中的原因在于我国目前存在一定"负向激励效应",腐败行为得不到及时的否定评价,而与之斗争的行为又得不到肯定和弘扬,评价的失范和扭曲使人们对公德产生怀疑,逐渐对腐败行为产生了一定程度的认可。所以,从社会角度,应扭转认为告发者"不忠诚"的传统观念。告发者是基于社会、公众利益的最大化而举报企业的勾结行为的,是一种对社会长远发展有利的行为,社会观念应予以支持,给予告发者应有的社会地位;从企业角度,应建立起行为伦理准则(ethical codes),并依据伦理准则对告发行为予以承认。这足以向社会证明企业的自我纠错能力与(被迫)参与行贿的苦衷,对企业的长远发展也是有利的。[65]

值得强调的是,与官员相比,企业(家)对"官商勾结"现象所负担的责任,应居于次要地位。这是由"官商勾结"现象的根本原因——权力设租所决定的。

(二)微观层面

腐败现象既然最终表现为人的行为,必然与个人心理因素相关。结合上文所列实证数据可知,绝大多数"官商勾结"现象发生于资源交换比较频繁、获利可能性较大的社会领域。这突出体现了"官商勾结"现象在个人层面上是建立在贪婪、获利动机的基础上的。谋取非法利益,"是贪官与奸商共同的犯罪动机,也是他们勾结犯罪的直接原因"。[66]

总之,如果对比外国研究者的经验分析结果和基于我国实际情况的分析

---

[64] J. Keenan, Comparing Chinese and American Managers on Whistleblowing, Employee Responsibilities and Rights Journal, 2007, Vol. 19, p. 87.

[65] E. Pittrof, Whistle-Blowing Systems and Legitimacy Theory, *Journal of Business Ethics*, 2014, Vol. 124, p. 410.

[66] 张文:《论官商勾结犯罪的心理基础》,载《宁波大学学报》(人文版)2009 年第 1 期。

结论来看,似乎西方学者的重心更多地放在个体的理性选择上,而我国的实际情况则告诉我们,重心应该放在社会因素上——不受监管的权力及其对经济的干涉程度才是符合我国国情的最重要的腐败成因。这种侧重点的不同是可以得到解释的。前文已述,西方学者认为,腐败的两个主要变量——风险与收益中,控制后者较难,控制前者相对容易。这是因为在发达国家,前者已经做得相对较好,改进的余地较小。对我国而言,情况却相反。从源头做起控制腐败的收益,实际上意味着减小行政对经济的不当干预,使腐败收益从根本上显得无足轻重。这一点可谓"治本",而不是"治标"。

另外,所有腐败现象的背后都潜藏着金钱利益在作祟,而这常导致人们误认为"官商勾结"现象是市场经济的发展所带来的一种"负面效应"[67]——是市场经济的逐利性强化了人们的拜金主义,而拜金主义又导致腐败横行。我们认为这样的观点在某种程度上颠倒了事实。

首先,上文对实证数据的解读已表明,腐败势力的坐大,在很大程度上正是由于健康、有序的市场力量尚未充分发育,而行政权力对经济事务不必要的干预过分发达所致。因为权力在经济领域的扩张,导致官员有了充分利用权力设租(rent setting)的空间。政府对经济干预的力量越强大,就会"逼迫"越多的企业不得不参与到"官商勾结"中来,以使自己不会在这种不透明、不正当的竞争中面临失败。这显然是一种由权力而不是由市场经济所推动的恶性循环。即便是政府并未动用权力去设租,仅仅由于政府的经济实力不可小觑,其订单、项目在现代社会中本就令企业无法忽视,以至于某些企业会铤而走险,动起"官商勾结"之念。[68] 那么权力设租对企业行贿的吸引力,也就可想而知了。

其次,在一个市场经济发展足够健全的国家,腐败现象会自然而然地逐渐淡出社会舞台。所谓腐败与"官商勾结",本质是无法在正常的市场竞争中胜出者,试图绕过竞争而获得本应通过竞争才能获取的利益的过程。从这

---

[67] 试参考高巍翔:《树立正确的物质利益观:高校党风廉政建设的着力点》,载《电子科技大学学报》(社科版)2010 年第 1 期。

[68] H. Bowen, *Social Responsibilities of the Businessman*, 1953, p. 223.

个意义上说,行贿与受贿,是失败的官僚与失败的商人之间的博弈。[69] 因此,充分透明的、自由的市场竞争,可以自然淘汰这类失败者,从而实现自我净化。在这个过程中,社会才能实现进步。然而,在一个市场自由度不高的社会,商业竞争上的失败者与成功者都必须通过腐败才能免于被权力所淘汰,这样就无法分辨孰优孰劣,最后将以谁的行贿参与度更高来决定其在商业上的胜利。这正是一个由于权力介入而形成的"劣币驱逐良币"的过程。

综上所述,腐败是一个具有严重社会危害性的社会现象,成因具有复杂性与多层次性,具有宏观、微观不同层面。但其中的关键因素不外乎经济自由与国家权力的平衡配置。就像人们对"行贿者与受贿者谁更具有危害性"的问题始终莫衷一是一样,人们对行贿—受贿关系中的两方谁应承担更大责任的问题,也有不同的回答。既然本书的基本立场认为腐败问题的重中之重在于对权力干预经济的限制,那么本书也认同德国著名反腐败问题专家 Eigen 的见解:在"官商"关系中,企业及其经营者的道义责任是第二位的,官员的责任是第一位的。[70]

第二节 腐败成因对刑法教义学的意义:受贿罪的立法目的(法益)分析

弄清腐败成因,对腐败问题的刑事法治具有重要意义。因为这决定了受贿犯罪的立法目的以及基于这种目的所进行的刑法适用是否具有合理性。这一问题在刑法教义学中被称作保护法益(或者犯罪客体)问题。换言之,现行刑法对受贿罪的规制的合法性,从根本上来自受贿罪的法律规范具有一个合理且能反映腐败犯罪内在原因的保护法益。只有针对腐败真正成因去寻找受贿罪的保护法益,才能在此基础上,对受贿罪规范进行正确的适用。这显然是刑事手段规制腐败问题极其重要的一个方面。

---

[69] B. Priddat, Korruption als second-life-economy, in B. Priddat/M. Schmid (Hrsg.): Korruption als Ordnung zweiter Art, 2011, S. 63.

[70] P. Eigen, Das Netz der Korruption, 2003, S. 83 f.

一、对中、德刑法中若干代表性论点的类型化(再)梳理

(一)以国家管理活动、官员职务行为为核心建构的法益

20世纪80年代,我国通说认为受贿罪侵犯的客体是“国家机关正常的管理活动”。[71] 因为国家工作人员经受不住行为人物质或其他利益的引诱和收买,执法犯法,就妨害了国家机关和企业事业单位在对内对外活动中实现自己的职能和任务,甚至“改变了这些部门为人民服务的性质和社会主义的经营方向”。[72] 换言之,贿赂犯罪的本质是行贿者以某种好处换取受贿者不依法行使权利、履行义务,从而为自己换取更大的利益。[73] 这一理解实际将受贿罪视为渎职罪的一种,与“79刑法”的规定是相适应的。

“97刑法”修订后,贪污贿赂罪与渎职罪分属不同章,“职务活动廉洁性说”脱颖而出。[74] 其认为受贿行为“背离了为政清廉的义务,损害了党和政府在人民群众中严明公正的形象”,[75]此说已成为我国新通说。鉴于此处“廉洁性”明确针对职务行为,且提倡者并没有明确区分“背离为政清廉义务”与“妨碍了国家机关对内对外职能的行使”,[76]职务活动“廉洁性”与国家机关管理活动的“正常性”并没有本质区别。因此,这种理解下的“职务活动廉洁性说”可认为是“国家机关正常管理活动说”适应新刑法的变体。另有学者提出,“廉洁性”就是职务活动的不可收买性,[77]这个意义上的“职务活动廉洁性说”实质是“职务行为不可收买性说”。

---

[71] 参见雷鹰:《谈谈受贿罪》,载《法学研究》1982年第5期;罗平:《论贿赂罪》,载《辽宁大学学报》(哲社版)1985年第1期;高铭暄主编:《刑法学》,北京大学出版社1989年版,第703页;陈立:《受贿罪若干问题新探》,载《厦门大学学报》(哲社版)1989年第3期。

[72] 参见高铭暄主编:《中国刑法学》,中国人民大学出版社1989年版,第589页;雷鹰:《谈谈受贿罪》,载《法学研究》1982年第5期;罗平:《论贿赂罪》,载《辽宁大学学报》(哲社版)1985年第1期。

[73] 参见杨春洗、刘生荣、李卫红:《对贪污罪、受贿罪几个问题的探讨》,载《法学论坛》1990年第1期。

[74] 参见赵秉志主编:《当代刑法学》,中国政法大学出版社2009年版,第731页;高铭暄、马克昌主编:《刑法学》,北京大学出版社2012年版,第607页;王作富主编:《刑法分则实务研究》,中国方正出版社2013年版,第1619页;类似观点无须一一列举。

[75] 马克昌主编,吴振兴、莫洪宪执行主编:《百罪通论(下)》,北京大学出版社2014年版,第1169页。

[76] 高铭暄、马克昌主编:《刑法学》,北京大学出版社2012年版,第608页。

[77] 刘艳红主编:《刑法学(下)》,北京大学出版社2014年版,第408页。

我国学者黎宏先生主张受贿罪的法益为“国家工作人员职务行为的公正性”。[78] 此处“职务行为的公正性”的要义为“客观公正地为所有的人民服务”,这与(新)通说主张的“职务活动的廉洁性”本身并没有本质区别。尤其当此说将对“公正性”的侵犯理解为一种“可能对公正性产生影响”的状态时更是如此,只是在用语上较后者精确一些,法律性更强而政治意味减弱。

在德国,有学者认为受贿罪的法益是整体性的国家活动,任何违法的职务行为,都将使“整体性国家活动”受到损害。[79] 这一概念与国家机关正常管理活动说并无二致,与“职务廉洁性说”相似的观点就更多了。德国魏玛共和国帝国法院在其刑事判决书(RGSt 72,174)中指出,贿赂犯罪所侵犯的是“职务活动的纯粹性”。[80] 德国“刑法施行法”(EGStGB)草案中明确将贿赂犯罪的法益解释为“公务的纯洁性”。[81] 且在该草案中并未严格区分“公务的纯洁性”与“公务的不可收买性”,两个概念被任意连用,似乎保护了“公务纯洁性”这一法益,也就等同于避免了职务行为的被收买性以及公职人员的偏私性。[82]

之所以将“国家正常管理活动”或“整体性国家行为”与“职务行为廉洁性”或“公务行为纯洁性”视为同一类法益,是因为在贿赂犯罪领域,前者与后者具有逻辑一致性,两者只是侧重点有所不同,但当发生了后者的损害时,必然导致前者的损害,反之亦然。

(二)以制度、原则为核心建构的法益

此类观点的核心在于,某类保障廉政的制度或原则本身,即是贿赂犯罪的保护法益。

我国学者赵长青先生认为只有对廉政制度的侵犯才最能体现受贿罪的本质特征,[83]是为“公务人员廉洁制度说”。当然,因为该说与“职务行为廉洁性说”均涉及“廉洁”二字,两者存在一定相似之处,但区别是明确的。所谓

---

[78] 黎宏:《刑法学》,法律出版社 2012 年版,第 950 ~ 951 页。

[79] Vgl. H. Wagner, JZ 1987, 594, 599.

[80] T. Friedhoff, Die straflose Vorteilsannahme, 2012, S. 18.

[81] Vgl. M. Korte/Muechner Kommentar StGB (2014), § 331 Rn. 3 – 4; *siehe auch* BT-Drucks. 13/5584.

[82] BT-Drucks. 7/550 (S. 269).

[83] 参见赵长青著:《经济犯罪研究》,四川大学出版社 1997 年版,第 563 ~ 564 页。

廉政制度,是抽象的体制性存在,是国家和人民对所有公务人员的一种系统性的要求;而职务行为则是具体人员针对某一事项作出的行为。侵害廉洁制度的行为不一定总是体现在具体的职务行为上。类似的观点还有"正常廉政管理秩序说"[84]等。

我国学者张明楷先生认为,我国通说中的"廉洁性"含义不甚明确,无法区分是纯洁性立场还是不可收买性立场,因此应将受贿罪的保护法益明确为"国家工作人员职务行为的不可收买性",也即公务人员职务行为与财物的"不可交换性"。主要理由在于公务人员的宗旨就是为国民服务,职务行为既然已经取得了法定的报酬,则不能再从公民或其他单位收取报酬,这是杜绝权力滥用的基本措施。[85] 这实际上与19世纪德国学者Binding所提出的"公务行为无酬原则"基本一致。贿赂犯罪正是对这一原则的破坏,[86]所以此说也是以原则为核心建构法益的。但此说与通说(廉洁性说)是否存在真实的差异?从语源来看,"廉"字的本义有五,其中唯一相关的第三义为"不苟取",[87]指的就是"不可收买性"而不是"行为纯洁性"。这样看来此说与通说的区分似乎是多余的。但是前文已提到,支持通说的学者往往仍以妨碍职务行为、违背"履行职务的基本要求"甚至"对所在单位工作秩序、工作纪律造成严重破坏"[88]——职务行为的纯洁性来解释对廉洁性的侵害,这就反过来确证了通说与此说的差异。

在德国,"公务无酬原则说"在理论和实务部门曾影响较大。学者Henkel赞同Binding的"公务无酬原则",指出凡侵犯该原则者都违反了对于国家的忠实义务,并且损害了针对吏治的一般信赖。[89] 其他类似的观点还包括德国学者Wagner所提出的"国家财政支出制度说",意即公务人员因公务只能接受法律所允许的薪酬,此即国家财政支出制度,来自私人的酬劳没有

---

[84] 参见黄铁文:《浅谈新时期受贿罪客体的新探讨》,载《法制与经济》2012年第12期。

[85] 参见张明楷:《刑法学》,法律出版社2011年版,第1063页;张明楷:《法益初论》,中国政法大学出版社2003年版,第627~630页。

[86] Vgl. H. Henkel, JZ 1960, 507, 508; 另可参见马克昌主编,吴振兴、莫洪宪执行主编:《百罪通论(下)》,北京大学出版社2014年版,第1167页。

[87] 参见王力主编:《王力古汉语字典》,中华书局2000年版,第278页。

[88] 参见王作富、刘树德:《刑法分则专题研究》,中国人民大学出版社2013年版,第397页;贾宇主编:《刑法学》,中国政法大学出版社2011年版,第538页。

[89] Vgl. H. Henkel, JZ 1960, 508.

法律依据,因此侵害了这一制度。[90] 由此可见,所谓“国家财政支出制度说”与“无酬原则说”“不可收买性说”的内涵仍是大同小异的。

(三)以国家意志为核心建构的法益

德国学者 Kaufmann 认为,受贿罪唯一的法益就是国家意志未受不法行为所篡改的状态,而且足以产生伪造国家意志危险的行为即可被刑法规范所禁止,[91]此即“国家意志不受伪造说”。换言之,官员因贿赂而产生的行为意志与他奉公守法时产生的行为意志是不同的,后者才符合国家的意志,前者则是被篡改的。[92]

(四)以信赖为核心建构的法益

德国学者 Schroeder 认为,任何为公职而接受礼物的行为都损害了国之公器的威望,也损害了公众对官员裁处公正性的信赖,因此损害了国家行为所应该具有并保障的那种价值,[93]此即“信赖说”。该说的适应性相对较强,不但可以涵盖违法或不违法的职务行为,对接受利益行为与职务行为之间的关联性也没有特别的要求。只要官员通过该行为向外界发出了行贿者准备将这名官员拉进其“阵营”的信号,即构成对法益的侵犯。[94]

值得注意的是,信赖本身是一个抽象的概念,以其作为法益,需要补全信赖的内容。多数学者认为这里的信赖是对官员行政行为公正性的信赖;[95]其他学者则将其表述为对职务行为不受收买性、纯洁性或是对行政完整性的信赖。[96] 但无论如何,对某种事物的信赖与该事物本身是两个不同的法益,对公正性的信赖并不等于公正性本身。[97] 既然本类观点认为贿赂犯罪的法益是信赖,这就与制度原则类法益、职务行为类法益自然地划清界限。正因如此,破坏对职务行为公正性的信赖所需要的条件与破坏职务行为的公正性本身是完全不同的。前者的着眼点在于行为人向公民清楚地宣示了利益给予与接

[90] H. Wagner, Amtsverbrechen, 1975, S. 271.

[91] Vgl. A. Kaufmann, JZ 1959, 375, 377.

[92] Vgl. B. Heinrich, Der Amtstraegerbegriff im Strafrecht, 2001, SS. 244 – 245.

[93] H. Schroeder, GA 1961, 289, 292.

[94] T. Friedhoff, Die straflose Vorteilsannahme, 2012, S. 20.

[95] Siehe z. B. H. Schroeder, GA 1961, 292 f.; U. Kindhaeuser, ZIS 2011, 461, 465.

[96] J. Graupe, Die Systematik und das Rechtsgut der Bestechungsdelikte (Diss.), 1988, S. 99.

[97] 因此公正性说也不等于信赖说。相反的观点参见李邦友、黄悦:《受贿罪法益新论》,载《武汉理工大学学报》(哲社版)2013 年第 2 期。

受方的关系超出了一般社会容许的范围,也即让民众形成了职务行为可被收买的印象即可;而后者则要求实际进行不公正的职务行为。[98] 近年来,我国学者亦开始有主张此说者。[99]

(五)混合类型的法益

将多种类型法益说混合起来,可组成一个复合法益。如德国联邦法院认为,贿赂犯罪的法益既是针对职务行为的公正性与不被收买性的信赖,也是针对职务行为纯洁性的信赖,但有时又直接认为职务行为的纯洁性本身就是保护法益。[100] Lackner/Kuehl 版刑法典条文解释认为贿赂犯罪的法益既是对国家功能承担者不被收买的信赖,同时也是对国家决策的公正性的信赖,并以此来保障国家意志不受伪造,职务行为的纯洁性不受侵犯,使得国家行为的权威性不受动摇。[101] 复杂到如此程度,实际上已将前述各种理解都包含进去了。

二、刑法教义学的视角:现代法益理论对贿赂犯罪侵犯客体的第一次筛选

法益概念具有"体系内在"与"体系超越"两大功能,其中前者主要以目的论方式解释刑法规范及规范体系构造。无论在我国还是德国,在刑法教义学框架内对贿赂犯罪保护客体的探讨,传统上都是建立在法益的体系内在功能之上的。

值得注意的是,法益并不是"法条之益",法益的功能不全在于为实定法体系"作注解"。因为即便立法者可以恣意挑选法益或决定法益内容,但一旦决定之后,他就必须依照法益的体系内在功能,在逻辑的框架内应用与解释法益及相关刑法规范。正因如此,在刑法教义学框架内出现困局的时候,应跳出"体系内在"功能的圈子,选择更加广阔的视角。

(一)利用法益"体系内在"功能对代表性论点进行筛选的努力

1. 针对管理活动、职务行为说的批判及其困局

针对"国家机关正常管理活动说"的批判进行得最早,结论也最一致。

---

[98] Vgl. T. Friedhoff, Die straflose Vorteilsannahme, 2012, S. 20; 亦参见张明楷:《刑法学》,法律出版社 2011 年版,第 1059 页。

[99] 如王春福:《受贿罪法益之展开》,载《人民检察》2009 年第 21 期;郑泽善:《受贿罪的保护法益及贿赂之范围》,载《兰州学刊》2011 年第 12 期;周光权:《刑法各论》,中国人民大学出版社 2008 年版,第 492 ~ 493 页。

[100] Vgl. M. Korte/Muechner Kommentar StGB (2014).

[101] K. Lackner, Lackner-Kuehl-Kommentar StGB (2014), § 331 Rn. 1.

但仔细审视会发现批判的理由并非没有可商榷之处。有学者指责这个概念不够具体、准确，内涵不清，难以对受贿罪构成要件的解释起到指导作用。[102] 然而，与类似概念相比，“国家机关的正常管理活动”的内涵、外延已相对清楚。在我国，国家机关已有明确定义，其正常管理活动也有相对明确的法律、法规标准。固然对“正常”二字作进一步的解释仍有必要，但该词并不比“廉洁”“信赖”等用语更模糊。

一种更详细的反驳理由认为，此说意味着“国家机关的正常活动受到破坏是受贿罪的结果，于是一方面只有当索取、收受财物的国家工作人员认识到这种结果并且希望或者放任这种结果发生时，才成立受贿罪；另一方面，只有当受贿行为客观上破坏了国家机关正常的管理活动时，才成立受贿既遂。但是，受贿罪的主观要件并不包括上述内容，受贿罪的既遂标准也不是国家机关的正常管理活动受到破坏。”[103]这种观点可能混淆了“法益侵害”与“犯罪结果”这两个概念。[104] 如果国家机关正常活动是受贿罪的法益，那么“机关活动受到破坏”是法益侵害，但并非该罪的犯罪结果。因为犯罪结果是时间与空间上与行为相分离的效果，[105]并不是所有的犯罪必备的。事实上，如果受贿罪是个行为犯[106]或抽象危险犯[107]，其既遂标准就可不依赖于国家机关正常管理活动的实际破坏而存在。至于受贿罪的主观要件与国家机关正常活动的关系，如果从一般刑法理论上理解，会发现这两者并不属于同一层面的话题。主观方面构成要件在范围上只需要与客观方面构成要件相一致，而如果受贿罪的法益是国家机关正常活动，则该罪的客观方面自然已经包含并完整体现了对国家机关正常活动的破坏。因此行为人在犯罪故意方面所要知晓及希望或放任的事实，仅仅是本罪客观方面的构成要件事实，而不需要具体到本罪法益在学理上的确定。从这个意义来说，无论受贿罪的法益具体被确定为

---

[102] 参见马克昌主编，吴振兴、莫洪宪执行主编：《百罪通论（下）》，北京大学出版社 2014 年版，第 1169 页；张明楷：《刑法学》，法律出版社 2011 年版，第 1062 页。

[103] 张明楷：《刑法学》，法律出版社 2011 年版，第 1062 页。

[104] Vgl. Xiong Qi, Strafrechtlicher Umgang mit Produktgefahren in der VR China, in G. Freund u. a. (Hrsg.): Strafrechtliche Verantwortlichkeit fuer Produktgefahren, 2015, SS. 28 – 29.

[105] Vgl. C. Roxin, Strafrecht AT, 2006, Rn. 10/102 ff.

[106] So z. B. G. Heine, Schoenke-Schroeder-Kommentar StGB (2010), § 332 Rn. 1.

[107] So z. B. C. Sowada, Leipziger Kommentar StGB (2009), § 331 Rn. 39 f., § 332 Rn. 1.

什么，主观故意的认识与意志因素都只需要与客观方面的情状发生关联，这即足以说明行为人知晓并希望或放任本罪的保护客体可能受到侵害的事实了。[108]

还有观点认为，“对那些接受贿赂并未为他人谋取什么利益的，很难说侵犯了国家机关的正常活动”。[109] 但“国家机关正常管理活动说”阵营很早就对此作出了回应：即使这种（贪赃而不枉法的）行为有时可能并不影响公务行为合法、正当的执行，“也会改变公务行为的性质，从而败坏国家机关或企、事业在人民心目中的威信和人民对公务人员依法执行公务的信赖，同样也就破坏了国家机关或企事业的正常活动。”[110]当然，这实际上将“正常”二字作了广义理解，将“信赖”元素融入其中，已成为狭义“国家机关正常活动说”与“信赖说”的杂糅。然而，如前文所述，因为顾及法益说的解释力问题，很多复合理论中的法益最终都成了包罗万象的概念，要么大规模扩张关键的词义；要么为关键词罗列、填充很多定语或补语。“职务行为廉洁性说”虽然在语法上仍以廉洁性修饰行为，因而同样会遇到面临“贪赃不枉法行为”解释力较弱的问题。[111] 但实际最后也通过对“廉洁性”（及其扩张词义）的强调而试图消解该问题。[112] 那么，通过强调国家机关活动的“正常性”来消解同一性质的质疑，不也是可以接受的吗？

在德国法方面，主要反驳观点认为“职务活动的纯粹性”过于宽泛、笼统，并不是贿赂犯罪的专属法益，无法与渎职等犯罪相区别。[113] 然而这一反驳也存在值得商榷之处。上文已对宽泛性的指责作出了回应，兹不赘述。至于法益对罪名的区分能力，显然不是犯罪的硬性要求。按照德国刑法，即便处

---

[108] Vgl. A. Henn, JA 2008, 699, 702.

[109] 马克昌主编，吴振兴、莫洪宪执行主编：《百罪通论（下）》，北京大学出版社 2014 年版，第 1169 页。

[110] 陈立：《受贿罪若干问题新探》，载《厦门大学学报》（哲社版）1989 年第 3 期。

[111] 参见张明楷：《刑法学》，法律出版社 2011 年版，第 1063 页。

[112] 参见马克昌主编，吴振兴、莫洪宪执行主编：《百罪通论（下）》，北京大学出版社 2014 年版，第 1169 页，这里作者试图以“党和政府在人民群众中严明公正的形象”（以法律话语来说即是“信赖利益”）来填充对“廉洁性”的理解，这与陈立：《受贿罪若干问题新探》，载《厦门大学学报》（哲社版）1989 年第 3 期文中以“信赖”填充对国家机关活动“正常性”的理解并无本质区别。另参见黎宏：《刑法学》，法律出版社 2012 年版，第 951 页，这里作者以“可能对职务行为的公正性产生影响”替换了对“公正性”的本来理解。

[113] Vgl. J. Graupe, Die Systematik und das Rechtsgut der Bestechungsdelikte (Diss.), 1988, S. 95.

于不同章节的犯罪,其法益完全一样者也屡见不鲜。例如,重放火罪(属于危害公共犯罪)与故意杀人罪(属于针对生命的犯罪)的保护法益都是(个体)生命,[114]按此说法,生命也成了一个不具有区分功能的宽泛型法益,这显然是不成立的。根据德国现行法,"贪贿而不违法"的行为也要处罚,而"职务活动纯粹性说"似乎与此并不相符,[115]这似乎留下了一处把柄。然而,这种看法仍然过分执着于实害犯形态,而没有认识到如果将受贿罪视为危险犯,这个指责也站不住脚。[116]

2. 针对无酬(不可收买)原则说的批判及其困局

我国学者针对"无酬原则说"(不可收买性说)的批判主要有两点:一是认为此说无法解释斡旋受贿行为,因为此时不是职务行为,而是斡旋行为成了收买的对象。[117] 然而,既然贿赂是斡旋行为的对价,更重要的是,斡旋受贿的主体仍被限定为国家工作人员,那么只能认为斡旋行为仍是广义的职务行为,[118]在这个意义上,"不可收买性说"并无不妥之处。二是认为此说与职务公正性说并没有实质区别,因为当人们追问为什么不可以权换利时,终极的答案将仍是"因为可能会引起不公正的职务行为"。[119] 本书赞同这种思路,但在细节上尚存在两点疑问:第一,既然在实定法框架内,法益的体系内在功能主要是为了解释构成要件,而"不可收买性说"的法益概念(在多数情况下)已足以合理解释受贿罪的构成要件,那么即已完成其主要使命,这时有什么必要进行下一步追问?第二,这种追问到哪一级为止?如果可以由"为什么权力不可收买"追问至"因为可能引起不公正职务行为",那么似乎找不到理由不继续追问"为什么不公正职务行为必须通过刑罚来禁止"。既然没有合适的理由认为第一种追问是真正"终极"的,那么这种刨根问底的追问最后必然会涉及法益在实定法之外的本质问题,而这并非法益的体系内在功能可以解答的。这恰好说明,在实定法的体系内"兜圈子"无助于解释某些带有

---

[114] H. Radtke, Muenchner-Kommentar StGB (2014), § 306a Rn. 4.

[115] Vgl. K. Geppert, Jura 1981, 42, 46.

[116] Vgl. D. Doelling, JuS 1981, 570, 574.

[117] 郑泽善:《受贿罪的保护法益及贿赂之范围》,载《兰州学刊》2011 年第 12 期。

[118] 参见张明楷:《刑法学》,法律出版社 2011 年版,第 1063、1073 ~ 1074 页,尤其是第 1074 页注释 51。

[119] 黎宏:《刑法学》,法律出版社 2012 年版,第 951 ~ 952 页。

"终极性"色彩的问题。

在德国法方面,针对"无酬原则说"(不可收买性说)的技术层面的批判,主要集中在该原则本身并不妥当之上。德国学者 Schroeder 很早就指出,既然存在不领取国家固定薪酬,而是从具体公务收费中获取酬劳的制度,即已说明公务活动可以是有偿的,而且这一制度与法治国原则并不冲突。[120] 因此,公务活动"无酬原则"被很多学者认为是一个伪原则。然而这样的指责并不准确。即使德国的支付官员制度使公务活动在一定范围内有偿化,但这仍是建立在严格法律制度上的法定有偿,[121]因此问题的实质并不是公务活动的有偿或无偿,而是这种有偿是否合法。换言之,刑法禁止的是针对公务的不合法有偿性,而不是合法有偿性。[122]

因此,如果从"无酬原则"修正为"合法酬劳原则",似乎足以避免逻辑问题。然而,刑法为何要在贿赂犯罪中对如此具体的原则或制度作为法益加以保护? 接受无法律根据的利益在任何情况下都侵害贿赂犯罪的法益吗?[123] 实际上,"无酬原则"本身只是一个直接保护目标,其身后还隐藏着更深层次的价值。[124] 然而,这个本质价值究竟是什么,答案可谓五花八门。有学者认为是"公正的职务行为";[125]有学者认为是"公务的纯洁性"及社会大众对这种纯洁性的"信赖",[126]至今也没有形成统一的观点。这再次说明,无论是中国法还是德国法,仅凭实定法的框架都无法彻底解决该问题。

3. 针对国家意志说的批判及其困局

除非将重心放在伪造国家意志的"危险"而不是"实害"上,才能调和此说与实定法的立场。但这种自圆其说的努力最大的问题在于,其名义上将法益视为国家意志不可伪造性,实质却将法益理解为公职行为不可收买性或国民对此的信赖。但将不可收买性或国民信赖仍安插在国家意志不可伪造性名下是不妥当的。例如,一个内心准备枉法行政的人在接受礼物时已引起国

---

[120] Vgl. H. Schroeder, GA 1961, 289 – 290.

[121] OLG Karlsruhe 31. 08. 2006, 12 U 60/06; H. Buchberger, Schiedsamtszeitung 1969, 136a.

[122] Vgl. schon H. Schroeder, GA 1961, 290; *siehe* auch H. Wagner, Amtsverbrechen, 1975, S. 233.

[123] Vgl. U. Kindhaeuser, ZIS 2011, 463.

[124] B. C. Sowada/Leipziger Kommentar StGB (2009), Rn. 30.

[125] H. Schroeder, GA 1961, 290; Vgl. D. Doelling, JuS 1981, S. 574.

[126] V*gl*. B. Heinrich, Der Amtstraegerbegriff im Strafrecht, 2001, S. 243.

家意志篡改的危险(有向内的危险),但不一定引起国民信赖的动摇(无向外的危险);相反,当一个接受礼物的行为可能引起国民疑虑时(有向外的危险),不一定表明当事者已准备违法行政(无向内的危险)。[127]

虽然本书并不持"国家意志伪造说",但对此的批判同样存在一定的问题。因为"国家意志伪造说"完全可以主张,只需要行为人引起向内或向外危险中的任何一项,即视为有篡改国家意志之风险。换言之,将向外危险视为国家意志伪造的实害;将向内危险视为国家意志伪造的危险,则该说统一于两个性质相异的事物之间的选择关系。但难以从德国立法者的态度中找到理由来反对将贿赂犯罪视为危险犯,[128]所以这种批判又陷入了僵局。

更重要的是,"国家意志"这一政治概念在构成要件层面的具体化是一桩难题,因为贿赂犯罪毕竟不是危害国家安全的犯罪,并不直接保护国家法益。更何况在社会现实生活中,作为公民权利集合体的国家一旦形成,就与具体的公民权利产生了相对独立性,国家权力的运行与扩张并不总有利于公民的幸福,[129]所以笼统的"国家意志"不应该成为贿赂犯罪的(最终)保护法益。

4. 针对信赖说的批判及其困局

在德国,信赖说是较有力的学说,具有较广泛的适应能力。但有学者提出,依照此说,在接受不法利益时,行为人内心是否保留不枉法行政的打算是完全无关紧要的。但这本应是关系到犯罪是否成立的重大事项,并不是无关紧要的。[130] 其中更深一步的逻辑则是:既然以信赖作为法益,则意味着引起国民不信赖"印象"的行为即可处罚,而假如一个行为人虽然有贪赃行为却最终没有枉法时,固然已经无可挽回地给公众留下了不信赖的印象,但最终这个印象难道不是一个"错误"吗?刑法连民众错误的印象也需要保护吗?所以德国学者 Ransiek 指出,国家并没有什么站得住脚的理由动用刑罚去制裁一个引起了公众错误印象的人:错误的印象需要被纠正,而不是用刑罚来加

---

[127] Vgl. B. Heinrich, Der Amtstraegerbegriff im Strafrecht, 2001, SS. 245 – 246.

[128] Z. B. BT-Drucks. 7/550, S. 270.

[129] 参见何荣功:《"重刑"反腐与刑法理性》,载《法学》2014 年第 12 期。

[130] Vgl. B. Heinrich, Der Amtstraegerbegriff im Strafrecht, 2001, S. 251.

以维护。[131]

虽然这种批判在逻辑上很有说服力,但其困局在于它从根本上否认了以罗马法立场为源头的立法主义。而无论是德国还是我国,贿赂犯罪的刑事立法都是兼采罗马与日耳曼法源的。根据罗马法立场,即便只是引起了民众错误的印象(如行为人收受财物后虚假承诺为他人谋取利益,但实际既无这样的打算,也无这样的行为),行为人也应该为此"埋单"。[132] 最终,这种批判上升成为一个刑事政策学的问题:到底是罗马法立场太苛刻,应该被现代刑法理念所淘汰,还是批判者太宽松,以至违背了实定法规范的应有之义?这显然超出了法益的体系内在功能所能回答的范畴。

混合类型的法益理论几乎完全由以上核心法益叠加形成,所以以上的分析也可适用,不再赘述。

(二)精神化法益观的循环逻辑链条以及集体法益理论的迷思

1. 循环推导的逻辑链条

从实定法规范体系的视角来看,学说之间的聚讼在短期内不可能得到统一。不但中德两国的各种学说存在一些问题,而且对其进行的批判自身也存在问题。除上文分析的各种细节问题的复杂性之外,这种现象与贿赂犯罪的法益被认为是"集体法益"也有相当大的关系。

一般而言,个人法益与普通公民的生活实态具有更直接、更紧密的联系,而集体法益则不然,其较容易被各种抽象概念填塞。在极端情况下可能脱离社会现实,从而更可能被任意加以解释。对于贿赂犯罪而言,集体法益被过分地抽象、拔高,可能带来以下两方面后果:

第一,在实然的层面,对于贿赂犯罪法益"是什么"的问题,各种回答之间的差异可能被一个抽象的概念"消解",具体又包括两种模式:一为"统摄型",假设某罪的法益原有 A、B、C 三说,如果有一个新理论认为法益 X 能同时涵盖 A、B、C 三者,那么 X 最有可能是集体法益。二为"互指型",假设某罪法益原有 A、B 两说,现在 A 说认为该法益同时也是 B,B 说认为法益同时也是 A,这样两说的本质差异也就消弭了。例如,虽然将受贿罪法益视为"职

---

[131] Vgl. A. Ransiek, StV 8/96, 446, 450.

[132] 参见张明楷:《刑法学》,法律出版社 2011 年版,第 1068 ~ 1069 页。

务行为不可收买性”,但又将这种“不可收买性”解释为包括“公民对职务行为不可收买性的信赖”,这就是一种试图消弭“信赖说”与“不可收买性说”之间差异的努力。[133] 而为了让 A 法益看起来也能兼容 B,需要将其设定为越抽象越好,结果就会得到一个空泛的集体法益,看似什么都能囊括,却什么都没有解释清楚。这样一来,刑罚的预防功能就与法益的抽象程度渐行渐远了。[134] 换言之,个罪法益理论越是在各种论战中立于不败之地,可能对司法实践就越无用。

第二,在应然层面,对于贿赂犯罪保护客体的本质“应该是什么”以及“为什么”采纳某说的问题,抽象的集体法益概念尤其不能令人满意地给出答案。相反,其特有的构造方式决定了集体法益更容易成为立法者扩张处罚权的工具。[135]

从法益概念史来看,目的论法益说正是这种思路的先驱。德国学者 Honig 认为,立法者动用刑罚的标准来自抽象的集体价值,例如,“流传已久的民族观念以及植根于民族意识中的文化”,所以法益不外乎是一种被用来探求具体法条的意义与目的的命令综合体。[136] 据此,刑法保护的就是某种集体性质的抽象价值,而法益就是探求这种价值所用的目的论工具。德国学者 Gallas 将该理论视为法益概念的“精神化”,[137]清楚地揭示了这种学说因过分抽象化导致法益丧失实质内容的特点。在这种情况下,立法者只需要将想要保护的事物上升(或篡改)为“抽象集体价值”就行了。这实际上是一条危险的“循环论证”之路,这种空洞的概念结构曾在很大程度上方便纳粹主义者将自己所需要的任何东西往刑法规范中填塞。[138]

某些以“制度”为核心建构的法益学说,恰好体现了这种思路:正因为国家廉政制度就是国家用来防止贿赂的制度,如果将廉政制度视为法益,则完全等于与将防止贿赂的制度视为法益。这就在逻辑上出现了循环。换言之,对于立法者而言,如果需要防止事物 X 的出现,只需要设立一个刑事规范禁

[133] 参见张明楷:《刑法学》,法律出版社 2011 年版,第 628 页。
[134] Vgl. W. Hassemer, NStZ 1989, 553, 557.
[135] Vgl. W. Hassemer, NStZ 1989, 557 f.
[136] R. Honig, Die Einwilligung des Verletzten, 1919, SS. 93 – 94.
[137] W. Gallas, in: G. Dahm u. a. (Hrsg.) Festschrift fuer Gleispach, 1936, S. 57.
[138] Vgl. W. Hassemer, Theorie und Soziologie des Verbrechens, 1973, S. 49.

止X,然后宣布本罪的法益是Y,且Y就是X的禁止状态,那么这整个逻辑链条固然是自洽的,但也是空洞无力的,它无法说服除了立法者之外的任何人。而廉政制度就可以成为这样的Y,所禁止的贿赂就是X;以同样的逻辑也可以说公职行为的无酬性/不可收买性就是这样的Y,它所禁止的有偿性就是X。推而广之,假设一个国家打算用刑法禁止互联网,也可以宣称相关罪名的法益Y就是X(互联网)的被禁状态。这样的法益就算可以"指导犯罪构成要件的解释",仍是经不起考验的。德国学者Roxin也强调,当人们打着集体法益的旗号让刑法规范去保护一些模棱两可的概念,但实际上人们并不能从中真的找到对个人法益的保护,那么这种情况就叫作"伪法益"(Scheinrechtsgueter)。[139] 这也正是前文列举的贿赂犯罪法益学说聚讼的局限性所在。

这个循环推导逻辑结构的关键,在于其中的法益(Y项)必须是抽象的集体法益,只有这样它才能做到与X的禁止状态全等。此时的Y项是一个没有独立存在价值,完全依附于规范本身的事物,而这个事物显然不可能由个人法益充任。例如,我们不可能将故意杀人罪代入同样的逻辑链条。例如,立法者设立了刑事规范禁止故意杀人(X),但人们并不会相信此处的法益Y全等于X的禁止状态。因为社会常识告诉我们,故意杀人之所以被禁,并非出于立法者的恣意,而是出于显而易见的与个人有关的原因,这种原因无法被宏大叙事的集体价值所统摄。换言之,只有当Y是个人法益时,才能不依赖于X独立存在。

2. 集体法益理论与贿赂犯罪

当然,并不是所有的集体法益都有这样的痼疾,否则现行刑法体系将只剩下保护个人法益的刑法规范与无法被合法化的刑法规范这两类了。那么,集体法益如何才能避免上文所提到的"没有独立存在价值"的境地呢?

一方面,一元论的法益观认为法益只有一个真正的本源,要么来自个人,要么来自集体。其中前者为个人主义一元法益观(personale Rechtsgutslehre),后者为国家主义一元法益观,目前后者的影响力已远小于前者。前者认为,个人法益,如生命、健康、财产等,是毫无疑问值得动用刑法保护的法益;而社会公众

---

[139] Vgl. C. Roxin, Strafrecht AT, 2006, Rn. 2/10.

的利益(传统所谓国家法益与社会法益)只有在“间接用来保护个人利益”的情况下才值得动用刑法加以保护;更重要的是,此说认为公众法益是由个人法益所“导出”(Ableitung)的。[140] 换言之,现代刑法世界里并不存在没有个人法益作为根基的公共法益。

但是,此论并没有清晰地回答这种“导出”关系的本质究竟为何。根据德国学者 Hassemer 的论述,本书认为在个人主义一元论的框架下,至少存在两种不同的模式:[141]

(1)通常被认为的集体法益其实是虚假的,真正受保护的是地道的个人法益。如环境犯罪,人们通常认为其保护法益是“清洁的环境”“自然生态”这样的抽象法益(集体法益),而实际则是普通的生命权与健康权等个人法益。在这种模式中,“导出”关系排挤掉了集体法益的存在性:“环境清洁”是从人的生命与健康权中导出的,其本身并没有独立存在的必要与价值。因此,所谓集体法益不过就是个人法益保护的前置化状态,[142]所谓集体法益的实害犯,就等于个人法益的危险犯。

(2)一般公认某罪名所保护的集体法益确实是存在的,但应突出与个人法益的关系。如伪证罪确实是个司法秩序类法益,但需要和个人法益联系起来才有效:真正的法益是“参与法交往的全体公民”以及对证据完整性有兴趣者的利益。这种情况下,“导出”关系没有排挤掉集体法益的独立存在性。所以,在一元论的视角下,有一点是清楚的:贿赂犯罪的法益一定要和真实而具体受害的个人法益有关。但其是否独立存在,仍没有定论。此处姑且将第二种处理称为“准个人法益”。

另一方面,二元论的法益观则认为个人法益与集体法益原本就是各自独立存在的,两者之间不存在导出关系。当一个法益可以被所有人非排他性利用时,即为集体法益。贿赂犯罪的法益就是如此,它无法被精确还原为具体个人的具体利益。[143] 可以看出,这种二元论仍然以个人法益为终极价值依

---

[140] W. Hassemer/Alternativkommentar StGB (1990), vor § 1, Rn. 275 – 279.

[141] Vgl. W. Hassemer/Alternativkommentar StGB (1990), vor § 1, Rn. 277 – 280.

[142] Vgl. W. Hassemer, NStZ 1989, 557.

[143] L. Kuhlen, ZStW 105 (1993), 697, 704.

归，[144]只是认为在某种社会变革条件下，仅保护个人法益是不足的。因此，即使根据二元论，完全依附于政府部门利益的、空洞的集体法益也是不可接受的。[145] 限于篇幅，在此不对一元论与二元论之争进行过多评价。但无论何者，对（被认可的）集体法益的要求则是共同的，即需要与某种实在的个人利益发生关联。

据此可对法益说进行（第一次）筛选：以国家管理活动、廉政制度与原则以及国家意志为核心建构的法益说是不令人满意的，因为其在很大程度上就是立法者的禁止性规范的同义反复。留待进一步思考的则是信赖说。

三、刑法教义学之外的视角：腐败成因对贿赂犯罪侵犯客体的第二次筛选

利用法益的“体系超越”功能，人们可以在实定刑法规范之外的世界为贿赂犯罪的法益找到一个独立、有说服力的位置。而正因为这一功能要求对现行法规范体系进行批判性的审视，所以对贿赂犯罪的法益进行第二次筛选，需要将观察视角从实定法规范转至社会实态。

（一）实证研究中的腐败成因

前文已提到，不论是基于国际实证研究的结论还是基于对我国情况进行的实证分析，腐败的发生总是基于某些真实的社会—经济因素。遏制腐败的刑事措施应该瞄准这些实在的社会—经济因素，而不是虚无缥缈的抽象概念。

对于我国而言，从实证的角度来看腐败行为，其最突出的特征在于权力的交换性。作为理性经济人（homo oeconomicus），行贿者之所以会主动输送利益，冒着风险寻求贿赂“官”的机会，其动机当然在牟利。一旦官员手中权力不复存在，即使行贿，其预期利益也不足以抵消成本，行为的驱动力也就消失了。所以，贿赂犯罪的根本成因在于不受监管且具备设租能力的公权力，这是基于前文分析所得到的结论。

（二）经济学视角对贿赂犯罪法益学说的“挑战”

既然贿赂犯罪的决定性因素在于公权力的不受制约性，而社会政治条件

---

[144] 参见钟宏彬：《法益理论的宪法基础》，台湾政治大学 2009 年硕士学位论文，第 188 页。

[145] L. Kuhlen, ZStW 105 (1993), 705.

在短期内又难以迅速改变,那么当一国政治条件显著不利于经济发展时,在有的学者看来,贿赂行为因为客观上绕过了不合理的政治架构,降低了社会政治的不利条件所带来的低效率,[146]反而可能在一定程度上促进经济增长。[147]

这种"贿赂无害论"的观点,出自经济学上的"功能主义"(functionalism)立场。功能主义者认为贿赂可能阻碍但也可能促进社会发展。[148] 在有的国家,经济活动主要由政府掌控,而历史普遍证明政府管制经济的效率并不高,[149]这就给贿赂行为留下了正当化的可能性:通过行贿绕过了政府管制的商人,实际上给社会带来了效率更高的服务。从社会管理的角度来说,僵化的体制会严重束缚生产力的发展,而这时适度的贿赂不但能够抵销这种束缚作用,解放生产力,也意味着社会管理的真实渠道变得更加丰富,具有了一定竞争性。[150]

沿着这条道路走下去,人们会发现有关贿赂犯罪法益的学说似乎正受到"挑战"。法益概念的"体系超越"功能要求立法者只处罚严重威胁社会存续与发展的行为,否则这种处罚将丧失实质合法性。据此,法益理论包含了"利益衡量"的分析模式,[151]这与经济学中的"功能主义"立场在逻辑上是同构的。而根据"功能主义"的立场,既然贿赂行为对经济发展有益无害,将难以解释对这样的行为予以刑事处罚的必要性。这样一来,贿赂犯罪的法益是否真实存在,竟成了一个值得怀疑的问题。

当然,非功利分析型的理论往往诟病功利计算会忽视人类尊严、社会多样性、平等原则等基本价值。[152] 然而,贿赂行为真的侵犯了人类的基本尊严,阻碍了社会平等,从而侵犯了人类社会非功利性的基本价值吗?

"功能主义"的立场恰恰从反面回答了这个问题——正因为贿赂腐败行

---

[146] *Cf.* H. Bayley, The Effects of Corruption in a Developing Nation, Western Political Quarterly, Vol. 19, 1966, p. 726 f.

[147] *Cf. e. g.* A. Wedeman, Double Paradox, 2012, p. 15 ff.

[148] *See e. g.* J. Nye, Corruption and Political Development, American Political Science Review, Vol. 61, 1967, p. 427.

[149] H. Bayley, The Effects of Corruption in a Developing Nation, *Western Political Quarterly*, 1996, Vol. 19, p. 727.

[150] Ibid., p. 729 f.

[151] W. Hassemer/Alternativkommentar StGB (1990), vor § 1, Rn. 250 f.

[152] W. Hassemer/Alternativkommentar StGB (1990), vor § 1, Rn. 250.

为实际上打破了官僚对经济的掌控与垄断,因而是促进而不是阻碍了社会平等;又因为增进社会经济平等的行为本质上使得经济活动的参与者不必去讨好某一个居于垄断地位的经营者,实际上也维护了人们的尊严。如果承认这一点,则处罚贿赂行为的依据似乎只剩下了道德传统对这种行为的厌恶。但现代法治理论的立论根基之一即是严格区分道德与法律。立法者并不能根据人们的主观好恶去处罚一个实际上并无社会危害的行为,即便这个行为几乎被所有正直的人厌恶。换言之,社会禁忌不是法益,道德观与历史传统也不能(直接)成为法益。[153]

当然,综观全局,我们最终并不认同"贿赂无害论"的立场,原因在于从法学角度来看,功能主义立场的逻辑起点是存在问题的。

首先,功能主义的立场预设了政府对经济存在高度严苛的管制且效率极低的情况,而目前除朝鲜等少数国家外,这种情况并不多见。我国目前已成功建立起社会主义市场经济体制,使这种情况基本成为过去式。换言之,人们不惜以违法行为来换取必要经济发展的需求,总体上已不那么迫切。这时,动用行贿手段去满足权力设租行为,从而达成某种经济目的,其必要性就打了折扣。因为只要某个市场是开放的,通过合理的市场竞争行为也能达到相同的经济效果。

其次,即便用功利主义的思路去分析问题,当人们认为贿赂行为具有促进经济发展的可能性时,不能忽视这种"促进"是用巨大的隐形代价换来的,此即为贿赂犯罪的"溢出效应"(spillover effect)。[154] 在贿赂关系中,公职人员一方通常具有领导者地位,其腐败行为会为其追随、仿效者带来长远的不利影响。这种不良影响将会一层层往下"溢出",从而导致整个社会受害,而这将从总体上使所谓"促进经济"的腐败得不偿失。

最后,从法秩序、法安宁的角度来看,当行为人试图以行贿的方式规避某种经济管制,即使勉强可以视为"对抗恶法"的准自力救济措施,也并不因此而天然具备合法性。因为,如果人人都能依照自己对正义的理解而采取任意"规避"措施,则整个社会的法秩序安全将处于不堪设想之境地。根据处理

---

[153] Vgl. K. Amelung, Rechtsgueterschutz und Schutz der Gesellschaft, 1972, SS. 370 - 372.

[154] S. Werner, New Directions in the Study of Administrative Corruption, *Public Administration Review*, 1983, Vol. 43, p. 149 f.

自然法与实定法冲突的“拉德布鲁赫”公式(Radbruch-Formel),只有故意地追求不法的实定法,或者体现出令人难以忍受的不法性的实定法,才应让位于自然法。[155] 而贿赂行为尚不足以满足这样的条件。

近年的实证研究表明,我国的腐败现象确实在阻碍经济发展。[156] 所以,“贿赂行为无害论”是本书所不能赞同的,但其部分结论——尤其是关于行贿、受贿在一定程度上可以避免不必要的经济管制带来的低效的结论对本书的分析具有一定意义:正因为我国已不是一个经济高度僵化的计划经济国家,腐败无害论的根基与逻辑起点才被证伪;那么反过来,如果我国经济发展不能朝着正确的大方向深化改革、继续前进,则腐败现象又可能成为经济生活的“润滑剂”而重新开始具有合法性,这当然是一个“双输”的局面,是人们所不愿意看到的。

总之,动用刑罚权去引领道德风尚,通常只会得到令人尴尬的结果。根据一项演化生物学的研究,只有当建立起对执法者完全有效的严厉监督,同时使每个公民体会到真正平等的权力感时,才能实现完全杜绝腐败现象。[157] 然而这套系统会自发地强化人类在推行强制规范方面“无尽的欲望”,水至清则无鱼,推行过分纯净的道德观,反而会拖累社会经济的发展。[158] 所以,腐败行为之所以应该被处罚,不是因为它抵触了统治者的道德癖好,而是因为这样的行为实实在在影响到了每个人的利益。

四、基于腐败成因理论对受贿罪法益的重新审视

综合刑法教义学内外的视角可知:一方面,贿赂犯罪的法益需要保持一定的独立性,在逻辑上不依附于具体的实定法规范;另一方面,该法益应与个人在社会生存、经济发展方面的利益产生直接而真实的关联。

前文已根据相应的标准筛除了若干在中德两国通行的学说,而“信赖”

---

[155] Vgl. U. Neumann, Naturrecht und PositivismusimDenkenGustav Radbruchs, in: *AktuelleProbleme des Naturrechts*, 2007, S. 19 ff.

[156] 参见陈刚、李树、尹希果:《腐败与中国经济增长——实证主义的视角》,载《经济社会体制比较》2008 年第 3 期;宁优俊:《腐败与经济增长双高之谜》,载《中国市场》2011 年第 5 期。

[157] A. Ubeda, E. Duenez-Guzman, Power and Corruption, Evolution, 2011, Vol. 65, No. 4, p. 1129.

[158] *Cf.* S. Sadedin, Natural Police, Aeon Magazine, http://aeon.co/magazine/society/game-theorys-cure-for-corruption-make-us-all-cops/ (1st, July 2015).

被认为是与个人利益结合得非常紧密的集体法益,[159]所以被认为是贿赂犯罪真实侵犯的客体。然而,如何证明"信赖"不是一个空泛的抽象概念呢?德国学者 Hefendehl 试图将"累加犯"(Kumulationsdelikt)概念应用到贿赂犯罪上来解决这个问题。单独来看,行贿、受贿行为通常只是当事人自利性质的交易,并不是有意侵害社会的行为。然而当这样的事情层出不穷后,一旦越过了某个"阈值",社会信赖会突然崩溃。[160] 而公信力一旦崩溃,无论政府如何补救都是很难重建的,此即历史学上所谓"塔西佗陷阱"。所以为了防止这种情况出现,只能对每一笔有损行政威望的行为都加以处罚,这就是"信赖"与生活实态的关联。

虽然有一定道理,然而本书对此立场仍不完全认可。累加犯的要义是,如果人人皆做同样的事会导致严重后果,所以要未雨绸缪地禁止单个行为。但这种严重后果毕竟不是由具体案件的行为人一人所导致的,因为担心引起他人的模仿而处罚此人,这与罪责原则是否完全契合,还值得进一步讨论。另外,我国刑法明确为受贿罪的成立规定了数额与情节标准,《刑法修正案(九)(草案)》拟将具体数额去掉,但定量门槛将仍然存在。在这种情况下,更难认为累加犯与我国通行的刑法理念是契合的。事实上,即使是不以定量思维为特征的德国刑法,也并不完全认可这种联系。德国学者 Kargl 正确地指出,任何行政行为背后都有广义的"信赖"存在,这一法益概念根本无法区分犯罪与行政违纪,会导致实际处罚的是官员行为不当。[161] 这显然与贿赂犯罪所要求的处罚范围不是一回事,因为这成了另外一个罪名——普通法(common law)中的"公职人员行为不当"。[162]

更重要的是,主张"信赖"说的学者真的在日常生活中对行政权力有如此程度的确信吗?反腐工作的新形势强调对权力运行的制约和监督,要"把权力关进制度的笼子里"。从宏观上说,这不正是对权力的"不信赖"吗?在某种意义上说,对公权力的不信赖正是现代法治社会进步的体现。而不惜动

---

[159] R. Hefendehl, Kollektive Rechtsgueter im Strafrecht, 2002, SS. 321 – 323. 当然该作者并未直接赞同信赖说,而是支持国家行政功能说,但又认为信赖构成了行政功能的外部条件。

[160] R. Hefendehl, Kollektive Rechtsgueter im Strafrecht, 2002, S. 322.

[161] W. Kargl, ZStW 114 (2002), 763, 782.

[162] *See e. g.* Shum Kwok Sher v. HKSAR FACC 1/2002 (2002) 5 HKCFAR 381.

用刑罚去保护对本来需要加以警惕的事物的信赖，岂非有南辕北辙之嫌？更何况当一个国家的管制政策极不利于民生时（如“朝鲜式计划经济”），对政策仍可存在所谓“信赖”，而刑法也应对此一体加以保护吗？仅此也足以看出“信赖说”在真实社会生活面前的虚弱性。

综上所述，贿赂犯罪的法益应该朝着个人法益或“准个人法益”的方向去寻找。只有当确认贿赂犯罪不法本质就是侵犯普通公民实在的个人权益时，相关刑法规范才具有真实而独立的价值。从这个意义来说，之前列举的各类学说只在一种意义上是正确的：它们正确地指出了贿赂犯罪法益的“中间形态”，[163]但没有往前更深入地推进一步。贿赂犯罪确实损害了公务的正常进行，篡改了国家意志，也破坏了廉政制度与公务的无酬原则，并因此也破坏了对以上所有这些的信赖。但在这些背后，是贿赂犯罪对国家与公民之间“契约”的破坏。换言之，公民将权力集中于国家是为了换取对个人自由的保障。但在贿赂犯罪中，国家的这一承诺被“背叛”了，所以贿赂犯罪归根结底还是侵犯了“通过宪法保障的个人权利（的许可条件）”。[164] 如解释得更详细，贿赂犯罪的法益就是因贿赂行为而被排挤的个人所拥有的、国家本应保障的、参与社会交往活动的自由。个人法益，不管是生命、健康还是财产，本质都是自由，[165]所以这样也解决了贿赂犯罪的（个人）法益到底是生命、健康还是财产的难题[166]——既然这三者拥有相同的本质，没有必要对这个问题笼统地给出答案。

最后，除了上文已经进行的分析之外，“个人法益说”或“准个人法益说”尚有两处优势值得强调：一是此说能有效解释“不得已”型的行贿行为真实的社会危害性。如坚持认为贿赂犯罪的法益是集体法益，即使发生“不得已”的情况，也因为集体法益对个人法益的优势地位，难以在现有的刑法学理论框架内找到合理的解释方法将其出罪或轻罪化。而如果将贿赂犯罪的法益视为个人法益，则可以认为在这种情况下是国家违反对公民的承诺在先，从而使得这种行为带有一定自力救济性质，其实质的违法性（危害性）的降

---

[163] *Dazu siehe* U. Kindhaeuser, Gefaehrdung als Straftat, 1989, S. 280 f.

[164] W. Kargl, ZStW 114 (2002), 789 – 790.

[165] Vgl. M. Marx, Zur Definition des Begriffs Rechtsgut, 1972, SS. 57, 60.

[166] L. Kuhlen, ZStW 105 (1993), 704.

低也容易得到解释。[167] 前文提到,在对腐败成因的实证研究中,西方有学者认为去中心化的政府架构更能防止腐败发生。其原理在于:如果国家出台的经济干预政策是错误的,那么在一个非中央集权的国家(如联邦国家),公民可以通过逃往其他州来实现对错误政策的规避,从而避免"非行贿不可"的窘境。那么,在我国单一制的政治框架下,适当为某些"不得已"的行贿行为开辟出罪的窗口,也是符合实际的。二是只有此说才能从根本上解释国家行政行为的正确性与"腐败无害论"之间的关系——当国家的经济政策在正确的方向上运行时,贿赂犯罪必将有损于经济发展,因为它侵犯的是其他参与社会交往的竞争者的自由;但如果国家的经济政策走向错误的道路,则贿赂犯罪可能体现出较强的自救性质,在一定程度上挽救了法益,对经济有促进作用。当然,后一种情况是典型的国家与个人"双输"的局面。故此,对(准)个人法益说的提倡,从根本上来说是切合腐败成因的,能够促使国家实行正确的政策,保障经济与社会的长远发展。

第三节　腐败的成因与刑事法治权威

一般认为,法律权威(legal authority) 是指在社会实践中形成的人们对法律的服从关系,而这一关系往往是建立在人们主观确信法律具有正当性的基础上的。[168] 法律权威的确立及实现的程度与腐败这一社会现象有着极大的关系。任何一个现代文明国家都有成体系的法律来预防、惩治腐败行为,但实效却相差甚远。这其中重要原因之一,当然是不同国家的公民对法律的服从程度是不同的。腐败情况比较严重的国家,并不一定都是欠缺反腐败立法的国家;相反有可能是一个反腐败的纸面立法虽然较完善,却没有确立法律权威的国家。例如,我国目前的情况即是如此。从立法来看,经过刑法修正案的一再修订,我国现行刑法对腐败行为规制得已较为全面,其立法严密程度达到了与《德国刑法典》等先进国家刑法规范相当的程度。然而,我国的腐败情况远比德国严重得多。那么,既然问题(主要)不是出在(纸面)立法

---

[167] 废除行贿罪的观点参见姜涛:《废除行贿罪之思考》,载《法商研究》2015 年第 3 期。本书并不主张行贿罪的完全废除,但支持对行贿罪有条件地出罪或轻罪化。

[168] 参见张亮:《法律权威来源的历史考察》,载《前沿》2010 年第 8 期。

上,而是出在法律的服从程度上,我国反腐败法律权威低下的原因是什么?如何避免这种局面的出现?就需要进行更深的探讨。而树立反腐败斗争中的法治权威,实则是一个与腐败成因具有密切关系的话题。法律并不是靠权力压服就能得以维持,而是需要得到人们的理解才能被自觉遵循。只有切实针对腐败的真实原因所进行的刑事规制措施,才可能有理有据。

一、法律权威与公民法律意识:个人因素不是腐败的根本原因

法律权威的低下与公民的法律意识、法律素养、道德素养等个人素质的因素有一定的关联。但对腐败现象的整体而言,这种关联并不起决定性作用。一方面,不可否认,当公民的法律情感趋于冷漠;法律认知趋于低下;法律理念未能系统化地运作时,法律权威当然也就无从谈起。这是因为只有当公民树立起良好的法律意识时,才可能自觉地接受、服从法律的治理,没有公民对法律权威的普遍认可和信仰,建立普遍的法律秩序只是一种空想,此即公民法律意识对依法治国的社会思想基础意义与精神支撑意义[169]。国外也有学者指出,西方的法律传统一向证明,制定法律并不意味着法律能得到推行。法律权威的塑造是一个高度复杂的社会工程,其中社会态度起着至关重要的作用,这需要得到社会群体的配合。[170] 其中既包括法律职业共同体的配合,也包括民众的配合。

另一方面,必须认识到在我国的腐败现象中个人素养问题并不突出。一个很明显原因在于,我国较严重的腐败往往是“官商勾结”型腐败。这是一种带有明显的精英特征的犯罪行为,双方参与人的个人素质往往已经达到了一定的水平。换言之,在这个领域出现的法律权威低下的问题,在很大程度上不能单纯归咎于公民“不愿意”服从法律或没有服从法律的个人能力。

这一点从前文所列的实证数据中的“学历”参数可以得到印证。虽然学历与个人综合素养并不能画等号,但仍是一个有一定说服力的数据。无论是数据库 A 还是数据库 B,在这个参数上的一致性都较为明显:涉“官商勾结”人员的学历通常较高。而且随着官职的提升,这一趋势体现得更为明显。近

---

[169] 参见唐永军、车承军:《公民法律意识与法治》,载《求是学刊》1999 年第 3 期。

[170] J. Bell, The Making of Legal Authority by Jansen Nils, *The Modern Law Review*, 2011, Vol. 74 (1), p. 150 f.

年来官员在学历上还出现了“研究生化”或者“博士化”的趋向，很可能是因为学历和晋升具有现实的联系。当然，在我国这样一个教育经历与能力培养并不完全相适应的国家，这尤其不能说明涉案官员的法律素养、道德素养与综合素质在事实上就令人满意，但可以证明涉案官员的平均素质至少不低。

域外的法治经验也清楚地体现了这一点。例如，德国的实证研究数据显示，身处“官商勾结”关系中的行为人体现出所谓“显著的无显著特征性”(auffaellig unauffaellig)。[171] 意即，这类行为人并不体现出明显的犯罪人格特征，难以与普通人区分开，甚至在有的指标上比普通人更显得像守法公民，“法律素养”看起来更高。具体而言，一个典型的“官商勾结”者，通常是男性公民，没有犯罪前科，没有难以承受的债务负担，在企业或政府部门担任要职，具有较强的工作能力与成功欲望，受教育水平较高，有进取心，从事“官商勾结”活动已有 10～20 年以上的经验，看重社会地位，生活水平较高，没有不法的价值观，不认为自己的行为是犯罪，且掌握一套对于腐败行为进行辩解的技能。[172] 行为人的这种典型特征，在我国的“官商勾结”现象中同样屡见不鲜。

从根本上来说，公民个人道德素养并非腐败的主要成因。在第一节的分析中，已就国际经验与我国实证数据对此进行了说明。综合各方面情况来看，我国目前腐败现象中折射出的法律权威未能完全确立的问题，除民众的法律意识与法律素养之外，尚有其他的维度需要研究。

二、政治意愿对法律权威的推动作用：Quah 氏矩阵及其重新评估

(一)对法律“有效权威”概念的学理考察

无论以何种视角考察法律权威概念，其中一个无可争辩的要素，在于人们对法规范的服从，这种服从性甚至可以是非理性的，此即权威的本性(nature)。[173] 统治者颁布命令，被统治者遵从命令。对于被统治者，命令就具有了权威：这是一个与我们日常经验相符的、简单的逻辑链条。这一链条的核心在“服从”之上，对于遵从命令者而言，命令施加于其之上的“权威”是一

---

[171] B. Bannenberg/W. Schaupensteiner, Korruption in Deutschland, 2004, S. 125.

[172] B. Bannenberg/W. Schaupensteiner, Korruption in Deutschland, 2004, S. 125 f.

[173] J. Raz, *The Authority of Law*, 1979, p. 3.

种“外因”:因为命令具有了某种要素,所以他们出于某种原因进行了服从。

这种服从显然与统治者、立法者颁布命令的行为及其意愿有极大的关系。美国学者 Wolff 认为,权威就是发布命令的权利。反过来说,有权被服从即是权威。[174] 因此,一个具有强烈反腐意愿的统治力量必然针对“官商勾结”及其他贿赂行为更加频繁地发布禁令;必然更加热忱地要求自己的反腐禁令被服从、被遵循。然而,这仅是问题的一个方面。依照这种定义,人们能区分开“强力”(power)与“权威”这两个概念:抢劫犯有让受害人交出财产的强力,但没有让其交出财产的权威,因为这种强力是不法的,没有权利作为根基;而政府则有让纳税人缴纳税金的强力和权威,因为这种强力是合法的,以宪法和法律所赋予的权利作为根基。[175] 然而,这样一个单向度的概念却并不能对本节的主旨提供多少帮助:既然我国立法者所颁布的命令或禁令毫无疑问是合法、有权的,那么这些法律规范的权威性本应是无可置疑的。但这又与上文所列举的实证数据及分析结论有所冲突。换言之,这种单向度的概念只对权威的来源一方有所要求,对权威的实际效果则没有任何要求,而这并不能体现人们对法规范服从的实情。因此,“权威即有权被服从”这种定义是非常不稳定的。因为何为“有权”与何为“权威”往往是同一个问题的两个方面,奥地利学者 Kelsen 就曾反过来以服从者头脑中存在“权威”的概念,来说明其服从行为具有法规范的意义,要求其服从的命令(如纳税)是“有权”的。[176] 似乎人们在有权(rightful)、强力(powerful)、权威这三个概念之间绕起了圈子。

所以,如果要将(法律)权威与人们的服从联系起来,那么这种服从的性质就需要通过一个外在的、稳定的维度加以限定。这样一来,所谓法律权威的“有效性”概念就浮出了水面。美国学者 Lukes 认为,不管采用何种理解方式,强力(power)总是与对他人的某种重要的影响有关,而且这种影响是违背他人利益的。[177] 英国学者 Raz 进而指出,类似这种影响他人命运、选择或取舍

---

[174] R. Wolff, In the Denfense of Anarchism, 1998, p. 4. 这一观点也与英国哲学家霍布斯(Hobbes)所倡导的“权威即有权进行统治”的理念相合。

[175] R. Wolff, *In the Denfense of Anarchism*, 1998, p. 4.

[176] *Cf.* H. Kelsen, *General Theory of Law and State*, 2006, pp. 176 – 177.

[177] S. Lukes, Power: A Radical View, 2005, pp. 30 – 31.

的能力,体现了一个人是强有力的(powerful);而当一个人是强有力的,他也就拥有了所谓“有效权威”(effective authority),而正是这种权威才是应当被维持或遵从的。[178]

然而,这个概念的存在值得商榷之处。权威既然不是强力,又如何能用强力去衡量其“有效性”呢? Raz 对此的回应是,此处的强力指的是影响力(influence)而不是暴力。[179] 但“影响力”的具体要素是什么,或者说与暴力之间的区别是什么,仍然不够清晰。仔细考察以上概念,会发现“影响他人的命运”与“暴力”在实际效果上近乎同义词。更何况,如果“有效”的表征完全体现在“影响他人命运”的能力或“强有力”之上,对于本书而言则缺乏参考价值。因为个人的权威是否强有力,易于通过生活常识加以观察、确定。例如,教师对学生、父母对子女的权威,是显而易见的;而售货员对于客户的权威通常并不显著,这些仅凭常识即可体认。既然个人权威的有效性并不是必然的,换言之,人们对有效个人权威的应然性的期待并不高。因此个人权威的有效性实际是高还是低,需要在具体的社会关系中去确认。这虽然是一种基于个案(Kasuistik)的评价机制,但对于一个普通观察者而言,却并非困难的任务。然而,国家所颁布的法规范的有效性则不然。一方面,人们对其应然性的期待非常高,从宏观上说,似乎所有的国法天然都具有影响他人命运的能力,因为一切公民都必须在法律允许的范围内活动,这正是法律的根本性要求之一;[180]但又确实存在不少法规范刚一出台即实际上被束之高阁,不被认真对待的现象。这样一来,对于法律权威的有效性,在应然与实然之间存在巨大评价差异,这个差异显然不能简单地通过社会经验来填补。所以,如何确定法规范的权威有效性,仍需要从外界寻找依据。正因为如此,Raz 认为有必要参考“合法性”(legitimate)概念来填充显得空洞的“有效权威”的概念。这样一来,权威的“有效性”就成了一个“二元”的概念,它同时建立在强力与合法性之上。然而,这种“填充”的努力似乎是不成功的。正如 Raz 本人分析的那样,权威的“有效性”与“合法性”即便存在某种内在的关联,也并不

[178] J. Raz, The Authority of Law, 1979, pp. 3 – 4.

[179] *Id.*, p. 7.

[180] 参见吕世伦主编:《法的真善美:法美学初探》,法律出版社 2004 年版,第 126 ~ 127 页。

能相互替代,合法性并不足以解释权威的有效性。[181]

美国学者 Garthoff 认为,法规范的权威来自个人的理性因素,而规范的合法性并不足以保证这一点。因为规范的合法性的两类来源——公民之间的合意(consent)与符合正当程序(sound procedures)的立法,都不能确保这一点;相反,欠缺这两类合法性来源的规范却完全有可能是有“权威”的:Garthoff 举了一个纳粹时期救助社会弱势群体的立法为例,人们(出于其理性或自由)选择了遵从这一明显符合善意的立法,该立法就具有了权威。但由于其来源是一个极端不法的政权,其合法性显然是令人怀疑的。换言之,Garthoff 同样将法律权威视为“二元”的,但此处的“第二元”却并不是合法性,而是个人的法外(extra-legal)理性(intelligible)考量。关于“第二元”的问题此处暂且不论,既然本书认为 Garthoff 不但有效论证了“法律权威”并不等同于法规范的“合法性”,而且两者之间无必然联系。那么 Raz 试图用后者填充前者的尝试,显然也是值得商榷的。

综上,既然法律权威不是(纯暴力性质的)强力,但其实际运行的状态确实需要用“有效性”来加以衡量,而“有效性”概念一方面不是“合法性”,另一方面又与强力(powerful)确实在外表上具有相似之处(两者都直接影响他人的命运,虽然两者在来源上完全不同)。本书认为可以将观察视野转向政治领域。换言之,至少对于“反腐败”领域而言,执政者反腐败的政治决心与意愿可以成为法律权威及其“有效性”(在外因层面)的一个有实际意义的表征。

(二)反腐败政治意愿与法律权威的实质关联性

既然政治意愿并不等同于法规范本身,法律权威与推行某项决策的政治决心就应当分属不同类型的事物,两者间似乎就不可能产生直接联系。然而,这样的理解是不全面的。尤其对于腐败现象而言,法律权威与执政者的反腐意愿有着不可否认的关联性。

首先,法律权威并不是与政治意愿完全无关的事物。相反,两者间的联系是由法律权威概念本身所蕴含的。美国学者 Thompson 认为,虽然法律毫

---

[181] J. Raz, *The Authority of Law*, 1979, p. 9. 当然 Raz 认为有效权威预设了合法权威这一前提,然而此论值得商榷。

无疑问是规范性的，但法律权威却不是规范性，而是情境性的（situational）概念。也就是说，法律权威不建立在任何价值范式（scheme of value）之上，而建立在一个事实之上：只有法规范的道路是可行的，没有其他可能。[182] 这意味着，在其看来法律权威带有明显的"一元"色彩，因为法律权威不是一个是非选择问题，并非越合理的规范就越有权威。相反，是一个纯事实问题，只有当所有其他可能的路径都被排挤掉，唯独剩下法规范所许可的那条路时，权威才确立。如果不考虑其中绝对化的取向，这一观点是有其合理性的。如果将法律规范比作道路，当道路具有唯一通达性时，自然就体现出了权威。至于这条路设计得是否合理，则是立法标准问题。这成了超越法律之上的议题。[183] 但是，当一条路被标识为唯一道路，而实际上人们却从四面八方另辟蹊径绕过这条路时，其本应具有的权威性也就彻底消失了。至于如何保证这条路的唯一性与其标牌相符，在一定意义上也是个政治问题。换言之，既然法律权威主要不是法律规范本身的问题，而是法律是否在事实上被视为唯一可行的解决社会纠纷的道路的问题，这就不得不与一国的政治结构与环境产生密切联系。

其次，贿赂案件的犯罪学特征，决定了相应的法律权威与执政者的政治意愿是有联系的。在犯罪学中，贿赂犯罪常被称为"监管型犯罪"（Kontrolldelikt），这就意味这类犯罪的黑数（Dunkelziffer）较高。又因没有明显的受害者，"勾结"中的任何一方通常都不愿报警等原因，导致这类犯罪难以查处，事前的预警、监控措施也比其他犯罪更为困难。[184] 如前文所述，这就导致此类犯罪涉及的法律权威问题无法通过一般社会观察而得出。因为社会观察对此类犯罪通常是无效的，有歧义的，甚至司法机关的统计数据也无法反映出这类案件的全貌。即使人们可以利用暴力犯罪、毒品犯罪等案发数量的增减来推测相应的刑法规范权威的波动；但基于贿赂案件的特征，通过其发案率、检控率的增减，往往并不能准确推知相应刑法规范权威的波动情况。因为巨大的犯罪黑数往往使得人们无法利用这种数据对法律权威的"有效性"进行有说服力的解读。例如，假设人们不考虑到腐败案件的特殊性，那

---

[182] *Cf.* S. Thompson, The Authority of Law, *Chicago Journals*, 1964, Vol. 75/1, p. 16.

[183] *Id.*, at 16 – 17.

[184] B. Bannenberg/W. Schaupensteiner, Korruption in Deutschland, 2004, S. 279.

么案件指控数量的减少似乎可以有效证明刑法规范权威的提升。然而很多学者基于同样的数据作出了完全相反的解读:腐败指控数量的减少只是反映了反腐斗争的失败,[185]因为官员受到处罚的概率很低,腐败成为低风险行为,相应的指控也就意义不大了。在这种情况下,执政者的反腐政治意愿起到了代替司法统计或社会观察的作用,成为了法律权威的可靠性更强的表征。

最后,我国的历史与文化背景也决定了腐败问题的长期存在往往与政治结构中的不合理因素有关,“官商勾结”同时是法律问题和政治问题。如在古代中国,贿赂被广泛地视为一种规避掠夺型国家不合理政策的一种非正式“财政”手段,甚至已经固化为一种非正式的政治秩序。[186] 可以想象,要解决这一历史负面资产问题,唯一的方法就是从政治上(源头上)着手改良,这也就是所谓现代化转型问题。就国际经验来说,已有学者明确指出,在反腐败的法律手段相似的情况下,政府打击腐败的决心是反腐败斗争成功的极为重要的因素。香港和新加坡的顶层执政者(top political leadership)具有这样的决心,此地的反腐败就是成功的。[187] 其结果就是当地的反腐败刑事法律的权威性被广泛认可,而其他同属于英美法系的亚洲国家则未能取得相似的成功。换言之,在特定的文化、历史背景下,政治决心确系增强法律权威的一个有实际意义的因子。

(三)Quah 氏矩阵及其再评估

既然政治意愿对法律权威的影响是现实存在的,从学理上如何理解这一现象呢?如果从法社会学的角度加以观察,会发现任何一个具体反映出法律权威事实的行为背后,至少存在四个层次的社会现象。[188] 例如,官员甲拒绝了商人乙的贿赂暗示,秉公处理了公务。这件事是人们所希望的,符合法律权威的行为,可以被称作“规范取向行为”。但该现象背后的原因是由于存在

---

[185] 参见[美]魏德安:《双重悖论:腐败如何影响中国的经济增长》,蒋宗强译,中信出版社 2014 年版,第 190 页。在笔者于 2015 年前往香港廉政公署调研时,也曾听闻香港公务人员提出过相似的观点。

[186] 参见洪振快:《亚财政:制度性腐败与中国历史弈局》,中信出版社 2014 年版,第 7、86 ~ 89 页。

[187] *Cf.* J. Svensson, Eight Questions about Corruption, The Journal of Economic Perspectives, 2005, Vol. 19/3, p. 35.

[188] M. Baurmann, Legal Authority As Social Fact, *Law and Philosophy*, 2000, Vol. 19 (2), p. 249 f.

"派生规范"(derivative norm)要求甲这样做。而在我国,这样的派生规范就是《中华人民共和国刑法》第385条第一款关于受贿罪的规定,该规范以禁令的方式要求国家工作人员不要利用职务上的便利索取他人财物,或者非法收受他人财物,为他人谋取利益。派生规范的决定者(normgiver),也即刑法的立法者,就是我国的立法机关。从实定法规范的角度来看,这已形成一个完整而足备的链条。然而,从社会—政治的角度来看,还有很多事情需要进一步解释。法律权威的核心问题——公民为何要遵循派生规范——并没有得到完满的解答。社会学者对此的观察结果是:公民并非"必须"将派生规范的决定者奉为权威者(否则法律权威就等同于强力了),而是公民"愿意"将其奉为权威者,这种愿意背后是授权性规范(empowering norm)及其决定者的实际统治力量。换言之,是授权性规范的决定者将权力交给了派生规范的决定者。[189] 在我国,授权性规范是宪法,而授权性规范的决定者当然是人民以及领导人民的执政党。所以,宪法决定了人民及执政党的意志需要得到贯彻,而这就形成了一条原始规范:人民需要国家工作人员的廉洁性。根据这一原始规范,再形成具体的派生规范——《刑法》第385条第1款。表面上看,刑法法条被国家颁布之后,即应具有相应的法律权威;实际上这中间省略了一个根本的"政治性"的前提条件,即授权性规范由人民及执政党所推动,授权性规范的决定者强有力地将其权威转交给立法者,并以其权威对此进行保障。如果没有这一政治保障条件,立法者所颁布的法律是得不到真正执行的。此即法律权威背后的政治意愿的推动作用。

在体认到派生性规范与原始规范的不同之后,新加坡学者Quah提出了一个矩阵,用来识别与预测一国的反腐败机制的整体有效性。在对比了亚洲13个国家和地区的反腐败措施的效果之后,Quah选取了两个参数——反腐败法律措施的足够性(adequate)、政治领导者对反腐败的关注度(commitment),构筑了一个二阶矩阵(两个参数的取值范围均为高或低)。根据上文的分析,此处的政治领导者的关注度,相当于授权性规范决定者的推动意愿;而法律措施有效性,显然指的是派生规范的运行效果。

根据这一矩阵,反腐败措施的整体有效性可以分为四种情况,分别构成

---

[189] M. Baurmann, Legal Authority As Social Fact, *Law and Philosophy*, 2000, Vol. 19 (2), at 250.

四个类别:(1)在反腐法律措施足够性与政治领导者的关注度均取高值的情况下,直接认为反腐策略整体有效(effective);(2)反腐措施足够,但政治领导者关注度不够高,则认为反腐策略整体低效(ineffective);(3)反腐措施不足够,但政治领导者关注度较高,同样认为反腐策略整体低效,但属于另一种低效形态;(4)反腐法律措施不足够,同时政治领导者对此的关注程度亦不足,则认为反腐策略处于"无望"(hopeless)状态。[190] 根据该矩阵,Quah 认为反腐策略"无望"的国家包括印度尼西亚与孟加拉国等,理由是这些国家的反腐措施没有收到实效——如印尼是因为反腐措施被实权政治人物所阻挠,无法发挥应有的效用;孟加拉国则是因为执法力量本身极为腐化,全国的公权力腐败已然制度化(institutionalized);除此之外,这两国政治领导者的反腐意愿也不高。Quah 认为反腐策略低效的国家包括韩国、泰国等,理由在于这些国家的反腐措施效率尚可,但欠缺关键性政治力量的坚决、有力的支持,导致官场腐败横行,贪腐实际上已成为一种生活方式(a way of life)。Quah 认为反腐策略整体有效的国家和地区包括新加坡与中国香港特别行政区,理由在于法制健全的同时,政治力量的高度重视与全力支持。[191] (见表 2-4)

表 2-4 Quah 氏矩阵

类别	反腐措施的足够性 = 高值	反腐措施的足够性 = 低值
政治领导者的关注度 = 高值	反腐策略整体有效(新加坡、中国香港特别行政区)	反腐策略整体低效(不太可能出现)
政治领导者的关注度 = 低值	反腐策略整体低效(韩国、泰国)	反腐策略"无望"(印度尼西亚、孟加拉国等,也包括中国)

值得注意的是,Quah 将我国反腐策略的预期效果也划分在"无望"组,但相应的理由却并非特别充分。按照其设定的矩阵判断标准,只有当反腐法律措施的有效性与政治领导者的反腐关注度同时取低值的情况下,才能判断该国反腐策略"无望"。但即便在进行该项研究的 1999 年,我国的反腐败立法与各项具体反腐措施已具有一定的体系性、完备性。Quah 事实上也承认我

[190] *Cf.* J. Quah, Corruption in Asian Countries, *Public Administration Review*, 1999, Vol. 59, pp. 484 - 485.

[191] *Id.*, at 484 - 490.

国刑法对于贪污贿赂罪的处罚规定是较为严厉的,但同时又将涉案金额较大的贪腐案件中高级别官员的死刑适用率较低作为我国反腐措施效能不高的论据,[192]显然是存在一定偏颇性的。一方面,我国刑法中死刑适用是受总则、分则具体条件限制的,个案中高级别官员之所以不适用死刑,并不能一概排除与具体案件情节相符的情况,其本身并不足以说明我国刑法对腐败案件适用效能偏低。另一方面,非暴力性犯罪尽可能减少死刑的适用,亦是学界较为认同的趋势,从特殊预防的角度来看,也应逐步限制贪污贿赂罪的死刑适用。[193] 更为重要的一方面是,该研究成文时间较早,未能针对我国近年来,尤其是十八大以来执政党及其领导者遏制腐败各项举措的前所未有的力度展开分析,因而其结论也有失公允。

本书认为,用 Quah 所提出的矩阵模型评估反腐策略的有效性,是具有一定科学性的,对东亚、南亚其他国家的评估也基本符合实情。但对我国当前情况的评估应作出相应的修正。首先,将政治领导者对反腐败的关注程度调整为高值,应无争议。这是我国进入反腐败斗争"新常态"以来的一个明显的亮点。其次,在反腐制度的足够性这一指标上,Quah 本人并未提出足够详细的判断标准,只是较为笼统地要求这种制度被合理(针对腐败原因)设计,且制度的范围(scope)与效力(powers)具有一定的广度。[194] 从字面理解来看,我国现行反腐败制度框架,大体是符合这一标准的。

因此,在充分考虑到我国腐败现象复杂性的情况下,本书认为 Quah 氏矩阵所选取的参数本身应该接受调整。所谓反腐败制度的足够性,应拆分为反腐败制度设计的合理性(派生规范的完备性)与反腐败制度的实际执行效率(法律权威的确立程度),再与原有的"政治保障"指标发生关联。从前文所列实证数据来看,目前反腐最大的阻碍在于监督、执行机制,即法律权威的真实水平较低。但我国的反腐败派生规范的制定应是较为完善的。综合以上情况,在修正的 Quah 氏矩阵中,我国的政治保障取为高值,反腐败制度设计的合理性一项仍然应取为高值,但具体执行效率则只能取低值。这样一来,我国目前的反腐败措施的预期效果虽仍为"低",但不属于"无望"。

---

[192] *Id.* ,at 485 – 486.

[193] 参见赵秉志:《论中国非暴力犯罪死刑的逐步废止》,载《政法论坛》2005 年第 1 期。

[194] *Cf.* J. Quah, Corruption in Asian Countries, Public Administration Review, Vol. 59, 1999, p. 485.

值得一提的是,Quah 本人认为这种取值组合(反腐败的政治意愿较高而具体举措的效能却较低)在现实生活中不太可能出现,理由是当政治领导者有强烈的反腐败意愿时自然会去改进效能低下的反腐败举措。[195] 就一般情况而言,这个论断当然是正确的,但“有意愿去改进”和“实际得到改进”是两件颇为不同的事,尤其是对中国这样一个体量巨大、国情复杂、历史包袱沉重的国家而言,这本身就是反腐败任务的艰巨性的体现之一。

三、法规范的理据性对法律权威的决定意义

在西方政治法律语境下,(人格)权威(auctoritas)一词原本指的是古罗马时期被保护人对于保护人(Patron)的一种服从性的人身关系。这种权威就是不需命令的力量即可指导他人的能力,是一种介于“命令”与“建议”之间的状态。[196] 至于为什么被保护人在不受强制的情况下甘愿听从保护人的命令,还需要从历史上特定的依附关系来加以解释,但显然不仅是由强力所造就的。因此可以看出,法律权威与人格权威有颇多相似之处:两者都不(仅)依靠强力;两者都实际要求有效的服从。然而,法律权威毕竟不同于人格权威,法律规范的受众是一个国家的所有公民,不可能期待所有公民与立法者之间形成人格意义上的依附感。在这种情况下,如果仍然要求法律具有权威,也就是要求全体公民对法律形成有效的遵从,则必须探究这种权威的内因层面——究竟是什么使得公民自己“愿意”并“选择”对法律的认同与遵守?

前文提到,“二元论”者认为法律权威同时建立在国家强制力与法规范的合法性之上。然而对于遵守法律的公民一方而言,法规范在合法性上没有瑕疵,往往并不是他们所急切关心的问题。针对这一点,前文已介绍美国学者 Garthoff 的有力论述,在此无须赘述。相反,公民在具体情境下直面的压力往往来自其生活常识或价值观与法规范的要求之间的冲突,在这种情况下法律权威仍然能得以发挥效力的条件,就是法律权威在内因层面的体现。德国宗教伦理学者 Dander 认为,遵从明确的(sichtbar)权威是不但不违反人的

---

[195] *Cf.* J. Quah, Corruption in Asian Countries, Public Administration Review, Vol. 59, 1999, pp. 487 - 488.

[196] Vgl. G. Hindrichs, Autoritaet und Milde, JZ 2008, 242, 244.

良知(Gewissen),相反属于良知判断的认识来源。因为人不能以良知系自身判断的事项为借口,拒绝来自外界的指引,从这个意义来说,(符合一定条件的)法律权威正属于良知所要求的内容。[197] 因此,只有当某个法规范与另一效力更高规范的准确要求明显相悖时,才能出于内心的良知而拒绝遵循其权威。这实际上不是所谓良知打败了权威,而是效力更高的权威(如自然法)打败了效力更低的权威,法律权威与良知在本质上依然是不冲突的。[198]

那么,公民如何认定一个具体的法规范与效力更高的规范冲突与否呢?这显然是一个理性判断。换言之,只有符合公民内心的理性,公民才会认为遵从这个规范是符合良知的,是有意义的。在这种情况下,无论有没有强制力的约束,遵从法律都是公民的第一选择。只有在这个意义上,权威才与暴力、恫吓体现出真正的区别。

法国思想家们在法律权威问题上"兜圈子"的过程,则恰好从反面说明了法律权威的理据性是一个必要的概念。哲学家 Derrida 认为法律是永恒具有权威的力(authorized force),法律的力量与不法的暴力(violence)之间的区别即在于前者是一种具有合法性的力,这就是权威;然而,这种带有解构主义色彩的理论将法律视为强制力的附庸,导致自然法与实定法的对立或区分被消解,法律权威似乎与任何有力量的事物的权势没有本质区别——"对于赫拉克利特,正义女神狄克(Dike)就是纷争女神厄里斯(Eris)"。[199] 法国哲学家蒙田(Montaigne)也认为,法律并不在其本身是正义的,而仅仅因为其是法律而是正义的,这就成了"权威"的不可思议的根据性(fondement mystique)。换言之,如果法律不是正义,人们守法也不是因为其正义性,那么法律与暴力唯一的区别似乎就是前者具有权威性。这种权威性又从何而来呢?将这个问题委之于合法性是空洞无力的,蒙田本人将其称为"合法的虚构"(fictions legitimes),因为这个概念的意义只在于填补建构法律的正义的真理的基础时出现的一个逻辑上的空当。Derrida 认为权威的起源不建立在除了其本身

---

[197] Vgl. F. Dander, Gewissen-Gesetz-Autoritaet, ZAM 8 (1933), 344, 346.

[198] Vgl. F. Dander, Gewissen-Gesetz-Autoritaet, ZAM 8 (1933), 347. 这一思路与德国法学家 Radbruch 嗣后所提倡的拉德布鲁赫法则具有内在的一致性。

[199] *Cf.* J. Derrida, Force of Law, in Deconstruction and the Possibility of Justice, pp. 5 – 8 (D. Cornell et al., ed., 1992).

之外的任何事物之上,所以如果穷追至法律之源头,会发现它就是没有理由的暴力(violence without ground)而已。而即使像哲学家帕斯卡(Pascal)那样将法律权威的奥秘置于习俗(coutume)之上,也无法给出令人满意的答案,因为社会的早期规则与惯例(conventions)的起源(origin)依然会面临这一问题。[200] Derrida 似乎将法律与正义的区分视为问题的唯一解答。既然正义是不定的、不可计算的、对规则不遵循的,因此也是内在的、超验的;而法律则相反,是确定的、外在的、政治相关的,那么法律权威也就不必是一种理性的或与人们的内心确信有关的事物。据此,符合法律权威的决断,显然只顾及了法律一侧的稳定性,不能保证正义一侧的责任感(responsible)。Derrida 为了兼顾两者的平衡,认为一个公正而有责任感的决断应该既合规又不受规范拘束,既遵循法律又打碎法律,这样就能在个案中将法律"重新正义化"(rejustify)。[201] 然而,如果在立法的时候让法规范本来就最大限度地符合这种重新正义化的需求,不就将法律一侧与正义一侧打通了吗? 换言之,法律一侧的权威与正义一侧的理性,如果从一开始就不是对立或无关的,而是统一的,那么很多问题也就不存在了。

因此,从内因层面来说,法律权威总体上应该是一种"理性权威",这也与近代以来法律思想史的演进相符。例如,古典自然法学派的不同代表人物的观点虽然各自具有差异,但是都以人类理性作为其理论的基点。"人类理性"成了衡量事物的尺度,自然被当作法律权威的内在根源。[202] 而既然人们在立法活动时必须遵守理性原则;制定出来的法律必须是良好的法律;在司法活动中必须体现对人类的终极关怀,那么只有体现正义、自由、平等和合乎规律的法律才具有权威性。而这样的法律必须具有三方面的内在性质:(合)正义性、形式合理性、符合客观规律性。[203] 其中形式合理性问题属于立法技术问题,与本书主旨无关。至于第一方面、第三方面的问题,都与一个根本的问题相关:国家动用强制力手段(尤其是刑罚手段)打击"官商勾结"的理据

---

[200] *Cf.* J. Derrida, Force of Law, in Deconstruction and the Possibility of Justice, pp. 5 – 14 (D. Cornell et al. ,ed. ,1992).

[201] *Id.* ,at 23 f.

[202] 参见张亮:《法律权威来源的历史考察》,载《前沿》2010 年第 8 期。

[203] 参见许娟:《论法律权威的形成根据》,载《湖北社会科学》2006 年第 2 期。

性何在?

这一问题的答案仍然在于腐败的根本成因——不受监管、具备设租能力的公权力。这也是本章节的核心结论。这一立场得到了前述实证研究数据的印证:“官商勾结”关系,是一种权力敏感型关系。相关研究指出,如果一国自由、开放的市场经济占主导地位,那么该国的腐败发生率自然下降。因为经济越自由,公权力介入的可能性就越小,权力设租的可能性也就越小。从根本上说,我国(也包括任何一个国家)动用法治手段打击腐败,其规范的理据性也应在于此:这些法规范是从根本上扫除给自由、开放的市场经济制造障碍的受贿者与行贿者的手段。但假如我国经济发展不能朝着正确的大方向深化改革、继续前进,则腐败现象又可能成为经济生活的“润滑剂”而重新开始具有合法性,从而导致相关刑法规范因为欠缺守法的内在理据而急剧丧失权威。这当然是一个“双输”的局面,是人们所不愿意看到的。从这个意义来说,如果要从根本上解决我国反腐败的法律权威问题,必须坚持深化改革,在国家的社会经济政策上保持正确的大方向。这样才能从根本上保障反腐败的刑法规范因为符合经济规律而具有内在的理据性,进而维持高度的权威性。

第三章　反腐败国家战略与刑事政策的法治转型

胡适先生在《我们走那条路》一文中引用亨丁顿关于国人国民性的一段触动人心的评价："中国人生活里有一件最惹烦的事，就是有一种特殊的贪小利行为，文言叫做'染指'，俗话叫做'揩油'。上而至于军官的克扣军粮，地方官吏的刮地皮，庶务买办的赚钱，下而至于老妈子的'揩油'，都是同性质的行为。"文中胡适先生在细细数落了横亘于中国社会改革与进步之路上的五大仇敌即贫穷、疾病、愚昧、贪污和扰乱后，悲悯地写道："贪污是我们这个民族最大的特色。"①适之先生作为一名进步乐观的思想家，这般评价未免过于哀愁与悲观，但其提出的问题和对问题的结论却是直指人心、发人深省的。弹指一挥间，近一个世纪后的今天，国家的政治、经济和社会结构与昔日相比，已是新旧两重天，胡适先生当年所言称的社会问题，早已不复存在，但唯独腐败，却涛声依旧。而且，眼下国家的腐败问题已由个体性蔓延为制度性和社会性问题，成为当今中国最严峻的社会难题。恐怕任何有生活常识的人都会明白，今日国家的腐败治理虽离不开"打虎拍蝇"、重刑严惩，但绝非"打几只大老虎"就可以草草了事。本章立足于法治立场，怀着既自信又担忧的复杂心情，试图对国家反腐战略与刑事政策法治转型这一宏观问题，提出一己之思。

第一节　传统反腐刑事政策：问题与实践尴尬

对于社会存在的基础，学者奥塔·魏因贝格尔（Weinberger）这样写道："社

① 参见胡适：《宽容与自由》，金城出版社 2013 年版，第 193 页。

会不仅仅有赖于人们实际上居住在一起,而且有赖于这样一个事实:他们在某种程度上采取一些取决于义务、价值和期望的结构形式。”②换句话说,社会的存续仅仅依靠民众的美好愿望是远不够的,必须基于人与人的责任、公共义务和公民之间正义地合作才能维系。腐败破坏了民众之间以及民众与政府之间的理想道德关系,从根本上颠覆着国家和社会赖以存在的基石。所以,对任何具有道德和正义的国家、社会以及社会团体而言,腐败都是不能容忍和必须排斥的事实。在反对腐败的问题上,世界各国在经过长时期的各自为战后,最终融为一体。2005 年 12 月 14 日正式生效的联合国历史上第一个用于指导国际反腐败斗争的法律文件《联合国反腐败公约》,集体性地向世界发出呐喊:“本公约缔约国,关注腐败对社会稳定与安全所造成的问题和构成的威胁的严重性,它破坏民主体制和价值观、道德观和正义并危害着可持续发展和法治。”

从政治学上看,腐败是官僚政治的积弊和伴生物,根本上反映的是官民之间的对立。国家若不能从体制和制度设计上理顺官民之间的关系,减少和控制腐败的想法将永远只是五彩斑斓的“肥皂泡”。学者孙越生先生根据实践的成效和从人治向法治过渡的程度,将人类历史上的官僚制度划分为五等:(1)最低级的,即提倡清廉官吏的贤人政治;(2)较低级的,就是惩治贪官污吏,当官吏的劣迹被人发现,引起公愤,造成统治不稳时,杀一儆百,以平民愤;(3)中庸的,就是官僚政治本身有意识地实行一套自我调节和防患于未然的措施;(4)较进步的,即所谓君主立宪制;(5)最激进的,在资产阶级时代,就是以资产阶级民主政治取代君主专制的官僚政治,以法治取代人治。③在实践效果方面,以上五等中,资产阶级民主政治是作为官僚政治的对立物或否定物出现的,较好地解决了官民对立问题。在腐败治理的问题上,虽然今日西方发达资本主义国家仍然不时爆出权力腐败的种种丑闻,但权力腐败问题基本上被成功地控制在社会可容忍的限度内。

随着新中国的成立,我国的政治体制发生了根本性变革,人民的时代绝

② [英]尼尔·麦考密克、奥塔·魏因贝格尔:《制度法论》,周叶谦译,中国政法大学出版社 2004 年版,第 262 页。

③ 参见王亚男:《中国官僚政治研究》,中国社会科学出版社 1981 年版,第 3~4 页,再版序言。

不能容许任何特权性的、任何名色的官僚政治的存在。[④] 但历史从来就不只是过去,它决定着现在,也影响着我们的未来。面对现实,我们会惊异地发现:官僚政治根深蒂固的“基因”并没有随着新中国民主制度的建立被完全剔除,在现实社会仍然显示着“永生”。随着国家经济的发展,钱权交易的规模随之急遽膨胀,腐败在中国正在呈现燎原之势。权力腐败扭曲着民主社会政府与人民的应然道德关系;阻碍了经济社会的良性发展;也带来了党和政府执政的危机。正因如此,中央一再强调,反腐事关人心向背和党的生死存亡。法律和刑事政策都是特定社会关系的反映,面对严峻的腐败形势,严罚重惩既是国家的职责,也是摆在国家面前必须着力推进的重大工作。回首过去,犹如我们的腐败有自己的特点一样,我国的反腐战略与举措也有着自身的显著特色。

第一,重意识教育轻制度建设。任何一个社会,掌握着社会物质基本生产手段的阶级,同时必定要占有或支配社会基本的精神生产手段。[⑤] 重视意识形态在整合社会中的作用是中国政治制度的鲜明特征。对反腐而言,国家一直在探索试图通过贤人政治与建设贤能政府解决腐败之路。这种思维根源于我国自古以来形成的贤能政府观念。美国学者汤森等人在全面研究中国传统政治后指出,“坚持从道义上赢得政治权威并通过捍卫道德学说来表现这种权威,这对帝国制度的运作是个根本的因素。由于缺乏对政府权力制度上的牵制,那用什么来阻止权力的滥用并保证政府将真正为社会服务?儒家意识形态提供了答案:好人,而不是制度化的限制,才是好政府的保证……为了确保政治决策的公正和明智,中国的传统依靠为官者的个人素质,而不是依靠规则或体制结构”。

人是具有精神自觉的动物,意识形态的教育对于提升人的精神当然具有重要意义。但人性中具有与生俱来的“恶”,除非我们的公权力握有者是特殊材料做成的。否则,当精神自觉遭遇现实利益诱惑时,高尚的精神在人的身上便会失去安放的空间。对此,文学大师林语堂先生曾有精妙的论述:“中国人只知道政府是人民的父母,谓之‘父母政府’,或者是‘贤能政府’。他们

④ 参见王亚男:《中国官僚政治研究》,中国社会科学出版社 1981 年版,第 192 页。

⑤ 同上书,第 67 页。

将照顾人民之权利，一如父母之照料其子女，是以吾们人民把‘便宜行事’的权利交托于政府，便予以无限的信任。在此等人手中，吾人付托以数千百万的资产，从不一问其开支报告；吾们又赋予此辈以无限政治权力，亦从不计及自卫吾人之权益。吾们只把他们当作圣贤君子看待。”但“清楚而确定的政治历史之真情是：当你以君子礼待官吏如中国向来之习俗者，则其中十分之一将为真君子，而十分之九将为恶棍。”[⑥]林语堂先生的论说虽然不是专门针对腐败现象而作的，但上述论述今日仍然可以栩栩如生地向我们展示片面强调意识教育而忽略制度建设对反腐的无力与尴尬。

第二，倚重刑法事后严惩。“过度刑法化”是当前我国社会治理中出现的一种值得警惕的病态现象，[⑦]腐败犯罪的治理中刑法过度化的问题虽然并不明显，但倚重刑法严惩的做法却特别突出。刑罚作为一种易感触的力量，通过对腐败分子特别是对那些身居高位的“大老虎”的定罪量刑，以具体个案的经验事例，最能即刻取得国家希望的杀儆效应和宣传效果。但是，事后的刑罚杀儆对于犯罪预防只具有极其有限的意义，这是一个已被事实反复证明的问题。在腐败的治理方面，并没有例外的理由。另外，倚重刑法反腐必然推动反腐刑法的“肥大化”和惩罚日趋严厉化。在前者方面，以贿赂犯罪为例，“79 刑法”将其附属规定于第八章“渎职罪”中，当时只有第 185 条单条规定涉及三个罪名即受贿、行贿罪和介绍贿赂罪。而今国家将贪污贿赂罪设专章规定，涉及的贿赂犯罪包括行贿罪、受贿罪、单位行贿罪、单位受贿罪、对单位行贿罪、利用影响力受贿罪、介绍贿赂罪等。在现行规范体系下，刑法不仅打击核心的贿赂行为，还增设利用影响力受贿罪规制贿赂的周边行为；刑法从打击国家工作人员的贿赂行为，延伸至规制国家工作人员的近亲属、关系密切人、特定关系人；从打击典型的钱权交易行为，扩大至处罚现实社会中的新类型和变相的钱权交易行为。在后者方面，刑法不仅对贪污贿赂并不属于最严重罪行的行为保留死刑，而且，新修订的刑法还增设对特定情形下贪污罪犯罪分子的终身监禁。在程序法方面，2012 年修订的刑诉法扩大刑罚权，将技术侦查手段正式引入包括对重大贪污贿赂等职务犯罪的侦查中，国

---

⑥ 林语堂：《吾国与吾民》，江苏人民出版社 2010 年版，第 205、209 页。

⑦ 参见何荣功：《社会治理“过度刑法化”的法哲学批判》，载《中外大学》2015 年第 2 期。

家在对此类犯罪查处上获得了优越的地位。[⑧] 挪威犯罪学家尼尔·克里斯蒂(Nils Christie)面对西方国家特别是美国刑法扩张的问题曾警示性指出,现代社会犯罪的主要危险不在于犯罪本身,而是在于那些用来打击犯罪的战斗可能会导致社会往集权的方向发展。[⑨] 腐败犯罪具有弥漫性社会危害,过度的腐败会导致整个社会机制的溃败,这是世界各国严惩腐败的根本原因所在。但克里斯蒂所讲的国家刑罚权扩大而导致的政治和法治风险,亦是具有根本性的问题。在腐败犯罪的治理上,同样具有警惕的必要。

另外,在腐败呈现出体制性和社会普遍性特征时,国家的反腐注定只能是选择性的。社会上形象地将这种做法比喻为"隔墙扔砖头,砸着谁是谁"。而这本身将面临法律适用平等和刑法处罚道义上的难题。"对于犯罪最有力的约束力量不是刑罚的严酷性,而是刑罚的必定性",[⑩]但如果国家真的严格按照刑法规定查处腐败犯罪,在具有庞大腐败存量的社会条件下,则可能面临国家官僚体系的瘫痪。

第二节　反腐刑事政策的法治调整:"根本问题"与"具体举措"

任何问题的解决之道皆蕴含于问题的来龙去脉中,构建现代化的反腐刑事政策,必须以理性认识腐败生成原理为前提。历史上,腐败问题曾经被视为权力者个人道德堕落和资产阶级糖衣炮弹侵蚀的结果。[⑪] 但随着人们对腐败认识的理性化和知识的成熟,越来越多的人开始关注腐败的制度性原因。笔者仍然坚持认为,虽然眼下我国腐败问题的产生具有复杂性,但当下腐败的泛滥局面与国家权力肥大、权力缺乏必要法治约束根本相关,是过去和当前政府主导经济社会发展模式难以避免的副产品,与过去一个时期国家没有

⑧　2012年修订的《刑事诉讼法》第148条第2款规定:"人民检察院在立案后,对于重大的贪污、贿赂犯罪案件以及……根据侦查犯罪的需要,经过严格的批准手续,可以采取技术侦查措施,按照规定交有关机关执行。"但2018年修订的刑诉法又将"重大的贪污、贿赂案件"从法条中予以删除。

⑨　参见[挪威]尼尔·克里斯蒂:《犯罪控制工业化》,胡宛如译,北京大学出版社2014年版,第3页。

⑩　[意]贝卡里亚:《论犯罪与刑罚》,黄风译,中国大百科全书出版社1997年版,第59页。

⑪　参见秦前红:《制度化反腐的可能及其变异》,载《民主与科学》2013年第2期。

真正理解市场经济是法治经济,没有切实重视法治建设密切相关。[12] 制度性问题必然需要给予制度性解决,未来国家反腐的根本出路在于构建现代化的政治制度体系。

对于反腐的制度构建,学者们立足于自己的知识背景和学术立场,提出了各种各样的设想。经济学家张维迎教授认为:"在所有的这些措施中,减少政府官员的权力是治本的方法,其他的基本上都是治标的方法。只要没有权力了,就不会腐败了。"[13]政治学者汪玉凯教授指出,体制缺陷是中国腐败蔓延的重要源头,治理腐败必须从体制上下手。在汪教授看来,从体制上抑制腐败必须解决三个核心问题,即构筑用权力制约权力的体系,促进权力结构的分化和整合以及建立严格的党政领导干部责任机制。[14] 法学专家何家弘教授的看法是,面对当前制度性、社会性腐败现状,中国的反腐败战略重心要从惩治贪官转向预防腐败。就反腐败的整体成效而言,预防比惩治更重要。[15] 何教授在博文中还构建了"打虎、拍蝇、灭蟑螂"的反腐三部曲。反腐的第一阶段以治标为主,一方面要集中力量打"老虎",遏止腐败的泛滥势头;另一方面要整顿纪律,转变党风政风。第二阶段从治标转向治本,一方面严查的对象要从"老虎"转向"苍蝇";另一方面要建立健全预防腐败的法律体系。第三阶段以治本为主,在推进政治体制改革和完善民主法治的同时,腐败犯罪的查办从纪检监察机关为主的"法外查办"转向检察机关为主的"法内查办",而查办的重点也要从"苍蝇"延伸至"蟑螂",以清除腐败的土壤,巩固廉政的根基。

众所周知,世界是复杂的,问题的类型亦是各种各样的。其中有些问题是易问难答的;有些问题则属于易问易答却难以践行的。腐败问题的治理可能主要属于后者情形。近代西方经典政治思想家们已很清晰地从理论上展示了腐败的根源和治理之路,并被运用到国家治理的政治实践中。而今国人也已清晰地认识到只有将权力关进"笼子"里,才可能从根本上解决腐败的

---

⑫ 关于腐败原因的制度性分析,请参见何荣功:《"重刑反腐"与刑法理性》,载《法学》2014 年第 10 期。

⑬ 张维迎:《博弈与社会》,北京大学出版社 2013 年版,第 295 页。

⑭ 参见汪玉凯:《巨贪产生的制度反思》,载《炎黄春秋》2015 年第 6 期。

⑮ 参见何家弘:《反腐败的战略重心与官员财产公示》,载《法学》2014 年第 10 期。

难题。但真正做到这一点,却是十分艰难的。因为人是最纠结于利益的动物,而任何权力的减少和限制都触及的是权力背后的利益。在这个意义上,张维迎教授提出通过减少权力预防腐败的想法是有道理的。作为一名经济学家,他所谓的减少权力;主要是从市场经济的角度而言的:要减的是那些政府对市场不必要干预的权力;是那些不符合市场经济发展方向属于阻碍自由市场发展的权力。减少国家不必要的干预市场的权力,可以大大降低权力寻租的机会,不仅可以预防腐败,还可以从体制上避免国家滑入权贵资本主义的泥沼。但这种观点只注意到问题的一面,而在公共生活领域,世界性趋势是,政府权力不是在减少而是呈现扩张态势。回顾西方国家职能的变迁历史,我们不难发现,在典型的市民社会,国家的任务被确定为只不过是排除资本主义经济的障碍这样一个消极的作用。国家是为社会服务的,不是与社会相对抗的对立物,国家的功能被认为应当是消极的。⑯ 那时,得到人们普遍承认的国家目的,除了维护社会内部公共秩序和抵御外来侵略之外,就没有什么更多的内容了。而如今,随着福利国家的到来,为了生存福祉,人们要求国家为公民做更多的事情。国家不应仅仅保障公民享有最起码的生存条件,它还应以提供福利设施、防止压榨个人资源、破坏社会整体利益等来提高人民的生活质量。⑰ 面对这样的现实,英国公法学家洛克林曾总结性地指出,回顾整个20世纪,世界范围内主要的政治危险皆源自权力过大的国家产生的威胁。⑱ 在我国,直至今日,在国家体制的层面上,仍然没有很好地厘清市民社会与政治国家之间的界限。虽然市民社会在市场经济的发展中正在发育生长,但政治国家占领和排挤市民社会空间的问题相当普遍。所以,未来随着社会主义市场经济体系的逐步完善,国家权力逐步退出市场,权力的减少和限缩将是政府改革的重要内容。但在涉及公共服务、民生和社会国家安全等众多领域,同西方社会一样,随着社会需求而导致国家权力的扩大,也是难以回避的问题。

---

⑯ 参见[日]川岛武宜:《现代化与法》,王志安等译,中国政法大学出版社2004年版,第12页。

⑰ 参见[英]皮特·斯坦、约翰. 香德:《西方社会的法律价值》,王献平译,中国法制出版社2004年版,第204页。

⑱ 参见[英]马丁·洛克林:《剑与天平——关于法律与政治关系的省察》,高秦伟译,北京大学出版社2011年版,第6页。

另外,在我国,问题的复杂性还在于中央集权体制具有很长的历史传统。在几千年的历史演进中,并没有自觉生长出反抗和约束集权体制的足够的基因和力量。而且,在现实社会,权威而有效率的政府对于后进国家而言,是保证国家现代化和赶超世界先进文明的重要的制度基础。实践也证明这种体制在实现我国快速进步发展进程中具有很大优越性。所以,可以认为,政府主导的社会经济发展模式和强势政府的存在是我国未来改革发展的基本条件,超越这一框架的思考将是不合实际的乌托邦的想法。在这个意义上,未来国家反腐战略和刑事政策的出路在于在确保政府主导经济社会发展的框架下,如何构建科学有效的权力结构,即国家公权力的合理分化、有效制衡监督与功能性整合的问题。首先,滥用是权力的天性,"无论作为统治者或者作为公民同胞,人类之倾向把自己的意见和意向当作行为准则来强加他人,是有着人类本性中难免带有的某些最好和某些最坏的情绪的如此有力的支持,以致从来几乎无法加以约束,除非缺乏权力"。[19] "有权力的人们使用权力一直到遇有界限的地方为止。"[20]权力的分化与界限设定,从体制设计上可以防止权力独大和无限性问题,是从源头上预防和清除腐败必须解决的首要问题。其次,权力之间的互相监督和制衡,可以避免任何一方面权力的过度专横,可以保证权力在行使之时怀有顾忌。只有心怀顾忌的权力,才可能避免过于任性,腐败问题才可能杜绝与减少。但是,权力的分化必然产生权力之间掣肘和对立问题,如何避免分权后权力互相对立造成体系性紊乱,保证权力之间的有效协调和合作,同样是个重要课题。因为对于权力而言,没有了效率,将难以承担社会管理和服务责任,其结果与腐败一样的糟糕。在这个意义上,效率和腐败是权力自身难以克服之两端,犹如鱼和熊掌,任何国家都很难完全兼得。理想的政府只能将两者平衡在一个社会可以接受的限度内。所以,腐败问题,从法规范角度看,是个与犯罪相牵连的问题,但腐败问题的彻底解决实际上是个事关权力体系设计和政治体制改革的根本问题。正是在这个意义上,未来我国反腐的成效与出路根本上取决于国家政治体制改革的勇气与力度;决定于社会主义市场经济体制完善的程度以及国家未来如何

---

⑲ [英]约翰·密尔:《论自由》,许宝骙译,商务印书馆 2014 年版,第 16 页。

⑳ [法]孟德斯鸠:《论法的精神(上)》,张雁深译,商务印书馆 1997 年版,第 154 页

处理协调好权力合理分工与有效整合的问题。

此外,就制度的优劣与功效而言,设计是基础,运行是关键。阳光防腐暗生贪,透明公开保清廉。[21] 建立一个公正透明的权力运行程序,对于规范权力运行,避免腐败,与实体问题解决具有同等之重要性。因为一个公正透明的法律程序,不仅可以保证决策主体增加或最大限度地作出公正的决定,[22]从而避免权力的滥用和腐败,也可以大大排除对决策主体的不信赖和民众之间不合作的可能性。从国际社会经验看,采取政府主导的经济社会发展模式的国家或地区也有保持清廉的典范,比如新加坡。所以,一个国家与社会的腐败程度与政府是否强势没有必然联系。换句话说,在强势政府的体制下,仍然具有建设清廉政府的可能性和可行性。具体到我国而言,未来我们在保持强势政府对社会发展起引领作用的同时,如果国家制度建设能够保证权力依程序运行和最大限度的透明(建设"透明政府"),可以在很大程度上防止权力滥用与腐败。而在这个问题上,我国有很大的改革和完善空间。

在根本问题之外,我国当前反腐国家战略和刑事政策的推进,还有必要考虑其他方面的具体性问题。

第一,关于对过去腐败行为的适度宽赦。人类习惯于纠结过去,但为了创造未来,我们必须走出过去。国家的反腐工作也一样,有舍才有得,面对过去经年积累的腐败重负,适度宽赦是国人无奈的选择。[23] 例如,在政策上我们无法做到对腐败分子赦免的情况下,适度放弃对既有腐败存量的关注,一心一意控制腐败增量,不是不能考虑的问题。当然,宽赦的对象并不包括那些关系到国家安全与重大利益的腐败行为和那些"大老虎"们的腐败行为。因为在这些特定领域和针对这些特定对象的反腐,不仅是个法律问题,也事关体制改革的推进。另外,在当前官民关系尚具有明显倒挂的体制下,适度宽宥行贿、严惩受贿,既有道义基础,也有助于实践中打击受贿犯罪。

第二,关于反腐机构建设问题。反腐工作的推进有赖于强有力的反腐机构的领导。国立新加坡大学郑永年教授指出,我国现行体制下的反腐机构呈

---

[21] 参见何家弘:《中国腐败犯罪的原因分析》,载《法学评论》2015 年第 1 期。

[22] 参见[英]尼尔·麦考密克、奥塔·魏因贝格尔:《制度法论》,周叶谦译,中国政法大学出版社 2004 年版,第 262 页。

[23] 参见何家弘:《反腐败的战略重心与官员财产公示》,载《法学》2014 年第 10 期。

现的是内部多元主义的局面,反腐败机构过多,内部权力过于分散、不集中,不仅党、政、人大、政协等都设立了反腐败机构,国家和社会的主要组织和机构都有自己的反腐败机构。内部反腐败机构过多的逻辑结果是反腐败责任极其不明确。郑永年教授建议可以参照近年来大部制建设的经验,设立一个反腐败大部,整合目前各个反腐败机构,[24]增强反腐的领导力和执行力。笔者认为,郑教授的意见值得重视和借鉴。此外,建立和有机整合反腐机构,还要尽可能避免将国家的反腐机构设置于某一部门之下,因为实践中这种做法不仅会降低机构的权威,还可能导致反腐成为维护部门利益的工具。

第三,关于国家是否有必要建立反腐实验特区的问题。中国人的国民性中内嵌着中庸的思维观念和为事处事原则。自邓小平以来的政治和经济体制改革,一直秉持"摸着石头过河"的探索心态。这种心态契合了国民的传统心理,实践中也不至于带来大范围的大得大失,引起社会的巨大变革和动荡。经济特区建设就是很好的成功范例。在反腐的问题上,我们也完全可以考虑开辟"反腐实验特区",先大胆地在局部探索治理腐败的经验,完善后在全国范围推行。

第三节 要理性看待刑法在反腐中的角色与作用

社会是个体系性的有机整体,不同的社会机构或组织相互独立而协调,保障着社会的良好运行。学者达格·傲世特尔伯格(Dag sterberg)将社会机构分成四种基本类型:第一种类型是生产型,这种类型的社会机构是以达到理性目标为主;第二种类型是生殖医疗类型,这些社会机构是以照顾和服务为主;第三种类型是以政治和权力为主的社会机构;第四种类型是协调原则、价值和思维方式的社会机构。达格指出,文化和科学机构都属于第四种类型,这些机构不但是知识生产和再生之处,有关人类如何看待世界以及自然与人类之间的关系方面的讨论也在这些机构内持续地进行。对于这种传统的分类,挪威学者尼尔·克里斯蒂(Nils Christie)写道,这一切都已经随着现代性而改变了。法律已被推往第一种机构类型的方向,也就是生成类型。法

---

[24] 参见郑永年:《中国怎样反腐败才会有效?》,载《中国经济周刊》2014 年第 26 期。

律与文化机构的距离正在被拉远，并逐渐成为效用的工具。这个转变会导致法律失去它重要的品质，尤其是它在人类共同经验核心领域所扎的根据。[25]其中，刑法作为效用工具化的问题最为突出，以至于以政策导向为基调的"工具刑罚观"已成为世界各国的共同现象。人们为何总是习惯于用刑罚和监狱解决社会问题，美国著名犯罪学加大卫·加兰(David Garland)是这样解释的：因为刑罚的方案是立即而容易实施的，而且就算它在各方面一无所成，也可以宣称就严罚的目标而言已"生效"了。因为它在政治上少有敌人、成本相对较低，并且符合常识中对于社会失序之来源与责难之适当分派的看法；又因为它依靠既存的管制体系，不涉及改变根本的社会与经济安排；尤其，它控制与谴责集中在地位低的边缘群体上。[26] 反腐针对的是握有国家公权力的强势主体，与一般犯罪不同的是，加兰所指的"刑法控制与谴责集中在地位低的边缘群体上"的问题并不存在。但加兰所言的其他方面问题，是客观存在且值得警醒的！

作为国家公共政策之一的反腐刑事政策的构建，事关国家与社会之公共利益，必须以合理性原则为主导。刑法学大家李斯特很早就指出，如果我们不从犯罪的真实的、外在的表现形式和内在原因上对犯罪进行科学的研究，那么，有目的地利用刑罚——与犯罪作斗争的武器——充其量只不过是一句空话。"[27]笔者并不完全否认刑法对腐败犯罪预防可能产生的积极作用，但反犯罪斗争的经验一再证实"每一个社会都有其应有的犯罪，这些犯罪的产生是由于自然及社会条件引起的，其质和量是与每一个社会集体的发展相适应的"。[28] 腐败犯罪的质与量同样是社会综合条件决定的。面对一起起身居庙堂高位和贪腐数额令人触目惊心的腐败大案(如中央军委原副主席徐才厚、郭伯雄和最高人民法院原副院长奚晓明腐败案)的暴露，让我们再次看到了倚重刑法事后严惩传统做法的苍白无力。之所以如此，主要是因为任何刑法

---

[25] 参见[挪威]尼尔·克里斯蒂：《犯罪控制工业化》，胡宛如译，北京大学出版社2014年版，第167页。

[26] 参见[美]David Garland：《控制的文化——当代社会的犯罪与社会秩序》，周盈成译，巨流图书有限公司2006年版，第266页。

[27] [德]李斯特：《德国刑法教科书》，徐久生译，法律出版社2000年版，第13页。

[28] 参见[意]恩里科·菲利：《实证派犯罪学》，郭建安译，中国人民公安大学出版社2004年版，第183页。

措施都不可能从根本上触及和改变产生腐败的社会结构与条件。而且,刑罚作为和平时期国家能够使用的对付犯罪的最强烈制裁措施,不仅在根本上无助于腐败的解决,有时却可以成为国家拖延解决腐败问题提供“救命稻草”。因为它可能遮蔽和麻木人们对腐败问题进行体制性治理紧迫性和必要性的认识;也可能给人们造成刑法可以解决腐败的假象和误解;还可能成为政府推卸责任和推进体制改革的借口,这种行为似乎可以向民众作出这样的解释——“惩治腐败,国家已尽最大努力了。如此严惩,腐败分子们仍不收手,那是他们的问题了。”对于反腐国家战略构建,本届政府一开始就明确提出——当前要以治标为本,为治本赢得时间。腐败是当前中国最严重的社会问题,我们理应“只争朝夕”。但愿当前倚重事后惩罚的治标手段,不要拖延了我们反腐治本之策的积极构建。否则,那将是得不偿失的。

第四章　反腐败立法现状分析

十八大以来,党和国家体现出异常坚决的反腐决心,这种强力的反腐也获得了民众的支持。政治家的反腐败决心以及民众对反腐败的拥护,对于一个国家的反腐败而言具有非常重要的意义,它构成了反腐败的最终推动力。然而,反腐败不能只有推动力,有效的反腐败,除了具有充分的动力来源之外,还必须有明确的方向,只有这样才能保证反腐的有效性。因此,当前面临的问题是,如何将这种来自政府和民间决心转化为科学的反腐败制度。其中,前者只解决要不要反腐的问题;后者则需要解决怎么反腐的问题。要实现这一转换,必须先弄清腐败的原因,探寻有效的反腐败策略,并将其以制度的形式固定化。要实现这一目的,就必须借助经济学、社会学、犯罪学领域的研究结论,尤其是有关腐败原因和预防腐败对策方面的结论,并以其检验当前的腐败犯罪立法,提出新的立法建议。

第一节　有效的腐败预防措施

在揭示腐败的原因之后,就会发现,有效的反腐败措施开始于设置更好的制度体系。“权力必须受到限制,被保留的部分,必须非常谨慎地予以规制;自由裁量权必须被清除明白地呈现出来,必须加强透明性;在问责的层面,应当增加被抓捕的概率以及惩罚的力度。其中的任何一个方面都是一个非常宏大的主题,但都与我们提及腐败时的第一反应有所差别——颁布新法律,设置更多的控制,改变人的思想,或者推动伦理层面的革命。如果系统内没有自带的动力机制,新法律和控制就会是不充分的。道德觉醒确实有可能发生,但很少按照设计的方式发生。不过,即便我们不能设计出不腐败的官员与公民，我们仍然能促成竞争，改变激励因素，强化问责机制。简言之，我们要对滋生腐败的体系动刀。”①

接下来应该做的，就是根据腐败的原因采取相应的措施。而当前高度或比较廉洁国家所采取的反腐败措施，大体上都可以列入腐败原因所对应的框架。

一、限制垄断权的措施

权力具有自我扩张的本性，因此除非有非常具体的方式限制权力，否则权力必然会扩张，而权力的扩张就会诱发腐败。因此，限制垄断权的基本方式之一就是积极推行权力的限制运动。限制权力的方式包括内部限制和外部限制，而更有效的限制权力的方式是外部限制。同时应当注意到的是，限制权力是一个必须永恒持续的过程。因为一旦缺乏外部的压力，权力就会继续膨胀。而从高度廉洁国家的经验来看，限制权力的有效方式，就是让权力的受制者来检验权力的必要性。

（一）新加坡的经验

新加坡采取了一系列的措施限制权力，以压缩腐败空间。自 1995 年以来，新加坡开始推行“21 世纪的公共服务”（PS21）运动，以提高行政管理的效能和有效性。其内容包括：②

便利企业小组运动（The Pro-Enterprise Panel Movement），即由文官服务的领导领头，组织民间的成员如 CEO 建立一个小组，以接收和审核来自公众的意见，以确保政府的规则和规定顺应和促进了便利企业发展的环境。

Zero-In-Process（ZIP）：零推诿程序，即明确责任主体，防止同一或者相关的事由在不同的责任主体之间推来推去。

官员删减不必要手续运动（Public Officers Working to Eliminate Red-tape，POWER）：旨在删减不合时宜的公共部门规则，让官员能够考虑到规则的精神和内容，而不是机械地适用这些规定。为此设立了一个专门的网站，以接收来自公共官员的删减繁文缛节的建议，并将其交给相应的部门处理。

---

① Robert Klitgaard, International Cooperation against Corruption, *Finance & Development*, 1998, pp. 3 – 6.

② See Koh Teck Hin, *Corruption Control in Singapore*, pp. 127 – 128.

烦琐手续清除运动(The Cut-Red Tape Movement):鼓励公务员在政府内部削减不必要的烦琐手续。民间机构和公众可以通过互联网向政府发送有关删减繁文缛节的建议,相关的政府部门必须回应民众的质询并让所有人都看见对这些问题的回答。

最近,新加坡又在推进电子化的公共服务(E-governance)。这些措施的直接目的是提高政府服务的效能和有效性,但同时也间接地起到了限制腐败的作用。

从这些举措可见,那种总是在重复的说法——新加坡是一个(开明)专治的国家——是靠不住的。相反,至少在反腐败这一问题上,新加坡是一个相当民主和自由的国家,民众在反腐过程中的权限非常大。相反,政府的权力倒是受到了多方面的制约。所以,对新加坡的误解可能让中国的反腐依然走在一条错误的道路上。

(二)新西兰的做法

为了削减垄断,新西兰从20世纪80年代中后期即开始进行行政管理体制改革,注重工作成效和自主管理,从"公共行政"模式向"公共管理"模式过渡。将政府的相当一部分职能转移或下放给半官方或者民间的机构,形成了"小政府、大社会"的构架和"小而精"的建制,政府只扮演政策统筹和调控角色,不再涉足具体运作。③

从新加坡和新西兰所采取的措施中,可以得出以下启示:

第一,最有效的限制权力的措施,是采用一种推定权力会自我扩张、会无效的理念,采取用权力的对立面来限制权力,在可能的前提下,可以用非权力性的替代措施代替权力;第二,即便是内部的限制,也得向外部敞开,以弥补内部监督动力不足的缺陷。

二、防止个人权力演变为腐败的措施

为了防止自由裁量权演变为具体的腐败行为,应当从以下几个方面采取措施:第一,应当规范自由裁量权的运作,并通过公开、透明的方式,将自由裁

③ 参见孙平编译:《新西兰官方信息法、行政监察专员法、国家公务员诚信与操作标准》,中国方正出版社2014年版,第3页以下。

量权的运作置于外部的监控之下；第二，通过设置针对公职人员的行为规范，防止公职人员进入可能腐败的环境；第三，通过特定的措施，降低腐败对权力享有者的诱惑；第四，采取有针对性的腐败预防制度，并确保这些制度的执行。这些措施，也是不少廉洁度较高的国家或地区所采用的措施。

（一）新西兰的经验

在自由裁量方面，新西兰建立了信息公开制度，先后颁布了《1982 年官方信息法》《1987 年地方政府官方信息与会议法》等，限制政府部门的自由裁量权。同时，通过规范公务员的日常行为，成立了负责公务员事务的国家公共服务委员会。专业的职责、义务和权力，还建立了行政管理体制，从根源上预防腐败。④

（二）德国的经验

德国《联邦公务员法》对联邦议会设置了岗位风险评估制度，将联邦议会的各个内部职位，按照出现腐败机会和频率的大小以及可能产生腐败的工作量占整个工作量的比例，划分等级，超过 50% 的确定为特别风险岗位。对于在腐败风险系数较高的部门工作的公务员，在岗时间最多不得超过三年。德国政府其他部门在行政监督过程中也将发生腐败风险可能性较高的部门列为监督重点。⑤

三、提升问责可能性的措施

如前所述，对于反腐败而言，惩罚的严厉性相对而言并不重要，惩罚的概率具有特别的意义。因此，更具有意义的反腐败法，应当侧重于促进立法的执行可能性，即凡是发生的腐败行为，都有可能受到处罚。但腐败行为的处罚，原本就具有非常高的难度。因为腐败行为没有直接的被害人，而且往往在私下发生。所以，必须寻找到一种动力机制来提升问责的可能性。为了实现这一目的，可以从以下几个方面着手：第一，设置合理的惩罚体系，以便降低当前主要惩罚规则的执行难度；第二，建立一种共享反腐红利的制度，激励

---

④　参见孙平编译：《新西兰官方信息法、行政监察专员法、国家公务员诚信与操作标准》，中国方正出版社 2014 年版，第 3 页以下。

⑤　参见徐久生编译：《德国联邦公务员法　德国联邦公务员惩戒法》，中国方正出版社 2014 年版，第 5～6 页。

所有人参与反腐败,同时采取措施降低反腐败的阻力;第三,为了强化问责的效果,有必要调整惩罚的内容。这些内容,也可以从当前高度廉洁国家的立法实践中找到回应。

(一)有关提升规则执行可能性的立法例

在新加坡的反腐败立法中,有一个腐败推定的条款,即只要公共官员从其他人处收受了财产,即推定其为贿赂,如果官员不能证明其合法性,贿赂罪即宣告成立。[⑥] 此外,新加坡《预防腐败法》第32条第2款的规定,公务人员发现有人想向自己行贿的,应当将行贿人逮捕,并就近移送到警察局,如果没有正当理由而没有这样做,应当构成犯罪。[⑦]

同样,英国《反贿赂法》也确立了很多限制权力同时提高惩罚力度的规则。例如,在认定行为人是否为特定商业机构的雇员或者服务提供者时,采用了证明责任倒置的办法;商业组织是否采用了适当的预防程序,其证明责任也在商业组织本身,这已经接近严格责任或者说是客观责任。在处罚力度上,对于商业组织而言,最重要的是财产和资格剥夺。商业组织一旦被认定有罪,可能会被判处无限制的罚金,还有可能被剥夺在欧盟范围内参与公共事业的资格。[⑧] 虽然这涉及的是私领域的腐败,但完全可以借鉴到公共领域的腐败中来。

韩国也制定了《禁止不正当请托与收受财物法》(又称《金英兰法》),规定公职人员接受宴请、礼品等的数额上限。为了推动该法案的执行,该法还规定,对于举报违反《金英兰法》的检举者,若成功揭发违法现象,最多可获得30亿韩元的补偿金与2亿韩元的奖金。

(二)有关惩罚内容的立法例

在惩罚内容上,不少国家注重对腐败利益的剥夺。至少在近几十年的时间里面,提升传统刑罚(自由刑和生命刑)的严厉性已不再属于主流。例如,新加坡1992年颁布《没收腐败、贩运毒品和其他严重犯罪所得法》。同时,《新加坡预防腐败条例》(Prevention of Corruption Act,PCA)有一个特别的规定,即被委托人受贿要承担双重处罚的义务。如果被委托人被发现实施了腐

---

⑥ See Koh Teck Hin, *Corruption Control in Singapore*, p. 124.

⑦ 参见王君祥编译:《新加坡预防腐败法》,中国方正出版社2013年版,第9页。

⑧ 参见王君祥:《英国反腐败法》,中国方正出版社2014年版,第11页以下。

败犯罪，委托人能追缴这一贿赂，就像民事债务一样。而国家也会要求追缴贿赂款，因此行为人会因为这一贿赂行为而支付双倍的数额，而且法律上也不认为这种情形构成双重禁止。[9]

在规则的执行上，世界上不少国家或地区都采用了独立的反腐败机构与社会参与相结合的方式。例如，我国香港特别行政区的廉政公署，新加坡的贪污调查局，新西兰的议会行政监察专员公署、审计署和反重大欺诈局。这些机构都具有非常独立的权限，如新西兰《1975 年行政监察专员法》规定，行政监察专员公署只对议会负责，不对政府负责，其职责是针对政府组织的申诉、针对信息公开决定的意见进行调查，同时也是接受举报的机构。同时，根据新西兰"1990 年反重大欺诈局法"成立反重大欺诈局，负责调查重大欺诈案件，包括绝大多数贿赂、腐败和秘密佣金犯罪等。[10]

此外，这些国家或地区都有相应的措施保证公民依法作出举报的行为，如美国 1988 年的《举报人保护法》；英国在 1998 年的《公益披露法》；新西兰 2000 年的《披露保护法》；澳大利亚 2002 年的《公益披露法》等。

四、各种措施之间的系统性协调

前述各种措施之间，不能各自为政，必须保持一种系统性的协调。因为任何措施都难以单独完成控制腐败的使命，它们只有紧密联系、相互配合与强化，才能成功抑制腐败。这与瑞典哥德堡大学政治学学者罗斯坦提出的反腐败的"大爆炸理论"的基本观点是一致的：对于腐败比较严重的社会，只有经过一次密集的制度大变革，"通过持续的制度创新改变人们行为的激励机制，减少腐败得以发生的机会，并强化对权力行使的约束机制才能有效地遏制腐败。"[11]

这也是当前廉洁国家的经验。根据新加坡的反腐败实践，对于反腐败而言，重要的因素包括以下几个方面（简称 4A 原则）：[12]

第一，有效的反腐败立法［Effective Anti Corruption Acts（or laws）］；

---

⑨　参见王君祥编译：《新加坡预防腐败法》，中国方正出版社 2013 年版，第 9～10 页。

⑩　参见孙平编译：《新西兰官方信息法、行政监察专员法、国家公务员诚信与操作标准》，中国方正出版社 2014 年版，第 3 页。

⑪　刘艳红：《中国反腐败立法的战略转型及其体系化构建》，载《中国法学》2016 年第 4 期。

⑫　See Koh Teck Hin，Corruption Control in Singapore，p. 123.

第二,有效的反腐败机构(Effective Anti Corruption Agency);

第三,有效的执法或惩罚[Effective Adjudication(or punishment)];

第四,有效率的政府行政管理(Efficient Government Administration)。

而且,所有这些都必须建立在强烈的反腐败政治愿望之上。当然,每一个环节都很重要。任何一个环节的薄弱,都有可能导致反腐败的失败。但尤其要注意的是,立法只占其中非常有限的一部分,没有任何法律体系可以自动解决问题。法律体系都必须得到很好的执行,如果执行法律的环境得不到根本性的改变,任何法律制度的创设附带性地创制的权力,可能进一步催生新的腐败。因此,尤其要警惕这种观点,即认为接受一种法律体系会自动地降低腐败的水平。制度起作用的方式在很大程度上取决于其政治和文化环境。对于一个已经存在有效的执行系统和具有很强程序正义传统的国家(如澳大利亚或者新加坡)而言,引入此前不存在的法律系统可能有助于降低腐败。因为这种情形下,法官能够对腐败的政治家和官员进行一种非常有效的审查。而在另外一种情形下,如果没有深入认识到程序重要性的独立的司法(如泰国和利比里亚),给法官提供宽泛的自由裁量权甚至可能造成新的腐败。[13]

反腐败的立法,应当结合腐败发生的原因和有效的反腐败措施,检验当前立法体系中所缺失的部分,有针对性地进行漏洞填补。因此,接下来的内容是对照应然的反腐败体系分析当前中国已有的立法。

第二节　反腐败立法现状评析

由于本项目的目的在于确立有效的反腐败立法体系,重要的是分析当前仍有效的规范体系存在哪些需要弥补的缺陷。因此这里侧重于研究当前尚未失效的规范,而非反腐败立法的历史。基于这样的考虑,这里分析的规范限于当前有效的规范,包括法律、行政法规、部门规章,也包括党内法规,但都限于国家或中央这一层级,不包括地方发布的相应规范。

---

⑬ See Daniel Treisman, The Causes of Corruption: a Cross-national Study, *Journal of Public Economics*,2000(76),399-457,at 425.

一、有关限制权力的立法

限制权力的前提是弄清楚权力产生的机制。我国《宪法》第 2 条规定："中华人民共和国的一切权力属于人民。"而人民行使国家权力的机关是全国人民代表大会和地方各级人民代表大会。《宪法》第 3 条规定了民主集中制的原则。同时,《宪法》第 34 条、第 35 条规定公民享有选举权和政治自由权。但问题在于,在当前中国,《宪法》的宣示性远高于操作性。因此,更重要的是,如何将这些规定转化为具有执行效力的规范。

在这方面,目前狭义的立法有《行政许可法》《行政复议法》《行政监察法》《行政诉讼法》等。其中,《行政许可法》确立了行政许可的几大原则,包括法定原则、不公开则无效原则、便民、效率、优质原则。为了贯彻这些原则,国务院制定了一些相关的决定,如《国务院关于取消非行政许可审批事项的决定》(2015 年 5 月 10 日国务院国发〔2015〕27 号公布)。《行政复议法》《行政监察法》规定了对权力进行内部监督的机制;《行政诉讼法》则规定了对权力进行外部监督的途径。

这些规定都是必要的,但对于限制行政权力而言,还不充分。其中,内部监督存在动力不足的问题。而《行政诉讼法》所代表的外部监督,在司法独立欠缺保障的前提之下,所起的作用也是有限的。因此,当前对于行政的基本原则——职权法定原则的贯彻,更多依赖于自觉的内部监控,外部的监督不足,由此导致动力机制不足。

因此,即便国务院及其部门发布了《2015 年推进简政放权放管结合转变政府职能工作方案》(2015 年 5 月 12 日国务院国发〔2015〕29 号公布)、《国务院办公厅关于清理规范国务院部门行政审批中介服务的通知》(2015 年 4 月 27 日国务院办公厅国办发〔2015〕31 号公布)、《国务院办公厅关于成立国务院推进职能转变协调小组的通知》(2015 年 4 月 18 日国务院办公厅国办发〔2015〕29 号公布)等规定,但都未能确立一种一般性的权力(除了行政权力之外,还应当包括立法、司法权)制约机制,[14]并配置具有高度可操作性的

---

⑭　相同的建议,参见刘艳红:《中国反腐败立法的战略转型及其体系化构建》,载《中国法学》2016 年第 4 期。

制度以利于其执行和贯彻。此外,权力的监督必须社会化,即让权力的存在范围、运行方式、后果等公开,以接受社会的监督。同时,任何不合理的、没能按照相应的方式接受社会公众监督的权力,都应当被清除。而且这种清除冗余或者无根基权力的机制必须日常化,即创立权力清单制度。同时,权力的内部监督也需要通过社会性的参与来推动其执行。这就要求公民的宪法权利得到确实的保障,也即通过推进民主和言论自由的程度来限制权力,预防腐败。这就要求进一步修改《选举法》,并尽快制定"新闻法"。

二、有关防止个人权力腐败的立法

这一方面的措施,应当分为几个板块:一是尽可能地用电子政务、形式化的方式替代实质化的自由裁量权;二是尽可能地用公开、透明的方式将自由裁量权的行使置于阳光之下;三是用周密的行为规则来规制权力行使者,以防其腐败;四是让自由裁量权的行使者有足够的利益保障而不腐败,这就需要用比较合理的薪酬体系保障其生活。

对于第一方面的规范,目前极为欠缺。虽然《建立健全惩治和预防腐败体系 2013 ~ 2017 年工作计划》(中共中央 2013 年 12 月 20 日印发,中发〔2013〕14 号)提到了要"推进电子政务建设",但目前不存在有针对性落实的规范。另外,也没有一个系统性的清理自由裁量权必要性和替代可能性的制度。在司法领域,目前已经有量刑规范化的推进;但在行政权的领域,尚未见有相应的制度。

第二方面的制度,目前已经有《中华人民共和国政府信息公开条例》(2007 年 1 月 17 日),目前的裁判文书上网等制度也构建了一种有关司法权力公开运行的制度框架。但这也是各权力机构内部主动设计的制度,因此缺乏外部的压力。为了确保这一原则得到遵守,应当规定不予公开时的后果,并让社会性的力量对其进行监督。

第三方面的制度,即规制权力主体资格、日常行为规则的规范。目前主要表现为党纪和部门规章,而且其中难以操作的思想教育与道德说教占比过高。包括有关权力主体的一般性立法,如《中华人民共和国公务员法》(2005 年 4 月 27 日)、《中华人民共和国法官法》、《中华人民共和国检察官法》以及数量极其庞大的各种行为准则;包括一般性规则如《中国共产党党员领导干部廉洁从政若干准则》(2010 年 1 月 18 日)、《农村基层干部廉洁履行职责若干规定(试行)》(2011 年 5 月 23 日)、《国有企业领导人员廉洁从业若干规定》(2009 年 7 月 1 日)、《关于领导干部报告个人有关事项的规定》(2010 年 5 月 26 日)、《中央纪委、中央组织部关于党员领导干部述职述廉的暂行规定》(2005 年 12 月 19 日)等;也包括一些特定领域的细则,包括有关公务消费的细则(如《党政机关关于国内公务接待的规定》(2013 年 12 月 1 日)、《关于厉行节约反对食品浪费的意见》(2014 年 3 月 11 日),有关会议、培训、差旅等具体的办法,有关公车使用的规定,有关办公用房建造与使用的规定);有关礼品赠送和接受的细则(如《国家行政机关及其工作人员在国内公务活动中不得赠送和接受礼品的规定》《国务院关于在对外公务活动中赠送和接受礼品的规定》《关于对党和国家机关工作人员在国内交往中收受礼品实行登记制度的规定》);有关财政纪律的规定(如《财政违法行为处罚处分条例》以及针对小金库、事业性收费和罚没收入、违规发放津贴与补贴的规定);有关人事纪律方面的规定(如《党政领导干部选拔任用工作条例》《党政干部选拔任用工作监督检查办法》《党政领导干部选拔任用工作责任追究办法》);有关利益冲突的规范(如《党政机关和党政干部参与经济活动的规定》《公务员回避规定(试行)》等);有关国有资产监管的规定;有关作风问题的规定,等等。问题在于,这些规范更多属于党内的法规,虽然党中央显示出了高度的反腐败决心,但反腐败不能只靠来自内部的动力。因此,要将目前这些规定中对于腐败预防而言具有重要意义的内容转换为立法,让外部的力量监督其执行。

这是从"八项规定"的执行效果中获得的启示。"八项规定"之所以获得了很好的执行效果,重要的因素之一就在于官方为群众参与对腐败行为的举报、控告提供了渠道,并让他们的举报产生了现实的作用,因此调动了群众参与的积极性,他们通过网络、手机的随身拍等多种方式,自发地发现并曝光违反八项规定的人和事。[15] 如果能够将当前存在于党纪中的规范转变为立法,并强化其执行,尤其是通过社会性的力量监督其执行,必然能够在很大程度上提升预防腐败的效果。其中,尤其紧迫的是《公职人员财产申报法》《防止

---

⑮ 参见何增科:《"八项规定"取得明显效果得益于四大因素》,载 http://theory.people.com.cn/n/2013/1203/c148980-23728240.html,最后访问日期:2019 年 7 月 2 日。

利益冲突法》。[16]

第四方面的立法，即通过公职人员的权利保障降低腐败的诱惑力。当前，这方面的立法虽有抽象的规定，即《公务员法》《法官法》《检察官法》以及发展改革委、财政部、人力资源社会保障部《关于深化收入分配制度改革的若干意见》等，但目前需要的更多是拿出切实的方案和行动，让公务员的薪酬在考虑公平的同时，也兼顾预防腐败的有效性。

三、有关问责制的立法

我国当前的反腐败立法，主要集中在事后的问责之上。根据规范的属性，可以将其分为有关问责实体内容的规范和有关执行问责的程序性规范。

（一）有关问责的实体规范

在问责实体规范中，刑法扮演着核心角色。自改革开放以来，刑法一直以来是反腐败立法的重中之重。这与前文所分析的道德主义腐败归因具有直接联系。当前，我国已经形成了一个比较完善的腐败犯罪体系，涵盖了从各种贪污、挪用犯罪到各种贿赂类的犯罪，直到堵截性的犯罪——巨额财产来源不明罪。对应的刑罚也非常严厉，贪污罪、受贿罪可以判处死刑；判处死刑缓期执行的情形下，法院还可以同时宣告被告人终身不得减刑、假释；行贿罪最高可以判处无期徒刑。

除了刑法之外，以纪律处分为内容的惩罚性规范还包括《行政机关公务员处分条例》。根据《监察部、人力资源和社会保障部关于企业中由行政机关任命的人员参照执行〈行政机关公务员处分条例〉的通知》，监察部、人力资源和社会保障部《关于企业中由行政机关任命的人员参照〈行政机关公务员处分条例〉适用解除处分制度的通知》，这一文件也能涵盖企业中的国家工作人员。还包括针对其他公权力行使者的惩罚性规则，如《检察人员纪律处分条例》《人民法院工作人员处分条例》《公安机关人民警察纪律条令》《事业单位工作人员处分暂行规定》。

除了各种纪律处分之外，还有《中国共产党纪律处分条例》（中发〔2003〕18 号）规定的各种党纪处分，可以针对诸多违反党内各种规定的情形适用。

---

[16] 刘艳红：《中国反腐败立法的战略转型及其体系化构建》，载《中国法学》2016 年第 4 期。

但其适用前提与刑法有着高度的重合性，两者互补性不足。

（二）有关问责的程序性规范

有关实现前述惩罚的立法，有《刑事诉讼法》、《监察法》、《行政监察法》（已失效）、《审计法》等；以及有关党纪处分的程序性规则，如《中国共产党纪律检查机关监督执纪工作规则（试行）》（2017年1月8日）、《中国共产党党内监督条例》（2016年10月27日）、《中国共产党巡视工作条例（试行）》（2009年7月2日）等。当前的规范中，也有一些推动惩罚性规范执行的规定，如有关检举、控告的立法，包括《中央纪委关于处理检举、控告和申诉的若干规定》（1987年7月15日）、《中国共产党纪律检查机关控告申诉工作条例》（1993年8月22日）、《关于保护检举、控告人的规定》（1996年1月19日），也包括《检察机关举报工作办法》（1991年12月24日）、《国家公务员申诉控告暂行规定》（1995年8月11日）、《人民检察院举报工作规定》（2014年9月30日修订）、《最高人民检察院关于加强和改进控告申诉检察工作的决定》（2002年11月5日），还包括国务院《信访条例》（2005年1月10日）。

不过，腐败的现状表明，当前有关问责制的立法仍存在很大的问题。其中尤其严重的问题，就是规范难以得到有效的执行。这些问题的解决，部分要依赖于修改实体性的规范，尤其是通过设置新的惩罚性规范，以降低执行的难度，例如，设置处罚前置的规范或者设置单纯的行为犯；部分要依赖于设置新的惩罚性规范，让更多的责任主体面临被惩罚的风险，以被迫推进惩罚的实现；部分要依赖于赋予并保障社会力量参与问责机制。同时，为了增强问责机制的有效性，有必要调整惩罚的内容。例如，牺牲刑罚的严厉性以提高惩罚的概率，增加利益剥夺的内容。

四、当前反腐败立法的总体评价

（一）反腐决心的表达多于反腐有效制度的设计

从当前的规范体系中，不难看出国家对于反腐败的政治决心。领导者的决心对于反腐败而言具有重要的意义。新加坡的反腐败经验表明，当权者的决心和政治意愿是新加坡从腐败的过去转型的关键性的必要元素。因为它构成了一种重要的亚层次结构（sub-structure），只有在这一基础上，上层的反腐结构才能具有根基；它构成了土壤和养分，以供反腐的种子发芽和生长。

政府言行一致,动员公众、整个文官服务体系来打击腐败。[17] 但同时必须注意到,仅有反腐的决心是不够的。只有在科学分析反腐原因和发生机理的基础之上,将反腐的政治决心转化为制度之后,政治决心才有可能起作用。不过,目前的立法,并没有体系性地针对腐败犯罪发生的原因加以安排。

这一特征,在《刑法修正案(九)》对行贿罪的特殊自首制度的修订中体现得最为明显。根据理性选择理论,不难得出如下结论:贿赂犯罪刑事司法的最大困境在于惩罚概率低,其重要原因之一是贿赂犯罪往往在私底下发生,证据难以获取,行贿人和受贿人形成了攻守同盟。为了瓦解这种攻守同盟,就有必要从"囚徒困境"的原理中得到相应的启发,制造行贿人与受贿人之间的不信任,让双方形成的同盟从内部崩塌。

《刑法修正案(九)》之前的《刑法》第 390 条第 2 款规定:"行贿人在被追诉前主动交待行贿行为的,可以减轻或者免除处罚。"然而,这一规定为行贿人背叛对方提供的激励不够充分,因为"减轻处罚"仍然意味着必须处罚。而在贿赂犯罪的整体侦破率较低的前提之下,与其选择减刑(百分之百受处罚),还不如寄望于自己不被发现。其实,即便免除处罚也未必具有足够的激励,因为免除处罚仍意味着有罪,而有罪判决的负面效应足以打消行贿人主动交待罪行的念头。此外,前述立法提供的激励又不够确定:究竟是"减轻"还是"免除","可以"能否成为现实,都悬而未决。正因如此,有同等处罚论者认为特殊自首制度并没有起到相应的作用。[18] 但这未必是废除这一制度的理由,而完全可能是改革的理由。

《刑法修正案(九)》第 45 条将《刑法》第 390 条第 2 款修订为:"行贿人在被追诉前主动交待行贿行为的,可以从轻或者减轻处罚。其中,犯罪较轻的,对侦破重大案件起关键作用的,或者有重大立功表现的,可以减轻或者免除处罚。"这一修订没有解决问题,反倒使原来的问题更加严重了。立法的原意或许在于通过严格行贿从宽处罚的条件表达反腐败的决心,但在贿赂犯罪多发、惩罚概率较低的社会环境下,提高惩罚的概率对于预防效果的提升更具有意义,纸面上的严厉程度作用非常有限。即便是表达反腐决心,也不能

---

⑰ See Koh Teck Hin, *Corruption Control in Singapore*, p. 123.

⑱ 刘仁文、黄云波:《行贿犯罪的刑法规制与完善》,载《政法论丛》2014 年第 5 期。

仅仅制定条文,而是要通过行动来实现。[19]

另外,为了促使行贿人主动交待,又必须确保行贿人不主动交待时将面临一定的不利。因此,最新被提出来的完全废除行贿罪的立场,[20]无助于激励行贿人主动交待并提高贿赂犯罪的处罚概率。如果行贿不再是犯罪,即便行贿人不主动交待罪行,也不会有任何负面的效果。因此,不仅不能在立法上废除行贿罪,还应当在立法上确保行贿和受贿在成立犯罪范围上的对称性。[21]因而有必要删除行贿罪的"为谋取不正当利益"这一限制条件,设置对有影响力的人行贿罪(《刑法》第 390 条之一即《刑法修正案(九)》第 46 条已设立)。因为只有这样才能一方面维持行为规制机能,另一方面给行贿者的主动交待带来一定的压力。

但跟普通的行贿罪一样,应当同时设立针对此罪的特别自首制度。这样的制度设计,也完全可以推广至所有贿赂类型的犯罪(单位行贿罪、对单位行贿罪、介绍贿赂罪),而不仅仅是狭义的行贿罪。

因此,对于被追诉前主动交待行贿行为的,应当免除刑事责任。当然,这里的免除刑事责任,只是因为追究刑事责任无助于实现预防犯罪的目的,[22]并不意味着该行为是完全合法的,不妨碍根据《刑法》第 64 条的规定追缴行贿人因为行贿获取的违法所得。

除了行贿罪的特殊自首制度之外,为了加深行贿人和受贿人之间的不信任感,也应当确立受贿罪的特殊自首制度。根据《刑法修正案(九)》第 44 条第 3 款的规定,受贿人在提起公诉前如实供述自己罪行、真诚悔罪、积极退赃,避免、减少损害结果的发生的,可以从轻、减轻或者免除处罚,情节严重或

---

[19] 既应当包括刑法之内的行动(主要的是提高处罚概率),也应当包括刑法之外的努力(如切实采取有效的措施限制权力,确保公民的知情权、举报控告权、言论自由权,并认真对待公民有关贪腐的控告与举报)。香港廉政公署重视反腐的公民教育被奉为典范,但香港并非只重教育,而是"三管齐下",即刑事调查、制度性预防与市民教育并行。参见李剑峰:《香港反腐败的经验》,载《党政论坛》1997 年第 9 期。

[20] 参见姜涛:《废除行贿罪之思考》,载《法商研究》2015 年第 3 期。

[21] 参见叶良芳:《行贿受贿惩治模式的博弈分析与实践检验——兼评〈刑法修正案(九)〉第 44 条和第 45 条》,载《法学评论》2016 年第 1 期。

[22] 当前的责任观念,已经被注入了预防必要性的内容。例如,Roxin 的答责性(Verantwortlichkeit),就是传统的有责性(Schuld)和预防必要性的融合。Vgl. Claus Roxin, Strafrecht AT, Bd. Ⅰ, 4. Aufl., Beck, 2006, S. 64 ff. 机能的责任论则直接将责任视为一般预防的衍生物。Vgl. Günther Jakobs, Schuld und Prävention, Mohr, 1973, S. 32.

者情节特别严重的,可以从轻处罚。[23] 结合前述分析,这一规定提供给受贿人的激励同样既不确定也不充分。为了确保受贿人有足够的动力自首,也必须将“可以型多功能情节”变为“应当型单功能情节”。不过,为了与“受贿罪责任总体而言重于行贿罪”的结论保持一致,对受贿罪的宽缓幅度不得超过行贿罪。因此,受贿人在被追诉前主动交待受贿行为的,应当免除处罚;情节严重或者情节特别严重的,应当减轻处罚。同样,这种制度也应当推及利用影响力受贿罪和单位受贿罪等犯罪。

以此为内容的特别自首制度,结合刑法解释论上的特定结论,[24]将摧毁受贿人与行贿人之间的信任关系,[25]瓦解两者结成的同盟。不仅让行贿人和受贿人都不敢实施新的犯罪,也有助于行贿人和受贿人主动交待已经发生的贿赂犯罪。对于未然之罪,由于行贿人没了后顾之忧,在行贿之后主动交待罪行的可能性非常高,受贿人就会因为担心行贿人的揭发而不敢受贿;行贿人也会反过来担心受贿人不接受贿赂反而告发自己(接受贿赂的一方不构成犯罪),或者害怕受贿人在接受贿赂后为了获得从宽处理主动交待,因而不敢行贿。对于已然之罪,由于行贿人在行贿后会有所不安,怀疑受贿人是否担心自己主动交待而将贿赂主动交给司法机关或者主动交待罪行,有了这种恐惧心理后,行贿人为了不受刑事追究,便会主动交待行贿事实;受贿者也会担心因对方的主动交待而陷入被动,因此赶在对方之前主动交待罪行。[26] 如此一来,双方将陷入猜忌与怀疑的恶性循环,难以建立起互信而实施新的犯罪。即便实施了犯罪,也将争先主动向司法机关主动交待罪行。

这种制度能通过制造相互的不信任实现“不敢腐”从而遏制腐败增量,也能通过犯罪人的主动交待罪行提高处罚概率,消解腐败存量,进而提高一般预防的效果。最重要的是,这种方案既没有牺牲罪刑规范的行为规制机能,又不会给侦查环节增加过重的负担,甚至也不会过多地增加刑罚执行负

---

[23] 这种立法的变动,实际上在很大程度上受到了同等处罚论的影响,即在自首的处理上,也尽量让行贿人和受贿人的待遇趋于一致。但这种方案既不公平,也无益于犯罪预防的有效性。

[24] 行贿人为了谋取不正当利益给国家工作人员以财物,行为实施完毕,行贿罪即既遂;受贿人索取、收受贿赂后将其退还给行贿人不影响受贿罪的成立。

[25] 当今,安全、可靠是受贿人与行贿人接触时最看重的本质之一。参见尤梓:《贪官眼中的行贿人》,载《廉政瞭望》2016 年第 4 期。因此,通过制度制造不信任感对预防腐败犯罪具有重要的意义。

[26] 参见张明楷:《刑事立法的发展方向》,载《中国法学》2006 年第 4 期。

担。因为通过免除刑事责任、免除或减轻刑罚,真正需要执行的刑罚量不至于过高。

然而,《刑法修正案(九)》更多关注了通过"严惩行贿"来表达反腐败的决心,而没能选择一种看似部分放弃刑罚权实则更能有效抑制腐败的立法例。㉗

(二)惩罚性立法多于预防性立法

无论是当前的反腐败规范体系,还是当前的反腐败实践,都更重于事后的惩罚,尤其是刑事惩罚。因此,当前一提到反腐败,政府甚至学界都容易在第一时间联想到刑法;一提到反腐败的成绩,都会列举证据表明有多少高官落马并被判刑。至于预防性的立法,往往被置于次要的地位,尤其是行政法、经济法没有太多独立于刑法和党纪的内容,往往只是主张依照刑法追究刑事责任了事,但并没有设置比较合理的预防机制。

当前立法在"严惩行贿"时的决心,要远甚于制定《公职人员财产公开法》的决心。同时,在赋予公民更多参与、表达权和新闻媒体更多自由的问题上,当前的立法仍进展缓慢。如果说权力是腐败的根源,这些措施对于预防腐败的意义是不言而喻的。真正有效的反腐败立法,一定要在刑法之外寻求突破,而不仅仅是在刑法之内。世界银行的 Daniel Kaufmann 质疑通过新法律、建立新公共机构或运动式反腐的有效性,传统的公共部门管理教条和传统的司法改革方式未必有那么适合发展中国家和新兴经济实体,更重要的是强调外部的问责机制;发展透明的机制;建立在经验研究之上的监控工具;参与性的意见表达以及激励驱动型的预防措施。㉘ 而这些措施多是预防性的,而不是惩罚性的。

(三)利益剥夺不充分

对于腐败犯罪而言,没收腐败犯罪产生的利益是最有效的威慑因素之一,有些罪犯甚至愿意蹲监狱,而不愿意自己非法获取的财产被没收。㉙ 尽管

㉗ 参见陈金林:《通过部分放弃刑罚权的贿赂犯罪防控》,载《法治研究》2017 年第 1 期。

㉘ See Ari-Veikko Anttiroiko, Good Governance in Context, Learning from Anti-corruption Policies, MPRA Paper No. 67807, posted 10. November 2015 17:26 UTC, Online at https://mpra.ub.uni-muenchen.de/67807/, pp. 6 – 7.

㉙ See J. C. Sharmen, David Chaikin, Corruption and Anti-Money-Laundering Systems: Putting a Luxury Good to Work, *Governance*, Jan2009, Vol. 22 Issue 1, pp. 27 – 45, at 35.

当前的立法注重惩罚,但这种惩罚更多侧重于监禁刑或者生命刑,而不注重腐败的利益剥夺。即便《刑法修正案(九)》给不少腐败类的犯罪增加了罚金刑这一刑罚种类。但对于腐败犯罪而言,除了罚金刑之外,还必须有更多的利益剥夺措施。

根据新加坡的法律,对于腐败罪犯,委托人可以要求罪犯赔偿与贿赂同等金额的民事赔偿,而且这一规定被认为不违反双重处罚原则。[30] 这一制度完全可以引入我国的立法体系之中。首先,它能够调动民间反腐败的动力,因为可能通过民事诉讼获取的利益,将成为一种参与反腐败的经济激励。其次,由于民事诉讼的证据要求通常而言低于刑事诉讼,因此,即便达不到定罪判刑的标准,也可以通过民事诉讼剥夺腐败犯罪所获取的利益。[31] 最后,由于民事赔偿优先于罚金刑而执行,而且民法上的债务可能延伸至家庭的共同财产,因此利益剥夺的彻底性更能得到保障。[32] 因此,应当设置一个更严密、系统并有助于民间力量参与的利益剥夺机制,来剥夺腐败犯罪可能产生的利益。对于参与腐败活动的非公职人员而言,也应当剥夺其利益。而且应当增加资格刑,剥夺其参与政府投资项目的资格。

(四)党纪优先于法律,道德说教多于制度约束

当前,在有关反腐败规范的数量上,党内规范远高于法律;反腐败实践上,至少在启动反腐进程上,也呈现出以“党的反腐为主、司法反腐为辅”的局面。结合我国当前的实践,党的领导对于反腐败毫无疑问具有非常重要的意义。但基于反腐败有效性的考虑,有必要将部分党内的规范转化为法律。

目前,在预防性的规范上,党纪的数量远超于法律。公职人员财产公开、预防腐败失职等,目前都只停留在党纪规定中。党纪具有非常重要的意义,但党纪的执行具有封闭性,主要只能靠内部的监控来实现。虽然群众性的力量也能推动党纪的执行,但最终仍取决于纪委的意志。因此,为了保证其效力,有必要将对于反腐败具有重要意义的党内规范转变为法律。

---

[30] See Koh Teck Hin, Corruption Control in Singapore, pp. 124 – 125.

[31] See J. C. Sharmen, David Chaikin, Corruption and Anti-Money-Laundering Systems: Putting a Luxury Good to Work, *Governance*, Jan2009, Vol. 22 Issue 1, pp. 27 – 45, at 36.

[32] 有学者提出了用连带的方式要求“夫债妻还”“父债子还”。张千帆:《官不畏死能否以财产惧之》,载《法制日报》2012年2月3日。

由于党的领导侧重于在思想上的领导,因此目前有关反腐败的党内规范也更多侧重于政治要求、思想和道德层面的要求。在预防性的层面,虽然也存在一些规定,但又存在执行力不足的缺陷。而党纪的执行力不足,有两方面的原因:一是在道德水准上要求过高,超过了一般人难以达到的高度;二是缺乏来自外部的执行压力。因此,一定要脱离单纯的道德上的高要求,而要设计出普通公职人员能遵守的制度,并设计周密的执行方案。因此,当前不能仅仅从高压反腐的角度提出压制性的要求,同时也应当考虑给公职人员提供必要的保障。正是在这种意义上,有必要认真对待"高薪养廉"这一观念。而当前的反腐,很少去考虑公职人员在当前社会环境下的难题,自然也很少认真考虑其制度性的保障。而事实证明,高薪养廉是具有经验性的根据的。Van Rijckeghem 和 Weder 通过实证研究得出,在发展中国家,公共部门的薪资水平与腐败呈负相关关系。[33] 即便不考虑贪腐一方的腐败动力,高薪也能为巩固反腐败的根据提供正当性基础。因为当公务员收入非常低的时候,无论是公务员自己,还是民众都会觉得一定程度的腐败是可以接受的。而来自公务员自己和民众的道德认同,会促进腐败。在高薪这一基础性的制度存在后,反腐不会面临来自道德层面的障碍。

(五)权力反腐色彩浓厚,社会性参与不足

腐败的根本原因在于权力。如果权力的存在不可避免,则有竞争的权力是最好的;联合垄断的权力次之;一个人垄断的权力则是最坏的。[34] 所以,反腐败应当以限制权力作为根本的原则。然而,反腐败本身也可能创制权力,如果这种权力没有能够受到比较合理的制约,则反腐败本身也将造成新的腐败。要避免这一后果,就必须尽可能地用权利而非权力去反腐;在不可避免要用权力反腐的情形下,也要尽可能地设置合理的制约权力的措施。

当前,我国的反腐主要采用的是一种自上而下的方式,民众在整个反腐败运动中所扮演的角色非常有限。虽然目前的反腐败也强调群众路线,也希望民众参与进来。但在民众参与权的保障上,目前并没有太多的制度性举

---

[33] See Aymo Brunetti, Beatrice Weder, A Free Press is Bad News for Corruption, *Journal of Public Economics* 2003, 87(7): 1801 - 1824, at 1803.

[34] See Arvind K. Jain, Corruption: A Review, *Journal of Economic Surveys*, 2001, Vol. 15 Issue 1, pp. 71 - 121 (94).

措;民众也很少从反腐败中获得直接的反腐败红利;对于社会性反腐败非常重要的民主和自由权的保障上,目前所做的更是非常有限。

(六)只重立法文本,不重立法的执行可能性

为了反腐败,我国制定了海量的规范。据统计,仅十五大以来,全国省部级以上机关制定的党风廉政建设方面的法规及其他规范性文件达2000多项。目前,国际上通认的腐败行为,几乎没有任何一项在中国被认为完全是合理、合法、合规的,[35]但当前依然严峻的反腐败形势表明,这些规范并没有得到很好的贯彻。这与我们对"人"的基本期待有着密切的联系。我国当前制定的绝大多数规范都建立在一个基本的假设之上,即人是讲道德的、是守法的、是有奉献精神的。在这种不合理的期待的基础上,我们认为规范是会自动执行的。但事与愿违,没有任何规范可以自动执行。因此,必须认真地思考规范执行的动力与阻力问题,通过各种内部、外部的制度设计,让规范运行起来。

制定任何规范时,不仅要规定要执行的内容,而且必须将执行本身作为自己的内容。在制定规范的同时思考如下问题:执行的主体是谁?执行的对象是谁?执行会有哪些动力和阻力?如何执行?执行的后果如何?不执行的后果如何?执行需要哪些条件?这些条件由谁来满足?未满足这些条件时,谁应当承担责任?尤其要注意的一点是,要让绝大多数人能够从反腐败的过程中感受到实实在在的利益,只有这样,反腐败的制度设计才能获得足够的执行动力。

尤其要注意的是,对执行可能性的关注,不能仅仅停留在一种提倡之上,而是要通过制度设计实现。一方面,要通过制度设计降低反腐败可能遇见的阻力;另一方面,要通过制度上的激励创造反腐败的动力。

第三节 反腐败立法的基本原则与思路

基于前文对反腐败立法现状的分析,接下来的反腐败立法应当遵循以下原则,并结合这些原则构建对于反腐败而言必不可少的重要制度。

---

[35] 性贿赂在中国虽然不属于受贿罪,也可以以作风问题通过作党纪处理。

一、限制权力原则

由于不受限制的权力是腐败的根源，因此有必要设置一系列的制度来限制权力的运行。但权力的本性是自我扩张的，因此必须设计一系列具有可操作性的制度，让权力真正受到制约。而首先需要限制的，就是反腐败本身所带来的权力。因此，在反腐败立法的原则中，应当设置如下条款：

【法治和保障人权原则】反腐败工作应当依法进行，尊重和保障人权，维护公民和组织的合法权益。

【限制权力原则】为了预防腐败，国家应积极探索并限制不必要的公共权力，细化权力运行的规则，公开权力运行的程序，强化对权力的监督。

之所以要设置这样的条款，是因为超越法律、践踏人权的反腐败本身又会成为新的腐败源头。因此必须将反腐败纳入法治的轨道，创造一种守法的良好氛围，只有这样才能从源头上营造一种更清廉的环境。另外，只有这样的反腐败，才能让反腐败摆脱政治斗争的嫌疑。因此，应当尽可能地压缩权力的存在空间，将权力的运行过程暴露在阳光之下，接受监督。

当然，限制权力不能仅仅停留在原则性的条文之中，而是必须设置合理的制度。在这种意义上，应当让权力陷入这样一种境况——它必须时时证明自己的合法性，否则就推定认为权力不存在。当前部分学者提出的"权力不入清单即无效的制度"具有极其重要的意义，它主张将所有的权力（除涉及国家安全的之外）列入清单，并主张"不列清单即无效"的原则。[36] 结合公开、透明原则，兼顾执行的可能性，可以考虑设置以下条文：

【权力清单公示制度】除法律规定的特别理由之外，所有依法从事公务的主体都应当将其享有权力的详细信息进行公示，公示的内容应包括：

（一）权力存在的法律依据；

（二）权力存在的必要性、意义；

（三）权力的具体内容；

（四）权力的运行程序；

---

[36] 参见程文浩：《国家治理过程的"可视化"如何实现——权力清单制度的内涵、意义和推进策略》，载《学术前沿》2014 年第 9 期。

（五）相对人的救济途径；

（六）权力的具体负责人；

（七）权力的监督主体与监督程序；

（八）权力滥用或不积极履行职责的法律后果；

（九）权力与相关权力之间的衔接、权责划分。

未经公示的权力即为无效。权力主体因未履行公示义务导致其权力无效的，不免除其法定职责。

这是权力清单制度的内容，也是权力限制原则的延伸。限制权力，是预防腐败的最关键内容。为了清除超越法律的权力，防止权力的运行程序、责任主体等不明晰，成为腐败犯罪发生的源头，有必要建立权力清单制度，凡不进入这一清单的权力应当推定为无效。但为了防止相应的权力主体通过这种方式逃避法律规定的职责，必须规定：即便因为没有履行权力公示的程序而导致权力无效，也不免除其法律职责。

【权力公示制度的监督】监察委员会下设的腐败预防部门负责检查、监督权力公示情况。凡权力的存在与运行不符合本条第一款、第二款规定的要求的，应告知其上级机构或监管机构，后者应责令权力主体及时予以纠正。

监察委员会在检查、监督权力公示情况的过程中，可吸收各级人大代表、学者和公民代表参加，听取其意见。

权力信息公示平台应提供公开渠道以供普通公民、学者、民间组织对权力的合法性、必要性、合理性、现实运行状况发表意见。对于相应意见，权力主体应及时在该平台作出合理解释，并同时将解释内容报送监察委员会。

【权力运行程序的简化】权力主体在实施权力的过程中，不得衍生出任何不必要的程序。监察委员会腐败预防部门对此进行监督，其程序与权力公示程序相同。

民间机构和公众有权通过权力公示平台发表有关简化权力运行程序的建议，相应的权力主体必须回应公民的质询并将回应内容公布至权力公示平台。

在法律没有特别规定的情形之下，权力运行的过程和结果必须保持公开、透明。

这是有关削减权力运行程序的措施。权力运行的过程，是腐败行为发生的具体场所。为了预防腐败犯罪，一方面要尽可能地缩短、简化权力运行的过程；另一方面应当尽可能地遵循公开、透明的原则。

【限制自由裁量权】权力运行遵循自由裁量最小化原则。在不违背权力设置宗旨的前提下，应优先适用电子化操作替代人工操作；以形式判断替代实质判断。自由裁量权的运行过程和结果应予以公开。

权力主体应对自由裁量权的存在提供充分的理由并将理由在权力公示平台进行公示，监察委员会的预防腐败部门负责审核自由裁量权的理由说明。对于缺乏正当根据的自由裁量权，监察委员会应告知其上级或监管部门，后者应责令相应主体及时予以纠正。

这是限制自由裁量权的措施，自由裁量权是腐败现象的另一重要原因。因此必须采取措施限制裁量权，在自由裁量权不可避免的前提之下，应当将其适用的过程和结果进行公开。

除了这些措施之外，还应当尽可能地推行无人化的权力运行模式，因为"你总不可能对机器人行贿"。

二、强化执行力原则

规则的执行，应当是制度设计中非常重要的一部分。对于反腐败而言，除了前文已经回应的限制权力制度的可操作性之外，还有腐败预防和腐败问责制度的执行问题需要加以分析。

对于腐败的预防而言，最重要的是谁来承担预防腐败的责任。它具有什么样的权限，它可能受到哪些制约，它是否具有完成预防腐败所需要的技术和能力，它的命令具有什么样的效力，不执行其命令的行为可能具有什么样的后果？

为了回答这些问题，应当结合中国当前的社会环境和权力结构，设计一个具有高度独立性的反腐败机构，并赋予其充分的权限和保障，以保证它有充分的条件和能力完成反腐败的任务。对于预防腐败而言，应设置如下条款：

【腐败预防】监察委员会预防腐败部门负责腐败的预防工作。

监察委员会预防腐败部门应当组建腐败预防小组。小组由反腐败机构成员、司法机关代表、专家以及公民代表组成。

腐败预防小组负责根据腐败发生的基本原理、腐败发生的现实情况等确立高危的腐败发生领域,发布本地区的腐败犯罪预警年度报告,并对腐败的预防提供建议。

腐败行为的预防具有非常重要的意义,其意义更甚于腐败行为的惩罚。因此有必要设立专门的部门来负责腐败行为的预防工作。腐败的预防应当讲究科学性,并尽可能顾及腐败的客观情况。因此有必要吸收司法机关、专家以及公民代表参加预防腐败工作。

为了保证腐败预防主体采取措施的法律效力,还应当设置如下条文:

【腐败预防建议及其法律效力】被确定为腐败高危领域的权力主体,应当结合腐败预防小组提出的腐败预防建议确立腐败预防制度,报送监察委员会预防腐败部门。预防腐败部门负责检验其预防制度的有效性,并对其提出修正意见。

被确定为高危领域的权力主体未按照腐败预防小组提出的建议建立腐败预防制度;或者未采纳其修正意见;或者对前述制度执行不力,导致严重腐败犯罪发生的,依照刑法三百九十七条的规定追究相应主管人员或者其他直接责任人的责任,从重处罚。

这一条文保证了腐败预防的工作的针对性,尤其是腐败行为高发的领域。为了确保监察委员会预防建议的效力,应当追究不履行预防腐败义务行为的法律责任。

在问责制的层面,执行效力尤其需要强化;在刑事实体法的层面,需要设置更多的行为犯和处罚早期化的规定,如收受礼金罪。同时,为了保证处罚的概率,应当修订特殊自首制度,免除特殊自首者的刑事责任。此外,为了保证预防腐败措施的效力,有必要设置预防腐败失职罪。最后,为了保证反腐败的效率,减少引渡的阻力,应当废除腐败犯罪的死刑。这些内容都应当是刑事实体法层面的修改。

在反腐败法中,应当将国际合作作为一个原则性的内容加以规定。可以设置如下条款:

【反腐败的国际合作】国家主动寻求与其他国家或地区进行反腐败合作,积极履行我国签署的国际条约规定的义务,遵循国际反腐败的普遍原则。

这是因为,基于我国腐败行为发生的现实状况,我国的反腐败必须与国际社会进行充分的合作，并让这种合作常态化（而不是仅仅通过某些非常态的行动）。只有这样，才能让腐败分子不会通过国际合作的障碍找到逃避的空间。在国际合作的过程中，国家应尽量摒弃意识形态的障碍，也不要计较某个具体案件的经济收益。因为有腐败必罚、让腐败无处可藏本身就具有很高的价值。而要参与国际合作，就必须遵循国际上通行的原则。当前，已经有人建议将孤立和惩罚保护恐怖主义的国际压力扩展至保护腐败收益的国家。[37] 一旦我们不坚持反腐败最基本的原则，就可能被孤立，难以找到有效的国际合作。

此外，为了吸引社会性的力量参与反腐，首先应降低社会性力量参与反腐败的阻力。因此有必要制定举报者和证人保护法。此外，还应当从积极的一面对全民参与反腐进行引导。因此应当制定反腐败红利共享制度——要让国家、普通公民和不愿意或者未参与腐败的官员都因反腐败而从中获益。因此要根据腐败的规模，确定反腐败的预期收益，并确立分配预期收益的合理方案，并通过国家预支的方式，激励国家之外的社会资源投入到反腐败的过程中来。

三、系统性原则

腐败的根源只有一个，即不受限制的权力，但反腐败却需要系统性的制度设计。这里的系统性，首先，是指建立一个完善的反腐败体系，包括腐败的预防、惩处和廉政教育。其次，反腐败还必须包括反腐败的制度建设、执行等等。最后，反腐败还是一个需要长期持续的过程，要不断地根据新的腐败现实分析腐败的原因，探讨腐败的预防之道。这一原则应当写入反腐败立法中，可以设置如下条款：

【反腐败的系统性】国家应结合腐败现象发生的原因，建立全面、系统、有效的反腐败制度，并确保制度的贯彻和执行。

所有的反腐败措施，都必须符合科学和有效的原则。为了确保反腐败的科学性和有效性，首先必须弄清楚腐败发生的原因。根据当前有关腐败研究

---

[37] See Arvind K. Jain, Corruption: A Review, *Journal of Economic Surveys*, Feb. 2001, Vol. 15 Issue 1, pp. 71 – 121 (99).

的主流观点，腐败的原因更多是制度性的。尤其是要防止那种仅靠道德说教、责任谴责、象征意义重于实效、过度依赖刑法的反腐败倾向。

【腐败的预防与惩罚】反腐败以系统性的预防措施为主，事后的责任追究为辅，刑事处罚为补充，反对不必要的重刑。

反腐败活动应当以事先的预防为主，防患于未然，这是最有效的方式，也能尽可能地避免腐败行为的负面效果。在腐败犯罪发生过后，应当优先适用行政处分、行政处罚等措施，尤其要避免适用重刑。因为对于腐败犯罪效果而言，惩罚的概率远比处罚的严厉程度重要。

【腐败的利益剥夺】因腐败行为遭受损害的，可以要求相应的责任主体承担赔偿责任。

这是利益剥夺原则的要求，通过这一规定，可以让腐败行为所造成的所有损害都得到弥补，也会让腐败行为所获得的利益被彻底剥夺。为了激励民间力量参与反腐，民事赔偿的执行顺序应当优于罚金。民事责任的承担范围应当超出狭义的腐败行为，可以扩展至狭义腐败行为的关联行为，包括狭义的腐败行为、行贿与介绍贿赂的行为、腐败犯罪预防失职的行为。

同时，在反腐败的实践中，应贯彻系统性反腐的原则。它应当贯穿于反腐败的制度设计、反腐败的案件操作和反思的整个过程中。因此，腐败案件的浮现，不仅仅是给一个人判刑的机会，而是反思整个制度的机会。

系统的反腐败，应当确立一个前提，即不参与腐败也能过上基本上有尊严的生活。如果这一点不保障，反腐败就很难获得公民的支持。例如，食品、教育、医疗等问题不解决好，过上安乐的生活需要依靠特权，就会反过来促进腐败。

四、社会性反腐原则

反腐败不能只靠权力推动，因为腐败的根源在权力。即便权力和权力之间形成了完美的互相牵制，没有来自社会的支撑，反腐败也将丧失动力源泉。因此，要想根本性、持续性地反腐败，必须坚持社会性反腐原则，以遏制腐败的根源，并为反腐败找到不竭的动力。此外，反腐败是一门科学，它也需要来自民间的智力支撑。

当然，要想社会性的力量参与到反腐中来，必须有相应的制度设计，这一内容将在第五节进行阐释。

第四节　行贿罪处罚政策的变化与立法修改

一、"严惩行贿":刑事政策的转向

在理论上,行贿与受贿属于对偶犯(亦称对合犯)。两者究竟是应同等处罚还是区别对待,各国刑法立场不尽一致。[38] 中华人民共和国成立后的两部刑法典都采取"重受贿轻行贿"的处罚结构。1979年《刑法》第185条第3款规定:"向国家工作人员行贿……处三年以下有期徒刑或者拘役。"而对于受贿罪,刑法则规定一般情况下处五年以下有期徒刑或者拘役;致使国家或者公民利益遭受严重损失的,处五年以上有期徒刑。改革开放带来了社会的快速发展,"79刑法"关于行贿罪规定过于简单的问题很快凸显。而且,鉴于实践中行贿行为的危害越来越大,[39]1988年全国人大常委会通过的《关于惩治贪污罪贿赂罪的补充规定》(以下简称《补充规定》)对行贿罪刑罚做了重大修改,[40]即对行贿情节特别严重的,增处无期徒刑,并处没收财产。另外,为了体现对行贿的宽大政策,《补充规定》规定:"行贿人在被追诉前,主动交代行贿行为的,可以减轻处罚,或者免予刑事处罚。"现行刑法基本上沿袭了《补充规定》的条款设置,只是在刑罚方面,适度缓和了处罚力度。[41]

从司法实践的做法看,过去这些年,虽然最高人民法院和最高人民检察院(以下简称"两高")也时常强调要加大惩治行贿犯罪的力度,[42]但严惩的对

---

[38] 比如我国香港地区采取的是同等处罚的立法例,俄罗斯刑法则采取的是区别对待的立场。《联合国反腐败公约》并没有就此问题对缔约国作出统一性要求。

[39] 参见李淳、王尚新:《中国刑法修订的背景与适用》,法律出版社1998年版,第528页。

[40] 《补充规定》规定:"对犯行贿罪的,处五年以下有期徒刑或者拘役;因行贿谋取不正当利益,情节严重的,或者使国家利益、集体利益遭受重大损失的,处五年以上有期徒刑;情节特别严重的,处无期徒刑,并处没收财产。""行贿人在被追诉前,主动交代行贿行为的,可以减轻处罚,或者免予刑事处罚。""因行贿而进行违法活动构成其他罪的,依照数罪并罚的规定处罚。"

[41] 现行《刑法》第390条规定:"对犯行贿罪的,处五年以下有期徒刑或者拘役因行贿谋取不正当利益,情节严重的,或者使国家利益遭受重大损失的,处五年以上十年以下有期徒刑;情节特别严重的,处十年以上有期徒刑或者无期徒刑,可以并处没收财产。""行贿人在被追诉前主动交待行贿行为的,可以减轻处罚或者免除处罚。"

[42] 比如,1999年《最高人民法院、最高人民检察院关于在办理受贿犯罪大要案的同时要严肃查处严重行贿分子的通知》中明确强调了严惩行贿的立场。提出对严重行贿犯罪分子,要依法严肃惩处,坚决打击。

象主要是多次行贿、行贿数额巨大等,国家对贿赂犯罪整体上采取的是“重受贿轻行贿”的惩治思路,有的办案机关甚至采取查处行贿服务于打击受贿的策略。近来,越来越多的学者开始对传统“重受贿轻行贿”政策提出批评,认为该政策导致了不好的法治效果,如大量行贿人未被追究刑事责任,法院审理的行贿犯罪案件数远远低于受贿犯罪案件数,行贿案件刑罚适用量过低,缓免刑适用率过高,不利于惩治腐败等。[43] 十八大以来,中央反腐力度、深度、广度空前强化,“惩办行贿与受贿并重”政策随即提出并被实践。2014 年,最高人民检察院部署“打击行贿犯罪专项行动”,查办行贿犯罪 7827 人,同比上升 37.9%。今年 1 月至 3 月,全国检察机关立案侦查行贿犯罪 1891 人,同比上升 6.1%。[44] 2015 年 1 月 15 日,最高人民检察院曹建明检察长主持召开最高检党组会议,在传达学习十八届中央纪委五次全会精神时,明确要求坚决打击行贿犯罪。[45] 4 月 29 日,曹建明检察长再次强调,要深刻认识行贿犯罪的严重危害性,切实防止和纠正“重受贿轻行贿”的司法观念,采取积极有效措施,进一步加大依法打击行贿犯罪力度,减少行贿犯罪存量,有效控制行贿犯罪增量,特别是要严厉惩处主动行贿、多次行贿、行贿数额巨大、长期“围猎”干部的行贿犯罪。各级检察机关要坚持行贿与受贿统筹查办。[46] 与此同时,最高人民法院也表达了同样的立场,第十二届全国人大第三次会议上,周强院长在最高人民法院工作报告中指出:“在严厉打击受贿犯罪的同时,进一步加大对行贿犯罪的惩治力度,减少腐败犯罪。”

对于“两高”的态度转变和司法实践近期做法,正如我国学者评价,这些迹象都充分表明,我国最高司法机关正在调整惩治腐败犯罪的策略:从过去的“重受贿轻行贿”“打击行贿服务于查处受贿”等政策,转变为当下的“惩办行贿与惩办受贿并重”政策。[47]《中国法学》今年第 1 期刊载的最高人民法院

---

[43] 参见李少平:《行贿犯罪执法困局及其对策》,载《中国法学》2015 年第 1 期。

[44] 参见《重击权力“买方”铲除腐败土壤》,载《法制日报》2015 年 6 月 11 日,第 5 版。

[45] 参见《牢记主体责任　全面落实从严治党要求　强化责任担当　坚定不移推进反腐败斗争》,载《检察日报》2015 年 1 月 16 日,第 1 版。

[46] 参见《加大依法惩治行贿犯罪力度　有效遏制贿赂犯罪蔓延势头》,载《检察日报》2015 年 4 月 29 日,第 1 版。

[47] 参见苗有水:《为什么提倡“惩办行贿与惩办受贿并重”》,载《人民法院报》2015 年 5 月 8 日,第 6 版。

副院长李少平的论文《行贿犯罪执法困局及其对策》,无疑属于支撑当前这一政策转向的重要理论言说。“两高”和社会上“严惩行贿”的声音不可避免地会影响最近刑法的修正,《刑法修正案(九)》第45条第2款规定:“行贿人在被追诉前主动交待行贿行为的,可以从轻或者减轻处罚。其中,犯罪较轻的,对侦破重大案件起关键作用,或者有其他重大立功表现的,可以减轻或者免除处罚。”较之于此前规定,《刑法修正案(九)》收紧了对行贿宽大处罚的立场。

归纳“行贿与受贿并重惩罚”政策的根据与理由,大致有以下方面:(1)腐败现象作为一个整体考察,大部分情况下呈现都是行贿是“因”,受贿是“果”,没有行贿就没有受贿。所以,遏制贿赂犯罪必须从惩治行贿犯罪入手。行贿犯罪惩治效果之好坏,对于国家反腐大局具有至关重要的意义。[48](2)行贿免责将会导致负向激励。有的学者形象地指出,受贿与行贿,是一根藤上结出的“并蒂毒花”。对行贿与受贿同罚,既寄寓了公众的公平诉求与正义期许,也体现在了司法设计中。严惩受贿却宽纵行贿,如此反腐跟开着水龙头拖地毫无两样。受贿落马,行贿免责,只会造成负向激励,也侵蚀反腐制度的肌体。[49](3)“重受贿轻行贿”政策和做法损害了公众的普遍道德感。反对传统“重受贿轻行贿”做法的学者认为,在当前我国市场经济条件下,行贿者多为无孔不入的“权力寻租者”,是国家肌体的腐蚀者。这些人为谋取不正当利益,先是千方百计地收买国家工作人员手中的权力,事后又“积极地”予以“检举揭发”,以求得自身解脱或从宽处罚。这是一种“背信弃义”之举。对此不义之举,我们过去不是予以严厉打击,而是从党纪、行政、司法等多个渠道“给政策”“给出路”,使其轻而易举地逃脱法律制裁甚至纪律制裁,此种做法与公众普遍道德观相抵牾。(4)提倡并重惩罚的论者还指出,行贿与受贿在功能上具有对向性,即双方行为主体分别实施各自的行为,两者彼此补充、相互呼应,形成统一的整体;在成罪条件上,两者具有依存性,即一方的实施或完成,以另一方的存在为条件。行受贿双方的对合关系,要求立法者对两者配置大致相当的刑罚量,也要求执法者对两者一视同仁,否则

---

[48] 参见苗有水:《为什么提倡“惩办行贿与惩办受贿并重”》,载《人民法院报》2015年5月8日,第6版。

[49] 参见《行贿免责的负向激励》,载《华西都市报》2013年5月27日。

即背离了刑罚平衡理念和公平正义原则。[50]

要解决问题,必须首先知道问题所在。无论是在立法层面还是刑事政策执行层面,要回答行贿与受贿究竟是应并重从严处罚,还是如以往那样严惩受贿而宽宥行贿,都须依赖于科学解释行贿、受贿互生机理。若果真如“并重惩罚”论者所言,行贿是因,受贿是果,行贿引起了受贿,那么,将行贿与受贿并重惩罚,甚至惩罚行贿胜于受贿,都无不妥。因此,科学揭示行贿与受贿这个开在一藤之上的两支“并蒂毒花”的生成机理,便成为回答“行贿与受贿并重惩罚”政策是否具有正当性的先决性问题。

二、行贿的生成机理:一个政治哲学视角的整体性解释

贿赂是权力的附生物,任何社会和国家都不可能完全避免,只是国家须竭力将其控制在社会可以容忍的限度内。贿赂行为发生的原因是复杂和多方面的,个人道德和社会制度都系难脱关系。但正如哲学家罗素所言:“当一个普遍性问题被人提出来时,哲学就产生了。”[51]现实社会,当贿赂现象超越个人、群体、职业和行业的范围,日益成为具有一定普遍性的社会行为模式时,从制度层面进行整体性解释,不仅是必要的,也是必须的。其实,无论是行贿还是受贿,都代表的是个人在获取社会资源时表现出的行为倾向或模式。而人作为群体性存在物,其行为倾向和选择不仅受社会资源的约束,也要受其他人选择的影响。[52] 在笔者看来,现实社会官僚制度的宿弊、权力监督体系的扭曲和阙如以及人们合作中的“囚徒困境”在很大程度上催生和塑造了行贿的行为模式。孟德斯鸠曾言:“要特别注意法律应如何构想,以免法律和事物的性质相违背。”[53]刑事政策的设计也同样要尽可能与事物的性质相吻合,简单地强调“行贿与受贿并重惩罚”的刑事政策,期望以此有效遏制腐败,既偏离了事物的性质,也难以取得理想的法治效果,具体分析如下:

---

[50] 参见苗有水:《为什么提倡“惩办行贿与惩办受贿并重”》,载《人民法院报》2015 年 5 月 8 日,第 6 版。

[51] [英]波特兰·罗素:《西方的智慧》,崔权醴译,文化艺术出版社 2005 年版,第 5 页。

[52] 参见张维迎:《博弈与社会》,北京大学出版社 2013 年版,第 1 页。

[53] [法]孟德斯鸠:《论法的精神》(下),张雁深译,商务印书馆 2002 年版,第 300 页。

1. 官僚政治的宿弊与行贿

学者孙越生先生指出，传统官僚政治是一种特权政治。特权政治下的政治权力，不是被用来表达人民的意志、图谋人民的利益，反而是在“国家的”或“国民的”名义下被运用来管制人民、奴役人民，以达成权势者自私自利的目的。孙先生将官僚政治从技术与社会两个层面进行说明，[54]根据孙先生的归纳，我国传统官僚政治具有延续性、包容性和贯彻性三个方面的特殊性。[55]

随着中华人民共和国的建立，我国政治体制发生了根本性变革，传统官僚政治得到体制性纠正。从道理上讲，人民的时代绝不能容许任何特权性的任何名目的官僚政治的存在。[56] 但面对现实，亦如学者们所言，一切社会在某种意义上都是历史的产物。研究中国政治必须参照历史，因为这些历史因素笼罩着中国政治的进程。中国人的概念框架令人惊异地具有自我中心和历史特性。[57] 改革开放后，国家大力推进民主政治建设和社会主义市场经济体制改革，邓小平明确指出：“进行政治体制改革的目的，总的来讲是要消除官僚主义，发展社会主义民主，调动人民和基层单位的积极性。”[58]但在以经济建设为中心的国家战略下，民主和法治建设严重滞后于经济社会发展，特别是我国的经济社会发展是由政府主导的，不同于欧美的网络驱动模式。在我国政府主导模式下，公权力体系庞大，国家掌握着社会重要资源及其分配机制，对经济具有决定性影响力。国家透过国有企业或与国家关系密切的企业进行运作，透过对这些企业的控制介入经济。国家政权在经济社会发展中具有中心地位，确定经济优先发展方向和目标，引领经济体制向符合市场需求的方向发展。[59] 而且，在众多的社会经济领域，政府等公权力机关拥有市场准

---

[54] 参见孙越生：《重读王亚男著〈中国官僚政治研究〉》，载《社会科学战线》1979 年第 4 期。

[55] 具体是：(1) 延续性，即中国官僚政治延续期间的悠久，它几乎悠久到同中国传统文化史相始终。(2) 包容性，指的是中国官僚政治所包摄范围的广阔，即官僚政治的活动，同中国各种社会文化现象如伦理、宗教、法律、财产、艺术等等方面，发生了异常密切而协调的关系。(3) 贯彻性，指的是中国官僚政治的支配作用有深入的影响，中国人的思想活动乃至他们的整个人生观，都拘囚锢蔽在官僚政治所设定的樊笼中。参见孙越生：《重读王亚男著〈中国官僚政治研究〉》，载《社会科学战线》1979 年第 4 期。

[56] 参见王亚男：《中国官僚政治研究》，中国社会科学出版社 1981 年版，第 192 页。

[57] 参见[美]詹姆斯·汤森、布莱特利·沃马克：《中国政治》，顾速、动方译，江苏人民出版社 2010 年版，第 6、23 页。

[58] 《邓小平文选》(第 3 卷)，人民出版社 2001 年版，第 177 页。

[59] 参见王辉耀：《中国模式的特点、挑战及展望》，载《中国市场》2010 年第 16 期。

入权、审批权和资源分配处置权，社会主体对很多社会经济资源尤其是稀缺性资源并非可以通过自由市场竞争获取，而多只能依赖国家公权力机关的配置和审批。

政府主导的经济社会发展模式当然具有优越的方面，该体制下政府强势和集中高效，可以有效地调动社会资源，保证符合国家利益的战略和政策得以高效执行，很快促成了一个世界第二大经济体的形成。但犹如任何事物都有两面性，政府主导经济社会发展模式也存在明显的弊端：该模式具有浓厚的政府管理色彩，本质上是一种自上而下的管理型社会经济发展模式。人作为世界上最纠结利益的动物，其行为具有强烈的趋利性特征。常言道："机会产生意念，意念催生欲望，欲望引起行动"，在公权力机关握有巨大资源分配和缺乏有效监督的体系下，在官民关系尚不合理的政治结构中，社会主体必然挖空心思地寻求与权力接近并谄媚权力的机会，向公权力机关行贿便在所难免。

2. 民主监督机制的阙如与行贿

如果认为自上而下的管理型经济社会发展模式为行贿发生提供了体制性便利或可能性，那么，政治实践中政府等公权力机关缺乏来自民众权利的有效监督，则使行贿的发生由可能走向现实。

人是一个一体化的、有组织的整体，但本质上是一种不断需求的动物。[60]行贿是人在获取社会资源时的一种行为抉择，其中反映着行为人的需求和动机。经济学中的激励理论认为，不论是个体还是社会，我们作出的选择取决于我们的偏好。但是，对我们生产和消费具有同样重要作用的因素是激励。如果一个因素影响了我们的选择，那它就是一种激励。有的激励是市场的一部分，如价格，其他激励则来自施加的外部力量。[61] 政府（广义的概念，泛指国家公权力机关）是由一个个公民组成的有机集合体，政府的行为（实际表现为政府公务人员的行为）同样需要激励。只是政府作为公共利益的代表者，与一般市场交易主体不同，民主社会对政府行为的激励机制并非直接来

---

[60] 参见[美]亚伯拉罕·马斯洛：《动机与人格》，许金声译，中国人民大学出版社 2012 年版，第 1 页、第 9 页。

[61] 参见[美]罗伯特·C. 盖尔：《经济学：基本原理与热点问题》，邹薇等译，武汉大学出版社 2007 年版，第 7 ~ 8 页。

自于的利益诱惑,主要靠的是对权力的制约监督。政府主导的经济社会发展模式虽然为行贿的发生提供了制度性便利,但任何便利或可能性只有在具备现实土壤时才可以生长发育。所以,我们绝不能武断地认为政府主导经济社会发展模式注定会带来行贿行为的猖獗与泛滥。而且,实践证明,采取政府主导经济社会发展模式的日本、韩国和新加坡等国,政府同样保持了高度清廉、洁净。因此,决定两者之间关系的还有一个重要变量,即作为资源分配主体的公权力机关能否很好地自我节制或是否存在有效的外部监督激励机制。

谈及对政府等公权力机关监督的必要性,美国《独立宣言》起草人杰斐逊曾指出,"没有人民的监督,政府便会蜕化变质,人民是自己政府唯一可靠的看守人"。但在政治实践中,对政府的有效监督却是个普遍性难题。原因在于:一方面,现实社会中的政府是作为民众的公共代理人存在的。与普通代理关系不同的是,这种代理具有"一仆多主"和链条式的特性。也就是说,政府是由多个委托人授予权力,而不是只有一个委托人。不同委托人要求同一政府官员做的事情可能是替代性的,也可能是互补性的或相同的。在多人委托的情形下,难免产生委托人"搭便车"现象。而且,更为棘手的问题是,一旦委托人之间发生利益对立或冲突,他们对作为公共代理人政府或官员的监督将转移。另一方面,政府的工作具有多重特征。即便某一部门或官员的职责是单项的,对其进行业绩度量也并非一件容易的事,对此,正如学者们形象的描述,一个官员整天坐在办公室里,你没有办法知道他是在想着怎样腐败还是怎么反腐败。[62] 况且,政府一旦成立,便成为独立实体,具有自身利益,政府自身的利益未必总是与委托人利益相一致。政府与其委托人民众争利是各国政治实践中的常态。

归纳现代民主国家对公权力机关监督激励机制的形态,大体上可以分为内外两种:公权力机关自身的洁身自好、自我节制;来自公权力机关外部的约束。前者的关键是要建立"贤能政府",后者涉及权力有效监督的问题。从历史传统看,我国有"贤能政府"的思维习惯,在如何保证政府等公权力机关为社会服务的问题上,儒家意识形态强调的是好人,而不是制度化的限制才是好政府的保证。为了确保公权力机关决策的公正和明智,我国的政治传统

---

[62] 参见张维迎:《博弈与社会》,北京大学出版社 2013 年版,第 289 ~ 290 页。

一直高度重视为官者的个人素质,而非依靠规则或体制结构。[63] 而在西方社会,对该问题的回答与我国传统思维是明显相悖的。哲人亚里士多德在《政治学》中很早就警示人们,“将权威赋予人等于引狼入室”。近代经典政治理论更以无赖政府的假设为前提,强调为了保证公权力不变质,必须对权力进行分立与相互监督,如孟德斯鸠写道:“一切有权力的人都容易滥用权力,这是万古不易的一条经验。有权力的人们使用权力一直到遇有界限的地方才休止。”“从事物的性质来说,要防止权力滥用,就必须以权力约束权力。”[64]

若从我国宪法的原则性规定看,国家早已摒弃了贤人政治体制。宪法明确规定:“中华人民共和国的一切权力属于人民。”“人民依照法律规定,通过各种途径和形式,管理国家事务,管理经济和文化事业,管理社会事务。”随着国家强调推进治理体系和能力的现代化,“将权力关进笼子”的观念也日渐深入人心。而且,在现实政治实践中,也不能说我国没有对各级政府或官员的行之有效的监督激励机制,在很多方面,现有的对政府的监督机理机制不少是相当高强度的,甚至是扭曲性的。比如弥漫于社会各个环节的绩效考核文化,大的方面如国家和各级政府对 GDP(国内生产总值)的要求;细微的地方如公安机关以逮捕罪犯的数量来考核警察的业绩;各级教育管理部门以教师或科研人员发表论文或取得项目研究资金作为工作考核根据等。但现实社会既有的五花八门的监督激励机制带有明显的“自上而下”的特征,实践中往往是通过“上级压下级,一级压一级”的方式运转的,本质上仍然是国家实现社会管理的途径,更多属于权力体系内上级机构对下级机构的单方面要求,这种自上而下的管理型监督体系大大排挤了民主社会公民对政府应有的“权力”。如果民众不能对官员的行为形成有效监督,官员的官僚主义作风势必盛行,就会造成官强民弱的倒挂体制。而且,权力的行使总是伴随任性与傲慢,权力过大或者臃肿的官僚机构会倾向于低效率和抗拒变革。[65] 在法律规定当为或应为的事项中,公权力机关往往倾向于拖沓和低效率。激励理

---

[63] 参见[美]詹姆斯·汤森、布莱特利·沃马克:《中国政治》,顾速、动方译,江苏人民出版社 2010 年版,第 32 页。

[64] [法]孟德斯鸠:《论法的精神》(上),张雁深译,商务印书馆 2002 年版,第 154 页。

[65] 参见[美]詹姆斯·汤森、布莱特利·沃马克:《中国政治》,顾速、动方译,江苏人民出版社 2010 年版,第 6 页。

论有一个重要的结论：如果你不能监督他（政府或官员），就只能“贿赂”他。[66]其中，就包括使用刑法规定的行贿这一非法手段。

3.“囚徒困境”与行贿

社会是为着共同的目标进行合作的一群人的组合，[67]良好的社会必须解决好人与人之间的协调与合作问题。如果国家制度设计处理不好人与人之间的合作协调关系，如果不能协调好人的个体理性与集体理性以及事前理性与事后理性的问题，将会导致民众合作陷入“囚徒困境”。[68] 行贿与受贿根本上反映的亦是公民之间的不合作问题。

经济学理论一般是这样简洁地展示“囚徒困境”形成原理的。一个由 A 和 B 组成的社会中，在每一活动中，A 和 B 都可以选择合作，也可以都选择不合作。如果双方合作，每人都能够分享合作的红利；如果两人都不合作，两者就会陷入霍布斯所谓的人与人战争状态，那么，两人都会损失；如果一人选择合作，另外一人选择不合作，则选择合作的一方就会吃亏，选择不合作的一方就会受益最大。从两个人利益总量即所谓的集体利益看，无疑 A 与 B 都选择合作是最优的。但是，如果 A 和 B 在行为时都只是考虑自己利益最大化，这一最优的结果就不会出现。[69] 而人的自私本性决定了若没有制度保证，A 与 B 都会倾向于作出自己利益最大化的行为选择（基于个体理性的选择），对于社会来说，这将是最糟糕的结果（不可能出现集体理性）。为了解决人类合作方面的“囚徒困境”，康德曾这样设想制定社会制度：“一群有理性的生物为了保存自己而在一起要求普遍的法律，但是他们每个人又秘密地倾向于把自己除外；他们应该是这样安排建立他们的制度，以至于尽管他们自己私下的心愿是彼此相反的，却又如此之彼此防范这一点，从而在他们的公开行动中其结果又恰好正像他们并没有任何这类恶劣的心愿一样。”[70]我国著名经济学家张维迎教授写道：“法律和社会规范第一个功能是提供激励，诱导人们相互合作……我们知道，社会合作面临的重要问题是‘囚徒困境’

---

[66] 参见张维迎：《博弈与社会》，北京大学出版社 2013 年版，第 290 页。

[67] 参见［英］罗素：《罗素的道德哲学》，唐译编译，吉林出版集团有限责任公司 2013 年版，第 42 页。

[68] 参见张维迎：《博弈与社会》，北京大学出版社 2013 年版，第 338 页。

[69] 同上书，第 6 ~ 7 页。

[70] 转引自张维迎：《理念的力量》，西北大学出版社 2014 年版，第 25 ~ 26 页。

所导致的个体理性和集体理性的矛盾。在这种情况下,法律和社会规范可以通过改变博弈的支付结构,为人们提供一种激励,使个人效率和社会效率保持一致,从而实现帕累托最优。"

从逻辑上讲,人类社会有合作的地方,就会发生"囚徒困境"。具体到现代民主政治实践而言,"囚徒困境"不仅存在于民众和作为民众公共代理人的政府的合作中,也发生于被代理人(民众)之间。民主政治的初衷是人民联合起来监督政府以保证政府为人民服务,避免政府与人民之间合作的难题。但吊诡的是,现实政治中,民众在很多场合不是团结起来制约和监督政府,相反,却在私下恶斗,互相恶性竞争,结果使民主制度的效能大大削弱。如果一种制度能够保证,对于每个人来说,事前的理性选择也是事后理性的选择,我们就可以大大缓解"囚徒困境"的问题。在政府主导经济和社会发展模式下,政府等公权力机关除了具有优越强势地位外,也没有建立完善、透明的行政程序和制度,民众无法形成对决策公正性的信赖。在人性欲望的支配下,每个主体为了最大限度地攫取自己的利益,都会难以避免陷入"囚徒困境"的行为选择模式,甚至不惜采用向官员行贿这种非法的方式。在经济学上,信息对称被认为可以在很大程度上缓解"囚徒困境"这一人类合作中的尴尬。因为,一个公正透明的法律程序不仅可以保证决策主体增加或最大限度地作出公正的决定,[71]也可以大大排除对决策主体的不信赖和民众之间不合作的可能性。

4. 小结

英国学者尼尔·麦考密克指出,"合理的思想,无论是关于做什么或关于是什么的思想,必须表现出跨越时间的不变性和适应各种情况的普遍性,而且必须是有系统的"。[72] 国家的刑事政策本质上反映的是国家预防和惩罚犯罪的思想,亦必须是理性和系统的。这种系统性不仅来自对形成政策基础性事实和因素的系统考虑,而且政策自身也必须具有系统性。通过以上分析,我们不难窥见行贿在我国当下的存在具有制度性根基。国家权力是法律秩序的效力和实效,民主本质上意味着在国家的法律秩序中所代表的那个"意

---

[71] 参见[英]尼尔·麦考密克、奥塔·魏因贝格尔:《制度法论》,周叶谦译,中国政法大学出版社2004年版,第262页。

[72] 同上书,第233页。

志”等于国民的意志,[73]从而保证每个人成为自己命运的主宰。人作为利益纠结的功利性动物,行为选择往往出于一定的具有激励性的动机。但在公民缺乏对权力有效监督的体制下,民主的理念就会被倒挂,结果不是权力服务民众,而是民众去讨好权力,行贿便难以避免。滥用和任性是权力的本性,公权力并非总是为人民利益而行动,这是现代民主法治社会公民应当具有的常识。对于权力与生俱来的滥用动机,罗素从道德哲学的角度曾有如下独到的解释:“当人们温饱的需要得到满足后,除非他们因此而变得懒惰,否则,他们就会拥有一些其他的欲望,比如贪恋、竞争、虚荣和权力欲……而且,权力和虚荣一样是贪得无厌而无法满足的……在权力欲这一动机的驱使下,人更热衷于施加痛苦而不是使人快乐。如果你在一些正当的时候,向你的老板请假离开办公室,那么,其欲望使他从拒绝而非同意中得到更大的满足;如果你申请建筑许可证,那些有关的低级官员明显地能从‘不行’而非‘可以’中获得更多的快乐。正是这样的事情,使权力欲成为一种危险的动机。”[74]在行贿和受贿的对合关系中,我们不否认有些场合,是行贿者的行为启动了受贿者的受贿意念。但作为事物的一般性属性,特别是在对行贿受贿关系进行整体性考察时,我们便会发现,眼下社会上形形色色的行贿具有被塑造的性质,权力与生俱来的滥用性动机决定了国家应当将对受贿行为的预防和惩治置于刑事政策的中心地位。

人是理性的存在,但人不可能仅靠理性和逻辑生存,权力更不可能完全按照理性与逻辑运转。包括贿赂在内的权力腐败问题当下十分严峻,我国已没有了继续拖延治理的空间。但权力腐败是历史和现实种种因素聚合的复杂性存在,它的蔓延根本上与国家权力缺乏有效拘束有关,与当下国家采取的政府主导经济社会发展模式有关,与市场经济发展中法治缺失和严重滞后有关。[75] 学者汪玉凯指出,我国存在的腐败问题,在一定程度上带有明显的体制性特征,治理腐败必须从体制上下手。在汪教授看来,从体制上抑制腐败必须解决三个核心问题:构筑用权力制约权力的体系,促进权力结构的分化

---

[73] 参见[奥]凯尔森:《法与国家的一般理论》,沈宗灵译,商务印书馆2013年版,第404页。

[74] 参见[英]罗素:《罗素的道德哲学》,唐译编译,吉林出版集团有限责任公司2013年版,第20页。

[75] 参见何荣功:《“重刑反腐”与刑法理性》,载《法学》2014年第10期。

和整合以及建立严格的党政领导干部责任机制。[76] 但任何体制问题的解决都涉及国家制度的全身,并非一时之功。另外,体制改革的实质是改革和限制政府等公权力机关的权力,这又牵涉割除政府等公权力机关的特殊利益,这对公权力机关而言,犹如一个人拿刀子割自己的肉一样困难。在这种情况下,面对腐败的高压形势,国家最有可能的选择便是在尽可能保证政府等公权力机关既定利益最大化前提下,诉诸刑法,希望以刑罚吓阻、警醒权力者慎用权力,以扭转严峻的腐败形势。[77]

三、"严惩行贿"的问题:法治逻辑的悖论与风险

法律的制定是为了惩罚人类的凶恶悖谬,所以其本身必须最为纯洁无垢。[78] 制度有病,我们不能让行贿人"吃药"。在当下具有塑造行贿行为模式的经济社会体制下,国家如果不直面问题,不把对腐败问题治理的重点集中于既有制度的改良与完善,而是转移矛盾的焦点,则无疑是"鸵鸟心态"的做法。受贿与行贿的对合关系决定了受贿的完成无法离开行贿行为,严惩行贿增加了行贿者的违法犯罪成本,当然可以在一定程度上预防和减少贿赂案件的发生。但亦如前文分析,这种做法偏离了问题中心,不可能取得好的法治效果。而且,实践中一旦过度强调"行贿受贿并重惩罚"的刑事政策,还可能导致以下问题:

第一,转移国家治理腐败的中心。很明显,新一届政府为惩罚腐败倾注了良苦用心,针对性地提出了种种新的惩治思路。如强调"反腐永远在路上",坚持"老虎苍蝇一起打",提出治理腐败要重视"减存量、遏增量",要注重机制建设,形成"不敢腐、不能腐、不想腐"的体制机制和政治氛围。最新的反腐行动也鲜明地表明了中央的反腐没有"固定节奏",没有"高低潮",日趋常态化。[79]

第二,引起刑法适用的道义难题。法律本乎于人情、人性,必须具有德行,法律若离开了公众舆论的支持,将丝毫没有力量。法学家哈特也指出,法

---

[76] 参见汪玉凯:《巨贪产生的制度反思》,载《炎黄春秋》2015 年第 6 期。
[77] 何荣功:《"重刑反腐"与刑法理性》,载《法学》2014 年第 10 期。
[78] [法]孟德斯鸠:《论法的精神(下)》,张雁深译,商务印书馆 2002 年版,第 301 页。
[79] 参见国平:《反腐没有休止符》,载《央视网》2015 年 7 月 24 日。

律的“本质”在于它同道德或正义原则的一致,而不在于它是命令与威胁的结合。[80] 如前文所言,主张“行贿与受贿并重惩罚”政策的重要理由是认为当下社会普遍存在的行贿者的“背信弃义”行为与传统“重受贿轻行贿”做法有直接关系。不可否认,作为合作性的动物,人类的存在需要人们之间的诚信与忠诚。正因如此,哲人塞内加说:“忠诚是人们心目中最神圣的美德。”在这个意义上,背信弃义不仅是对人类美德的背叛,也可以认为是对人类合作制度的背叛。但问题的关键还在于,任何东西配称为美德的,必须是一种善或正义。正所谓“金钱买来的忠诚一定会被金钱所收买”,事前行为人为了谋取利益,阿谀奉承,想尽办法收买、接近权力,一旦东窗事犯,出于自保本能和争取法律的宽大处理,又“积极地”对官员的行为“检举揭发”,这类现象很难简单地评价为背信弃义之举。因为缺乏道德和善良的行为,没有褒奖为“义举”的正当性。

第三,弱化宽严相济的刑事政策的执行。宽严相济刑事政策的提出是我国刑事政策走向成熟与现代化的重要标志。宽严相济刑事政策要求国家在处理犯罪问题上要坚持区别对待的原则。从逻辑上来讲,任何类型的犯罪,由于具体情形复杂多样,都会存在适用宽严相济刑事政策的余地。比如刑法中最严重的罪行——故意杀人罪,《刑法》第 232 条并没有简单地作出笼统性规定,而是区分了基本犯罪构成与情节较轻的情形,对后者的场合,刑法设置了“处三年以上十年以下有期徒刑”的宽大法定刑。实践中,为了限制死刑的适用,对于那些即便不属于情节轻微的案件,当具备特定情节时(如对于那些因婚姻家庭、邻里纠纷等民间矛盾激化引发的故意杀人犯罪,对于被害人一方有明显过错或对矛盾激化负有直接责任的故意杀人案件),国家也积极贯彻宽严相济的刑事政策,尽可能限制死刑立即执行的判处。[81] 又如黑社会性质组织犯罪历来是国家打击的重点,司法实践中秉持的是“打早打小”的刑事政策,但现行立法同样区分了首要分子、积极参加者和一般参加者,对于一般参加者采取了宽大处理的做法。“重受贿轻行贿”的处罚策略体现了区别对待的思想,与宽严相济的刑事政策实质是切合的。

---

[80] 参见[英]哈特:《法律的概念》,张文显等译,中国大百科全书出版社 2003 年版,第 8 页。

[81] 关于该问题的具体内容,可参见 1999 年《全国法院维护农村稳定刑事审判工作座谈会纪要》。

四、结论:传统处罚立场的重申与立法展望

哲人柏拉图很早就指出,国家组织应该像宇宙和个人有德行的灵魂一样,也就是说,理性应该在其中占统治地位。[82] 刑法的目的是除非去恶、禁民为非、维护正义。国家刑事政策制定事关刑法的方向和国家司法资源的调整与分配,必须是基于缜密的理性分析,不能冲动无立场。腐败是官僚政治的痼疾,是权力扭曲变性的结果。解决权力腐败问题的关键在于从体制上颠覆传统官僚政治的遗弊,加强对公权力的监督,建设法治国家,这是国家反腐战略和刑事政策永远不能忘记的"初心"。

第五节　贪腐犯罪的定罪量刑数额:立法修改与评论

一、问题的提出

对于立法中可能出现的问题,孟德斯鸠指出:"常常有立法者,打算要纠正一个弊端,便只想着纠正这一点,它的眼睛只对于这个目标是睁着的,而对于一切弊害则是闭着的。"[83]孟氏所言的"立法者",在我国的法治体制下,也包括最高司法机关,因为最高司法机关的司法解释从来都具有"准立法"的性质。晚近,面对严峻贪腐形势的困扰,国家反腐立法反反复复地修改;司法解释陆陆续续地制定,由此导致贪腐犯罪处罚范围的不断扩张。毫无疑问,《刑法修正案(九)》和"两高"最新颁布的《关于办理贪污贿赂刑事案件适用法律若干问题的解释》(以下简称《解释》)是近年有关贪腐犯罪修改幅度最大,最为社会关注的法律和司法解释。笔者丝毫不否认《刑法修正案(九)》和《解释》在整体推进贪腐犯罪法律完善方面的积极价值,本节只是围绕《解释》提升贪污贿赂罪定罪量刑数额的做法是否符合法治理性;是否存在孟氏所言的"睁眼闭眼的问题"及其是否存在法治风险,提出一己之见。

论述之前,以下两点问题特别指出:(1)本书所言的贪腐犯罪主要指的

---

[82] 参见[美]梯利:《西方哲学史》,葛力译,商务印书馆2000年版,第74页。

[83] [法]孟德斯鸠:《论法的精神(上)》,张雁深译,商务印书馆1961年版,第86页。

是贪污罪和受贿罪。根据《刑法》第 386 条的规定,犯受贿罪的,根据受贿所得的数额及情节,依照《刑法》第 383 条贪污罪的规定处罚。贪污、受贿两罪的行为类型和社会危害性存在很大差异,立法将二者一体化处罚,设置完全相同法定刑的做法,从立法科学性上讲,显然存在商榷之处。但为了避免讨论问题中心的转移,本节并不对该立法的科学性展开分析,本书所言《解释》提升贪腐犯罪定罪量刑的数额,也主要针对受贿罪。(2)贪污罪和受贿罪定罪量刑数额的提升具体包括两个方面,即"定罪数额"的提升(或称入罪门槛的提升)和"量刑数额"的提升,《解释》对两者都进行了重大修改,本节对两者都将予以关注,只是更多的笔墨集中于前者。

二、《解释》提升贪腐犯罪定罪量刑数额的主要理由与问题

(一)《解释》提升定罪量刑数额的主要理由

贪污贿赂罪的修改完善是《刑法修正案(九)》的闪亮之点。其中,立法将贪污受贿罪原来的单纯依据犯罪数额定罪量刑的模式修改为"概括数额+情节"定罪量刑模式的做法被认为更能全面反映贪腐行为的社会危害性,得到社会的广泛赞许。[84] 但立法一旦采取"概括数额+情节"的模式,那么犯罪具体数额和情节的确定这个棘手问题便不可避免地留给了最高司法机关。2016 年 4 月 18 日随着《解释》的颁布,数月来为社会高度关注的有关贪腐犯罪定罪量刑数额和情节的问题,终于尘埃落定。《解释》规定,贪污或者受贿数额"在三万元以上不满二十万元的"、"二十万元以上不满三百万元的"以及"三百万元以上的"分别属于《刑法》第 383 条第 1 款规定的"数额较大"、"数额巨大"和"数额特别巨大"。此外,《解释》还规定,在具有特定情形的情况下,贪污或受贿"一万元以上不满三万元的"、"十万元以上不满二十万元的"和"一百五十万元以上不满三百万元的"分别属于第 383 条第 1 款规定的"其他较重情节"、"其他严重情节"以及"其他特别严重情节"。很明显,《解释》不仅确立了贪污罪和受贿罪的定罪数额,还确定了两罪的量刑数额。根据《解释》的规定,贪污罪和受贿罪的数额较大起点标准一般情况下是 3 万元,在具有其他较重情节时,数额标准下探至 1 万元;贪污受贿罪

---

[84] 参见赵秉志:《中国刑法的最新修正》,载《法治研究》2015 年第 6 期。

数额巨大的起点标准一般是20万元,在具有其他严重情节时,下探到10万元;而数额特别巨大起点标准一般是300万元,符合法定情形的,下探至150万元。

我国特殊的国情和腐败犯罪的严峻态势,使得贪腐犯罪定罪量刑数额的设定从来都不是一个单纯的法律问题。数额标准设置过高,不利于对贪污受贿罪的惩治;反之,数额标准调整过低、不到位,又无法解决实践中的量刑不合理问题,而且,贪污受贿罪定罪量刑标准的设定,还牵动到与其他相关财产和职务犯罪的协调。[85] 单从历史发展看,贪污贿赂罪的定罪量刑标准一直处于上升中,以定罪数额为例,《补充规定》将贪污受贿罪的定罪数额设定为2000元,1997年刑法修改时该数额被提升为5000元。对此,陈兴良教授写道:"从1988年到1997年,只不过九年的时间,贪污受贿罪的数额已经提高了一倍还要多。但从1997年到2016年,已经将近二十年时间,仍然维持五千元的定罪数额,确实已经落后于社会发展。"[86]

《解释》提升贪污贿赂罪定罪量刑标准的原因,最高人民法院在《解释》新闻发布会上作有权威性说明:"随着经济社会的发展变化,1997年刑法所确定的定罪量刑标准已不适应这种发展变化;在近年来的实践中,由于受地域差距等因素的影响,各地对贪污受贿移送追究刑事责任和定罪量刑的标准不尽统一,需要统一规范,一体遵循。""《解释》制定过程中,始终坚持了以下原则:突出依法从严。依法从严是惩治贪污贿赂犯罪的一贯原则,《解释》通篇'严'字当头。"[87]很明显,官方对贪污贿赂罪定罪量刑数额提升做法的科学性,是充满自信的,认为《解释》提高数额标准既是现实的需求,也仍然体现和贯彻了依法从严反腐的刑事政策精神。

学术界对《解释》做法,也多持积极褒扬立场。在《解释》发布的次日,《人民法院报》便刊发了系列权威专家的专题解读论文,几乎每篇论文都涉及对定罪量刑数额提升这一敏感话题的论述。归纳肯定论者的理由,主要有以下几点:

---

[85] 参见陈兴良:《贪污受贿罪数额的合理确定》,载《人民法院报》2016年4月19日,第2版。

[86] 同上。

[87] 参见 http://www.court.gov.cn/zixun-xiangqing-19562.html,最后访问日期:2016年6月27日。

第一,提升数额是社会现实的需要。如赵秉志教授指出,贪污贿赂罪作为贪利型职务犯罪,犯罪数额是其行为社会危害性及其程度的重要衡量要素,贪腐违法犯罪的社会危害程度是一个变量,它会随着社会经济的发展状况而相应变化。自1997年刑法典将贪污受贿罪的入罪门槛设定为5000元至今,我国经济社会发生了巨大变化,人均GDP从1997年至2014年增长了约6.25倍,而适用了近20年的贪污受贿犯罪五千元起刑点并没有变,已严重不符合立法时国家掌握的社会危害程度。[88]

第二,提升数额可以拉开不同量刑档次的级差,可以更好地做到区别对待,贯彻罪责刑相适应的刑法基本原则。《刑法修正案(九)》之前,根据刑法的规定,个人贪污或受贿数额在10万元以上的,处10年以上有期徒刑或无期徒刑,该条款导致的罪刑失衡在我国已成为共识。比如由最高立法机关同志参与撰写的著述中就曾明确指出该问题,"对于犯罪数量为一二十万元的案件和一二百万元甚至更多的案件,往往只能判处刑期相近的十年以上有期徒刑,造成量刑不平衡,甚至失衡,无法做到罪刑相适应"。[89] 该问题更是被理论界和实务部门一致认可,赵秉志教授分析道,1997年刑法规定的贪污贿赂罪犯罪数额与刑罚相对应的量刑区间狭窄,轻重罪刑之间缺乏科学合理的幅度和梯次,该问题不仅体现在第一量刑、第二量刑档次上,更突出体现在第三量刑档次(10万元以上判处10年以上有期徒刑或者无期徒刑)的罪刑关系上……贪污受贿数额十万元、几十万元的案件与数百万元、数千万元的案件在量刑上差别不大,导致这一档次在实践中长期存在罪刑失衡、重刑集聚的不合理现象,严重违背了我国刑事法治中社会危害性理论的基本原理和罪责刑相适应刑法基本原则的要求,严重损害现代刑事法治的公平正义理念。[90]

肯定论者在褒扬司法解释提高数额做法的同时,还积极回答了社会上存在的因数额提升可能导致问题的疑虑和担心。例如,面对《解释》提升贪污贿赂罪定罪量刑数额可能与我国刑事政策奉行的反腐"零容忍"立场相矛盾

---

[88] 参见赵秉志:《略谈最新司法解释中贪污受贿犯罪的定罪量刑标准》,载《人民法院报》2016年4月19日,第3版。

[89] 郎胜主编:《中华人民共和国刑法释义》(第6版),法律出版社2015年版,第654页。

[90] 参见赵秉志:《略谈最新司法解释中贪污受贿犯罪的定罪量刑标准》,载《人民法院报》2016年4月19日,第3版。

的问题,肯定论的学者指出,对贪腐行为的"零容忍"绝不等于对贪污受贿犯罪要实行刑事犯罪门槛的"零起点"。[91] 我国采取的是立法既定性也定量的模式,即便某种贪污贿赂行为没有达到司法解释规定的数额标准,行为人也会受到党纪和行政法的处罚,所以,提高贪污受贿罪入罪门槛,与对贪腐犯罪零容忍政策的精神并不矛盾,[92]不会导致对贪腐违法犯罪行为的放纵。

此外,肯定论者还强调,《解释》将贪腐犯罪的定罪起点数额从5000元提升到3万元,似乎存在较大幅度的提高,但司法实践中贪污受贿5万元以下被追究刑事责任的案件已经较少。"由于经济社会的巨大发展变化,原来五千元的入罪标准在司法实践中已很难执行,即使低于三万元被追诉的,主要是因为其他犯罪案件被牵连出来的,且多被判处免于刑事处罚"。[93]《解释》定罪数额的调整不会导致贪污受贿罪的犯罪圈的骤然缩小。[94]

(二)数额提升导致的法治难题

法律是社会生活的产物,必须适应社会关系变化,回应社会的需求与关切,解决实践提出的问题。面对1997年《刑法》关于贪腐犯罪定罪和量刑数额规定引起的犯罪入罪门槛过低、量刑区间狭小、重刑集聚以及罪刑失衡的问题,立法者和司法者当然不能置若罔闻、视而不见。正是在这个意义上,无论是《刑法修正案(九)》对贪腐犯罪定罪量刑模式的修改,还是《解释》提升其定罪量刑数额的做法,积极意义都必须充分地肯定。但对任何法律、司法解释是否科学的判断,必须建立在全面、多角度认识的基础上。科学合理的法律,应当表现出适应各种情况的普遍性和系统性,而观察角度的单一性和过于仓促的表态往往导致认识的片断性。如果我们从另外一个角度来审视《解释》,如果我们立足于法治的整体性和体系解释的立场,那么,《解释》存在或可能导致的问题,便会凸显出来。

首先,贪腐犯罪定罪量刑数额的提升,难以真正契合国家一再强调的"严惩腐败"刑事政策的精神。现代民主社会,国家权力合法性的全部基础来源

---

[91] 参见赵秉志:《略谈最新司法解释中贪污受贿犯罪的定罪量刑标准》,载《人民法院报》2016年4月19日,第3版。

[92] 参见陈兴良:《贪污贿赂犯罪司法解释:刑法教义学的阐释》,载《法学》2016年第5期。

[93] 参见阮齐林:《依法从严惩治贪污贿赂犯罪》,载《人民法院报》2016年4月19日,第2版。

[94] 参见陈兴良:《贪污受贿罪数额的合理确定》,载《人民法院报》2016年4月19日,第2版。

于公民的授权，国家和公权力机关作为公民的委托代理人承载着社会的信任，担负着履行公共福利的职能，其能否清廉高效行事，事关国民的福祉。关于贪腐行为的严重危害性，《联合国反腐败公约》在序言中强调，腐败“破坏民主体制和价值观、道德观和正义并危害着可持续发展和法治”。正因如此，世界各国对公权力的贪腐都无一例外地秉持非常严厉的态度，西方国家的刑法几乎都采取了对贪腐（主要是贿赂）犯罪的“零容忍”立场。笔者完全明白西方国家在反腐问题上刑法秉持“零容忍”的法治背景以及与我国存在差异的原因。其实，如果全面体系性地考察我国党纪、行政法和刑法的规定，我国对腐败也可以认为同样持“零容忍”态度。但这里的问题在于，肯定论者以经济社会发展引起的通货贬值、GDP 增长以及居民工资水平提升等为参照对象，认为《解释》提升贪腐犯罪定罪量刑数额具有经济社会原因，进而指出《解释》的做法并没改变国家依法从严治理贪腐犯罪的基本立场，在笔者看来是难以站住脚的。因为通货贬值、GDP 增长以及居民工资水平提升并非我国特有现象，这几乎是世界任何一个国家在经济社会发展中都存在的问题，如果按照这样的逻辑，那么为何在全球物价和居民平均工资都普遍上涨的情况下，国际公约和其他法治国家几乎都没有调整刑法对贪腐犯罪的门槛而仍然严守“零容忍”立场呢？而且，按照这种分析问题的思路，如果绝对考虑经济发展和物价因素，那么，在我国有些地区（如上海、北京），《解释》确定的数额标准还很可能被认为较之 1997 年或之前立法机关规定的数额更为严苛了，这显然是背离常理的结论。贪腐犯罪（特别是贿赂犯罪）被世界各国公认是侵害了公务人员职务行为的廉洁性。在现代法治社会，公权力和公务人员职务行为的廉洁性是神圣的，并非可以通过贪腐的数额进行量化计算。正是基于此考虑，《刑法修正案（九）》才丢弃过去单纯依据犯罪数额定罪量刑而改采“概括数额 + 情节”的模式。以贪腐数额为主要标准计算和评价贪腐行为危害性及其严重程度的观点，偏离了此类犯罪的本质，存在将贪腐犯罪的法益庸俗化的危险。

其次，《解释》规定将导致贪腐犯罪与其他犯罪处罚的不协调，有违罪责刑相适应的刑法基本原则。罪责刑必须相适应，这是我国刑法的基本原则，也是刑法公正的要求。罪责刑是否适应从来都要体系性考察，它要求国家对作为犯罪后果的刑罚设置不仅要考虑同一犯罪内部不同情节处罚上的平衡，也要充分考虑不同犯罪之间处罚上的协调问题。虽然社会危害性及其严重程度的认定具有浓厚的价值判断色彩,但在我国,一般情况下,较之盗窃罪、诈骗罪等纯粹财产犯罪,贪污贿赂罪的社会危害性都要严重得多。根据司法解释的规定,目前盗窃罪[95]和诈骗罪的入罪门槛分别是 1000 元至 3000 元以上和 3000 元至 1 万元以上,都明显低于贪污贿赂罪的犯罪门槛。刑法的任务在于通过规范确认来实现法益保护,对于社会的法秩序而言,如果某种社会规范越重要,那么,相应规范违反也就越严重,作为犯罪回应手段的刑罚也就越严厉。[96]《解释》导致的结果是犯性质严重的贪污贿赂罪面临的处罚可能较性质为轻的盗窃罪、诈骗罪轻得多,其中的不合理性,自无须赘言。按照《解释》的规定,官员在犯贪污受贿罪的场合,极有可能获得刑罚处罚上的优待,这无论如何都不能认为契合从严反腐刑事政策的立场。

再次,从解决问题的角度看,提高定罪量刑数额的做法,终究不是解困的长久之计。如前文指出,我国司法实践中,尤其是有些经济发达的地区,低于三万元被追诉和判刑的贪腐案件已经很少。《解释》将数额较大、数额巨大和数额特别巨大的起点标准分别确定为 3 万、20 万和 300 万,不仅可以解决司法机关办案违反罪刑法定的难题,而且,数额巨大和数额特别巨大标准的分别提升带来每一档次内量刑数额空间的拉大,可以在一定程度上缓解量刑区间狭小、重刑集聚的问题。但这种所谓对问题的缓解也只具有暂时性,如果贪腐的严峻形势得不到根本改变,如果未来贪腐数额继续攀升,我们很快又将陷入同样的尴尬,那时我们是否还要把贪腐犯罪定罪量刑的门槛继续升高呢?如果这样不断地升高下去,刑法的底线在哪里?这是法治反腐需要慎重考量的问题。

最后,现实做法并非总是理性、合理的。虽然实践中贪腐犯罪(主要是受贿罪)入罪门槛早已突破了刑法规定,不少地方犯罪数额五万元以下被追究刑事责任的贪腐案件已不多,如后文分析,这种做法有现实的不得已性,但并非意味着其是值得肯定和提倡的。法律当然要回应实践需求,但法律对社会

---

[95] 另外,需要注意的是,根据《刑法修正案(八)》的规定,盗窃罪的入罪门槛呈现下降趋势。在入户盗窃、扒窃和携带凶器盗窃的场合,立法取消了数额要件。

[96] 参见[德]乌尔斯·金德霍伊泽尔:《刑法总论教科书》,蔡桂生译,北京大学出版社 2015 年版,第 27 页。

需求的回应要坚守法治的基本立场,不能是无限度的。《解释》将实践中不合理的做法予以肯定并合法化,更多体现的是《解释》对实践不正确做法的迎合和过度妥协,这不仅会模糊法律是非曲直的界限,也将使国家彻底失去纠正实践不正确做法的机会。

三、《解释》提升数额的"不得已性"及法治风险

以上分析可见,《解释》提升贪腐犯罪定罪量刑数额的做法,虽然难以否认具有积极意义,但并非完全值得褒扬。甚至可以认为,《解释》导致的问题并不亚于已解决的问题,只是前者被忽视而已。两种问题具有一体两面和竞争性,在现行法治体制下,无法兼容。在笔者看来,导致这种悖论和法治困境的真正原因在于当前国家腐败违法犯罪的严峻形势和倚重刑法反腐的刑事政策。面对严重贪腐犯罪,国家在治理能力有限无法实现对所有贪腐案件都彻底查处的情况下,刑法只能采取"抓大放小"的策略,惩处其中贪腐数额大、情节严重的案件,这必然带来贪腐犯罪定罪量刑数额的提升。而贪腐犯罪泛滥引起的国民对腐败的感知适应,为《解释》做法的正当性提供了社会心理基础。

(一)现实原因:反腐中的"抓大放小"与贪腐犯罪定罪量刑数额的提升

腐败是官僚政治的伴生物。一般地讲,一切过渡社会才正好是官僚政治孕育发展的温床。[97] 改革开放后,我国在经济社会取得全面进步的同时,贪腐犯罪在我国转型体制的夹缝中获得了广阔的生存发展空间。过去一个时期,特别是党的十八大以来,新一届政府采取了前所未有的强度和力度推进反腐工作,国家的政治生态骤然清新起来。但客观地讲,在"权力没有被关进笼子"的背景下,在公权力运行尚缺乏有效制度规制和监督的体制下,腐败泛滥的形势在我国很难得到根本性遏制。"透明国际"最新发布的数据也显示,较之2014年,虽然2015年我国清廉指数在全球排位提升了17位,但仍然居于全球第83位,情况并不乐观。"腐败与反腐败呈现两军胶着状态""惩治腐败这一手必须紧抓不放,利剑高悬"等中央关于反腐形势的提法,也反映出当下我国反腐面临的巨大困难和障碍。

---

[97] 参见王亚男:《中国官僚政治研究》,中国社会科学出版社1981年版,第158页。

如果国家腐败案件体量大(包括存量和增量),那么,政府便不可能像其所宣称的那般对贪腐犯罪从严打击,也不可能对所有腐败案件都严格依照党纪国法毫无留情面地一查到底,实现中央强调的反腐“无禁区、全覆盖和零容忍”。[98] 国家宣称“严惩腐败”更多具有象征意义,其政治宣示功能往往大于实践效果。个中原因并不难理解:一则,即便在今天科技和物质文明高度发达的情况下,社会资源有限性和人们社会需求之间的矛盾仍然是人类社会面临的基本矛盾,该问题在我国尤为突出。在执法和司法方面,囿于国家整体反腐执法和司法资源能力的有限性,国家没有办法全面应对和解决数量庞大的贪腐案件。二则,当社会呈现体制性腐败时,当腐败成为官僚体制具有的普遍性痼疾时,国家不可能也难以全部查处,否则将引起官僚体系运行的瘫痪甚至崩溃,这无异于政治上的自杀。在这种进退两难的境况下,在立法或司法层面留给刑法的选择大体有二:其一,固执地坚守“严厉反腐”的基本立场,立法或司法解释将贪污贿赂犯罪的定罪量刑数额标准确定得较低,以体现刑法对贪腐犯罪较低的政治宽容度。面对执法与司法资源的有限性,实践中司法机关则采取选择性司法(执法),即采取所谓的“隔墙扔砖,砸到谁,谁倒霉”的反腐做法。其二,采取“抓大放小”查处策略,立法或司法解释相对提高贪污贿赂罪定罪量刑数额标准,通过提高犯罪门槛过滤实践中贪腐数额小、情节轻的案件,保证将刑法的打击集中于那些数额大、危害性严重的贪腐案件。

第一种反腐策略,从表面上看,国家的刑法似乎保持了与贪腐犯罪势不两立的严正态度,更容易获得社会和民众的情感支持。但因国家刑事司法资源有限而不得不采取的选择性执法(司法),使国家对腐败的惩罚带有“碰运气”的性质,在这种情况下,犯罪分子和社会民众都会将惩罚贪腐犯罪看作“碰运气”时可能会遇到的一种危险,这不仅会引起国家对腐败治理的道义难题,还将大大折损刑罚的有效性。[99] 相比之下,第二种选择虽然可能遭遇来自从严反腐刑事政策一贯性的难题,但“抓大放小”的反腐策略可以更有效

---

[98] 参见2016年1月12日习近平同志在中国共产党第十八届中央纪律检查委员会第六次全体会议上的讲话。

[99] 参见[美]查尔斯·霍顿·库利:《人类本性与社会秩序》,包凡一、王源译,华夏出版社1999年版,第296页。

保证国家将有限的刑事司法资源集中于那些较为严重的违法贪腐案件,可以在一定程度上缓解国家在腐败治理上资源和能力“力不从心”的尴尬。[100]《解释》更多体现的是第二种反腐策略,提升贪腐犯罪定罪量刑数额,是国家在治理资源和能力有限情况下面对严峻反贪腐形势困扰的一种“不得已”选择。

(二)国民的感知适应:贪腐犯罪数额提升的社会心理基础

回顾《刑法修正案(九)》关于贪腐犯罪修改和《解释》的颁布过程,我们会发现一个值得关注和反思的现象。《刑法修正案(九)》颁行后,“两高”如何具体确定贪污受贿罪的定罪量刑数额,毫无疑问兹事体大。最高司法机关背负着巨大社会压力,其间社会上也出现了种种猜测之声。但令人感到有些意外的是,《解释》颁布后,对于其提升贪腐犯罪定罪量刑数额的做法,社会反应非常平静,几乎没有看到太多的质疑和批评。在笔者看来,长期以来我国贪腐犯罪泛滥导致的国民对贪腐犯罪的感知适应,为社会的平静反应提供了心理支撑。

人本质上是一种感知适应的动物,同一社会事象的反复,会使我们的反应牢固地变成我们的第二天性。[101]“见多不怪”“入芝兰之室,久而不觉其香;入鲍鱼之肆,久而不闻其臭”,这些都是对感知适应这一人类天性的朴素表达。在心理学上,“感知适应”具体分为感觉适应和知觉适应,指的是由于外界刺激对感受器的持续作用从而使感受性发生变化的现象。感知适应既可引起感受性的提高,也可能引起感受性的降低。关于感知适应的事例在生活中并不乏见,如当我们从亮处进入暗处,一开始不适应,什么也看不清,过一会儿,周围的事物开始变得可见了。日本心理学家关山薰通过学生戴四棱镜的眼镜证明人具有感知(知觉)适应的功能。四棱镜的眼镜能够对调左、右视野,初戴时学生们会迷失方向,但在几个星期内,学生们就能完成复杂的动作协调性任务。实验结束后,学生们又很快重新适应了正常视野。[102]人作为一种兼具价值判断和感知性的动物,某种行为是否具有社会危害性及其严重

---

[100] 当然,需要指出的是,即便采取第二种策略,国家仍然存在采取选择性执法的风险,这主要取决于国家法治化反腐的程度。

[101] 参见王亚男:《中国官僚政治研究》,中国社会科学出版社 1981 年版,第 45 页。

[102] 参见[美]阿比盖尔·A. 贝尔德:《心理学:认识你自己》,宋玉萍译,中国人民大学出版社 2014 年版,第 84 页。

程度，与特定时期国民的心理感受和容忍度有密切关系。所以，犯罪的严重程度以及与之匹配的刑罚的量，从来都是相对性的。而且这种相对性还会随着人的感知相应调整。在一个十分清廉的国家，即便对于偶尔发生的、贪腐数额较小的案件，也可能引起社会的广泛关注和人们的强烈义愤。但随着该国清廉度的降低，腐败案件越来越多，违法犯罪数额越来越大，当政治变得不再洁净，当贪腐违法犯罪成为非常普遍的社会现象而对人们耳濡目染时，国民对贪腐违法犯罪的义愤感就会慢慢地降低，社会对此类违法犯罪的容忍度也会随之升高。眼下，虽然中央对贪腐犯罪的治理倾注了大量心力，但现实社会的贪腐犯罪形势并不乐观，贪腐犯罪仍然具有相当的普遍性，触及国家政治和社会生活的各个角落。而且，涉及国家公职人员级别越来越高，贪腐数额也越来越大，司空见惯的贪腐违法犯罪必然侵蚀国民的心理，导致民众对贪腐犯罪违法性感受度的降低，出现感知适应的问题。当社会民众对腐败产生感知适应的社会心理时，这种心理必然会延伸和影响到国家政治生活（包括立法和司法），因为任何立法者和司法者都是现实社会中的人，他们不可能完全超越其所处的生活和时代。《解释》提升贪腐犯罪定罪量刑数额的做法，只不过是国家以司法解释的形式将这种社会心理予以陈述并予以合法化而已。

（三）国民贪腐感知适应与《解释》做法的法治风险

法律是人类的作品，并且像其他的人类作品一样，只有从它的理念出发，才能被理解。一个无视人类作品价值的思考是不能成立的，因此对法律的或者对任何一个个别的法律现象的无视价值的思考也都是不能成立的。法律只有在涉及价值的立场框架中才可能被理解。[103] 国家必须为国民创造理性的生存状态，刑法作为保障法，面对贪腐犯罪严峻态势，没有退却的余地。《解释》体现出来的刑法在反腐中的立场让步的价值倾向以及由此折射的国民对贪腐的感知适应，存在严重的法治风险。

第一，腐败感知适应将导致国民反腐意识的钝化。人作为一种社会性存在物，需要在与他人的合作中共建和分享善的生活方式。法律的目的在于引导国民在规则的指导下寻求道德和善良的生活秩序。贪腐犯罪以非法的方

---

[103] 参见［德］古斯塔夫·拉德布鲁赫：《法哲学》，王朴译，法律出版社2013年版，第5页。

式,排他性地追求个人利益,破坏了公民和政府之间的理想道德关系,损害国民赖以生存的生存环境。国民心理对贪腐违法犯罪的适应,将会带来民众对腐败政治宽容度的升高和反腐意识的钝化,久而久之,社会将失去对政治的信任和对善的生活理想的坚守。现代民主社会,政治需要国民的支持,当国民失去对政治的信心时,民主制度势必陷入危机。从社会秩序的构建和国家良性运转角度看,今日社会秩序的建立和维系早已摆脱了强制与暴力,而有赖于国民之间建立和形塑共享的价值。政府必须清廉就是其中的核心价值之一。现实社会泛滥的贪腐违法犯罪所导致的国民反腐意识的钝化,严重背离现代社会的共享价值和规范共识。再者,法律是使人的行为遵守规则治理的事业,亦如法学家富勒所言,我们的整个法律体系表现为一套规则的复杂组合,旨在将人们从盲目的随机行为中拯救出来,使他们安全地踏上从事有目的的创造性活动的道路。[104] 民主政治体制下,政府的权力来源于公民的委托,官员作为公权力的行使者必须严格按照法律的规定服务民众的福祉,这是现代社会公务人员必须信守的政治伦理。贪腐犯罪背后隐藏的钱权交易在根本上扭曲了政府的行为。民众对腐败的反感和排斥的社会心理,是国家反腐的精神动力,眼下无论是国民对腐败感知适应,还是由此导致的国民反腐意识的钝化,都将侵蚀现代民主社会最根本的政治伦理规则和法治原则,势必引起社会治理的深层次危机。

第二,国民对腐败的感知适应还将导致刑法在反腐中的功能衰退。习惯使用监狱解决社会问题,这是人类的天性。但对任何犯罪(包括贪腐犯罪)的治理,刑法的功能都是十分局限的,因为导致犯罪的原因在惩罚制度的管辖之外。[105] 眼下我国贪腐违法犯罪的泛滥有着浓厚的体制和社会转型原因。简单地说,我国腐败的产生是国家权力缺乏有效拘束的后果,是政府主导经济社会发展模式的伴生物,是市场经济发展中法治缺失和严重滞后的恶果。[106] 如王亚男先生所言,一切存在的东西,在它取得存在的一般社会条件还在发

---

[104] 参见[美]富勒:《法律的道德性》,郑戈译,商务印书馆2005年版,第11页。

[105] 参见[英]大卫·葛兰:《惩罚与现代社会》,刘宗为、黄煜文译,城邦文化事业股份有限公司2006年版,第465页。

[106] 参见何荣功:《重刑反腐与刑法理性》,载《法学》2015年第10期。

生作用的限度内,我们是无法凭着一己好恶使它从历史上消失的。[107] 刑罚作为事后型严惩措施,无法触及贪腐滋生的原因,治理效果自然不可能是乐观的。另外,对包括贪腐犯罪在内的一切犯罪,刑法功能的发挥还依赖于多种因素,如刑罚的确定性、及时性。当国家对腐败的治理呈现出选择性执法或司法时,换句话说,当刑罚对贪腐犯罪惩处具有不确定性时,刑罚的实际功能还会再次大打折扣。承认刑法对违法犯罪治理功能的有限性,并不意味着认为刑法对犯罪治理没有任何效果。人作为具有选择自由和趋利避害的动物,国家对贪腐犯罪严厉的刑事政策和刑罚措施,不可能不对贪腐犯罪分子产生心理上的强制力和威慑力。另外,刑罚通过对贪腐犯罪的惩罚,对国民远离贪腐也有一定教育意义。但问题在于:一旦国民对腐败变得感知适应,势必引起国家反腐决心的松弛,削弱刑法在反腐中的道义力量,甚至使国家在腐败问题上彻底减弱和丧失自我反省的机会与能力。随着国民法规范意识的钝化,接续而来的必然是刑罚对腐败效力的钝化,刑法功能的衰退便无法避免,最终导致在反腐问题上刑法原本极其有限的功能变得更加羸弱。在国家反腐刑事政策距离现代化还较远的情况下,在国家反腐手段和措施仍然很笨拙且倚重刑罚事后惩罚的情况下,刑法在反腐中的机能衰退,将使国家对腐败犯罪治理变得更加束手无策。

对于上述观点,反对的意见可能认为,我国对腐败的惩处从来都是多元体系的,并非单纯依靠刑法,还有党纪和行政处罚。即便社会出现国民对腐败的感知适应和刑法在反腐中钝化问题,只要党纪和行政法能够坚守底线,同样不会出现国家对贪腐治理的溃败。但现实社会中,贪腐分子未必都会承受党纪约束和纪律处罚。另外,从严厉性和可感触性而言,行政处罚与刑罚相比,不可同日而语。刑法立场的松懈,势必导致国民对贪腐犯罪严重性和国家严正立场的麻痹大意。而且,我们如何保证纪委和行政机关在办案中不出现同样的贪腐感知适应和规范意识钝化呢?

四、结语与反思:迫在眉睫的反腐刑事政策的法治转型

法律意味着秩序,只有善的立法才可能构建良好的社会秩序。国家的任

---

[107] 参见王亚男:《中国官僚政治研究》,中国社会科学出版社 1981 年版,第 15 页。

何立法活动(包括司法解释),都要特别注意法律应如何构想,以免法律和事物的性质相违背。法律的制定是为了惩罚人类的凶恶悖谬,所以法律本身必须最为纯洁无垢。[108]

明镜所以照形。《解释》提升贪腐犯罪定罪量刑数额做法导致的法律尴尬,至少给我们以下启示:第一,在贪腐犯罪严峻的时期,倚重刑法反腐,国家必将陷入法治困境,《解释》提升贪腐犯罪定罪量刑数额,对缓解司法机关办案难题只具有暂时性。国家反腐的法治转型迫在眉睫,反腐不能再继续交由时间解决。第二,刑法作为法律的底线,虽然它对犯罪治理效用并非乐观,但严惩腐败彰显着国家对腐败的严正立场和现代政治的形象,代表着社会的集体良知。刑法在反腐立场上的不适当退步,可能引起公民对政治信心的衰退。较之于贪腐违法犯罪本身,贪腐违法犯罪泛滥所引起的国民对腐败的感知适应和反腐意识的钝化问题,危害性更大、更深,更普遍,更需要国家和全社会的关注和警惕!

---

[108] 参见[法]孟德斯鸠:《论法的精神(下)》,张雁深译,商务印书馆1961年版,第301、302页。

第五章　反腐败机构的设置与职能

“国家廉政体系的图形像一座希腊神庙，这个庙的顶部——国家的廉洁的每一端都有一系列支柱支撑着，从左至右依次为立法机关、行政机关、司法机关、审计总署、监察特使、反腐败机构和监督机构、公务员系统、媒体、公民社会、私人部门、国际行动者，每根支柱都是国家廉政体系的一个要素。”①由此可见，一国的反腐败斗争与廉政体系建设是一项浩大而系统的工程，需要社会各界的共同参与和努力。但毫无疑问，作为国家行政机关之一，以国家强制力保障其职责履行的反腐败机构应当是反腐的主力军与核心力量，在反腐败斗争中扮演着最为重要的角色。所谓反腐败机构，是指国家为了保证反腐败法律的实施，教育、预防、调查、惩处人们的腐败行为而设置的专门的或兼职的国家机构。其组织结构与具体职能的设置，直接关乎其日常运转与工作成效，进而影响到国家反腐败斗争的效果与成败。因此，对我国当前反腐败机构的设置与职能状况进行研究与评述，并提出切实可行的改革意见与建议，具有重要的理论与现实意义。

第一节　我国反腐败机构的演变与评述

中国的反腐败和廉政建设领导体制与工作机制，是由中国的国体和政体决定的。在反腐败和廉政建设实践中，我国逐步探索形成了党委统一领导、党政齐抓共管、纪委组织协调、部门各负其责、依靠群众支持和参与的具有中

① ［新西兰］杰瑞米·波普：《制约腐败——建构国家廉政体系》，清华大学公共管理学院廉政研究室译，中国方正出版社2003年版，第53页。

国特色的反腐败领导体制和工作机制。当前，我国的反腐败机构从类别上大致可以分为检察、党内纪检与行政监察三类，基本形成了法律、党纪、政纪三管齐下、共同反腐的局面。除此之外，审计机关作为重要的配合部门，其专业性和中立性能够抓“蛀虫”、增“免疫”，为反腐败斗争提供支持与协助；银行、海关等部门在追逃追赃中也发挥了十分积极的作用，使腐败分子难以一走了之，逍遥法外；而人民法院则依法承担腐败犯罪在内的各类刑事案件的审判工作，及时、公正地对检察机关提起公诉的贪污贿赂渎职等案件作出判决，依法惩治腐败犯罪。当然，在整体层面上，《国家监察法》出台前，我国最主要的反腐败机构是党的纪律检查委员会、国家的行政监察部门和各级人民检察院。[②] 2018 年《国家监察法》出台后，行政监察部门已被各级监察委员会取代，成为调查职务违法和职务犯罪，开展廉政建设和反腐败工作的重要机构。下面，我们就对中华人民共和国成立后纪检、监察与检察机关相关机构的发展演变进行简要的梳理与总结，以期廓清我国当前反腐败机构的设置与职能。

一、党内纪检机构的演变

中国共产党的纪律检查工作最早可以追溯到 1927 年成立的中央监察委员会。1949 年 11 月 9 日，中共中央在党的历史上第一次作出了《关于成立中央及各级党的纪律检查委员会的决定》，并立即成立了由朱德同志任书记的中央纪律检查委员会，这是新中国最早的反腐败机构。其任务和职责是：检查中央直属各部门及各级党的组织、党的干部及党员违犯党的纪律的行为；受理、审查并决定中央直属各部门、各级党的组织及党员违反纪律的处分，或取消其处分；在党内加强纪律教育，使党员干部严格地遵守党纪，执行党的决议与政府法令，以实现全党的统一与集中。与之同时，根据中央的要求，党的各级纪律检查委员会也相继成立，并认真开展了工作。[③]

1955 年 3 月 31 日，中国共产党全国代表会议通过了《关于成立党的中央和地方监察委员会的决议》，认为当前党的各级纪律检查委员会的组织和职

---

② 参见《中国有多少反腐机构?》，载《北京青年报》2014 年 11 月 10 日，第 A05 版。

③ 参见窦效民、周富强主编：《新中国反腐倡廉 60 年》，郑州大学出版社 2009 年版，第 35 页。

权已不能适应在阶级斗争的新时期加强党的纪律的任务,决定成立党的中央和地方各级监察委员会以代替各级党的纪律检查委员会,借以加强党的纪律,加强反对党员中各种违法乱纪现象的斗争。监察委员会的任务是:检查和处理一切党员违反党章、党纪和国家法律的案件。中央和地方监察委员会的成立,对于加强党的纪律、加强党组织对一切共产党员的监督,发挥了十分重要的作用。④ 与其所取代的党的纪律检查委员会相比,党的监察委员会的独立性更强,是由党的代表大会或代表会议选举产生的,故在人事上不受同级党委的制约。而纪律检查委员会则完全受同级党委的管理,对下级党委的纪律检查委员会的工作无权直接过问。⑤ 1956 年,中国共产党第八次全国代表大会将党的监察委员会作为必须设立的机构用党章的形式固定下来,推动了党内监督的制度化。⑥ 此后,随着 1957 年行政监察机关的撤销,党和国家两套反腐败机构在事实上进行了合并,党的职责得到了进一步调整与扩大,“党管干部”的能力得到了进一步加强。原监察部、检察院在国家腐败治理中的职责已基本被党内监察机关替代,党内监督机构成了我国反腐败斗争的核心甚至唯一的力量。⑦

但在 1969 年 4 月,中国共产党第九次全国代表大会通过的《中国共产党章程》取消了党的监察机关的条款,撤销了中央监察委员会。自此,中国共产党的各级监察委员会正式退出历史舞台。1977 年 8 月,中国共产党第十一次全国代表大会通过的《中国共产党章程》重新恢复了设置党的纪律检查委员会的条款。1978 年 12 月,中国共产党十一届三中全会选举产生了新的中共中央纪律检查委员会。1980 年起,恢复重建纪委逐步进行改革,各级地方纪委的级别得到了提升,由同级党委的工作机构升格为同级党委的领导机构,并同时受到上级纪委与同级党委的双重领导。这种变化反映出中央党组织对地方反腐败机构加强领导与控制的取向,并预示着反腐败机构在党和国家各机构中地位的逐渐提高。⑧ 自此,在经历了较为曲折的反复之后,党的纪律

---

④ 参见窦效民、周富强主编:《新中国反腐倡廉 60 年》,郑州大学出版社 2009 年版,第 36 ~ 37 页。

⑤ 参见李辉:《当代中国反腐败制度研究》,上海人民出版社 2013 年版,第 86 ~ 87 页。

⑥ 参见彭劲秀:《中共中央监察委员会的创设、取消与重建始末》,载《党史纵览》2010 年第 5 期。

⑦ 参见王希鹏、胡扬:《中国腐败治理结构变迁与纪检监察机关职能定位审视》,载《河南社会科学》2014 年第 7 期;李辉:《当代中国反腐败制度研究》,上海人民出版社 2013 年版,第 87 ~ 88 页。

⑧ 参见李辉:《当代中国反腐败制度研究》,上海人民出版社 2013 年版,第 93 页。

检查机构最终明确为纪律检查委员会,并通过逐步的改革与完善,成为2018年前国内最大的专职反腐机构。根据《中国共产党章程》的规定,党的各级纪律检查委员会的主要任务是:维护党的章程和其他党内法规,检查党的路线、方针、政策和决议的执行情况,协助党的委员会加强党风建设和组织协调反腐败工作。其经常性工作是:对党员进行遵守纪律的教育,对党员领导干部行使权力进行监督,查处违犯党纪的案件,受理党员的控告和申诉,保障党员的权利。

近年来,为了进一步加大对党员反腐行为的程度力度,加强与提升党内监督效果,党的纪委组织也在不断进行改革。《中共中央关于全面深化改革若干重大问题的决定》指出,推动党的纪律检查工作双重领导体制具体化、程序化、制度化,强化上级纪委对下级纪委的领导;全面落实中央纪委向中央一级党和国家机关派驻纪检机构,实行统一名称、统一管理。习近平总书记在十八届中央纪委五次全会上也强调,要进一步深化党的纪律检查体制改革,加强制度创新,强化上级纪委对下级党委和纪委的监督,推动纪委双重领导体制落到实处。之后,党的纪检组织通过一系列的机构调整与改革,精简人员,减少交叉,进一步明晰自身的职责,厘清各内设、派驻与巡视机构的责任和工作方式,推动巡视工作向纵深发展,把更多的机构和力量调配到党风廉政建设和反腐败斗争主业上来,取得了非常丰硕的反腐成果。

二、行政监察机构的演变

中华人民共和国成立初期,为了依法对国家行政机关及其工作人员执行法律、法规、规章、政策和履行职责的情况进行检查、监督,对其违法乱纪行为实行检举、惩戒,中央人民政府专设了人民监察委员会,其法律地位要高于普通的国家部委。1954年,人民监察委员会改为国务院下设的监察部,其职责也相应地改为:第一,检查国务院各部门、地方各级国家行政机关、国营企业及其工作人员是否正确执行国务院的决议、命令;第二,检查国务院各部门、地方各级国家行政机关、国营企业执行国民经济计划和国家预算中存在的重大问题,并对上述部门、机关、企业和合营企业、合作社的国家资财的收支、使用、保管、核算情况进行监督;第三,受理公民对违反纪律的国家行政机关、国营企业及其工作人员的控告和国家行政机关工作人员不服纪律处分的申诉,并审议国务院任命人员的纪律处分事项。地方各级政府也设立相应的行政监察机构。[9] 虽然经历了“大跃进”与“文革”时期的撤销与废除，我国行政监察体制于1986年正式开始恢复重建，明确监察机关是人民政府行使监察职能的专门机构，负责对国家行政机关及其工作人员和国家行政机关任命的其他人员执行国家法律、法规、政策和决定、命令的情况以及违法违纪行为进行监督。1987年7月，我国监察部正式挂牌办公。[10] 除了隶属于国务院的最高行政检察机关——监察部之外，省、自治区、直辖市人民政府内设置监察厅、局；自治州、设区的市、直辖市辖区（县）人民政府设立监察局；县、自治县、不设区的市、市辖区人民政府设立监察局。同时，根据工作的需要，监察机关还可以在一定地区、政府部门和单位设置派出监察机构或者派出监察人员。与党的纪委类似，监察机关也实施双重领导模式。根据我国行政监察法的规定，监察机关对监察对象执法、廉政、效能情况进行监察，受理对国家行政机关及其公务员和国家行政机关任命的其他人员违反行政纪律行为的控告、检举，并进行调查处理。

在监察制度恢复重建后，尽管其与党的纪检组织都是反腐败的主要力量，但在实际运作中，“在一些地方出现了监察部门管不过来，纪检机关管理范围内的案子又不多的情况，导致两家立案总数少于过去纪委一家立案的总数，并在一定程度上限制了纪委对政府部门党员干部违纪问题的查处”。[11] 为了解决这一问题、提升监督效率，根据中共中央、国务院的决定，按照“三个有利于”的原则，中央纪委和监察部于1993年开始合署办公，实行一套工作机构，合力履行党的纪律检查和行政监察两项职能，以减少不必要的重复交叉，精简人员与机构，提高工作效率。相应地，二者派驻机构中的纪检组和监察机构也实行了合署办公。在合署办公后，纪检监察机关着重抓党的路线方针政策和国家法律法规贯彻落实情况的监督检查，严肃查处有令不行、有禁不止、弄虚作假、失职渎职、严重官僚主义、形式主义等造成重大损失的行为；

---

⑨ 参见窦效民、周富强主编：《新中国反腐倡廉60年》，郑州大学出版社2009年版，第36页。

⑩ 参见窦效民、周富强主编：《新中国反腐倡廉60年》，郑州大学出版社2009年版，第151页；王希鹏、胡扬：《中国腐败治理结构变迁与纪检监察机关职能定位审视》，载《河南社会科学》2014年第7期。

⑪ 梅丽红：《建国以来党政纪检监察体制的变革》，载《党政论坛》2004年第6期。

深入进行反腐败斗争，着重查处领导机关、领导干部以及经济管理、执法监督部门及其工作人员的严重以权谋私、贪污受贿、腐化堕落等违法违纪案件；深化党风党纪和勤政廉政教育，不断提高广大党员特别是党员领导干部的党性觉悟和纪律观念。⑫ 当然，如在机构设置与组织人事上，二者仍具有一定的独立性。自此，一个由中央到地方，遍布党和政府各主要部门的严密的纪检监察网络正式形成。⑬

合署办公体制优先实现了党风与廉政的结合与统一，合理化了中国特色权力监督体系，优化了党政关系，并将党纪与国法有机地结合起来，是推进国家治理体系与治理能力现代化的重要举措，具有现实的合理性。⑭ 这种党政联合惩治腐败的模式被学者称为"政党嵌入型"的腐败治理结构，系指我党通过主体性嵌入、制度性嵌入、功能性嵌入、过程性嵌入等方式介入国家腐败治理过程中，发挥了执政党的意识形态主导性和在动员社会大众上的独特优势性。⑮ 当然，合署办公模式也可能会引发行政监察职能的独立性问题、多维关系网络中的结构性张力问题以及功能边界与党政关系等问题，仍有待进一步理顺、优化纪检与监察二者的关系。⑯

三、检察机关反贪部门的演变与发展

《国家监察法》出台前，人民检察院是国家的法律监督机关，担负着依法追究刑事犯罪、侦查国家工作人员贪污贿赂和渎职侵权等职务犯罪、预防职务犯罪、代表国家向人民法院提起公诉等职能。但在20世纪八九十年代，我国的反腐主要是以党内纪检和行政监察两条线为主，检察院并未设立专职的反腐败机构。当时，最高人民检察院虽设有经济检察厅，但并不只侦办国家公务人员贪污贿赂案件，还涉及偷税抗税、假冒商标等经济犯罪的检察工作。随着1988年全国人大常委会通过了《关于惩治贪污罪贿赂罪的补充规定》，最高人民检察院也根据中央关于反腐败的精神，进一步调整了相应的工作部

---

⑫ 参见窦效民、周富强主编：《新中国反腐倡廉60年》，郑州大学出版社2009年版，第188页。

⑬ 参见李辉：《当代中国反腐败制度研究》，上海人民出版社2013年版，第110页。

⑭ 参见徐理响：《现代国家治理中的合署办公体制探析》，载《求索》2015年第8期。

⑮ 参见王希鹏、胡扬：《中国腐败治理结构变迁与纪检监察机关职能定位审视》，载《河南社会科学》2014年第7期。

⑯ 参见徐理响：《现代国家治理中的合署办公体制探析》，载《求索》2015年第8期。

署,把打击贪污贿赂犯罪列为工作重点,进行了严厉打击。[17]

我国反贪局的产生,与改革开放以来发生贪污贿赂等犯罪活动密不可分。随着改革开放的深入进行,身处改革前沿的广东贪污贿赂犯罪高发。为有效遏制日趋严重的贪污贿赂等犯罪,迫切需要建立专门的反贪机构。经研究讨论,时任最高人民检察院检察长的刘复之同志决定将经济检察厅更名为贪污贿赂检察厅,并率先在广东设立一个反贪污贿赂专门机构,作为检察机关反腐败机构建设的改革试点。1989 年 8 月,在借鉴新加坡与香港等国家和地区先进经验的基础上,广东省人民检察院反贪污贿赂工作局挂牌,标志着我国第一个反贪局正式成立。[18] 随后,全国其他省区市的反贪局也相继成立。1995 年,最高人民检察院正式成立反贪污贿赂总局,主要负责对全国检察机关办理贪污贿赂、挪用公款、巨额财产来源不明、隐瞒境外存款、私分国有资产、私分罚没财物等犯罪案件侦查、预审工作的指导;参与重大贪污贿赂等犯罪案件的侦查;直接立案侦查全国性重大贪污贿赂等犯罪案件;组织、协调、指挥重特大贪污贿赂等犯罪案件的侦查;负责重特大贪污贿赂等犯罪案件的侦查协作;研究分析全国贪污贿赂等犯罪的特点、规律,提出惩治对策;承办下级人民检察院反贪污贿赂工作中疑难问题的请示;研究、制定贪污贿赂检察业务工作细则、规定。[19] 这标志着中国检察机关反贪专门机构建设的完成。自此,我国的反腐败形成了纪委的党纪监督、监察部门的政纪处罚和司法机关的法律惩罚三个“拳头”。

毫无疑问,反贪污贿赂总局的成立标志着中国检察机关惩治贪污贿赂犯罪工作进入专业化、正规化轨道,并在惩治腐败犯罪方面发挥了非常积极的作用。但经过近 20 年的发展,一些影响办案成效的问题也逐渐暴露出来,特别是机构设置不合理、力量分散、案多人少、统筹乏力等问题日益凸显,已经不能完全适应反腐败斗争新形势的需要,亟待改革。[20] 例如,腐败与渎职问题往往相伴而生,因为收受贿赂而滥用职权的案件为数众多。如果依照案件的

---

⑰ 参见陈磊:《中国检察机关反贪局的来龙去脉》,载《检察日报》2015 年 2 月 3 日,第 5 版。

⑱ 参见詹复亮:《论反贪局的建设和发展》,载《国家检察官学院学报》2011 年第 2 期。

⑲ 载最高人民检察院网:“反贪污贿赂总局”, http://www. spp. gov. cn/gjyjg/nsjg/201208/t20120816_896. shtml,最后访问日期:2016 年 1 月 30 日。

⑳ 参见陈磊:《中国检察机关反贪局的来龙去脉》,载《检察日报》2015 年 2 月 3 日,第 5 版。

具体类型进行分头反腐,则会导致不同部门之间的职权的交叉重叠,既可能使本就十分紧张的办案力量被重复投入,也可能造成侦查起诉等环节中的衔接不利。再如,随着我国反腐败斗争更为深入地开展,反腐力度越来越大,检察机关受理的腐败犯罪案件数量大幅提升,这就导致原有机构的办案人手不足,反腐力量亟待提升。为了解决这些问题,最高人民检察院整合现设的反贪污贿赂总局、渎职侵权检察厅、职务犯罪预防厅,成立了新的反贪总局,强化直接侦查、指挥协调、业务指导等工作,加强一线办案力量,统合检察系统内部力量投入反腐败工作,集中更多精力查处大案要案。新的反贪总局全方位升级提格,局长由副部级检察委员会专职委员卢希大检察官兼任,高于原来的局级配备。[21]

四、预防腐败机构的演变与发展

除了前述纪检、监察与检察这三类主要反腐败机构之外,还有一些机构或组织也作为反腐专职机构,在预防腐败方面发挥了较为积极的作用。2007年,为了实现预防腐败工作的法制化、规范化,加大预防腐败工作力度,适应开展反腐败国际合作的需要,我国国家级预防腐败的专门机构——国家预防腐败局于9月正式成立。国家预防腐败局属于国务院直属机构,负责全国的预防腐败工作,在监察部加挂牌子,局长由监察部部长兼任。其主要职责为:(1)负责全国预防腐败工作的组织协调、综合规划、政策制定、检查指导。(2)协调指导企业、事业单位,社会团体、中介机构和其他社会组织的防治腐败工作。(3)负责预防腐败的国际合作和国际援助。[22] 与最高人民检察院反贪污贿赂总局相比,反贪总局重在查案办案,国家预防腐败局则不是专门性的办案机构,不具有对案件进行调查的权力,而是重在预防腐败,偏重政策。在国家预防腐败局成立后,地方的预防腐败局也相继成立。广东省更是走在全国前列,已在2012年10月之前于省一级和21个地级以上市全部设立了预防腐败局,在全国率先实现了省、市预防腐败机构的全覆盖。[23]

2008年,我国建立了预防腐败工作联席会议制度,由中央纪委、中央组

---

[21] 参见邹春霞:《新反贪总局“新”在哪儿?》,载《北京青年报》2014年11月4日,第A04版。

[22] 参见肖玮、王治国:《国家预防腐败局正式成立》,载《共产党员》2007年第19期。

[23] 参见陈良飞:《反腐体制改革寻路》,载《新民周刊》2013年第38期。

织部、全国人大法工委、最高人民法院、最高人民检察院、国家发改委、监察部、财政部、中国人民银行、审计署、国务院国资委、国家预防腐败局、国务院法制办等13个部门和单位组成,联席会议办公室设在国家预防腐败局办公室。在中央的引导下,各地方也成立了相应的预防腐败工作联席会议制度,从而推动预防腐败工作向纵深发展。

综上所述,上述具有不同职能的机构,在反腐倡廉的各项工作中既相对独立、各司其职,又相互协调、密切配合。中国共产党的纪律检查机关在掌握党员违纪线索之后,经调查认定为违反党纪的,对其作出相应的党纪处分;涉嫌犯罪的,移送司法机关处理。政府监察机关对于违反政纪的监察对象,作出相应政纪处分;涉嫌犯罪的,也移送司法机关处理。人民检察院负责腐败犯罪的侦查、批捕与起诉工作,在履行职责过程中发现犯罪嫌疑人涉嫌违犯党纪或政纪的,也应将有关证据材料移送党的纪律检查机关或政府监察机关处理。[24] 预防腐败局与预防腐败工作联席会议制度则重在加强对预防腐败工作的组织协调,充分调动和整合各方力量,力争从源头出发,有效遏制腐败问题的滋生。

第二节　反腐败机构的完善路径

如前所述,2018年前我国的反腐败机构存在一定缺陷,需要予以改革与完善。那么,要想构建一个完备、健全的反腐败机构,应当从哪儿方面着手?亦即,一个科学、成熟的反腐败机构,需要具备哪些因素?有学者主张,反腐败机构的成功运行,必须满足下列要素:政府最高层强力的政治支持;执行其工作任务所需的充足资源;有政治上和运作上的独立性,使其能够调查政府最高层的行为;拥有查询政府档案和询问证人的充分权力;"用户友好"的法律规定(包括把"非法致富"视为犯罪行为);以及其领导人在公众心目中具有无上的诚信品格。[25] 还有学者认为,世界公认的比较廉洁高效的国家反腐

㉔ 参见任建明主编:《反腐败制度与创新》,中国方正出版社2012年版,第346~347页。

㉕ 参见[新西兰]杰瑞米·波普:《制约腐败——建构国家廉政体系》,清华大学公共管理学院廉政研究室译,中国方正出版社2003年版,第143页。

败机构基本上都具有以下特点：机构独立、至高权威、廉洁奉公、广泛赋权。[26]十八大以来，随着以习近平同志为核心的党中央的高度重视，我国反腐败斗争的开展迈向了一个新的高度。如何对我国的反腐败机构进行改革与完善，已成为极具理论与现实意义的重大问题。无论普通民众、专家学者还是反腐败机构工作人员，都围绕着在新时期如何构建我国反腐败机构这一主题积极地建言献策，提出了很多富有建设性的意见和建议。通过对这些观点进行总结与评述，能够为我们的进一步研究提供经验与借鉴。我们认为，完善反腐败机构的路径主要表现为以下几方面：

一、反腐败机构的体系设置

反腐败机构的体系与设置问题是反腐败机构改革中最为重要的问题。在反腐败机构设置上，要有一个统分明确、专兼结合、分工协调的反腐败机构体系。毫无疑问，一国的反腐败斗争需要整个社会体系的制度化支撑，绝不能幻想仅凭一个专职性的反腐败机构去解决所有的腐败难题，还需要得到国际合作组织、辅助机构与社会民众的大力支持与共同努力。但专职性的反腐败机构肯定是反腐败斗争的核心参与者与主要践行者，是防治腐败的主导力量。当前，世界各国关于反腐败机构的设置体系，主要表现为分散式与集中式这两大类。

反腐败机构设置较为分散，或是无专职的反腐败机构，其优点主要在于：第一，由于监管部门较多，彼此之间的权限都不大且适用分散，监督面广且易于制约，就不会使反腐败权力成为新的难以制约的独裁性权力。[27] 第二，由于反腐败职能被分散到各个部门，且这些部门长期专注于某一类型或领域的腐败问题，故专业性较强，惩治与预防效果也更好。[28] 但这一机制的缺陷也不容忽视，主要表现为：第一，各部门由于分权所导致的权威性与独立性不强，很容易在工作中受到其他部门的不当干预，从而影响反腐败斗争的工作效率。

㉖　参见陈建新、郭剑：《论我国反腐败机构设置的改革与完善》，载《廉政文化研究》2012 年第 5 期。

㉗　参见逸石、崔宇航：《论我国预防性反腐败机构设置与完善》，载《中国检察官》2006 年第 10 期。

㉘　参见任建明主编：《反腐败制度与创新》，中国方正出版社 2012 年版，第 325～326 页。

第二,各部门之间的组织与协调存在问题,既可能因分工不明导致重复劳动或资源浪费,也可能因权限上的相互推诿而引发处罚上的漏洞。第三,缺乏全局性与战略性。“反腐败工作需要统一的、全盘的考虑,以实现对腐败的系统预防和惩治。而反腐败职能独立存在于不同部门的体制,将本应该是一个整体的反腐败职能分割开来。”㉙

反腐败机构设置较为集中、或是有专职的反腐败机构的,其优点主要在于:第一,具有较强的政治地位与权威性,被法律广泛赋予了预防、调查、惩处腐败行为的权力,便于实践中的工作开展。第二,具有较高的独立性,可以有效排除各种行政权力的干预,更好地发挥监督作用。第三,有利于反腐责任的进一步明确和落实。“建立专门机构的好处是专业化、提高安全性和责任感。最后一点尤其重要,它使政治当局有可能衡量出来以某一数额的资源取得多大的成绩,并将反腐败的责任落到具体个人之上。”㉚一旦发现严重问题,应当承担责任者就非常明确。这样一来,为了避免责任追究,反腐败机构的工作人员就会更加尽职尽责地完成日常工作。第四,可以对一国的反腐战略进行通盘考虑,更好地集中力量、整合资源开展反腐工作。当然,这种模式也有缺陷,如何对这样一个强有力的机构进行有效制约,可能会产生专业性不足的问题,等等。㉛

我们认为,与分散式的反腐败机构相比,集中式的专职反腐败机构的优点更为明显。对于这种模式的缺点,完全可以通过监督机制的完善、专业人员的任用等方式予以解决。例如,专职的反腐败机构并不是将所有的反腐败职责都集中在一个单一机构中,而是将一系列重要权力、职责以及资源置于一个机构中,以便其在反腐败中起到领导作用。该单一的反腐败机构仍然需要与其他享有反腐败管辖权的机构合作,包括法院等司法机关以及很有可能受腐败影响的行政部门。这样一来,就能够通过权力分工对反腐败机构进行制衡,解决对其进行有效监督的难题。再如,专业性不强的问题,既可以通过与金融、海关、税务、审计等部门的合作加以解决,也能够以招聘具有特定业

㉙ 任建明主编:《反腐败制度与创新》,中国方正出版社 2012 年版,第 326 页。

㉚ 联合国:《反腐败的实际措施》,载赵秉志等编:《〈联合国反腐败公约〉暨相关重要文献资料》,中国人民公安大学出版社 2004 年版,第 151 页。

㉛ 参见任建明主编:《反腐败制度与创新》,中国方正出版社 2012 年版,第 325 页。

务知识与技能的专业人才,成立专门的调查部门的方式加以解决。如前所述,我国反腐败机构的职能分散与分工复杂已经在实践中造成了较为突出的问题,严重制约了反腐斗争的深入开展。在这一背景下,结合我国的政治经济体制,对兼职的反腐败机构进行整合,成立专职的反腐败机构可谓是最合理、稳妥的做法。

二、反腐败机构的定位

在反腐败机构定位上,全国性反腐败机构应当直接对最高首长或最高权力机关负责,具有政治上的权威性和工作上的独立性。

(一)政治上的权威性

所谓政治上的权威性,是指反腐败机构敢于碰硬,工作得到最高政治领导层的亲自推动。正是这种权威性,使得使反腐败机构能够不屈服于任何部门或个人的不当干预或掣肘,不惧怕任何违法乱纪的利益集团。[32] 在我国当前的政治体制下,作为组织结构的基础因素,机构地位的高低将会直接影响其权力的有效行使。亦即,反腐败机构的政治地位与行政级别将直接与其权威性相挂钩。此外,实施腐败行为的犯罪主体大都是国家工作人员,有的甚至还身居高位,拥有非常大的权力。如果反腐败机构的权威性得不到保障,就很难对这些部门或人员形成有效的威慑力,[33]以致形成“只能拍苍蝇,不敢打老虎”的尴尬局面。纵观发达国家或地区,其反腐败机构的主要官员多由原任或现任政府高级官员担任,只对最高权力机关或领导人负责,能够起到“以权势威慑权力”的效果。例如,英国反腐机关的总检察长直接对议会负责;新加坡的反贪污调查局直属于内阁总理的领导;美国总检察署虽设立在司法部,却由部长兼任总检察长,并且独立检察官有权直接向议会报告案情和提供弹劾案情;[34]我国的香港廉政公署的廉政专员直接由香港特别行政区最高行政长官任命与领导,并对其负责,此外不受任何组织和人员管辖。这样就可以保证反腐败机构的官员不会在办案过程中被相关者利用一些借口

---

[32] 参见冉刚:《独立性,反腐败机构的生命线》,载《中国纪检监察报》2014 年 3 月 27 日,第 4 版。

[33] 参见陈宏彩:《反腐机构绩效制约因素与互动模式:一种解释性分析框架》,载《中国行政管理》2013 年第 11 期。

[34] 参见丁建军主编:《行政监督概论》,高等教育出版社 2007 年版,第 247 页。

调离，也不会在人事安排方面受到打击报复，从而有效地排除同级或上级行政长官的干扰。因此，反腐败机构只有具备充分的权威性，在开展反腐败调查、惩处等工作的过程中所遇到的阻力才会小很多。

为了保证反腐败机构在政治上的权威性，首先需要明确其权力来源与隶属关系。如果全国性反腐败机构所隶属机构地位越高、独立性越强，反腐败机构所开展的工作就越具有权威性，越不易受到来自外部的干扰。对此，实务界与理论界主要存在下列几种做法或见解：

第一，全国（地区）性反腐败机构应隶属于行政首脑，具体到我国，则为国务院总理。新加坡联邦调查局、我国香港廉政公署、菲律宾独立调查处等是这类机构的典型代表。采用此种反腐败体制的国家或地区的行政部门通常享有极高的政治地位和权威，从而为其顺利开展反腐败工作提供良好的基础与保障。我国也有学者认为，可以参照国家安全机关或公安机关的组织体系设置，在国家的行政体系内设置独立的反腐败机构，即在国务院设立“廉政部”，在省、直辖市、自治区设立“廉政厅”，在市、自治州、地区一级设立“廉政处”，县、区一级则为“廉政局”。[35]

我们认为，专职反腐败机构的权力来自行政权的，最适合适用于行政机关比较精简，领土面积较小，经济发展较为均衡的国家或地区（如新加坡、中国香港等），从而充分发挥行政权集中适用效率最高的特色，也较易于对它进行制约——只需将其置于全国（或地区）公民的视野下即可。[36] 但对于领土辽阔、人口众多的国家则不然。出于监管的实际需要，反腐败机构必须设置较多层级，这就难免影响其效率；也不易使公众切实履行监督的职责，从而影响到其透明性与公信力。当前，我国监察机关运行中所存在的不少问题，都和其行政部门的属性与组织结构密切相关。

此外，反腐败机构主要针对是国家的行政权力。如果反腐败机构直接隶属于行政机关，将导致其沦为国家行政机构中的内部监督部门。这样一来，由行政机关去监督行政机关，无疑就使反腐败机构同时扮演了运动员与裁判员的双重角色，不但在法理上难以自圆其说，在实践操作中能够在多大程度

㉟ 参见吴高庆：《建立我国反腐败专职机构的构想》，载《甘肃社会科学》2005年第3期。

㊱ 逸石、崔宇航：《论我国预防性反腐败机构设置与完善》，载《中国检察官》2006年第10期。

上发挥作用也着实令人担忧。因此,监督者必须与被监督者相对分离,摆脱对被监督者的从属地位或依赖关系,只有这样才能更为切实有效地发挥监督职责,而不是仅流于形式。然而退一步讲,假设反腐败机构能够对其他国家行政机关进行有效的监督与制约,但由于人事、财务等方面明确的隶属关系,也无力约束最高行政长官。“政府最高层能够始终保持正直清廉,固然是一件好事,但人们却不能假设他们是清廉的。实际上,最糟糕的‘重大腐败’可能就发生在总统办公室及其周围。如果真的是这样,那么隶属于该办公室的反腐败机构就几乎无法处理其中的高层领导,除非它有其他问责机制的支持。”[37]

最后,从历史传统看,我国自秦朝开始就建立了御史监察制度,经过两千多年的发展,形成了一套自上而下的独立于行政权的监察体系,形成了中华民族独特的制度传统。[38] 自秦汉以来,监察逐渐从君主的“术”中分离出来,从行政管理中分离出来,监察的独立化程度明显加强。[39] 经过漫长的发展过程,监察机关逐渐由品格不高,甚至没有独立衙门的一般机关,跃升为与最高行政机关、最高军事机关并列,直属于皇帝的极具权威性的国家机关,成了能够足以约束行政体系的巨大力量。整个官僚制度都逐步被纳入监察范围。[40] 民国时期,孙中山先生也提出了行政、立法、司法、监察及考试等五权分立的政治主张,其中的监察权独立于行政权,系对行政官员弹劾纠举、实施监督的权力。[41] 由此可见,在我国的法律传统中,作为重要反腐败机构的监察机关与行政机关是分离的,并不存在直接的隶属关系。

第二,全国性反腐败机构应隶属于最高权力机关,具体到我国,则为全国人民代表大会。采用该反腐败体制的国家的议会都是在政治上掌握主导权

㊲ [新西兰]杰瑞米·波普:《制约腐败——建构国家廉政体系》,清华大学公共管理学院廉政研究室译,中国方正出版社 2003 年版,第 143 页。

㊳ 参见《完善党和国家的自我监督》,载 http://www.ccdi.gov.cn/xsjw/series27/201707/t20170716_102950.html,最后访问日期:2017 年 7 月 21 日。

㊴ 参见卜宪群:《我国古代监察制度的起源及评析》,载《中国纪检监察报》2015 年 9 月 8 日,第 6 版。

㊵ 参见《著名法学家张晋藩:中国古代监察制度对维护国家纲纪发挥了重要作用》,载 http://www.ccdi.gov.cn/yw/201704/t20170427_98119.html,最后访问日期:2017 年 7 月 18 日。

㊶ 参见马怀德:《国家监察体制改革的重要意义和主要任务》,载《国家行政学院学报》2016 年第 6 期。

的。在国外,监审合一的监察机关大多数为向议会报告工作的独立机构,享有很高的法律地位,代表国家有英国、芬兰、瑞典、挪威、加拿大、新西兰等国。[42] 国内也有学者建议,我国的反腐败机构宜隶属于全国人民代表大会,其领导及成员由人大常委会核准,并由国家主席委任。[43] "我国实行的是人民代表大会制度,全国人民代表大会是最高国家权力机关……从这一政体的特征来看,从权力制衡的需要着眼,综合性、专门性的国家廉政机构宜隶属于国家权力机关,平行于'一府两院'。"[44]"完全独立于政府机构系列,只对各级人民代表大会负责……确保了廉政机构的工作不受其他行政部门的干涉,从而保证最高限度的发挥的工作效用。"[45]

第三,全国性反腐败机构应隶属于最高司法机关,具体到我国,则为最高人民法院与最高人民检察院。专职反腐败机构权力来自司法权(或称司法行政权)的,其效率和受制约容易度较为中性,在国民心中的权威性也更高。[46] 如前所述,为了提高反腐败机构的权威性,最高人民检察院升格了国家反贪总局的级别与规模,由副检察长兼任反贪局长。但是,我国并未采取三权分立的组织模式,最高司法机关的级别尚且要低于最高权力机关与最高行政机关半级。在党中央高度重视反腐败斗争的背景下,由一个副国级单位的内设部门作为领导我国反腐败斗争开展的核心机构,其权威性的不足是显而易见的。

此外,除了提高反腐败机构的政治地位之外,反腐败机构被依法赋予的权力越大,其权威性自然也就越高。因此,在反腐败机构的具体权限上,要拥有执行其工作任务所需要的充足资源和充分权力。对于任何与腐败相关的违法犯罪行为,反腐败机构都应当在法律的框架内,享有建议、监督、接受举报、调查、搜查、司法侦查、行政惩戒等权利。只有得到了法律的充分授权,才

---

[42] 参见任建明主编:《反腐败制度与创新》,中国方正出版社 2012 年版,第 324 页。

[43] 参见杨鸿台:《〈国家反腐败法〉立法构想》,载《法学》1998 年第 9 期;杨鸿台:《健全反腐败法律制度的立法思考》,载《山东警察学院学报》2014 年第 2 期。

[44] 黄晓辉:《关于我国廉政机构建设的思考》,载《学术探索》2011 年第 4 期。

[45] 参见高彩萍、李景平:《香港廉署调查"特首"对重构我国内地廉政机构的启示》,载《理论观察》2013 年第 1 期。

[46] 参见逸石、崔宇航:《论我国预防性反腐败机构设置与完善》,载《中国检察官》2006 年第 10 期。

能够更好地在法治层面保障反腐败机构的权威性,有利于其工作的高效与深入开展。

(二)工作上的独立性

所谓工作上的独立性,是指反腐败机构能够独立行使职权,抵御外部政治压力和不当干预,不偏不倚地执行国家的法律。在独立性中,职权独立是核心,机构独立、人事独立、经费独立是保障。[47] 反腐败机构的独立性是其开展反腐败工作的关键所在。由于反腐败是对既得利益阶层潜在或现实利益的剥夺,注定会受到该阶层的强烈反对,甚至会引发激烈的政治权力斗争。因此,倘若没有独立性作为保障,反腐败机构就很容易受到各方面力量的掣肘与阻挠,非但很多案件难以继续查办下去,甚至自身都将沦为政治斗争的工具,以"反腐"之名达到排除异己的目的。当然,权威性与独立性的关系非常密切——反腐败机构的独立性越高,就越具有权威性,二者呈现出一种正相关的关系。[48] 仍以香港廉政公署为例,在职权上,廉政公署办案人员享有极为广泛的办案所需权力,可以独立办案,基本上无须借助警察、律政司的侦查力量。在人事上,廉政专员享有独立的人事任免权,而公署职员也采取聘用制,不属于公务员序列,不受公务员需用委员会的管辖。在经费上,廉政公署所需经费由行政长官批准后在政府预算中单列划拨,不受财政司等其他政府部门的限制和管理。正是由于这工作上的种高度独立性,为香港廉政公署的成功奠定了坚实的基础。[49]

三、反腐败机构的职责

在构建反腐败机构的职能时,必须坚持惩防结合、预防为主的方针,既教育预防,又调查惩处。理由主要在于:首先,坚持惩防并举的策略符合治理腐败犯罪的实际规律。迄今为止,人类发明的反腐败对策共有三类,分别是惩

---

[47] 参见冉刚:《独立性,反腐败机构的生命线》,载《中国纪检监察报》2014 年 3 月 27 日,第 4 版。

[48] 参见任建明、张君翼:《中国反腐败机构改革研究》,载《北京航空航天大学学报》(社会科学版)2016 年第 1 期。

[49] 参见陈永革:《论香港廉政公署制度的特色及其对内地廉政法治的启示》,载《清华法学》2003 年第 2 期。

治、预防和教育。[50] 实践也早已证明:预防腐败和惩治腐败结合的状况决定着反腐败的整体成效,甚至在某种程度上,预防腐败比惩治腐败更为重要,能够从源头上遏制腐败的滋生与蔓延。如法国著名思想家孟德斯鸠就曾说过:“一个良好的立法者关心预防犯罪,多于惩罚犯罪;注意激励良好的风格,多于施用刑罚。”[51]而在总结香港廉政公署的成功经验时,人们也普遍认为,“香港模式的成功不仅仅是因为香港廉政公署工作人员的素质和反腐决心,以及香港良好的法律框架(促进了他们的工作),而且是因为廉政公署的职责同时包括了预防和检控两个方面”。[52] 通过对预防腐败知识的积累,将会有利于我们更加深化对腐败现象的认识,积累反腐败经验,以便于更为有效预防腐败现象。通过传播反腐败知识,也能够提高民众对腐败现象的关注程度与对反腐败的参与意识。[53] 由此可见,惩治与预防都是反腐败机构的重要职责,不可偏废。

其次,坚持惩防并举的策略符合我国反腐战略的基本要求。中共中央印发的《建立健全惩治和预防腐败体系 2013—2017 年工作规划》明确指出:“推进预防腐败工作,加强理想信念教育,增强宗旨意识,使领导干部不想腐;加强体制机制创新和制度建设,强化监督管理,严肃纪律,使领导干部不能腐;坚持有腐必惩、有贪必肃,使领导干部不敢腐。”因此,建立兼具预防与惩治机能的国家反腐败机构,是贯彻我国“标本兼治、综合治理、惩防并举、注重预防”的反腐败战略的重要步骤。

最后,坚持惩防并举的策略符合国际反腐斗争的发展趋势。《联合国反腐败公约》第 6 条“预防性反腐败机构”规定:各缔约国均应当根据本国法律制度的基本原则,确保设有一个或酌情设有多个机构通过诸如下列措施预防腐败:(一)实施本公约第五条所述政策,并在适当情况下对这些政策的实施进行监督和协调;(二)积累和传播预防腐败的知识。各缔约国均应当根据

[50] 任建明、张君翼:《中国反腐败机构改革研究》,载《北京航空航天大学学报》(社会科学版)2016 年第 1 期。

[51] [法]孟德斯鸠:《论法的精神》,张雁深译,商务印书馆 1961 年版,第 83 页。

[52] [新西兰]杰瑞米·波普:《制约腐败——建构国家廉政体系》,清华大学公共管理学院廉政研究室译,中国方正出版社 2003 年版,第 140 页。

[53] 陈正云、李翔、陈鹏展:《联合国反腐败公约——全球反腐败的法律基石》,中国民主法制出版社 2006 年版,第 67 页。

本国法律制度的基本原则，赋予本条第一款所述机构必要的独立性，使其能够有效地履行职能和免受任何不正当的影响。各缔约国均应当提供必要的物资和专职工作人员，并为这些工作人员履行职能提供必要的培训。第36条"专职机关"则规定：各缔约国均应当根据本国法律制度的基本原则采取必要的措施，确保设有一个或多个机构或者安排了人员专职负责通过执法打击腐败。这类机构或者人员应当拥有根据缔约国法律制度基本原则而给予的必要独立性，以便能够在不受任何不正当影响的情况下有效履行职能。这类人员或者这类机构的工作人员应当受到适当培训，并应当有适当资源，以便执行任务。因此，为了与国际反腐败斗争接轨，更为广泛地开展国际反腐败合作，我们必须建立与国际社会要求相适应、兼具预防与惩治机能的专职反腐败机构。

关于反腐败机构的具体职权，理论界也存在不同看法。如有学者建议，我国的反腐败机构可以考虑就以下权力作出法律规定：(1)接受举报权；(2)调查权；(3)逮捕权；(4)搜查权；(5)限制转让(处置)财产权；(6)预审、审问、登记权；(7)要求交出(收缴)旅游证件权；(8)建议解除公职权；(9)采取预防措施权；(10)起诉权；(11)审判权；等等。[54] 也有学者主张，反腐败机构的职责应集"惩治和预防"二者为一体。就预防职能而言，其应具有教育、制度、监督三方面的职权；就惩治职能来说，应当赋予其对腐败案件享有完全的侦查权，包括秘密侦查权、调查权、搜查权、逮捕权和行政处分建议权，甚至可以考虑赋予其提起公诉的权力。[55] 还有学者认为，反腐败机构应集中行使对腐败行为预防与惩治的职责，工作内容包括教育、预防、调查、惩处等廉政建设的全过程，对涉嫌腐败的行为人具有搜查及临时拘留、扣留出入境证件、查阅政府档案、调取资金账目等方面的权力，对触犯刑律的犯罪行为拥有批捕权和起诉权。不仅要在全国反腐败工作中发挥主导作用，还要做好组织协调工作。[56] 但是，如果赋予反腐败机构以批捕、起诉等司法权，势必会产生如何与检察机关有效协调的问题。将腐败案件的侦查、批捕、逮捕与起诉权均交由特定机关行使，也不易对该机关进行制衡与法律监督。

---

[54] 参见杨鸿台：《健全反腐败法律制度的立法思考》，载《山东警察学院学报》2014年第2期。

[55] 参见吴高庆：《建立我国反腐败专职机构的构想》，载《甘肃社会科学》2005年第3期。

[56] 参见黄晓辉：《关于我国廉政机构建设的思考》，载《学术探索》2011年第4期。

四、反腐败机构的人员

在反腐败机构人员方面，要同时注重专业性与廉洁性，并建立较为完善的任免与管理机制。[57] 对任何机构而言，其工作人员都是该机构的核心；他们的素质和能力直接影响到机构职责的履行，反腐败机构也不例外。为了提升反腐败机构的权威性，确保其在国民心中的威信，国家必须保证该机构工作人员的纯洁性和高水平，对工作人员制定较高的、明确具体的业务能力要求和道德品行标准。就业务能力而言，由于腐败行为隐蔽性强、复杂度高，故调查人员丰富的调查经验与优良的专业技能，是保证高效反腐败的重要条件。[58] 因此，工作人员必须具备相关领域的工作资质与较高的专业素养，根据自己的业务岗位，掌握诸如法律法规、财务会计、金融证券、信息网络、技术侦查等相关领域的专门知识和技能。以从事法律工作的人员为例，其应当是知名高校法学专业研究生毕业，并通过国家统一司法考试，能够较为熟练理解与应用刑法、刑事诉讼法、经济法、行政法等领域的相关知识。对道德品行而言，反腐败机构理应是正气、正直、正义、公平的象征。倘若反腐败机构的领导人或工作人员发生了腐败问题，其无疑性质更严重、危害更大、社会影响更恶劣。因此，其工作人员应当具有高度的正义感与责任心，严格遵守相关纪律，不能有违纪违规及诚信问题等不良记录。对有悖职业道德的工作人员，应当一律解职，以确保队伍的纯洁性。

当然，除了严格的准入与退出机制之外，为了提高反腐败机构工作人员的归属感与责任心、免除其后顾之忧，还应当为他们建立良好的生活保障机制，提供较为优厚的薪酬待遇。反腐败机构的工作人员奋战在反腐败斗争的第一线，任务艰巨、工作量大，对自身水平的要求极高。与之对应，他们的待遇也要相应提高。否则，反腐败机构又能拿什么来吸引优秀人才投身反腐事业之中呢？此外，高薪确实能够在一定程度上起到“养廉”的效果。试想，如果反腐败机构的工作人员的待遇仅处于社会平均水平，甚至不如其所查处官员的薪酬水平时，他们在面对这些官员贪污贿赂所得的成百上千万财产时，

---

[57] 参见黄晓辉、王春孟：《“先进国家或地区”廉政机构建设的经验与启示》，载《电子科技大学学报》（社科版）2011 年第 3 期。

[58] 参见任建明、孟庆莉：《何以战胜腐败：由十八大精神谈起》，载《理论视野》2013 年第 2 期。

会不会有一种心动的感觉？此时，不仅要求其恪尽职责、认真查办已经成为一种苛责，甚至还需要提防他们也因为诱惑而陷入腐败的深渊。因此，适当提高反腐败机构工作人员的薪酬待遇，能够为反腐败机构提供较为稳定的人员与工作环境，对反腐败斗争的深入开展具有非常积极的促进作用。

五、反腐败机构的制约

在反腐败机构制约上，应当构建较为完善的内外部监督机制。任何不受到监督的权力都可能被滥用，即使是再廉洁的人也不例外——这是由人性所决定的。因此，为了保证反腐败机构的廉洁性，除了人员上的高标准、严要求之外，还必须从制度上解决“谁来监督”这一关键问题。这与反腐败机构本身的独立性并不矛盾。对反腐败机构的监督可以分为内部监督与外部监督两种形式。其中，内部监督机制主要是指反腐败机构对自身成员的监督；外部监督则指其他机构或部门、社会公众、新闻传媒外部力量等对反腐败机构的工作进行监督。内部监督体现的是权力的自我矫正，发现与处理问题更为容易；外部监督基于其中立性更为权威，监督范围也更为全面。以香港廉政公署为例，其具有非常完备的监督制约体制，包括行政长官与行政会议、立法会监督、独立检控权、司法监督、传媒、咨询委员会、廉政公署事宜投诉委员会、内部监察等，[59]以切实防治权力被滥用。

第三节　我国反腐败机构的具体设计：以《监察法》为视角

在明确了我国当前反腐败机构存在的主要缺陷，以及一个良好、高效的反腐败机构需要具备哪些要素之后，接下来就要解决我国反腐败机构的具体设计问题，这也是本章研究的核心内容。我们认为，把改革的力度与社会可承受的程度统一起来，构建与我国经济、政治制度和社会发展水平相适应，与我国历史和文化传统相协调的反腐败机构设置模式，乃是反腐败机构改革与完善的指导性原则。在当前的时代背景下，反腐败机构改革的核心方向应当

---

[59] 参见 http://www.icac.org.hk/tc/checks_and_balances/bf/index.html，最后访问日期：2016 年 5 月 12 日。

是集中化而非分散化。

2016 年 1 月，习近平总书记在十八届中央纪委六次全会上强调，要扩大监察范围，整合监察力量，健全国家监察组织架构，形成全面覆盖国家机关及其公务员的国家监察体系。而十八届六中全会公报指出：各级党委应当支持和保证同级人大、政府、监察机关、司法机关等对国家机关及公职人员依法进行监督。由此可以看出，监察机关的发展趋向是从政府部门中脱离出来，与其他的国家机关相平行，最终形成“一府一委两院”的新体制格局。2016 年 11 月 7 日，中办印发了《关于在北京市、山西省、浙江省开展国家监察体制改革试点方案》（以下简称《试点方案》），该方案明确指出：国家监察体制改革是事关全局的重大政治改革，是国家监察制度的顶层设计。深化国家监察体制改革的目标，是建立党统一领导下的国家反腐败工作机构。实施组织和制度创新，整合反腐败资源力量，扩大监察范围，丰富监察手段，实现对行使公权力的公职人员监察全面覆盖，建立集中统一、权威高效的监察体系，履行反腐败职责，深入推进党风廉政建设和反腐败斗争，构建不敢腐、不能腐、不想腐的有效机制。2016 年 12 月，全国人民代表大会常务委员会公布了《关于在北京市、山西省、浙江省开展国家监察体制改革试点工作的决定》（以下简称《三地试点决定》），三地正式设立监察委员会，对所有行使公权力的公职人员依法实行监察，履行监督、调查、处置职责。2017 年 11 月，在认真总结北京市、山西省、浙江省开展国家监察体制改革试点工作经验的基础上，全国人民代表大会常务委员会《关于在全国各地推开国家监察体制改革试点工作的决定》（以下简称《各地试点决定》），在全国各地推开国家监察体制改革试点工作。2018 年 3 月，为了深化国家监察体制改革，加强对所有行使公权力的公职人员的监督，实现国家监察全面覆盖，深入开展反腐败工作，推进国家治理体系和治理能力现代化，第十三届全国人民代表大会通过了《中华人民共和国监察法》（以下简称《监察法》）和《宪法修正案》，明确设立监察委员会。

王岐山明确指出，监察委员会实质上是反腐败机构，整合行政监察、预防腐败和检察机关查处贪污贿赂、失职渎职以及预防职务犯罪等工作力量。[60]

---

[60] 参见《王岐山：监察委员会实质是反腐机构》，载 http://news.xhby.net/system/2016/11/25/030125947.shtml，最后访问日期：2016 年 11 月 27 日。

那么,监察委员会将具有哪些职能,在今后的反腐败斗争发挥何种作用?下面,我们结合理论界与实务界的不同观点,对我国监察委员会的组织结构、人事安排、职责范围、监督制约等问题进行深入讨论,并提出完善意见。

一、组织结构

根据中央精神并结合上述的理论探讨,我们建议在全国层面设置“中华人民共和国监察委员会”,整合国家监察部、国家预防腐败局与最高人民检察院反贪污贿赂总局,并按照执法、预防、教育、国际合作等分工设置内设部门,作为行使国家监察职能的专责机关,履行反腐败职责。该机构直接向全国人民代表大会负责并汇报工作,平行于“一府两院”,是我国的最高反腐败机构。国家监察委员会是由国家权力机关设立的监督机关,与公安、检察机关等执法和司法机关性质完全不同。在整合之后,原先监察机关被取消,职责由整合后的监察委员会行使,并将监督范围扩大到人大、政协、检察院、法院、国有事业单位等机构中所有履行公务的公职人员。同理,国家预防腐败局的职能也由整合后的监察委员会行使。而检察机关不再负责贪污贿赂犯罪、职务犯罪等案件的侦查工作,但仍保留对这类犯罪的批捕、审查起诉等权力。这样一来,现有的反腐败机构都让渡出自己的部分权力,集中于统一的新的反腐败机构行使,而自己则集中精力与资源从事“主业”,以避免职责不清、资源浪费。而新成立的国家监察委员会则在预防与惩处腐败行为之外没有其他职能,也能有效地避免利益冲突,更好地集中人力物力开展反腐败斗争。

为减少利益集团和地方政府的阻挠,监察委员会应采用中央主导型的反腐败模式与机构的垂直管理模式。除了国家监察委员会之外,在地方也设置相应层级的监察委员会,与同级人大、政府、法院、检察院相平行,对本级人民代表大会及其常务委员会和上一级监察委员会负责,并接受监督。其中,中央监察委员会主要起枢纽作用,一方面指挥和协调国内各地方机构的反腐败工作,另一方面代表国家与相关国际机构保持联系和合作关系。地方监察委员会则处于接触犯罪的第一线,发挥具体预防和控制犯罪的重要功能。[61] 由

---

[61] 参见初殿清:《反腐败机构体系的模型研究》,载《天津市政法管理干部学院学报》2007 年第 3 期。

于“反腐败的实践证明，属地监督机关在办案中很难保持独立性，在一些地方表现为看领导眼色行事，甚至出现非法交易”。[62] 故为了脱离原地方政府的影响，避免受到地方保护主义的干涉，监察委员会系统应实行国家监察委员会垂直管理的领导体制，上下自成体系，人、财、物由上级部门统一管理，各级监察委员会的经费统一纳入中央财政预算，完全与地方财政脱离关系。这一模式组织结构严密，层级关系简单，便于统一指挥和统一行动，有利于提高工作质量和工作效率。[63] 否则，即使在国家法律法规层面建立起一个完整的运行框架，在具体运行过程中仍会让反腐机构陷入“受制于人”的困境，从而架空反腐机构的运行机制，让反腐机构陷入失灵。[64] 至于纵向垂直化改革的经验，则可以充分借鉴党的纪检监察机关派驻机构统一管理改革的经验。[65]

我们对监察委员会的组织设想得到了立法实践的验证。新修订的《宪法》第 125 条规定，中华人民共和国国家监察委员会是最高监察机关。国家监察委员会领导地方各级监察委员会的工作，上级监察委员会领导下级监察委员会的工作。第 126 条规定：国家监察委员会对全国人民代表大会和全国人民代表大会常务委员会负责。地方各级监察委员会对产生它的国家权力机关和上一级监察委员会负责。同样，《监察法》第 7 条规定，中华人民共和国国家监察委员会是最高监察机关。省、自治区、直辖市、自治州、县、自治县、市、市辖区设立监察委员会。《监察法》第 10 条规定，国家监察委员会领导地方各级监察委员会的工作，上级监察委员会领导下级监察委员会的工作。

接下来的问题是：在成立监察委员会之后，如何理解党的纪检部门在反腐败斗争中的作用？有学者认为，在有关公职人员的反腐败领域，处于核心位置的防治机构应当是内设于人民检察院的反贪污贿赂机关；而党的纪检监

[62] 张景勇、杨守勇、吴晶晶：《反腐败，要增强监督机关独立性》，载《新华每日电讯》2007 年 3 月 12 日，第 3 版。

[63] 参见冉刚：《反腐败专门机构：破解腐败难题的利器》，载《中国纪检监察报》2014 年 1 月 23 日，第 4 版。

[64] 参见庄德水：《政治决心与反腐机构的运行绩效：基于国际比较的视角》，载《经济社会体制比较》2015 年第 4 期。

[65] 参见任建明：《我国未来反腐败制度改革的关键：反腐败机构与体制》，载《廉政文化研究》2010 年第 1 期。

察部门则由于其具体工作程序并不受刑事程序法的规范，故应属于辅助机构，不宜发挥主导作用。[66] 因此，虽然在反腐败斗争中，仍应由党委发挥领导作用，纪委履行监督职能，但其不应直接插手实施具体的行政事务。还有学者主张，党的纪律检查委员会作为我党内部的纪律监督机构而非全国性的权力或行政机关，要肩负起全国的反腐败工作的组织协调之责，确实存在职责过宽、任务过重的问题，也具有以党代政、党政不分的嫌疑。因此，应当取消纪委反腐败工作的“组织协调”职能。当然，这样做并非否定党在反腐败斗争中的核心地位与关键作用，而是要求党的反腐败决策与规章必须转化为国家的反腐败政策或法律，反腐败机构人员的任免也必须坚持党委的推荐与选派。[67]

我们认为，坚持和加强党的集中统一领导是深入推进反腐败斗争的根本保证。十八大以来反腐败斗争形成压倒性态势，归其根本在于党中央旗帜鲜明、立场坚定、意志品质顽强、领导坚强有力。监察体制改革的根本目的正是加强党对反腐败工作的集中统一领导，故监察委员会必须在党的领导下履行职责。[68] 只有坚持党的领导，才能确立和坚持正确的反腐败指导思想、基本原则和领导体制，更为有效地反对和防止腐败，维护社会政治稳定，促进经济社会全面发展。党中央印发的《建立健全惩治和预防腐败体系 2013～2017 年工作规划》也明确指出：“深入推进党风廉政建设和反腐败斗争，必须在党中央坚强领导下，全党全社会一起抓。”中国共产党作为人民群众根本利益的代表和领导者，从政治上领导着整个国家的反腐败体制。由共产党领导反腐败斗争，既是党在人民群众中威信的体现，也是提高和维护党的执政能力的需要。在我国现行的政治体制下，“党管干部”的原则仍然不可动摇。

此外，有学者指出：腐化是现代化的产物，尤其是政治意识和政治参与发展的产物。因此，从长远观点看，要减少腐化就需要使这种参与组织化和程序化。政党是现代政治中可以履行这项功能的主要制度。缺少组织性，缺少公认的权威模式以及社会集团间缺少稳定的关系，会造成腐化泛滥。某种政

---

[66] 参见初殿清：《反腐败机构体系的模型研究》，载《天津市政法管理干部学院学报》2007 年第 3 期。

[67] 参见黄晓辉：《关于我国廉政机构建设的思考》，载《学术探索》2011 年第 4 期。

[68] 参见《重大的政治体制改革》，载 http://www.ccdi.gov.cn/xsjw/series27/201706/t20170625_101660.html#Art3，最后访问日期：2017 年 7 月 21 日。

治组织可以行使有效的权威,可以造成一种超越于个人和社会集团利益之上的组织化的集团利益,发展这种政治组织便可以减少腐化的机会。因此,政治组织发展了,就能减少腐化的机会。[69] 从这个角度出发,由具有最高权威的执政党——中国共产党领导我国的反腐斗争是再合适不过的。一方面,我党能够通过领导反腐斗争凝聚人心、净化队伍,不断加强自身的组织建设;另一方面,我党执政能力的提高也更有利于减少腐败的机会,提高整个国家的廉洁程度。因此,仍应肯定党委、纪委对监察委员会的领导与组织协调作用,在反腐败斗争中完全排斥纪委的作用是不切实际的。

综上所述,我国应构建"政党主导共治型"的腐败治理结构,实现政党反腐和国家反腐两种治理模式在价值取向、制度安排和行动方向上的"无缝隙对接"。具体而言,党在强化反腐倡廉建设领导责任的同时,应当以制度化的方式科学分解纪委、政府及其他公共权力机构的反腐败职责,整个国家腐败治理体系制度化、科学化、规范化和程序化,各个治理主体彼此之间相互协调、共同发挥作用。[70] 当然,坚持党的领导并不意味着党对反腐败机构的具体工作都要面面俱到、事无巨细地进行干预与指导,而是对我国反腐败斗争的基本方针政策进行定调与把握,从宏观层面对反腐败机构的工作进行组织与协调。纪委的监督也应当从对"权力行使过程"进行监督逐步转向对"权力监管过程"进行监督。同样,我们对党与监察委员会的关系的界定也得到了立法实践的验证。《监察法》第 2 条明确规定,坚持中国共产党对国家监察工作的领导,以马克思列宁主义、毛泽东思想、邓小平理论、"三个代表"重要思想、科学发展观、习近平新时代中国特色社会主义思想为指导,构建集中统一、权威高效的中国特色国家监察体制。

二、人事安排

毫无疑问,如果行政机关能够在任命反腐败机构领导人方面为所欲为,反腐败机构的工作人员就会面临因为其正常的职务行为而被无端降级、撤职

---

[69] [美]塞缪尔·亨廷顿:《变革社会中的政治秩序》,李盛平等译,华夏出版社 1988 年版,第 70 ~ 71 页。

[70] 参见王希鹏、胡扬:《中国腐败治理结构变迁与纪检监察机关职能定位审视》,载《河南社会科学》2014 年第 7 期。

或解聘的风险,从而影响其工作的积极性,而反腐败机构的工作实效以及公众对其的信任也会即刻丧失。[71] 因此,监察委员会应当拥有相对独立的选人权和用人权,不能受到其他行政机关的干涉,其人员的任免应由对应级别的人民代表大会选举或任免,对人大负责并报告工作。如国家监察委员会主任应由全国人民代表大会选举和任免,而不应向国务院各部部长那样,经过国务院总理的提名决定主任人选;地方各级监察委员会主任也应由地方各级人民代表大会选举和罢免。副主任、委员则由主任提请本级人民代表大会常务委员会任免。《监察法》第 8 条第 2 款规定:国家监察委员会由主任、副主任若干人、委员若干人组成,主任由全国人民代表大会选举,副主任、委员由国家监察委员会主任提请全国人民代表大会常务委员会任免。第 9 条第 2 款规定:地方各级监察委员会由主任、副主任若干人、委员若干人组成,主任由本级人民代表大会选举,副主任、委员由监察委员会主任提请本级人民代表大会常务委员会任免。

具体到机构的人事编制与安排方面,监察委员会的人员应当由公务员、司法人员与其他专业人员(如非公务员编制的高级会计、审计人员等专业技术人员)组成。其中,监察委员会的正副职负责人不得再兼任政府的其他职务,以杜绝各种领导关系的干涉与牵绊。[72] 此外,还应为监察委员会的高级工作人员设置不同于国家机关领导人选举的任期制,在任期内如无重大失职或犯罪行为,就不得调离或罢免。对此,《监察法》第 8 条第 3 款规定:国家监察委员会主任每届任期同全国人民代表大会每届任期相同,连续任职不得超过两届。第 9 条第 3 款规定:地方各级监察委员会主任每届任期同本级人民代表大会每届任期相同。

在队伍建设方面,如何打造一支政治坚定、纪律严明、作风过硬、执法公正、打击精确、预防有效的反腐败专业队伍,是国家监察队伍建设的重要课题。在"三地试点"时期,北京、山西与浙江三试点省市就已经着手探索建立监察官制度,将监察委员会全部内设机构工作人员纳入监察官的适用范围,建立与监察官等级序列配套的相关制度,推进监察队伍专业化、职业化建设。

---

[71] 参见[新西兰]杰瑞米·波普:《制约腐败——建构国家廉政体系》,清华大学公共管理学院廉政研究室译,中国方正出版社 2003 年版,第 144 页。

[72] 参见高彩萍、李景平:《香港廉署调查"特首"对重构我国内地廉政机构的启示》,载《理论观察》2013 年第 1 期。

《监察法》第 14 条规定，国家实行监察官制度，依法确定监察官的等级设置、任免、考评和晋升等制度。我们认为，检察官的转隶意味着监察委员会的工作人员应不低于检察官的任职资格条件。由于职务犯罪具有隐蔽性、复杂性、关联性、政策性等特征，对其调查人员的专业素质要求更高。[73] 为了保证其业务水平，必须要求监察官具有法律专业背景，通过全国统一法律职业资格考试，取得国家统一的法律职业资格。此外，由于监察委员会与纪委合署办公，系“一套人马两块牌子”，故监察官也必须是中共党员，否则就无法开展执纪工作。

三、职责范围

《监察法》第 11 条明确规定了监察委员会具有监督、调查、处置等职责，并在第四章专章详细规定了监察权限、第五章专章规定了监察程序、第六章专章规定了国家监察委员会反腐败国际合作的职能。

在监察委员会的职责履行中，应当坚持执法、预防、教育“三管齐下”的工作模式，扭转当前重惩治轻预防的弊端。“三管齐下”的策略着重培养公众对抗贪污的意识。检控职能虽能够起到阻吓作用，但预防及教育工作亦不可或缺。只有令市民彻底改变对贪污的态度，才可令反贪工作成效持久。香港廉政公署多年来的实际经验一再证实这是行之有效的策略。[74] 此外，在全国层面，亦应有部门专门负责国际合作事宜。这些部门分工明确，彼此独立，互不干涉，相互制约。例如，监督部门负责对监察对象进行日常监督，但不负责具体案件查办，发现违法线索后，应当移送给调查部门；调查部门则负责对包括监督部门移送案件在内的违法行为进行初步核实与立案调查，调查结束后移送给处置部门处理；处置部门则负责对调查机关移送的案件进行审核把关，提出处理意见，等等。兹根据监察委员会各部门的职责分述如下：

（一）监督

《监察法》第 11 条第 1 项规定，监察委员会对公职人员依法履职、秉公用权、廉洁从政从业以及道德操守情况进行监督检查。我们认为，对国家行政

---

[73] 参见吴建雄：《论国家监察体制改革的价值基础与制度构建》，载《中共中央党校学报》2017 年第 2 期。

[74] 参见 http://www.icac.org.hk/tc/about_icac/os/index.html，最后访问日期：2016 年 2 月 21 日。

机关在遵守和执行法律、法规和人民政府的决定、命令中的问题进行监督和检查是监察机关的重要职责之一。监察委员会理应对该权力予以保留和延续,监督检查公职人员依法履职、秉公用权、廉洁从政以及道德操守情况。根据《监察法》的规定,为了深化国家监察体制改革,加强对所有行使公权力的公职人员的监督,实现国家监察全面覆盖。因此,为了更好适应反腐新形式的要求,应当将监督范围由原先的公务员扩大到人大、政协、检察院、法院中所有履行公务的公职人员、科教文卫体机构的工作人员(如公立医院医生、公立大学老师)以及国有企业的管理人员。亦即,监察委员会对党的机关、人大机关、行政机关、政协机关、审判机关、检察机关、人民团体和民主党派、工商联机关工作人员,国有企事业单位管理人员以及其他履行公职的人员依法实施监察,实现监督的全覆盖。对此,《监察法》第 15 条规定了全面的监察对象范围。此外,监督的手段既包括被动监督,如受理对腐败案件的控告、检举;也包括主动监督,如对于腐败犯罪的高发、频发领域,采取积极介入的方式,定期进行实地巡视,查找并纠正其工作中存在的腐败苗头。

(二)调查

《监察法》第 11 条第 2 项规定,监察委员会对涉嫌贪污贿赂、滥用职权、玩忽职守、权力寻租、利益输送、徇私舞弊以及浪费国家资财等职务违法和职务犯罪进行调查。

所谓调查,是指监察委员会对违反法定职责的公权力机关和违反法定职务行为规范的公职人员进行调查,通过调取证据,查明违法犯罪问题是否存在。[75] 具体而言,即调查涉嫌贪污贿赂、滥用职权、玩忽职守、权力寻租、利益输送、徇私舞弊以及浪费国家资财等职务违法和职务犯罪行为,并具有采取谈话、讯问、询问、查询、冻结、调取、查封、扣押、搜查、勘验检查、鉴定、留置等措施的权力。需要强调的是:享有对腐败案件的侦查权对于监察委员会而言具有非常重要的意义。一旦具有独立的调查权,监察委员会就可以摒弃在当前饱受诟病、有违侦查法治主义和民主法治建设之嫌的"双规""两指"措施,从而使权力的行使更加法治化与透明化。当然,监察委员会在行使调查权时,必须要设置严格的审批程序,强化对权力的监督制约,防止出现"灯下黑"。

---

[75] 参见江国华、彭超:《国家监察立法的六个基本问题》,载《江汉论坛》2017 年第 2 期。

1. 调查权的性质

关于监察委员会调查权的具体性质，是否包括刑事侦查权，理论界存在一定的分歧。如马怀德教授认为，监察委员会的调查权不会取代检察院的侦查权，性质上也不同于侦查权。[76] 因此，监察委员会只能对职务违法行为和犯罪行为进行调查，必要时仍应移送给检察机关进行刑事侦查。但是，在检察院侦查部门转隶到监察委员会的背景下，检察院又由谁来行使对腐败犯罪的侦查权呢？显然，这类侦查权仍留在检察院是不符合逻辑的。国家赋予监察委员会非刑事手段和刑事手段并用的腐败行为调查模式，就是为了解决先前纪检监察机关与检察机关侦办腐败案件时各自为战、力量分散、证据标准不一、增加司法成本的弊端，[77]以增强腐败预防的前置性和有效性。如果仍然根据机关性质不同分别赋予违法调查权与刑事侦查权，就无法凸显出改革的优势，也失去了转隶的必要性。

此外，当前检察机关对腐败案件的侦查起诉同体也不符合现代法治精神，有悖于侦、诉、审相互制约的宪法原则。按照我国刑事案件侦查权、公诉权、审判权相互配合、相互制约的原则，将腐败犯罪的调查权归属于监察委员会应当是更加科学合理的做法。这样一来，由监察委员会这一独立的反腐败机构负责对涉嫌腐败犯罪的行为人进行侦查，检察院负责批捕与提起公诉，法院负责审判，彼此之间能够形成一种较为稳定的监督与制衡关系。较之检察院全权负责腐败犯罪的侦查与起诉这种“既当运动员又当裁判员”的局面，该模式可以有效地实现侦、控分离，避免同一机关内部相互制约所可能引发不利于保护当事人的合法权益、不利于保证刑事诉讼公平公正与合法性的弊端，提高腐败犯罪侦办的透明度，增强法治反腐的公信力。

对此，《三地试点决定》与《各地试点决定》也明确指出：试点地区暂时调整或者暂时停止适用《中华人民共和国刑事诉讼法》第 3 条、第 18 条、第 148 条以及第二编第二章第十一节关于检察机关对直接受理的案件进行侦查的有关规定。由此可见，监察委员会其实取代了检察机关对腐败案件行使侦查

---

[76] 参见马怀德：《国家监察体制改革的重要意义和主要任务》，载《国家行政学院学报》2016 年第 6 期。

[77] 参见秦前红、石泽华：《监察委员会视察运动性质研究——以山西省第一案为研究对象》，载《学术界》2017 年第 6 期。

权。《监察法》第11条第3款规定监察委员会处置职责中,明确指出:“对涉嫌职务犯罪的,将调查结果移送人民检察院依法审查、提起公诉。”第34条规定,人民法院、人民检察院、公安机关、审计机关等国家机关在工作中发现公职人员涉嫌贪污贿赂、失职渎职等职务违法或者职务犯罪的问题线索,应当移送监察机关,由监察机关依法调查处置。综上所述,监察委员会在保留对违反行政纪律行为进行调查的权力之外,还应拥有对腐败刑事案件的侦查权。只要有证据证明被调查人的腐败行为有可能构成犯罪,监察委员会就可以立案侦查,这是揭露、证实和处置职务犯罪的法定手段,也是惩治腐败最具威慑力的权力。[78]

在厘清调查权性质的基础上,还有必要讨论律师介入的问题。有学者明确指出:反腐败针对的职务犯罪区别于一般刑事犯罪,国家监察法也区别于刑事诉讼法;监察机关行使的调查权不同于刑事侦查权,不能简单套用司法机关的强制措施。监察机关调查职务违法和职务犯罪时适用国家监察法,案件移送检察机关后适用刑事诉讼法。[79] 按照这种理解,由于国家监察法并未规定律师介入的条款,故在监察委员会调查期间,律师是无权介入的。但我们认为,如前所述,监察委员会本身就具备对职务犯罪案件的调查权。如果直到案件移送给检察机关之后才适用刑诉法、允许律师介入的话,显然既不利于嫌疑人的人权保障,也产生了一段缺乏律师监督的“真空期”。因此,律师在调查阶段能否介入应当视情况而定,不应一概而论。对于监察委员会所具有的谈话、讯问、询问、查询、冻结、调取、查封、扣押、搜查、勘验检查、鉴定、留置这十二项调查措施,讯问与留置在相当程度上属于刑事侦查的范畴,本质上系对先前检察院反贪、反渎机构自侦权的继受与完善,应当适用刑事诉讼法。故可参照刑事诉讼法规定的律师介入节点,被调查人自监察委员会第一次讯问或者采取留置措施之日起,就有权委托辩护人。[80] 这样一来,律师的介入更能破除以往“双规”“两指”措施的神秘感,有利于实现办案程序的法

---

[78] 参见李闻莺:《反腐学者吴建雄:检察院角色回归,约1/5人员将转隶监察委》,载 http://www.thepaper.cn/newsDetail_forward_1593007,最后访问日期:2017年7月25日。

[79] 《使党的主张成为国家意志》,载 http://www.ccdi.gov.cn/xsjw/series27/201707/t20170716_102950.html,最后访问日期:2017年7月21日。

[80] 参见王晓:《监察委员会的留置措施论要》,载《北京联合大学学报》(人文社会科学版)2017年第2期。

治化与规范化，最大限度实现查办案件与人权保障的平衡。如果直到检察机关审查起诉阶段才允许律师介入，即使与改革前相比，也大大拖延了律师介入的时间，反而是法治建设的倒退。当然，为配合监察委员会对"特别重大贿赂犯罪案件"的调查，律师介入的程度和程序应当有一定限制。[81] 至于谈话等环节，由于距离刑事程序尚远，在本质上更偏向于原先纪检监察机关的调查措施，故无须律师介入。

2. 调查措施

《监察法》所规定的调查措施，都是在《监察法》颁布实施前，实践中已实际使用、比较成熟的做法。一方面，将原《行政监察法》(已失效)规定的查询、复制、冻结、扣留、封存等手段，细化完善为查询、冻结、调取、查封、扣押、勘验检查、鉴定等。另一方面，将纪检监察实践中已经运用的谈话、询问等措施确定为法定权限。[82] 此外，出于实际办案需要，除了上述调查措施之外，是否应该赋予监察委员会技术调查措施权限？根据《联合国反腐败公约》的规定，特殊侦查手段主要包括技术侦查措施、诱惑类侦查措施与派遣秘密调查人员类侦查措施，具体包括特情、窃听监视、控制下交付、诱惑侦查等手段。而所谓秘密调查(侦查)权，则指反腐败机构出于侦查腐败犯罪的需要，可以在法律法规规定的范围内，暗中跟踪、监视、监听、拍摄腐败犯罪嫌疑人以获得腐败犯罪证据和情报的权力。[83] 毫无疑问，这些权力的赋予会极大提升监察委员会调查腐败案件的能力与效率，能够对腐败嫌疑人进行有效震慑。[84] 对此，《监察法》第28条明确规定了技术调查措施：监察机关调查涉嫌重大贪污贿赂等职务犯罪，根据需要，经过严格的批准手续，可以采取技术调查措施，按照规定交有关机关执行。批准决定应当明确采取技术调查措施的种类和适用对象，自签发之日起三个月以内有效；对于复杂、疑难案件，期限届满

---

[81] 参见秦前红、石泽华：《监察委员会视察运动性质研究——以山西省第一案为研究对象》，载《学术界》2017年第6期。

[82] 参见《调查决策要严》，载 http://www.ccdi.gov.cn/xsjw/series27/201707/t20170730_103855.html，最后访问日期：2017年7月31日。

[83] 参见任建明、张君翼：《中国反腐败机构改革研究》，载《北京航空航天大学学报》(社会科学版)2016年第1期。

[84] 参见任建明：《我国未来反腐败制度改革的关键：反腐败机构与体制》，载《廉政文化研究》2010年第1期。

仍有必要继续采取技术调查措施的,经过批准,有效期可以延长,每次不得超过三个月。对于不需要继续采取技术调查措施的,应当及时解除。

在现有的调查措施中,讨论最热烈、关注最广泛、争议最大的非“留置”措施莫属。多数学者认为,“留置”措施旨在对“双规”和“两指”进行严格的限制和规范,从权限、时限、程序、规则等予以限制和保障,形成严密的规则体系,将其纳入法制轨道。亦即,在监察体制改革之后,传统的“双规”“两指”将被“留置”所取代。[85]

《监察法》实施前,北京、山西、浙江等三试点均已在实践中采取过留置措施,并以规范性文件形式对其程序予以明确。《北京市调查措施使用规范》规定:采取留置措施需报同级党委主要负责人批准,予以立案审查(调查);市(区)纪委市监察委机关对局(处)级监察对象采取留置措施的,还需报市(区)委主要领导批准。《山西省纪委监察委机关审查措施使用规范》也对留置的适用对象和使用条件、留置场所和时限、审批权限和程序、留置场所的安全保障、被留置人合法权益保护等作了系统规范。其中明确,山西省监察委确需采取留置措施的,应提交省监察委执纪审查专题会议研究决定,并由案件监督管理室报中央纪委备案;使用留置措施,应当在指定的专门场所实施,提前做出安全预案,与被留置人谈话、讯问,应在专门谈话室进行;使用留置措施时间不得超过 90 日,特殊情况下经批准可延长一次,时间不得超过 90 日。而《浙江省监察留置措施操作指南》规定,留置条件必须是已立案并且案件具有重大、复杂等四种情形,同时对留置审批、备案、期限、被留置人合法权益保障等方面作了详细规定。在程序上,凡采取留置措施的,需监委领导人员集体研究、主任批准后报上一级监委批准,涉及同级党委管理对象的,还需报同级党委书记签批;凡使用、延长、解除留置措施的,市县两级监察机关都需报省级监察机关备案,而省监委则需报中央纪委备案。此外,还对留置宣布、留置调查、留置交接等整个执行过程全程同步录音录像。[86]

---

[85] 参见马怀德:《国家监察体制改革的重要意义和主要任务》,载《国家行政学院学报》2016 年第 6 期;秦前红、石泽华:《监察委员会视察运动性质研究——以山西省第一案为研究对象》,载《学术界》2017 年第 6 期;施鹏鹏:《国家监察委员会的侦查权及其限制》,载《中国法律评论》2017 年第 2 期;江国华、彭超:《国家监察立法的六个基本问题》,载《江汉论坛》2017 年第 2 期。

[86] 参见沙雪良:《京晋浙“留置”措施使用规范披露　专家认为将替代“双规”》,载 http://www.bjnews.com.cn/news/2017/06/14/446783.html,最后访问日期:2017 年 7 月 18 日。

从办案的实效性考量，“留置”显然不同于《人民警察法》所规定的短时间(48 小时内)，但如果将其设置为 90 天，甚至有学者所主张的 6 个月，[87]则明显时间过长。姑且不论监察委员会的监察措施和监察机关的现有立案调查措施，以及纪检机关的检查措施并不相同，[88]即使套用《中国共产党纪律检查机关案件检查工作条例》第 39 条关于“案件调查的时限为 3 个月，必要时可延长 1 个月”的规定，或者原《行政监察法》第 33 条“监察机关立案调查的案件，应当自立案之日起六个月内结案”的规定，也不能当然得出这一结论。因为留置只是案件调查中的一个环节，将留置期限与办案期限混同，通常会导致侦查阶段产生隐性超期羁押。[89] 通过与拘留、监视居住、逮捕等同样严重限制人身自由的强制措施进行比较，留置的强度介于这些措施之间，期限上也应大体符合比例原则，不宜过长，原则上在 1 个月到 3 个月。对此，《监察法》详细规定了留置措施的案件范围、对象、决定批准主体、执行程序、留置期限、通知义务、保障义务、折抵刑期等内容。例如，第 22 条规定，被调查人涉嫌贪污贿赂、失职渎职等严重职务违法或者职务犯罪，监察机关已经掌握其部分违法犯罪事实及证据，仍有重要问题需要进一步调查，并有下列情形之一的，经监察机关依法审批，可以将其留置在特定场所：(1)涉及案情重大、复杂的；(2)可能逃跑、自杀的；(3)可能串供或者伪造、隐匿、毁灭证据的；(4)可能有其他妨碍调查行为的。对涉嫌行贿犯罪或者共同职务犯罪的涉案人员，监察机关可以依照前款规定采取留置措施。留置场所的设置、管理和监督依照国家有关规定执行。第 41 条规定，调查人员采取讯问、询问、留置、搜查、调取、查封、扣押、勘验检查等调查措施，均应当依照规定出示证件，出具书面通知，由二人以上进行，形成笔录、报告等书面材料，并由相关人员签名、盖章。第 43 条规定，监察机关采取留置措施，应当由监察机关领导人员集体研究决定。设区的市级以下监察机关采取留置措施，应当报上一级监察机关批准。省级监察机关采取留置措施，应当报国家监察委员会备案。留

[87] 参见王晓：《监察委员会的留置措施论要》，载《北京联合大学学报》(人文社会科学版)2017 年第 2 期。

[88] 参见秦前红、石泽华：《监察委员会视察运动性质研究——以山西省第一案为研究对象》，载《学术界》2017 年第 6 期。

[89] 参见施鹏鹏：《国家监察委员会的侦查权及其限制》，载《中国法律评论》2017 年第 2 期。

置时间不得超过3个月。在特殊情况下,可以延长一次,延长时间不得超过3个月。省级以下监察机关采取留置措施的,延长留置时间应当报上一级监察机关批准。监察机关发现采取留置措施不当的,应当及时解除。监察机关采取留置措施,可以根据工作需要提请公安机关配合。公安机关应当依法予以协助。第44条规定,对被调查人采取留置措施后,应当在24小时以内,通知被留置人员所在单位和家属,但有可能毁灭、伪造证据,干扰证人作证或者串供等有碍调查情形的除外。有碍调查的情形消失后,应当立即通知被留置人员所在单位和家属。监察机关应当保障被留置人员的饮食、休息和安全,提供医疗服务。讯问被留置人员应当合理安排讯问时间和时长,讯问笔录由被讯问人阅看后签名。被留置人员涉嫌犯罪移送司法机关后,被依法判处管制、拘役和有期徒刑的,留置1日折抵管制2日,折抵拘役、有期徒刑1日。

3. 调查程序

在肯定监察委员会的调查活动具有双重性质之后,此处需要讨论的是,腐败案件的违纪违法调查权与刑事调查权是否应当明确区分,交由监察委员会的不同部门行使?有观点认为,应当将监察委员会的调查权区分为针对违法行为的一般调查权,与针对犯罪行为的刑事侦查权。[90] 引申开来,即使对监察委员会而言,也应考虑其哪些内设部门拥有违纪违法调查权,哪些部门拥有刑事调查权,并根据具体案件予以分工。但是,并非对所有贪腐人员最初都能准确定性,如何在进行详细调查之前就得知行为究竟是违纪、违法还是犯罪呢?犯罪案件必然伴随着违纪违法行为,很难说哪些证据仅属于行为人违纪违法的证据,哪些事实仅属于行为人犯罪的证据。在案件事实与证据大量重合的情况下,分工调查将会浪费资源,影响效率;以行政调查程序取得的证据,许多也无法直接作为刑事诉讼的证据。因此,本书认为,由于调查环节针对的只是查明违纪、违法或犯罪的事实,故监察委员会应当将违纪违法调查权与刑事调查权彻底整合。在任何案件调查中,都应当由专业的监察官参与。待到调查结束后,对涉嫌职务犯罪的,将调查结果移送人民检察院依法审查、提起公诉。

---

[90] 参见吴建雄:《监察委员会的职能定位与实现路径》,载《中国党政干部论坛》2017年第2期。

（三）处置

所谓处置，系针对调查的违纪违法情况依据党内法规、行政纪律和国家法律法规进行审查定性，并给予处分处理。[91] 调查结束后，调查部门应将收集到的证据材料等一并提交给处置部门，由其进行审查后作出进一步的处理意见。根据《监察法》第45条规定，监察机关根据监督、调查结果，依法作出如下处置：(1)对有职务违法行为但情节较轻的公职人员，按照管理权限，直接或者委托有关机关、人员，进行谈话提醒、批评教育、责令检查，或者予以诫勉；(2)对违法的公职人员依照法定程序作出警告、记过、记大过、降级、撤职、开除等政务处分决定；(3)对不履行或者不正确履行职责负有责任的领导人员，按照管理权限对其直接作出问责决定，或者向有权作出问责决定的机关提出问责建议；(4)对涉嫌职务犯罪的，监察机关经调查认为犯罪事实清楚，证据确实、充分的，制作起诉意见书，连同案卷材料、证据一并移送人民检察院依法审查、提起公诉；(5)对监察对象所在单位廉政建设和履行职责存在的问题等提出监察建议。监察机关经调查，对没有证据证明被调查人存在违法犯罪行为的，应当撤销案件，并通知被调查人所在单位。

（四）预防与教育

国家监察工作坚持标本兼治、综合治理，强化监督问责，严厉惩治腐败；深化改革、健全法治，有效制约和监督权力；加强法治教育和道德教育，弘扬中华优秀传统文化，构建不敢腐、不能腐、不想腐的长效机制。此外，《监察法》第11条第1款规定监察委员会具有对公职人员开展廉政教育的职责。

“预防并不只是规定廉政公署责任之法律文本最后面部分的简单一行字（即法案起草人员事后才产生的想法）；相反，腐败预防（和社区教育以及提高公众对腐败问题的关注程度一道）是香港廉政公署的一项核心工作，而且经常得益于从事执法工作的调查人员所提供的信息。”[92]因此，并非只要建立一个政府主导的专业反腐败机构，腐败就能被成功治理了，还必须重视有序、合法、专业化、制度化的公众参与。[93] 我们不能使预防和教育流于形式，而应

[91] 参见江国华、彭超：《国家监察立法的六个基本问题》，载《江汉论坛》2017年第2期。

[92] ［新西兰］杰瑞米·波普：《制约腐败——建构国家廉政体系》，清华大学公共管理学院廉政研究室译，中国方正出版社2003年版，第140页。

[93] 李莉：《社会中心主义视角下的腐败治理》，载《经济社会体制比较》2015年第5期。

设立以专门预防腐败机构进行的针对性强、专业化程度高的腐败预防工作为主,以一般预防腐败机构进行的教育、宣传等工作为辅的腐败预防模式。从这个角度来说,廉政教育和预防的关系非常紧密,可谓一体两面,相互促进。

在预防方面,应当从制度上进行预防,而不是运动式预防;事前针对特定腐败犯罪的发案特点进行预防,而不是事后才针对可能再次发生的腐败案件采取"亡羊补牢"式的预防措施。为此,监察委员会应当建立起完善的腐败审查与监督机制,严格审查政府机构、社会公共团体的工作规范流程及程序,对可能诱发贪腐案件的环节提出监察建议完善制度或加强管理,增加其预防寻租、权力滥用、腐败的机制性要素,以减少发生腐败行为的可能性。组织力量积极探索、参与和推动政务信息公开、政府采购、产权交易、官员财产申报、工程建设、招标投标等领域的预防腐败制度建设。对于上述腐败犯罪的高发、频发领域,还可以采取积极介入的方式,定期进行实地巡视,查找并纠正其工作中存在的腐败苗头。具体做法可吸取、借鉴当前中央巡视组的工作经验。

在教育方面,为了净化社会风气、营造良好的反贪氛围,监察委员会应当通过新闻媒体、社区宣传、课堂教育等方式积极开展廉政教育,宣扬廉洁文化,使廉洁拒腐的观念深入人心,争取与促进公众对监察委员会工作的支持和配合,营造良好的社会环境。提高基层民众的反腐败意识是锻造反腐改革的政治决心的起点。一旦社会大众的反腐意识得到了大幅提升,抵制腐败成了社会的道德底线,腐败发生的概率就会从根本上降低。如果整个社会没有形成反腐败的共识,反腐机构就将如同无源之水,失去反腐工作方向和价值目标。[94] 在开展教育工作时,还需要选取重点,并根据不同对象的特点采取不同的方法与措施,走向专业化,提高针对性。例如,应当注重对国有企业主管人员廉政意识的教育培训,加深其对腐败的认识以及如何应对腐败环境,从而降低其实施行贿、贪污等违法犯罪行为的风险。再如,应当将青少年作为重点教育人群,将廉洁教育纳入中小学课堂,通过开展一系列生动活泼的活动,努力营造廉洁的社会氛围,使青少年从小树立廉洁的观念和信念。这势

---

[94] 参见庄德水:《政治决心与反腐机构的运行绩效:基于国际比较的视角》,载《经济社会体制比较》2015 年第 4 期。

必会对我国未来的廉政工作和反腐败斗争产生深远的影响。

(五)国际合作

随着当前全球一体化进程的日新月异与腐败犯罪跨国化、国际化趋势的不断增强,惩治腐败犯罪已成为各国政府共同面临的重大课题,我国反腐败机构的国际合作也亟待加强。党的十八届四中全会通过的《中共中央关于全面推进依法治国若干重大问题的决定》明确指出:“加强反腐败国际合作,加大海外追赃追逃、遣返引渡力度。”因此,国家监察委员会中还应设立独立的国际合作部门,具体负责反腐败执法、教育等领域的国际合作与协调问题,加大国际追逃追赃力度,努力形成打击跨国腐败犯罪的国际合力。

对此,《监察法》第六章规定了反腐败国际合作。例如,第50条规定,国家监察委员会统筹协调与其他国家、地区、国际组织开展的反腐败国际交流、合作,组织反腐败国际条约实施工作。第51条规定,国家监察委员会组织协调有关方面加强与有关国家、地区、国际组织在反腐败执法、引渡、司法协助、被判刑人的移管、资产追回和信息交流等领域的合作。第52条规定,国家监察委员会加强对反腐败国际追逃追赃和防逃工作的组织协调,督促有关单位做好相关工作:(1)对于重大贪污贿赂、失职渎职等职务犯罪案件,被调查人逃匿到国(境)外,掌握证据比较确凿的,通过开展境外追逃合作,追捕归案;(2)向赃款赃物所在国请求查询、冻结、扣押、没收、追缴、返还涉案资产;(3)查询、监控涉嫌职务犯罪的公职人员及其相关人员进出国(境)和跨境资金流动情况,在调查案件过程中设置防逃程序。

四、监督制约

监察委员会位高权重,早在改革初期,就有不少学者表达了监察委员会可能成为新的“超级机构”的担忧。如果缺乏有效的监督,本来专门惩治腐败的监察委员会难免不会滥用权力,从而滋生新的腐败——权力导致腐败,再靠权力打击腐败,本身就是一个可笑的自我轮回![95] 事实上,此前已经出现过大量监察性质的职权失控后,造成严重贪腐的案例。“监察委员会的权威和效率绝对不会因为受必要的监督制约而降低,只会因为有效监督制约的存

---

[95] 参见何荣功:《“重刑”反腐与刑法理性》,载《法学》2014年第12期。

在和随之而来的公信力的形成而更具权威、更有效率。”[96]因此,《监察法》第七章作出了对监察机关和监察人员监督的明确规定。本书认为,加强对监察委员会的监督制约可以主要从以下几方面着手。

在内部监督与制约上,监察委员会内部可效仿香港廉政公署的L组,设置内部监督机制以及建立内控机制,对办案过程开展“一案双查”——既复查案件本身情况,也查明案件调查人员依纪依法履职情况,并具有对违法者予以内部行政或纪律处分的权限。对于涉嫌腐败犯罪的内部工作人员,也应毫不留情地对犯罪嫌疑人进行侦查取证。此外,还可效仿香港廉政公署的咨询委员会,设立具有广泛代表性与足够实权,能够相对独立活动的监察审查咨询委员会,吸收监察委员会之外的专家学者与社会名流参与反腐工作。[97]对此,《监察法》第55条规定:监察机关通过设立内部专门的监督机构等方式,加强对监察人员执行职务和遵守法律情况的监督,建设忠诚、干净、担当的监察队伍。除了执法监督之外,还可以设立道德委员会,要求内部工作人员恪守最高的诚信水平,通过对其产生巨大的道德压力,从而强化职业伦理。[98]

在外部监督与制约上,除了上级党委与纪委的监督之外,还应考虑人大监督、司法监督、媒体监督与社会监督。《监察法》第54条对此作出了明确规定:监察机关应当依法公开监察工作信息,接受民主监督、社会监督、舆论监督。作为我国的权力机关与实施法律的监督机关,人民代表大会有权力,且有义务对监察委员会与其工作人员进行法律监督。《监察法》第53条规定:各级监察委员会应当接受本级人民代表大会及其常务委员会的监督。各级人民代表大会常务委员会听取和审议本级监察委员会的专项工作报告,组织执法检查。县级以上各级人民代表大会及其常务委员会举行会议时,人民代表大会代表或者常务委员会组成人员可以依照法律规定的程序,就监察工作中的有关问题提出询问或者质询。有学者指出,为了将人大监督落到实处,切实避免当前监督中存在的职责不清、范围不明、执行不力等问题,可在县级以上人民代表大会增设独立、常设、专门监督监察委员会的监督委员会,对其

---

[96] 童之伟:《对监察委员会自身的监督制约何以强化》,载《法学评论》2017年第1期。

[97] 同上。

[98] 参见郑永年:《中国怎样反腐败才会有效》,载《中国经济周刊》2014年第26期。

进行日常监督。[99] 就司法监督而言，由于监察委员会只拥有调查权，而对腐败犯罪的批捕权、起诉权和审判权仍然分别保留在检察院与法院。故在监察委员会调查、检察院审查起诉、法院审判的工作机制之下，检察机关与司法机关能够在正常的反腐败犯罪司法程序中，对监察委员会的工作进行制衡。而作为我国法律监督机关的人民检察院，也应当对监察委员会所可能涉嫌的滥用职权、玩忽职守等问题进行监督。[100]

除了国家机关的监督与制约之外，反腐败机构的运行还离不开广大人民群众，特别是新闻媒体的监督。在当今这个信息无比发达的社会，媒体的监督能够发挥出举足轻重的作用，甚至被称为与立法、司法、行政并立的"第四权力"。因此，我们应当对当前的部分新闻审批制度进行适当调整，放宽对媒体履行舆论监督机能的限制，从而更好发挥其在反腐败斗争中的监督作用，不断加强监察委员会对公众的问责性。此外，还应当充分发挥人民群众的力量，通过将监察委员会运行流程与处理事项的透明化，如发布反腐败工作年度白皮书、定期召开新闻发布会、适时公布典型案例等方式，[101]使大家能够在充分了解的基础上对公权力进行监督，使普通民众拥有参与反腐败的合理途径。应设置相应的监察委员会投诉委员会，负责监察、复检所有涉及监察委员会及人员的投诉，并提供信访、电话、信件、网络、社交媒体等多种通畅的表达意见的渠道。如果社会公众或单位对监察委员会的工作常规及程序有任何不满、投诉或检举意见的，均可通过这些途径上报给监察委员会的监督机构进行监察或复检，并得到及时的回应。当然，必须对监督、举办的公民身份信息进行严格保密，以消除打击报复之虞。

五、监察委员会与司法机关的衔接问题

由于职务犯罪案件的复杂性以及监察委员会政治地位的特殊性，监察体制改革与司法体制的流畅衔接是事关改革成效的重大核心问题。王岐山明确指出，监察委员会应当与执法、司法机关有机衔接、相互制衡，实现依规治

---

[99] 参见童之伟：《对监察委员会自身的监督制约何以强化》，载《法学评论》2017 年第 1 期；任建明：《我国未来反腐败制度改革的关键：反腐败机构与体制》，载《廉政文化研究》2010 年第 1 期。

[100] 参见姜明安：《国家监察法立法应处理的主要法律关系》，载《环球法律评论》2017 年第 2 期。

[101] 参见李勇、余响铃：《对监察委员会的监督制度设计》，载《国家行政学院学报》2017 年第 2 期。

党和依法治国的有机统一。[102] 本书认为,"检察引导侦查"与"以审判为中心"是刑事程序的固有逻辑,也是监察体制改革中必须坚守的原则。[103] 监察委员会绝不是反腐斗争中掌握一切的"超级机构"甚至"唯一机构",而是反腐败司法程序中的重要一环,与检察院、法院存在分工负责、互相配合、互相制约的关系,而不存在领导与被领导的关系。《监察法》第 4 条第 2 款规定:监察机关办理职务违法和职务犯罪案件,应当与审判机关、检察机关、执法部门互相配合,互相制约。具体而言,监察委员会、公安机关与司法机关在腐败犯罪侦、诉、审程序体制的衔接上应当进行如下分工:

公安机关在监委查办职务犯罪案件中承担着大量的协助配合任务。对监察对象实施的查询、查封、扣押、搜查、勘验检查以及采取技术调查、限制出境等工作,都需要公安机关支持配合或具体执行。例如,《监察法》第 4 条第 3 款规定,监察机关在工作中需要协助的,有关机关和单位应当根据监察机关的要求依法予以协助。第 24 条第 3 款规定,监察机关进行搜查时,可以根据工作需要提请公安机关配合。公安机关应当依法予以协助。

至于检察机关,虽然其反贪等部门转隶到监察委员会,失去了腐败犯罪的侦查权,但仍保留对腐败犯罪的批捕、公诉与法律监督等权力。从法律规范和实践要求看,必须建立有效的案件移送工作机制。监察机关查处的需要追究刑事责任的案件,应及时将有关材料(复印件)送达相应的检察机关,由各级检察机关案管中心受理分流案件,侦监部门审查决定是否采取强制措施,公诉部门审查起诉和提起公诉。具体而言,对于监察委员会提出的逮捕申请,检察院经审查认为不符合逮捕条件的,应当不予批捕;审查决定予以批捕的,应由公安机关执行;[104]嫌疑人被逮捕后,留置措施自动解除,实现监察程序和司法程序的衔接转换。对于监察委员会移送的案件,检察院经审查认为不构成犯罪的,应当不予起诉,并将不起诉的决定及理由通报监察机关;[105]经审查后认为需要补充核实的,可以退回进行补充调查,或自行侦查。监察委

---

[102] 参见《王岐山:监察委员会实质是反腐机构》,载 http://news.xhby.net/system/2016/11/25/030125947.shtml,最后访问日期:2016 年 11 月 27 日。

[103] 参见施鹏鹏:《国家监察委员会的侦查权及其限制》,载《中国法律评论》2017 年第 2 期。

[104] 参见秦前红:《监察体制改革的逻辑与方法》,载《环球法律评论》2017 年第 2 期。

[105] 参见吴建雄:《监察委员会的职能定位与实现路径》,载《中国党政干部论坛》2017 年第 2 期。

员会对检察院的相关决定存在异议的,也能够通过相关渠道提出意见。

审判是办理腐败犯罪案件的最后环节。案件事实是否清楚、证据是否扎实确凿,最终要接受法庭的检验。法院应当坚持疑罪从无原则,依法独立公正审判。对于事情不清、证据不足的案件,要敢于做出无罪判决。

此外,还应逐步建立起监察委员会与司法机关的联席会议制度、信息共享机制与介入支持等工作机制,以更好实现监察委员会与检察院、法院的紧密衔接,巩固反腐执法成果。[106]

如前所述,当前我国的反腐败工作正处于由“人治反腐”“运动式反腐”向“法治反腐”转型的关键时期。在人治反腐中,少数关键领导的意志能够直接决定反腐败斗争的强度与力度。尽管最高领导人的重视程度和政治决心是影响反腐成败的核心要素,但这种依靠个人地位与威望推进反腐斗争开展的模式缺陷也十分明显,缺乏持续性与稳定性。因此,用法治思维和法治方式反对腐败,加强反腐败国家立法,加强反腐倡廉党内法规制度建设,让法律制度刚性运行的法治反腐才是我们的必然选择。监察体制改革以及监察委员会的设立,是在中纪委巡视组这种非制度化反腐模式基础上的进一步创新与完善。通过试点先行与法律修改,在法律框架内赋予监察委员会较高的级别与地位,将我国的监察体制由权力逻辑转变为法治逻辑,并以法律形式保障其权威性与工作的深入开展,正体现出法治反腐的价值内涵。相信随着改革的持续深入,我国的法治建设与反腐斗争必将取得新的更大成就。

---

⑯ 参见吴建雄:《论国家监察体制改革的价值基础与制度构建》,载《中共中央党校学报》2017年第2期。

第六章　利益冲突管理制度

第一节　利益冲突管理制度概述

利益冲突管理法律规范体系作为预防腐败制度建设的重要环节和规范措施，得到全球反腐败治理的高度重视。2003 年通过的《联合国反腐败公约》第 7 条第 4 项明确规定，各缔约国均应当根据本国法律的基本原则，努力采用、维持和加强促进透明度和防止利益冲突的制度。当前我国处于廉政建设和反腐败攻坚阶段，应当在全面依法治国的战略下加快反腐败法律规范体系的构建与完善，其中利益冲突管理法律规范体系是预防腐败的重要的长效机制。

一、利益冲突的理论发展

利益冲突(conflict of interest)作为廉政建设和预防腐败的一个基础环节和立足点，其自身理论的发展是在世界各国和地区的反腐败和构建清廉政府的实践中形成的。理论界对于利益冲突的起源存在不同看法。从历史考察来看，多数学者认为起源于加拿大。1964 年，加拿大总理皮尔森首次提出公职人员不能有与履行公职产生冲突的利益。为避免协助政府部门工作的工商界人士参与的行政决定产生利益冲突，枢密院调查后于 1973 年向议会提出报告，并形成"利益冲突指导原则"文件。后又制定了"公职人员离职后行为指导原则"以及关于防止因收受礼品而产生利益冲突的规定。1985 年马尔罗尼总理任内制定《公职人员利益冲突与离职后行为准则》，取代原来分散的文件，后几经修订形成加拿大现今完善的利益冲突管理法律规范体系。

（一）利益冲突理论

从文献整理来看，利益冲突理论主要存在以下三种研究视角：

其一，个人利益与公共利益冲突视角，认为利益冲突是公职人员的私人利益对其所代表的公共利益的干扰和侵害。有观点认为，利益冲突是指公务员的社会关系，金钱往来或个人信念有可能妨碍他（她）从公共利益出发，不依照法律秉公办事。这种冲突表现为角色冲突和各种权力资源之间的紧张关系，在这些冲突中公共组织内的职权为公务员滥用公务谋取私利提供了机会。①

其二，个人利益与公共责任冲突视角，认为利益冲突是公职人员私人利益对其公共职位所产生的公共责任及义务的干扰和影响。有观点认为，利益冲突是公务员所处公共职位上的公共责任与其私人利益的冲突。由于公务员的首要职责是实现公共利益，故其利益冲突表现为私人利益与公共利益的冲突。公共利益是公共行政和政府行为的逻辑起点，故也是判断利益冲突是否发生的重要依据。②

其三，公职人员的角色伦理冲突视角，认为公职人员具有多种角色，公职人员常常要在相互冲突的角色之间进行转换和选择，公职人员利益冲突是公职人员在相互冲突的角色伦理、道德规范之间进行选择的结果。有观点认为，利益冲突是公共行政中角色冲突、权力冲突以及法理与情理冲突的根本原因。我国社会转型时期，利益主体和利益形式呈现出多样化的特征。当具有社会共享性的公共利益与具有个人独享性的私人利益发生冲突时，当公共行政过程为行政官员的个人利益追求提供便利时，行政官员往往倾向于谋取个人利益。③

（二）利益冲突理论的研究路径

在当前利益冲突理论研究阐释中，存在着行为论、情境论和综合论三种关于利益冲突内涵的解释范式。

1. 行为论

行为论的核心意旨表现为，利益冲突是一种具有现实危害性的客观实在

① 参见胡琴：《论政府利益及其冲突治理》，载《行政与法》2002 年第 10 期。

② 参见庄德水：《利益冲突视角下的腐败与反腐败》，载《广东行政学院学报》2009 年第 6 期。

③ 参见邹东升、冯清华：《公共行政的伦理冲突场景与消解途径》，载《理论探讨》2007 年第 4 期。

的以公权力谋取个人利益的腐败行为。如经济合作与发展组织认为,利益冲突是公共官员的公共职责与其私人利益之间的冲突,在冲突中,公共官员的私人利益可能对其承担的公共职责产生不正当的影响。[④] 因此利益冲突表现为各种直观现实的腐败形式,如贿赂、权力寻租、收送礼品馈赠、享受文体娱乐活动、内幕信息兜售、经商办企业等。试图证成利益冲突是腐败的直接行为后果和重要表现形式,确信利益冲突是一种非正义的行为选择的逻辑路径,是行为论的解释范式。这种解释范式有利于普通公民和治理决策者直观感受到利益冲突的现实性和危害性,从而为治理利益冲突提供民意基础和动力。然而行为论的局限性表现在:其一,利益冲突现实化和类型化后,表现为腐败后果,然而利益冲突更多地表现为一种腐败的危险可能性;其二,模糊利益冲突和腐败的界限,不利于构建利益冲突管理法律规范体系,预防腐败的效果也会大打折扣。

2. 情境论

情境论的核心意旨表现为,利益冲突是一种具有危害可能性的潜在的以公权力谋取个人利益的伦理情境。如透明国际(transparency international)将利益冲突界定为:为政府、商业、媒体或民间社会组织工作的个人或实体面临着在职责和立场与其个人利益之间做出选择时的一种情境。[⑤] 因此利益冲突并不必然表现为各种直观现实的腐败形式,而是一种引发各种腐败的可能性,往往会形成公共利益和个人利益之间紧张、公共职责和个人立场之间冲突的情境。试图证成利益冲突是引发腐败的先在伦理困境和转化可能性,确信利益冲突是一种非正义的伦理困境的逻辑路径,是情境论的解释范式。这种解释范式有利于普通公民和治理决策者直观感受到利益冲突的复杂性和可能性,从而为治理利益冲突提供更为全面、理性的观念指导,更好地构建预防措施和实现预防功能。然而情境论的局限性表现在:其一,为利益冲突存

---

④ A conflict of interest involves a conflict between the public duty and the private interest of a public official, in which the official's private-capacity interest could improperly influence the performance of their official duties and responsibility. OECD. Public Managing conflict of interest in the public service: OECD guidelines and Overview, Paris: OECD, 2003.

⑤ A situation where an individual or the entity for which they work, whether a government, business, media outlet or civil society organization, is confronted with choosing between the duties and demands of their position and their own private interests.

在的合理性提供理论基础,模糊了其现实性和危害性;其二,拉长和铺开利益冲突治理战线,弱化预防腐败法律规范体系构建的资源集中性,影响治理效率。

3. 综合论

综合论的核心意旨表现为情境和行为的双重内涵,利益冲突既是一种具有危害可能性的潜在的以公权力谋取个人利益的伦理情境,又是一种具有现实危害性的客观实在的以公权力谋取个人利益的腐败行为。因此利益冲突表现为公职人员在履行公共职责过程中,常会陷入公共益和个人利益之间紧张、公共职责和个人立场之间冲突的伦理困境,此时表现为潜在的腐败可能性;一旦公职人员选择追求、实现与公共利益相冲突的个人利益时,就表现为转化为现实的腐败行为。试图证成利益冲突是引发腐败的先在伦理困境以及现实化和类型化后成为腐败的直接行为后果和重要表现形式,确信利益冲突是一种非正义的伦理困境及其行为选择的逻辑路径,是综合论的解释范式。这种解释范式有利于普通公民和治理决策者认识到利益冲突的复杂性、可能性、现实性和危害性,形成更加全面的利益冲突观念,构建长效的利益冲突管理机制。然而综合论的局限性表现在:没有揭示利益冲突的可能性和现实性之间的内在关系及其转化条件、类型和过程,因而尚未提供高效、具备可操作性的治理措施。

二、利益冲突与廉政建设

(一)利益冲突与公职伦理

当公职人员面临个人利益和公共利益可能发生冲突的伦理困境时,为了促使公职人员做出符合社会期待的选择和行为,相应的法律规定必不可少,根本的是公职人员的伦理道德观念。法律规定在面临利益冲突困境时为公职人员指明符合社会期待的路径,而伦理道德观念是指明符合或违背社会期待的方向,并为其提供做出选择和行为的内在驱动力。由于公职伦理与一国的历史文化传统、政治文明制度、经济发展水平和社会治理环境等具有明显的内生相关性,因此具有时空属性,不可脱离本国的实际情况。但对主要国家和地区的公职人员行政伦理制度进行结构性分析可知,公职伦理主要由核心理念、基本操守、预防教育措施以及惩处规则等构成。

经济合作与发展组织(organization for economic co-operation and development,OECD)[⑥]针对利益冲突问题发布了《公共服务中的利益冲突管理:OECD的指导原则与成员国经验》(Managing Conflict of Interest in the Public Service: OECD Guidelines and country experience)、《公共领域利益冲突管理手册》(Managing Conflict of Interest in the Public Sector: A Toolkit)、《构建公共信任:OECD国家的伦理措施》(Building Public Trust: Ethics Measures in OECD Countries)、《OECD公共服务中的利益冲突管理指引》(OECD Guidelines for Managing Conflict of Interest in the Public Service)。OECD给成员国的建议书《公共服务伦理管理原则》(Principles for Managing Ethics in the Public Service)指出:为推进公共服务的道德行为,成员国需要采取行为,应该给公职人员提供明确的道德规范和指南,确保体制和制度的良好运行。[⑦]

OECD设计了一个治理利益冲突和实现政府廉洁的"伦理工程"(Ethics Infrastructure)。该伦理工程主要包括指导(guidance)、管理(management)、控制(control)三项功能模块。[⑧] 其中的指导功能模块的要素包括政治领导支持、行为规范价值和以教育培训为内容的职业发展,管理功能模块的要素包括管理机构或特设机构的协同、公共服务环境、管理政策和做法,控制功能模块的要素包括法律框架、责任控制机制和公众参与。

OECD根据成员国的法律和伦理法规在以下8个核心价值方面取得了相对一致的共识:公正无私、合法、廉洁诚实、效率、公开透明、负责任、平等、正义。[⑨] 这8项核心价值以及各国倡导的其他价值,都为各国公职伦理法制化指明了价值取向,并在公职人员履行判断、决策和执行等公职过程中给出了利益冲突回避行为的规范框架和价值指南。公职伦理核心价值需要内化为公职人员的行为才能有效治理利益冲突,前提是公职人员对公职伦理核心价值的认知和赞同。相关的教育培训就是帮助公职人员理解、赞同进而内化公职伦理核心价值效率最高的手段。OECD成员国对公职人员进行教育培

---

⑥ 以下简称OECD。

⑦ OECD, Principles for managing ethics in the public service: OECD recommendation, PUMA Policy Brief,1998(4).

⑧ OECD,Trust in government: ethics measures in OECD countries,DECD,2000:78.

⑨ PUMA, Trust in Government: Ethics Measures in OECD Countries,Paris OECD,2000,pp. 32 - 33.

训的方式主要有：遵从模式（compliance model）、廉正模式（integrity model）。遵从模式主要是以相关从政伦理法律法规为内容，并以了解这些法律法规的要求和应用为目的。廉正模式主要以伦理价值、伦理准则、伦理思维为内容，以形塑和完善从政伦理人格为目的。为了保障教育培训工作落实到位，一些成员国对此立法，以法律保障教育培训工作的有效开展。

（二）利益冲突与腐败

关于利益冲突与腐败（公权力腐败）的关系问题，理论上主要四种观点：

一是包含论，认为利益冲突是一种边缘性的腐败、隐性的腐败、灰色的腐败，因而内含于腐败范畴之中，腐败与利益冲突之间是包含和被包含的关系。[10] 二是过程论，利益冲突和腐败虽有不同，但两者均指同一类现象，即私人利益对公共利益的影响，只是程度有差异而已。他们的关系就像是一个连续统一体。利益冲突处于初始阶段，发展到一定程度就变成了腐败行为。[11] 三是交叉论，认为利益冲突和腐败之间是一种交叉关系，"腐败不是目的，而是获得特定结果的非法手段，当发生利益冲突时，腐败行为可以视为'解决'这种伦理困境的特殊方式，也就是用非法的手段获取私人利益"。[12] 四是根源论，认为利益冲突与腐败是两个领域的事物，利益冲突本身并不是腐败。对于国家公职人员的私人利益与公共职责之间的冲突，如果不能妥善处理，就会导致腐败。按照这种观点理解，腐败是利益冲突的一个结果，而不仅仅是利益冲突的一个方式。[13]

我们认为，利益冲突是指公职人员在履行公共职责过程中，常会陷入公共利益和个人利益之间紧张、公共职责和个人立场之间冲突的伦理困境，当公职人员选择追求、实现与公共利益相冲突的个人利益时，就将利益冲突情境所蕴含的潜在的腐败可能性转化为现实的腐败行为。利益冲突是引发腐败的先在伦理困境，腐败是利益冲突现实化和类型化的直接行为后果和重要表现形式。因此，利益冲突不等于腐败，当公职人员遭遇利益冲突情境时，选

---

[10] 参见戴文华：《惩治边缘腐败》，载《领导科学》2009 年第 9 期。

[11] 转引自公婷、任建明：《利益冲突管理的理论与实践》，载《中国行政管理》2012 年第 10 期。

[12] 转引自王天笑：《廉政视阈下我国公职人员利益冲突问题研究》，郑州大学出版社 2014 年版，第 52 页。

[13] 庄德水：《公共权力腐败的利盗轰冲突根源》，载《中共中央党校学报》2011 年第 4 期。

择依法履行公职追求、实现公共利益,就不存在腐败的问题,而选择违背公共职责追求、实现个人利益,才会将利益冲突情境所蕴含的腐败可能性转化为现实的腐败。

三、我国利益冲突管理法律规范体系

(一)我国利益冲突管理实践

不仅我国规范性文件采用利益冲突概念比较晚,而且我国理论界对利益冲突理论的研究也比较晚。在我国,"利益冲突"的表述首见于2000年中纪委印发的《关于"不准在领导干部管辖的业务范围内个人从事可能与公共利益发生冲突的经商办企业活动"的解释》之中。而将"利益冲突"正式作为今后党和国家廉政建设的重点的是2009年9月中共十七届四中全会通过的《中共中央关于加强和改进新形势下党的建设若干重大问题的决定》,该决定明确提出建立健全防止利益冲突制度。这也是中央规范性文件首次明确使用"利益冲突"概念。作为执政党的中国共产党的十八大报告明确强调,"深化重点领域和关键环节改革,健全反腐败法律制度,防控廉政风险,防止利益冲突,更加科学有效地防治腐败"。

虽然我国将"利益冲突"这一廉政概念用来表述相关治理利益冲突规则制度较晚,但自20世纪80年代我国改革开放时起,围绕着治理财产申报、利益冲突回避、禁止收送礼品馈赠、禁止兼职经商办企业等从事营利性活动、"三公消费"管理与改革、离职后行为规范等所属利益冲突管理制度,就已经以分散和应急的方式构建和推进了。根据执政党和政府对利益冲突问题的认识,可以分为三个阶段:第一个阶段是20世纪80年代,将利益冲突和部分腐败现象当作执政党的不正之风的工作作风问题进行处置。如1980年发布的《中共中央纪律检查委员会关于杜绝接待中不正之风的通知》。这个阶段调节利益冲突的措施,没有触及利益冲突问题的根源,没有形成有效治理机制。第二阶段是20世纪90年代,将利益冲突和腐败现象当作执政党的腐败问题进行处置。如1993年发布的《反腐败斗争近期抓好几项工作的决定》,明确规定公职人员"不准经商办企业;不准从事有偿的中介活动;不准利用职权为配偶、子女和其他亲友经商办企业提供任何优惠条件。不准在各类经济实体中兼职(包括名誉职务);个别经批准兼职的,不得领取任何报酬;不准

到下属单位和其他企亚事业单位报销应由个人支付的各种费用。不准买卖股票。不准在公务活动中接受礼金和各种有价证券;不准接受下属单位和其他企业事业单位赠送的信用卡,也不准把本单位用公款办理的信用卡归个人使用。不准用公款获取各种形式的俱乐部会员资格,也不准用公款参与高消费的娱乐活动”。这五条规定非常重要,施行了整个90年代。这个阶段调节利益冲突的措施,把握了市场经济下的腐败规律,重视规制公权力商品化和市场化,但利益冲突管理规范供应以及规范的可操作性仍然不足,没有形成长效治理机制。第三阶段是2000年后至今,将利益冲突和腐败现象当作执政党的依法治国和执政合法性问题进行处置,治理腐败和利益冲突开始细化。如2000年年初中共十五届中央纪委第四次全会明确把领导干部利用职权和职务上的影响为配偶、子女所谋取的利益界定为非法利益,第一次明确使用“利益冲突”的内涵表述,指出“省(部)、地(厅)级领导干部的配偶、子女,不准在该领导干部管辖的业务范围内个人从事可能与公共利益发生冲突的经商办企业活动”。2009年,明确提出建立健全防止利益冲突制度。然而至今治理利益冲突的规范性措施全部出自执政党的党纪与政策性规定,并没有形成健全的法律规范治理体系的长效机制。

从利益冲突管理规范性措施的广度来看,呈现不断扩展的趋势,具体如表6－1:

表6－1　利益冲突管理规范性措施的内容及变化

治理对象	变化内容	年份
防止利益冲突管理对象外延	在职的公职人员	1984
	(扩展)公职人员的配偶子女	1985
	(扩展)离职的公职人员	1988
	(扩展)公职人员的特定关系人(近亲属、情妇(夫)以及其他具有共同利益关系的人)	2007
	(扩展)与公职人员具有工作关系的领导、同事	2010
防止利益冲突管理对象内涵	党政机关的公职人员	1982
	(扩展)国家权力机关、党政机关、审判机关、检察机关及其隶属于这些机关编制序列的事业单位,以及群众组织中的公职人员	1986
	(扩展)国有企业中的公职人员	1995

从利益冲突管理规范性措施的深度来看,呈现不断深化的趋势。利益冲突管理政策制定施行的背景是利益冲突问题引起社会的重大关切,由一件严重事件作为导火索,继而引起中央领导层重视才得以出台。因此利益冲突管理政策一般以拥有强大民意基础以及取得了决策领导层的呼应之面貌出现。随着政策的施行,针对实践工作中出现的治理工具的不协调性、缺效性以及新问题新情况,通过总结治理经验会对利益冲突管理政策和措施进行修订完善,以增加治理工具的可操作性和提高治理有效性。

从利益冲突管理规范性措施的模式来看,呈现由应急性转向制度性趋势。第一阶段和第二阶段的利益冲突管理规范性措施呈现出应急性的特征。主要表现为针对特定环境下出现的特定治理困境做出应对决策和措施。当出现某种利益冲突与腐败局面时,就会针对此类情况制定相应的政策与规定。由于对局面的预估不全面以及应急出台的政策措施的有效性不足,还可能继续制定新的应对决策和措施,以期形成“叠加”效应增强利益冲突管理效果。第三阶段的利益冲突管理规范性措施呈现出由应急性转向制度性的特征。主要表现为在一段时期的利益冲突管理实践经验基础上总结治理方案,深究问题的根源和形成的原因,并结合社会治理环境、政策本身的规范性与规划性等,进行综合性和普遍适用性的建设性思考,以构建长效治理机制。当前我国正处于构建与完善利益冲突管理法律规范体系的改革初期。

(二)建立健全利益冲突管理法律规范体系

1. 构建和完善法律规范体系

当前我国利益冲突管理规范性措施依据主要来自执政党的政策和规范性党纪文件,在全面依法治国战略下,有必要将执政党的治理利益冲突和反腐败的实践经验和意志依法上升为国家意志,以国家法律的形式巩固治理成果,继续推进廉政建设和反腐败治理事业。而在全面依法治国战略背景下,就有必要厘清党纪和国法之间的关系。有观点认为,“我们需要跳出国家法中心主义和传统党建理论的思维定式,立足法治一般规律和中国政治现实,从国家治理现代化的高度,遵循国家法律高于党内法规、党内法规严于国家法律的原则处理二者关系。党内法规与国家法律的衔接和协调是依法执政的现实要求,应当以体系共存的相容性、价值追求的同向性、具体规范的无矛盾性和行为指引的连贯性为基准，立足法治一般规律和我国政治现实，多方而积极地探索衔接和协调的实现路径，建构以备案审查衔接联动机制为核心的保障机制，从而达致两个规范体系内在统一于中国特色社会主义法治体系的状态，形成相辅相成、相互促进、相互保障的良性格局，推进国家治理体系和治理能力现代化”。[14]

我们赞同“国法高于党纪、党纪严于国法”基本原则和党内法规与国家法律的衔接和协调路径和保障机制。因此，在上述前提之下，有必要构建和完善以公职伦理制度、财产申报制度、利益处理制度、职务消费行为规范制度、收送礼品馈赠禁止限制制度、经商兼职等从事营利活动禁止限制制度、利用职权不当得利行为禁止制度、再就业等离职后行为禁止限制制度、利益冲突回避制度、裸官行为禁止限制制度为主要内容的利益冲突管理法律规范体系。

2. 制定利益冲突行为清单

结合利益冲突管理机能是廉政建设和预防腐败，因此有必要制定相关的利益冲突行为清单。

一是利益冲突情境预警清单：列出利益冲突有哪些具体样态，使公职人员可以清楚明白地预见到自己是否可能会遭遇利益冲突情境，从而提早预防和管理相关行为；或认识到自己是否处于利益冲突情境，从而管理相关行为。

二是利益冲突正面导向清单：公职人员在认识到自己处于利益冲突情境之时，为公职人员做出符合社会期待的心理和行为选择提供正面指引。为陷入利益冲突的公职人员提供社会鼓励的心理支撑和行为指引，获得解决伦理困境的技能，化解无所适从的困境。

三是利益冲突负面否定清单：公职人员在预见或认识到自己处于利益冲突情境之时，详细列出违背社会期待的心理和行为选择，以“你所想到的，管理机关想得更全面深远并有相应的监管、侦查对策措施”，警示公职人员不要铤而走险。为陷入利益冲突的公职人员提供社会打击的心理和行为目录，调

---

⑭ 秦前红、苏绍龙：《党内法规与国家法律衔接和协调的基准与路径——兼论备案审查衔接联动机制》，载《法律科学》（西北政法大学学报）2016年第5期。

节公职人员在利益冲突时的心理和行为选择。

四是利益冲突责任追究清单：根据公职人员在明知处于利益冲突情境而故意选择不利于公共利益的行为，所应承担的责任。对陷入利益冲突的公职人员进行心理和行为层面的威慑，从而实现预防的目的。

3. 构建和完善实施环境和保障机制

其一，要设置独立治理机构和适用专业人才。如设置独立的公职人员利益冲突管理委员会，委员具有独立的调查权（整合纪检监察人员）引进会计师事务所、律师事务所辅助财产申报和利益处理的受理审核。

其二，要加强监督和保障公民举报权的行使。构建和完善体制性全面监管体系，加快银行、证券、保险业的改革，建立健全现代金融企业制度、金融监管制度，确保资金运营安全。建立健全金融账户实名制、现金交易限制及反洗钱制度、征信管理制度。建立对大额资金外流有效监控的预警机制和金融信息共享制度。构建、开拓和完善并保障网络监督，借鉴外国保护公民举报权的立法模式，完善举报材料的记载、传阅和其他处理机制，畅通和创新举报途径和方式、加强举报人安全保障，对打击报复提高违规成本、增强违法责任，完善对举报人损失补偿和奖励机制。

其三，要培育廉洁良好的社会环境。进行公民道德伦理教育，弱化公民自身通过潜规则实现需要的心理模式、思维习惯和行为路径，形成降低、消除公职人员受情感和利益的影响、制约的社会环境，达到培育廉洁良好的社会环境的目的。进行公职人员利益冲突教育，熟悉理解利益冲突治理规则，构建巩固公职伦理道德素养，培育对伦理道德法律法规的忠诚度，构建公职人员管理利益冲突的心理、思维和行为的自我防御的自律机制。从而与廉洁良好的社会环境实现良性对接和循环，有效治理利益冲突，促进公职人员公职伦理道德和诚信体系的建立以及巩固增强公众对政府的信心，最终实现国家清正廉洁的反腐倡廉事业。[15]

---

⑮ 对于利益冲突管理制度，课题组借鉴、参考了境外多个国家和地区的反腐败文本与实践经验总结，进行了反腐败规范文本的比较研究，同时对党内反腐倡廉法规和国家法律也进行了比较吸收。为了增加研究的直观科学性与后续参考性，本章最后的附件中详细列举了课题组参考与吸收的境外多个国家和地区的反腐败文本和对党内反腐倡廉法规与国家法律。

第二节 财产申报制度

利益冲突是可能的腐败，腐败则是实际发生的利益冲突。[16] 因此治理腐败的本质就表现为控制公职人员的个人利益与公共利益之间的冲突。监控公职人员的财产状况就是控制利益冲突的措施之一，而财产申报制度[17]就是监控公职人员的财产状况的重要手段。反腐败是一个系统工程，而财产申报制度只是利益冲突管理子工程的一项基础性措施，各项反腐败制度措施以一定的逻辑关系形成长效反腐的制度体系。反腐败绝没有彻底根除腐败之包治百病的灵丹妙药，要说治理腐败有无对策，那只能是依靠健全法治。财产申报制度只是法治反腐中的一项制度措施，切不可高估其反腐败的有效性来捧杀财产申报制度，使其沦落为以包装现任领导人的政治形象为目的的好看不中用的改革。在此观念下，有必要将我国的财产申报制度纳入法治化轨道，以期与其他反腐败法治措施形成合力。

一、财产申报制度的正本清源

财产申报制度，一般被认为是根据法律法规的规定，公职人员定期或在任职、离职等特定时段，或资产有重大增加等特定条件下，就个人与家庭收入来源或资产情况等特定事项，向指定机构申报，并在一定范围内或面向公众进行公示，以防止公职人员可能产生的利益冲突，或者财富的非法增加。[18] 然而在我国当前治理腐败的背景下，有必要先明确财产申报制度的性质及其反腐的做功方式。

（一）财产申报是一项利益冲突管理制度

财产申报制度是作为一项利益冲突管理措施被规定在《联合国反腐败公约》之中的。以发生利益冲突的可能性为标准决定是否申报财产的理论依据

---

⑯ 任建明主编：《反腐败制度与创新》，中国方正出版社 2012 年版，第 279 页。

⑰ 此处的财产申报制度是指包括财产申报、财产公示、监察和追责的制度，下文不再说明。

⑱ 参见任建明主编：《反腐败制度与创新》，中国方正出版社 2012 年版，第 274 页。

是透明政府理论[19]、职权有限理论、实用主义理论和监督成本制约理论。而申报的主体不限于公职人员而包括与公职人员有密切关系的关联人,其理论依据是利害关系原则、家庭财产共有理论,以及权力运用效应理论。

我国理论界多数学者提到财产申报制度时,将其追溯至 1776 年的瑞典或 1883 年英国的《净化选举　防止腐败法》。[20] 然而瑞典和英国至今也并无以财产申报作为防治腐败的系统法律制度。英国采取的是以《行为规范》(The Code of Conduct)、《公务员管理规范》(Civil Service Management Code)为主要法律依据的利益登记与声明制度[21],也是以公职人员在履行职责中是否产生利益冲突为标准进行登记与声明的行为规则。此外考察美国财产申报制度史可知,最初是为应对 20 世纪初政治捐款行为,要求竞选官员申报竞选费用的收支情况和私人财产状况。在"二战"期间,为避免协助政府部门工作的大量私营公司的雇员以权谋私,实施利益冲突清理制度。"二战"后至今数次经济危机促使政府扩大监管,也带来了权力寻租等腐败现象。由此以利益冲突为切入点,作为从政道德准则出现的财产申报制度历经数次修订和一系列配套措施和法规的制定,而形成当前较为完善的美国财产申报制度体系。

财产申报制度是管理利益冲突的重要措施和环节,但其并不是利益冲突管理制度的全部内容。在推进惩治和预防腐败体系建设中,利益冲突管理制度体系除财产申报外,还应包括利益声明、冲突回避、行为限制、资格禁止、资产信托等具体规制措施。

(二)财产申报是一项道德法律

考察美国财产申报制度史可知,为应对严重的腐败,杜鲁门政府试图建

---

[19] 透明政府理论根源于民主主义,即国家一切权力来源于人民,因此人民原则上有权了解国家的一切权力行为,只是国家现实治理需要对一些信息暂时保密而例外限制了人民的知情权。透明政府理论对国家机关透明运作的要求,具象化为对公职人员行使权力透明运作的要求。

[20] 参见姚瑞平、刘祖云:《财产申报制度:现实困境及其路径突破》,载《南京社会科学》2013 年第 6 期;何家弘:《反腐败的战略重心与官员财产公示》,载《法学》2014 年第 10 期。

[21] 这两份文件参见 House of Commons, The Code of Conduct together with the Guide to the Rules Relating to the Conduct of Member, 2012, http://www.publications.parliament.uk/pa/cm201012/cmcode/1885/1885.pdf House of Lords (second Edition: November 2011), Code of Conduct for Members of the House of Lords and Guide to the Code of Conduct, http://www.publications.parliament.uk/pa/ld/lacond/code.pdf。

立行政部门道德标准，但因遭到反对而失败。艾森豪威尔政府继续推动建立政府道德标准，由于总统助理受贿曝光推动国会两院以并无法律约束力的决议形式建立包括向公众公开财产的道德规范。肯尼迪政府颁布 10939 号行政令提出公职人员的道德标准指南和处理利益冲突的规则。约翰逊政府颁布行政令提出《行政官员道德准则》。直到“水门”事件、“朝鲜门”事件等一连串重大政治丑闻，为挽救公众对政府的信心，《政府道德法案》出台，这才奠定了财产申报制度的基本框架，对政府官员的道德和行为提出了法律制约。考察日本财产申报制度史可知，20 世纪 80 年代大阪府堺市发生议员受贿案引发市民运动，仿照美国法案，通过《有关堺市市议会及市长的政治伦理条例》[22]，要求议员和市长公开财产。随着洛克希德事件、里库路特事件、东京佐川急变非法政治献金事件、大藏省接待渎职事件、铃木宗男受贿事件等一系列腐败案件发生，1992 年日本国会通过《为确立政治伦理而公开国会议员财产等事项之法律》，成为确定政治家财产公开的基本制度。此外还陆续颁行《国家公务员法》《国家公务员伦理法》《国家公务员伦理规程》等法律。

此外，财产申报是公务伦理法制建构的重要组成部分，建立和完善财产申报制度也是世界主要国家和地区推进公务伦理建设、预防腐败和实现国家善治的共同选择。[23] 如美国学者 G. 卡尔文・麦肯齐（G. Calvin Mackenzie）和迈克尔・哈夫肯（Michael Hafken）在《丑闻证明：道德法律是否让政府变得更有道德？》一书中，通过对现代道德机制发展历史的回顾，指出虽然现代政治中的道德法律已经不需要再靠政治丑闻的推动来建立，但在“后水门时代”，政府反而面对着民众更多的指责和怀疑，政府只能靠出台越来越多的道德法律来弥补，并对财产申报、兼职报告、礼品登记等道德法律进行分析。[24]

因此，公职人员的行政伦理道德通过立法规范化，将公职人员的行为以法律制度的他律形式代替伦理道德的自律形式，从而实现有效治理利益冲突

㉒ 参见 http://www.hiraoka.rose.ne.jp/A1/sakairinrijz.htm。

㉓ 林华：《公职人员财产申报立法研究述评》，载《中共浙江省委党校学报》2014 年第 3 期。

㉔ 参见 G. Calvin Mackenzie with Michael Hafken, *Scandal Proof: Do Ethics Laws Make Government More Ethical?*, Washington, DC: Brookings Institution Press, 2002.

的目的,这种行政伦理制度化[25]的结果表现为道德法律。然而行政伦理制度化,并不是单纯为了他律而制度化,其核心意旨是通过他律更好地促进自律而制度化。因为从来没有无懈可击的制度,人总能找到制度漏洞曲线规避或者明目张胆违反制度,只有在规范的合理性基础上实现制度主体对规范的有效性认同,制度才具有生命力。因此在行政伦理制度化层面,自律是目的,他律是实现目的的手段。而财产申报制度正是在政治性腐败和行政性腐败的背景下,产生的一项通过防止利益冲突间接实现预防腐败的道德法律。

二、财产申报制度的实施效果评估

财产申报制度是否具备以及具备何种效果的反腐败作用,需要考察各国财产申报制度本身以及腐败状况、制度施行环境等综合因素才能科学评估。

(一)财产申报制度与反腐效果关系

根据国民经济发展水平,我们将考察对象分成三类:第一类是发达国家组,包括美国、英国、德国、澳大利亚、日本、新加坡;第二类是转型国家组,包括俄罗斯、墨西哥、印度;第三类是发展中国家组,包括印度尼西亚、菲律宾、越南、泰国。我们发现,发达国家组的申报主体侧重于民选政务官等其他高级别公职人员,申报内容因市场经济发展水平较高和金融活动较复杂而呈现出申报项目多且详细的特征。此外,需要公示申报信息的公职人员占申报主体的比例小(甚至如新加坡选择不公示),在监察类型方面采取消极监管型。发展中国家组的申报主体一般涵盖所有公职人员,申报内容因市场经济发展水平较低和金融活动较简单而呈现出申报项目少且粗略的特征,需要公示申报信息的公职人员占申报主体的比例大,在监察类型方面一般也采取消极监管型,越南法律规定积极核查但无执行力。转型国家组的申报主体范围一般囊括所有公职人员,但选择性地突出重点公职人员。申报内容则介于发达国家组和发展中国家组之间,公示情况同发展中国家组但也略有侧重,在监察类型方面采取消极监管型。然而发达国家组[26]的财产申报法律制度本身并非

---

[25] 参见蒲志强:《公职人员财产申报制度的行政伦理研究》,载《政治学研究》2010年第5期。

[26] 如德国反腐败以刑法为主,还有公务员法、公务员纪律条例、兼职法、差旅费法等。相较于对公务员行为的法律约束,在财产申报公示方面的法律并不完备,并无完整系统的财产申报公示法律,但德国的国家廉洁程度有目共睹。

周密完备,但其执行效果好,国家清廉程度较高;发展中国家组[27]和转型国家组[28]在立法层面和理论研讨时,常常追求财产申报法律制度本身的周密完备性,但其执行效果差,国家清廉程度较低。这项在治理腐败方面被寄予厚望的财产申报制度,虽然随着各国相关的财产申报制度的建立和完善取得了一定的反腐败效果,国家清廉程度得到一定程度的改善,但其法律制度本身的周密完备性与反腐败实施效果之间并不存在正比例联系。

那么就会产生几个合理疑问:反腐败效果与财产申报制度之间是一个什么样的关系?反腐败效果并不取决于财产申报制度本身的周密完备性,那么还与哪些治理腐败法律制度以及配套措施的运行有关?财产申报制度在在反腐败制度体系中的功能是什么?财产申报制度与其他治理腐败法律制度以及配套措施之间在反腐败制度体系中怎样发挥反腐作用?这些疑问将在下文论述中得以解答。

(二)财产申报制度反腐效果与制度预设目的的关系

财产申报制度是监控公职人员财产状况的重要手段。这种监控公职人员财产状况的措施在制度设计时一般存在两种直接目的:一是旨在管理利益冲突,二是防范非法致富。这两类不同目的对制度本身构建、配套设施的要求以及制度施行效果等的影响[29],表现在以下几个方面:

首先,关注重点不同。管理利益冲突目的,以利益冲突为切入点,关注公

㉗ 如非律宾被称为亚洲腐败癌症的重灾区,即便现在已成为亚洲较早拥有完备的反腐败法律机制与机构的国家,腐败仍然很严重。如 1960 年"3019 号反贪行为法"、1975 年"677 号总统令"、"1987 年宪法"中有关反腐和财产申报的规定、1989 年"6713 共和国法令"中有关财产申报和道德标准的规定、1994 年"151 号行政令"、2001 年"12 号行政令"、2004 年"324 号行政令"等等。再如越南自 2005 年实施《越南社会主义共和国反贪污腐败法》规定财产申报以来,具有一定实效,但是并未从根本上遏制贪污腐败的蔓延,贪腐问题甚至有恶化之势。据越南反贪污网站报道:"近 5 年来该国官员的贪污情况并未改善,反而愈来愈严重,贪污犯罪情况越见复杂"(参见米良:《越南反腐败法简述——附〈越南社会主义共和国反贪污腐败法〉》,载《环球法律评论》2013 年第 2 期)。印度尼西亚 2012 年准备启动所有公务员实施财产申报制度,但遇阻搁浅。

㉘ 如印度的财产申报制度在预防和惩治腐败的功效有限。如里基尔·巴夫拿里(Rikhil R. Bhavnani)的统计,选举胜出者的财富增加明显高于预计合法收入。参见 Rikhil R. Bhavnani, "Using Asset Disclosures to Study Politicians Rents: An Application to Indian," Annual Bank Conference on Development Economics, Washington, DC, 2012, p. 25。如北方邦前首席部长玛雅瓦蒂·库马里案(Mayawati Kumari)。参见 Rikhil R. Bhavnani, "Using Asset Disclosures to Study Politicians Rents: An Application to Indian," Annual Bank Conference on Development Economics, Washington, DC, 2012, p. 1。

㉙ 关于这两类不同目的对制度本身构建、配套设施的要求以及制度施行效果等的影响,参见任建明主编:《反腐败制度与创新》,中国方正出版社 2012 年版,第 178～281 页。

职人员的行为是否失当,预警、避免和管理可能引起实际或潜在的利益冲突情况,对财产状况的监控则着眼于财产、利益和负债的来源、与商业组织的关系等,财产和利益的价值本身不属于监控的重点。而防范非法致富目的,则以财富状况为切入点,关注公职人员的财富真实状况、申报是否准确诚实以及对违反申报规定的惩处,对财产状况的监控则着眼于真实反映申报的财产与消费等财富水平,财产的价值本身属于监控的重点。

其次,申报内容和方式不同。管理利益冲突目的,只需要申报可能影响履行公职的利益,而非包罗申报主体的所有财产。因此财产和利益的来源、物权状况、流转状况、投资情况、与商业组织的关系、兼职情况、礼品和招待、负债和借贷等是申报的主要内容。除年度申报和初任申报外,变动申报方式更加体现出财产申报以防止利益冲突为目的的要求。而防范非法致富目的,则需要申报真实反映申报主体财富状况的财产。因此财产的来源和物权状况、房产、土地以及任何大宗财产等是申报的主要内容。

最后,资源配备不同。管理利益冲突目的,核实申报信息的真实性和完整性方面并无强制性要求,但需要配备审查利益冲突情况和化解利益冲突的安排的资源和措施。而防范非法致富目的,则需要核实申报信息的真实性和完整性,因此需要受理和监管主体具有较强的调查申报信息真实性和完整性的能力以及相应的配套资源和措施。

有些国家着眼于管理利益冲突的目的。如英国的利益登记与声明制度,其议员《行为规范》要求议员登记相关经济利益,目的在于提供其获得的经济利益与收益的信息。这些利益主要是他人认为可能影响其在议会中的行为、言论或投票,或者其作为议员职权范围内所采取行动的任何利益。[30] 西班牙 1991 年实施个人利益关联登记制度,2006 年设立利益冲突办公室(Conflict of Interest Office,CIO),更是明确将其申报制度定位为管理利益冲突。澳大利亚申报登记的目的是为防止登记人的个人利益与公共利益有冲

---

[30] House of Commons, The Code of Conduct together with The Guide to the Rules Relating to the Conduct of Member, 2012, http://www.publications.parliament.uk/pa/cm201012/cmcode/1885/1885.pdf House of Lords (second Edition: November 2011), Code of Conduct for Members of the House of Lords and Guide to the Code of Conduct, http://www.publications.parliament.uk/pa/ld/lacond/code.pdf.

突的可能,实行该项规定是为了保持公共部门的良好声誉。[31] 有些国家以防范非法致富为目的。这些国家多属于发展中国家,由于市场经济发展水平低,其社会生产、贸易、财务、税收以及金融等各方面发展水平和管理模式的缺陷,致使国家难以从防止利益冲突的深层角度去设计和执行相关的财产申报制度,便只能从防范非法致富的浅层角度去构建和执行。如越南2012年修订的《越南社会主义共和国反贪污腐败法》第44条至第53条规定的财产申报制度,根据该规定其申报项目只包括"房屋、土地使用权、贵金属、宝石、货币、有价证券和价值在5000万越盾以上的其他财产、在国外的财产和账户、依法需要纳税的收入。"[32]绝大多数国家则是兼顾这两项目的,如俄罗斯《2012—2013年国家反腐败计划》中规定:(1)对财产实时监控,不能解释财产来源的可被解雇并剥夺财产。(2)申报人有义务提供申报内容的凭证和来源。[33] (3)建立综合电子数据库,调查申报收入和实际收入之间、实际财产和合法财产之间的分析。[34] 此外还通过禁止公务员及其配偶和子女拥有海外资产、对政府官员和国有公司高管的开支进行监督,只能驾驶国产车,以及审查公务员消费占收入比例的法案(一次性支出超过前三年内收入总额就将面临法律调查)。[35]

(三)财产申报制度反腐效果与其他反腐配套措施的关系

1. 财产申报与社会诚信体系和信息统计体系的关系

一位纪检领导干部曾在2011年公开表态说,"我们感到有两个方面的条件是欠缺的:一是要建立起社会的诚信体系,二是信息统计体系,没有这两个体系的建立,我想这项制度实行起来是比较难的"。有学者认为"财产公示

---

[31] See Guidelines on Official Conduct of Commonwealth Public Servants, Public Service Commission, Canberra 1995, p. 68.

[32] 法条内容参见米良:《越南反腐败法简述——附〈越南社会主义共和国反贪污腐败法〉》,载《环球法律评论》2013年第2期。

[33] Заседание Совета ло лротиводействию коррулции, март 13, 2012 в 19: 15 http://astranovosti.ru.

[34] Медведев решил бороться с коррупцией, контролируя расходы чиновников http://www.mr7.ru/articles/51157/13 марта 2012 г. 15: 45 МРистория борьбы с коррупцией всовременной россии, РИА Новости http://ria.ru/spravka/20120404/615122656.htm#ixzz2JNY134qQ.

[35] Федеральный закон от 3 декабря 2012 г. N 230 – ФЗ "О контроле за соответствим расхдов лиц, замещающих государственные должноти, и иных лиц их доходам" 5 декабря 2012 г. в "РГ" - Федеральный вылуск No5953, http://www.rg.ru/2012/12/04/rashody-site-dok.html.

制度的出台无须以社会的诚信体系和信息统计体系为前提。正因为没有完善的社会诚信体系和信息统计体系,中国才需要官员申报公示财产。因为群众的眼睛是雪亮的,可以发现那些没有联网或实名的'不良资产',贪官的欺瞒行为更容易露出马脚,这项制度才更有执行力和威慑力。再者正因为可能有许多官员不如实申报财产,中国才需要公示"。[36]

笔者认为上述论述对财产申报制度与诚信体系和信息统计体系的逻辑关系有误解。首先,该论述认为正因为没有完善的社会诚信体系和信息统计体系,所以才需要申报公示,理由在于群众的监督可以发现腐败。并认为中国官员可能不会如实申报,所以才需要公示。其次,该论述暗含的逻辑是:有完善的社会诚信体系和信息统计体系,就不需要申报公示。笔者认为将财产申报制度反腐的制度有效性的核心寄希望于群众的监督,没有实践基础。第一,将财产申报制度有效性高的西方发达国家,与财产申报制度有效性低的发展中国家相比较,考察的结论是发展中国家对申报公示的范围、程度要比发达国家大、高,但发展中国家财产申报制度对反腐的实施效果远远不如发达国家。这种制度效果的差异,关键不在于申报公示的范围程度以及公众的监督,而在于社会信息统计体系和诚信体系的完备程度及其运作下的体制性全面监督。第二,既然以群众的眼睛是雪亮的为前提,那么按照该论述的逻辑,才无须官员申报公示财产。因为群众并不是根据申报公示的内容才监督、发现腐败的,而是在申报公示前就知晓官员有没有腐败事实,才可能会发现、举报腐败。因此有没有财产申报制度,不妨碍眼睛雪亮的群众监督官员有没有腐败。第三,财产申报制度要想取得良好的制度效益,还是需要有一个良好的社会诚信体系和信息统计体系的制度实施环境。

2. 财产申报与其反腐配套措施合力做功才能预防腐败

如前所论,发达国家的反腐倡廉成效显著的原因并不取决于财产申报制度本身的周密完备性程度。发达国家长期的市场经济发展与社会管理实践中形成和建立了一整套对于全社会的生产、贸易、财务、税收以及金融等各方面的经济活动的全面、系统、严格的监管。在这种体制性全面监控的情况下,公职人员便难以规避监管和转移隐藏财产,也容易核查和发现违规违法腐

---

[36] 参见何家弘:《反腐败的战略重心与官员财产公示》,载《法学》2014 年第 10 期。

败。因此体制性全面监管体系,是有效实行财产申报制度的重要技术前提。而反腐倡廉的效果取决于财产申报与其他反腐配套措施所形成的体制性全面监管体系的综合效应。

日本制度经济学家青木昌彦教授认为,制度是作为一个统一的集合体而进化的,这些制度之间是互补的关系,各种制度之间的相互依存、相互支撑,是制度体系强有力、有效的重要原因。[37] 木桶定律提示我们,决定木桶盛水量多少的关键因素在于最短的木板,因此在直径、使用状态等因素不变的情况下,只有组成桶壁的所有木板都具备一定的长度,才能盛下预定的水量。换句话说,在考虑木板的长短、厚度、缝隙、组合形状、使用状态、桶底等各种变量后,木桶能盛多少水,取决于木桶的整体状况,而各种变量的"短板"则起决定作用。同理,反腐败制度体系就如同一些木板组成的木桶,腐败就好比木桶所要盛下的水,决定反腐败制度体系能否有效治理腐败的关键因素在于"最短"的制度,而不是"最长"的制度。即便财产申报制度真有"过度肯定论"所论述的功能和作用,也将因反腐败制度体系中的其他制度短板而影响其发挥和实现,使其成为木桶里无效的长木板。我国当前的"领导干部个人有关事项报告"制度中,所包含的财产申报规定,绝不是反腐败制度体系中的"最短"的制度。因此在构建财产申报制度的研究和立法的同时,需要着力研究、构建和完善其他反腐配套措施。为此,中共中央颁布的《建立健全教育、制度、监督并重的惩治和预防腐败体系实施纲要》明确规定:要"加快银行、证券、保险业的改革,建立健全现代金融企业制度、金融监管制度,确保资金运营安全。建立健全金融账户实名制、现金交易限制及反洗钱制度、征信管理制度。建立对大额资金外流有效监控的预警机制和金融信息共享制度。"[38]因此该实施纲要所规定的配套制度应该尽快构建和实施,才能与财产申报制度共同形成体制性全面监管体系合力预防腐败。

三、财产申报在反腐败制度体系中的功能去魅

国内近十几年来对财产申报制度的研究,最大的缺陷在于非理性化对待

---

[37] 任建明主编:《反腐败制度与创新》,中国方正出版社 2012 年版,第 6~7 页。

[38] 2005 年 1 月 3 日中共中央关于印发《建立健全教育、制度、监督并重的惩治和预防腐败体系实施纲要》的通知。

财产申报制度治理腐败的功能,盲目夸大其防治腐败的作用,以至于形成“好像中国只要进行财产申报立法就能一扫反腐败治理困境的局面,从而实现反腐倡廉的目标”的理论醉狂亢奋状态,被称为“过度肯定论”。如有学者认为,“官员财产申报公开制度就是让腐败无法生存的‘阳光’,这个制度是打击腐败预防腐败最有力的武器。在财产申报制度下,已经腐败的官员因为要受到社会的公开监督与审查,其腐败财产必然会暴露在光天化日之下,必然受到相应的法律制裁。并且在财产申报制度的约束下,没有腐败的官员因为担心受到‘晒财产’制度的打击,必然不敢腐败”。[39]“有了财产公示制度,就相当于给公务员戴上了‘紧箍咒’,保护其远离罪恶的深渊”。[40]“应当以财产申报制度为主要倚重重构我国整个反腐制度体系”。[41]

国内的研究过分突出了财产申报在防治腐败方面的功能,甚至把财产申报当作反腐的终端利器,忽视了财产申报只是一项防治腐败的基础性工作。[42]因此有必要对财产申报在反腐败制度体系中的功能进行去魅。

(一)财产申报制度反腐败机制存在缺陷

首先,申报并公示财产并不能阻止那些铁了心蓄谋要贪污腐败的公职人员。它只能阻止那些受到诱惑、迫于某种压力或情况而并非决意实施贪污腐败行为却又害怕东窗事发的公职人员。它也能提醒那些诚信道德的公职人员及其上级领导注意并回避利益冲突的情况。[43]

其次,财产申报制度对渎职侵权等非财产利益的腐败行为,以及性贿赂等非经济利益的腐败行为和其他非经济特权的腐败行为,鞭长莫及无能为力。因此财产申报制度对于部分腐败行为的预防治理功能是存在缺陷的,更遑论对于官僚主义之类的作风建设问题的准腐败行为的影响了。

---

[39] 汪晓萍:《党政干部财产申报公开的制度探索》,载《理论导报》2011 年第 11 期。

[40] 林蔚文:《公务员财产办示制度之迫切性暨可行性研究》,载《厦门特区党校学报》2013 年第 2 期。

[41] 张曙光、杨会友:《反腐视角下的我国财产申报制度与刑法制度的衔接》,载《井冈山大学学报》(社会科学版)2013 年第 1 期。

[42] 邱安民:《我国官员财产申报制度影响因素及实现途径研究》,南昌大学 2013 年博士学位论文,第 16 页。

[43] 参见 Richard Messick : Income and Assets Declarations: Issues to Consider in Developing a Disclosure Regime, U4 ISSUE2009: 6, U4 Anti-Corruption Resource Center, http://www. cmi. no/publications/publication/? 3396 = income-and-assets-declarations。

最后,当前一百多个国家和地区都建立了相关的财产申报制度,但真正清廉的国家仍只是少部分西方发达国家,若说财产申报制度反腐败功能不存在缺陷,这是有违实践理性的。我国党内有从90年代至今陆续出台多项包括财产申报在内的报告措施,但至今为止从未因此而发现一例腐败现象。这并不是党内法规或政策和法律之间规范层级的区别造成的,这是财产申报制度本身的功能以及制度相关的配套措施欠缺决定的。

(二)财产申报制度反腐功能是间接的

1.财产申报制度的直接功能和主要功能

首先,主张财产申报制度具有防治腐败直接功能的见解存在一个逻辑悖论。是否真实申报由公职人员自主决定,而公职人员是不会申报自己不合法财产的,那么财产申报就不会对反腐败直接起作用,因此应对不实申报进行核查。问题在于:核查本身就是对申报不信任的反应,此外核查的成本和技术原因又反过来消解了申报制度效益。因此财产申报对于发现、遏制腐败不会起到"过度肯定论"所宣称的直接防治腐败的效果,故而财产申报不是反腐败的充分条件,只能是必要条件之一。那些宣称财产申报制度是反腐败终端利器的见解,明显混淆了充分条件和必要条件的区别。其次,通过申报财产和利益,主管机关和领导就可以知道下级公职人员的个人利益情况,从而在进行公共利益决策过程中,辨别、判断相关人员是否存在利益冲突并作出符合规定的决定。如果在公共利益决策过程中发现存在利益冲突,就可以启动不得发言、表决,或退席等回避措施。如果在作出公共利益决策后发现存在利益冲突,就可以启动冻结决策进行调查、资产托管、退出负责机制、纪律处分、刑事检控等措施。因此财产申报制度的直接功能是透明决策实现防止利益冲突的作用。

此外考察国外财产申报制度实施状况可知,各国实践中由于成本和技术原因对申报信息不进行核查,因此不会由此发现腐败。而不核查下的财产申报意义,只在于表明公职人员的清正廉洁以及愿意接受反腐败监督的表面态度。其主要目的在于建立公职人员的诚信体系。[44] 正如加拿大公职机关利益

---

[44] 参见房宁、周少来:《国外公职人员财产申报与公示制度的经验与启示》,载中国社会科学院"政治发展比较研究"课题组编著:《国外公职人员财产申报与公示制度》,中国社会科学出版社2013年版,第11页。

冲突和离职规则所指出,其目标在于“加强公众对整个公职机关体系及其雇员的正直诚实的信心”。[45]

我们认为,财产申报制度只能防君子不能防小人,然而君子不用防,顽固的腐败分子防不了,因此财产申报制度不会起到直接防治腐败的功能,而只是促进公职人员在长期注意管理利益冲突时养成自我约束的诚信习惯,提高从政伦理道德水准。此外,规制腐败犯罪的刑罚法规已然如此严厉,仍没有遏制住前仆后继的腐败大军。单凭出台一部《财产申报公示法》就妄想其化作铲平腐败的利剑,虚添其在反腐败法律体系中的功能,夸大其在反腐败治理中的作用,无异于痴人说梦。毫无疑问,刑法在治理腐败中所起的一般预防和特殊预防作用会远远大于财产申报制度所起的作用。财产申报制度通过透明决策实现防止利益冲突的直接功能,从而促进公职人员行政伦理道德和诚信体系的建立以及巩固增强公众对政府的信心,实现国家清正廉洁最终功能的反腐倡廉事业。预防腐败只是,财产申报制度在使用管理利益冲突这一手段所间接产生的效果。

2. 财产申报制度的间接功能

财产申报不是直接反腐措施,而是通过防止利益冲突间接实现预防腐败的作用,是反腐败的基础性的间接辅助措施。预防腐败可以分为主观方面预防和客观方面预防。

(1)主观方面预防,即心理预防,是指需要进行财产申报的公职人员根据制度效应施加的心理压力而降低实施腐败行为的可能性的程度和机会从而实现预防的目的。主观方面预防主要体现在抑制腐败动机方面:在有效实施财产申报制度情况下,公职人员害怕腐败行为被发现而受到惩处时,就会抑制其腐败动机从而实现一般预防的作用。即便公职人员通过腐败行为获取了财产或利益,但不敢、不能光明正大地占有、使用和消费,随时还要担心被发现、被惩处,也会抑制其腐败动机从而实现特殊预防的作用。

(2)客观方面预防,即行为预防,是指需要进行财产申报的公职人员根据制度效应制造的客观障碍而增加实施腐败行为的可能性的难度和成本从而实现预防的目的。根据经济学原理可知,腐败净收益 = 腐败收入 - 腐败成

[45] 任建明主编:《反腐败制度与创新》,中国方正出版社2012年版,第279~280页。

本,而腐败成本 = 交易成本 + 惩罚成本,因此腐败净收益 = 腐败收入 - (交易成本 + 惩罚成本)。由于腐败收入在具体腐败案件中是较为固定的,因此要想预防腐败,就需要将腐败净收益降至最低,可采取的方法即提高腐败交易成本和惩罚成本。

第一,财产申报制度在提高腐败交易成本方面体现为:首先,通过财产申报和公示,可以形成公众监督公职人员财产状况,从而增加权钱交易的难度提高腐败交易成本,提高预防腐败的有效率。其次,对腐败行为最强的约束力量不是处罚措施的严酷性,而是处罚措施的不可避免性(必定性、确定性),而发现腐败行为则是进行处罚的前提条件。因此提高发现腐败的概率所产生的一般预防作用是最有效的,而提高发现腐败的概率是财产申报制度实现提高腐败交易成本目标的作用之一。

第二,财产申报制度在提高腐败惩罚成本方面主要体现为不实申报入罪以及与巨额财产来源不明罪的关系。首先,巨额财产来源不明罪需要行为人自证清白,举证责任由行为人承担,以往是被学者诟病的地方。如果行为人真实履行了财产申报义务,便可以历年财产申报表证明财产的来源,就能解决行为人难以搜集证据证明巨额财产的合法性的问题。虽然行为人无须自证清白的关键问题仍未解决,但以这种方式在实务操作层面上能缓解行为人自证清白的困难。其次,如果行为人往年没有如实履行财产申报义务,那么假如行为人事后不能举证证明巨额财产的合法来源,且侦查控诉机关也无法证明是贪腐财产,在实务操作层面便可以历年财产申报表作为证据链的一环证明巨额财产来源不明罪的成立。假如行为人事后能举证证明巨额财产的合法来源,那么就不构成巨额财产来源不明罪,但其不如实申报财产的行为具有违法性,主观有责,就具有独立处罚的意义。而不实申报入罪,与腐败直接相关,又比其他腐败行为的侦查控诉更为容易。因此同样实现了提高腐败惩罚成本的目的。

四、建立和完善财产申报制度

财产申报制度是一项治理利益冲突的道德法律,其通过防止利益冲突间接实现预防腐败的作用,是反腐败的基础性的间接辅助措施。财产申报制度无法单独实现预防腐败作用,只有与其他反腐配套措施所形成的体制性全面监管体系才能发挥反腐倡廉的作用。在明确财产申报制度的性质及其预防腐败做功方式后,就有必要根据我国国情和现有规则,建立和完善财产申报制度。

(一)财产申报主体范围

财产申报主体范围是理论界争议的热点问题。由于我国正处于政治经济和社会急剧变革的转型时期,在生产、贸易、财务、税收以及金融等各方面的经济活动尚未形成体制性全面监管体系,因此财产申报的主体范围应该介于欧美发达国家类型与菲越发展中国家类型之间,不宜过窄仅限于高级公职人员,也不宜过宽囊括所有公职人员。根据中共中央办公厅和国务院办公厅2010年7月印发的《关于领导干部报告个人有关事项的规定》第2条,可知现行需要报告财产的主体范围是指副处级和相当于副处级及其以上级别的公职人员。具体包括:(1)各级党的机关、人大机关、行政机关、政协机关、审判机关、检察机关、民主党派机关中县处级副职以上(含县处级副职,下同)的干部;(2)人民团体、事业单位中相当于县处级副职以上的干部;(3)大型、特大型国有独资企业、国有控股企业(含国有独资金融企业和国有控股金融企业)的中层以上领导人员和中型国有独资企业、国有控股企业(含国有独资金融企业和国有控股金融企业)的领导班子成员。(4)还包括副调研员以上非领导职务的干部和已退出现职、但尚未办理退(离)休手续的干部。

将副处级以上领导干部作为我国的财产申报主体范围,是大致符合我国基本国情的,但并不符合财产申报制度法治化的精准治理策略。如前所论,财产申报制度是一项治理利益冲突的道德法律,其通过防止利益冲突间接实现预防腐败的作用。因此要科学精准构建财产申报制度的申报主体范围,就有必要回到财产申报制度的性质上来。需要注意以下问题:

1. 以利益冲突为判断标准

《联合国反腐败公约》第8条第5款:“公职人员特别就可能与其公职人员的职能发生利益冲突的职务外活动、任职、投资、资产以及贵重馈赠或者重大利益向有关机关申报”。根据上述规定可知,是否申报不是以级别或权力、职权为标准,而是以可能发生利益冲突为标准。以级别或权力、职权为标准裁量财产申报主体范围,被称为粗放申报治理类型,而与此相对的是以可能发生利益冲突为标准裁量财产申报主体范围,被称为精准申报治理类型。精准申报治理类型,是指针对不同区域环境、不同职能行业状况,运用科学有效程序以可能发生利益冲突为标准对申报主体范围实施精确识别、类型纳入、分类管理的治理方式。精确识别,这是界定某一职位的公职人员是否需要申报财产的前提,做法是根据职位的职权设置、职务行业状况,引入公民参与,通过透明程序进行评估是否可能发生利益冲突以及发生利益冲突的类型和频率,进行财产申报主体范围的界定。在精确识别财产申报主体范围后,就应该根据职务行业所发生利益冲突类型和频率状况以及职位的职权设置情况,进行类型纳入申报制度进行分类管理,依托现代信息技术手段建立类型化的监管体系。分类管理可以体现在根据职务行业所发生利益冲突类型和频率状况以及职位的职权设置情况不同,采用的审查方式与公示方式及范围不同。

2. 申报主体无须与贪污受贿等腐败犯罪主体一致

在财产申报主体范围的讨论中,还有一个争论是关于申报主体是否需要与贪污受贿等腐败犯罪主体一致的问题。肯定论认为,财产申报制度是用来治理腐败的,腐败犯罪分子不敢如实申报其财产,因此不申报和不如实申报财产的适格公职人员就违反了财产申报制度,那么国家就可以此依法处置违反财产申报法的公职人员,从而实现反腐败目的。否定论认为,申报主体无须与贪污受贿等腐败犯罪主体一致。我们赞同否定论,理由如下:

(1)法律性质不同。如前所论,财产申报制度是在政治性腐败和行政性腐败的背景下,产生的一项通过防止利益冲突间接实现预防腐败的道德法律,属于行政法范畴。而治理贪污受贿等腐败犯罪的法律,属于刑法范畴。因此财产申报制度的法律性质不属于刑法性质,因此规范对象无须一致。

(2)法律目的不同。法律性质不同,并不必然决定两者规范对象范围的不同,但至少说明了两者规范对象范围可以不同。更为重要的是,财产申报制度的直接功能在于透明决策实现防止利益冲突的作用,主要功能在于促进公职人员行政伦理道德和诚信体系的建立以及巩固增强公众对政府的信心,与其他反腐配套措施形成全面监管体系实现预防腐败的作用只是其通过防止利益冲突所具有的间接功能。因此财产申报制度的目的是预防腐败;而刑法设置犯罪条文,是直接处理贪污受贿等腐败犯罪,是为了惩治腐败,两者的法律目的不同。而肯定论明显将财产申报制度的预防腐败功能和目的与刑法惩治腐败功能和目的相混淆。而预防腐败所规范的对象范围与惩治腐败所规范的对象范围肯定不同,不具备对应性。因此申报主体无须与贪污受贿等腐败犯罪主体一致。

(二)申报的财产范围及申报方式

如前所述,财产申报制度在制度设计时一般存在管理利益冲突和防范非法致富两种直接目的,这两类不同目的对制度本身构建、配套设施的要求以及制度施行效果具有不同的影响。而我国正处于转型时期,有自己独特的国情环境,因此在界定所申报的财产范围也应该遵循从实际出发的原则。我们认为从构建长效反腐机制视角出发,结合基本国情,应该采取以利益冲突管理目的为主,以防范非法致富目的为辅的制度构建类型。也就是说,需要申报可能影响履行公职以及大宗财产的利益,而非包罗申报主体的所获取的所有利益。因此财产和利益的来源、物权状况、流转状况、投资情况、与商业组织的关系、兼职情况、礼品和招待、负债和借贷、房产、土地以及任何大宗财产等是申报的主要内容。根据利害关系原则、家庭财产共有理论、权力运用效应理论以及我国反腐败治理的实践情况,除了需要公职人员申报本人的财产状况外,还需要申报其配偶和共同生活子女的财产状况。除年度申报和初任申报外,还应采取变动申报方式,方能更好地实现财产申报防止利益冲突以及防止非法致富的制度目的。

现行有效的《关于领导干部报告个人有关事项的规定》第4条规定,需要报告的财产范围是本人、配偶和共同生活的子女的收入、房产、投资等财产。具体包括:(1)本人的工资及各类奖金、津贴、补贴;(2)本人从事讲学、写作、咨询、审稿、书画等劳务所得;(3)本人、配偶、共同生活的子女的房产情况;(4)本人、配偶、共同生活的子女投资或者以其他方式持有有价证券、股票(包括股权激励)、期货、基金、投资型保险以及其他金融理财产品的情况;(5)配偶、共同生活的子女投资非上市公司、企业的情况;(6)配偶、共同生活的子女注册个体工商户、个人独资企业或者合伙企业的情况。我们认为,本规定基本体现了防止利益冲突以及防止非法致富的制度目的,但在进行财产申报立法仍具有可完善之处。比如2007年《最高人民法院、最高人民检察院关于办理受贿刑事案件适用法律若干问题的意见》第8条指出:"国家工作人员利用职务上的便利为请托人谋取利益,收受请托人房屋、汽车等物品,未变更权属登记或者借用他人名义办理权属变更登记的,不影响受贿的认定。认定以房屋、汽车等物品为对象的受贿,应注意与借用的区分。具体认定时,除双方交代或者书面协议之外,主要应当结合以下因素进行判断:(1)有无借用的合理事由;(2)是否实际使用;(3)借用时间的长短;(4)有无归还的条件;(5)有无归还的意思表示及行为。"这类实践中以借款、借用为名的受贿司法实务案件,昭示着负债和借贷也应纳入申报范围。此外,最易引发利益冲突以及腐败的超过一定价值的礼品和招待状况,以及为防止非法隐性致富的"一定价值以上之现金、存款、有价证券、收藏、艺术品、珠宝、黄金、首饰、古董、字画、家具等财产"和"海外动产、不动产及金融账户"等项目也应纳入申报范围。财产和利益的来源状况、物权状况以及流转状况也应一并申报。

(三)受理和审查机构

财产申报的管理机构,主要有三种类型:一是独立型,如西班牙设立的利益冲突办公室、韩国设立的公职者伦理委员会,都是专门负责受理和审查财产申报的专职独立机构。二是隶属型,是指申报人所属部门的负责人或内设机构,美国、新加坡、俄罗斯等都采取这种方式。如美国的正副总统、独立检察官及其任命的工作人员直接向联邦道德办公室主任申报,而军职人员向各军兵种部长申报;参、众两院的议员、议员候选人及其管辖机构雇员分别向参、众两院的书记申报。三是制约型,是指议会或司法部门的下设机构负责财产申报的管理,即为了体现权力的分权制约,在议会或司法部门设立道德机构受理公职人员的财产申报。

现行有效的《关于领导干部报告个人有关事项的规定》第8条规定,领导干部报告个人有关事项,按照干部管理权限由相应的组织(人事)部门负责受理。因此当前我国财产申报是由相应级别的组织(人事)部门负责受理和审查的。我国有学者认为可以在人大设立财产申报管理委员会[46],来专职负责受理与监督我国的财产申报。我们认为,财产申报的受理和审查机构的设立,首先要体现出财产申报是一项治理利益冲突的道德法律性质,因此可以设立专职的伦理机构来履行职责。其次为实现财产申报防范非法致富的制度目的,需要核实申报信息的真实性和完整性,需要受理和监管主体具有较

---

[46] 参见刘志勇:《中国官员财产申报:现状及对策》,载《政治学研究》2012年第4期。

强的调查申报信息真实性和完整性的能力以及相应的配套资源和措施,因此财产申报的受理和审查机构必须具备专业性。我们认为,可以引入会计师事务所参与财产申报的受理和审查工作,这也是属于民间力量参与预防腐败的方式之一。最后,在当前反腐败实践状况和经济文化社会国情下,财产申报的受理和审查机构必须具备独立性,才能不受干扰最大限度地、完整地实现财产申报制度预防腐败的间接功能。因此可以在习近平总书记于中纪委十八届六中全会上提出要求新设置的顶层国家监察组织机构内,下设专职治理利益冲突的主管机构,统一负责受理、审查和监管财产申报工作,向全国派驻常规设置的廉政伦理委员,组织、人事、财务等不受地方机关单位的约束,就能实现主管机关的伦理性、专业性和独立性。

(四)公示与监察

如前所考察的三组国家财产申报类别,我们发现发达国家组需要公示申报信息的公职人员占申报主体的比例小,如美国原则上只要求登记申报,其中要求公示只占极少数(甚至如新加坡选择不公示)。而发展中国家组和转型国家组需要公示申报信息的公职人员占申报主体的比例大,如《越南社会主义共和国反贪污腐败法》第46条A财产申报单的公开[47]:

有财产申报义务人员的财产申报单按照以下规定公开:

1.有财产申报义务的人员的财产申报单应在义务人经常工作地的机关、组织或单位公开。

拥有干部、公务员、国家公职人员财产申报管理权的人员可决定公开形式,可在会议上公开或将申报单在机关、组织或单位的住地张贴。时间应在每年的1月1日至3月31日。如果用张贴的方式公开,则张贴时间不少于连续30天。

2.国会代表、地方人民议会代表候选人的财产申报单必须在候选人参选地的选民会议上公开。公开的时间、地点按选举委员会的规定执行。

3.预计可能入选国会代表、地方人民议会代表、其代表资格正在国会或地方人民议会审查的人员的财产申报单必须在国会会议、地方人民议会会议

[47] 米良:《越南反腐败法简述——附〈越南社会主义共和国反贪污腐败法〉》,载《环球法律评论》2013年第2期。

上向国会代表、地方人民议会代表公开。公开的时间、形式分别按照国会常务委员会和地方人民议会常务委员会的规定执行。

如俄罗斯2008年生效的《俄罗斯联邦反腐败法》第8条第5项规定，国家和地方公职人员及其配偶和未成年子女的收入、财产和财产性债权债务信息，可以按照俄罗斯联邦规范性法律文件规定的程序送交媒体予以公布。[48]此外2013年生效的俄罗斯《公务人员财产申报法》也规定了向官方网站或大众媒体公示。

理论界对申报与公示两者之间的关系颇有争议，存在分理论和一体论两种观点。分离论认为，财产申报与财产公示是两项可以分离的财产监控制度措施，分别具有不同的制度目的与承担着不同的廉政功能。申报与公示两者相对而言，申报是适格的公职人员向主管机构提供家庭财产信息，主动表明清正廉洁以及愿意接受反腐败监督的表面态度，其主要目的在于建立公职人员的诚信体系。公示则是主管机构依照法律规定的范围和程序向社会公开公职人员所申报的家庭财产信息，接受社会公众检验监督的行为，其主要目的在于借助公开透明的公民监督方式和力量助力反腐。这也正是在非常清廉的国家没有设立财产公示的原因之一。一体论认为，财产申报与财产公示是两项不可分离的财产监控制度措施，其制度目的和功能具有同一性。如果申报的财产不公示，则财产申报治理利益冲突预防腐败的功能也就失效了。

现行有效的《关于领导干部报告个人有关事项的规定》并没有规定公职人员所申报的信息需要向社会公开，而是在第12条规定："组织（人事）部门在干部监督工作和干部选拔任用工作中、纪检监察机关（机构）在履行职责时以及检察机关在查办职务犯罪案件时，经本机关、本单位主要负责人批准，可以查阅案件涉及的领导干部报告个人有关事项的材料"，因此采取了申报但不公示的模式。我们认为，分离论对于申报与公示两者之间关系的论述是正确合理的。但根据我国当前反腐败实践状况和经济文化社会国情，在公职人员的伦理体系尚未完善成熟，以及社会管理实践中尚未形成和建立一整套对于全社会的生产、贸易、财务、税收以及金融等各方面的经济活动的全面、系统、严格的监管体系的状况下，不设立财产公示制度是不能满足反腐倡廉

[48] 《俄罗斯联邦反腐败法》，杜永明译、刘洪岩校，载《环球法律评论》2010年第3期。

事业的实践需求的。因此应该采取申报且公示的模式,即有必要以公开透明的方式向地区、行业或全社会公示所申报的财产信息,以取得社会公众对公职人员职业群体和政府的信心,帮助建立公职人员诚信伦理体系,以及以公众监督参与的方式完善财产监控体系实现预防腐败的功能。

现行有效的《关于领导干部报告个人有关事项的规定》第 13 条规定:"纪检监察机关(机构)、组织(人事)部门接到有关举报,或者在干部考核考察、巡视等工作中群众对领导干部涉及个人有关事项的问题反映突出的,按照干部管理权限,经纪检监察机关(机构)、组织(人事)部门主要负责人批准,可以对有关领导干部报告个人有关事项的材料进行调查核实。"根据以上规定,在监察方面采取了消极监管模式。然而十八大以来,随着反腐败的推进,根据新华社 2016 年 1 月 25 日报道[49]可知,实践中开始采取比例抽查的方式进行主动核查监管,无疑增强了财产申报制度预防腐败的作用。对此,我们认为,囿于申报主体的基数巨大和申报内容的复杂性以及未成型的监管体系下核查的能力,采取合适比例抽查以及凡提必核的监察方式,是合理的选择。

(五)追责与处罚

《俄罗斯联邦反腐败法》第 8 条第 8 项规定,国家或地方公职人员不履行本条第 1 款规定的义务即构成违法,将解除其作为国家或地方公务人员的公职,或者根据俄罗斯联邦法律追究其他纪律责任。[50] 美国法典和《政府道德法案》对违反利益冲突规定的行为和财产中报中的违规行为规定了严厉的处罚措施。对拒不申报、谎报、漏报、无故拖延申报者,各单位可对当事人直接进行处罚。司法部可对当事人提出民事诉讼,法院可判处 1 万美元以下的罚款。对故意提供虚假信息的人,可提出刑事诉讼,判处最高 25 万美元的罚款

---

[49] "从 2015 年 1 月开始,中央组织部在全国范围部署推行领导干部个人有关事项'凡提必核',凡是拟提拔为副处级以上干部人选、后备干部人选以及转任重要岗位人选等,都要进行重点抽查核实。加大随机抽查力度,将抽查比例由 3% 至 5% 扩大到 10%。各级组织人事部门按照党政领导干部、事业单位领导人员和企业领导人员,分类分级随机确定抽查对象,确保抽查对象均衡分布,增强普遍约束。此外,还配合巡视工作,根据需要对被巡视单位领导干部个人有关事项进行抽查核实。2015 全年共抽查副处级以上干部 43.92 万人。"参见《2015 年全国领导干部个人有关事项报告抽查核实工作取得良好成效》,载《光明日报》2016 年 1 月 26 日,第 3 版。

[50] 《俄罗斯联邦反腐败法》,杜永明译、刘洪岩校,载《环球法律评论》2010 年第 3 期。

或5年监禁。违反利益冲突法的规定、参与与其经济利益有关系的事项的行为,判处1万美元以下的处罚或2年以下的监禁,或两项并处。[51] 横观其他国家和地区对违反财产申报法律制度,一般采取严格处罚的态度。

然而我国现行有效的《关于领导干部报告个人有关事项的规定》第17条规定,无正当理由不按时报告的、不如实报告的、隐瞒不报的、不按照组织答复意见办理的,根据情节轻重,给予批评教育、限期改正、责令作出检查、诫勉谈话、通报批评或者调整工作岗位、免职等处理;构成违纪的,依照有关规定给予纪律处分。据统计,2015年全国被抽查的领导干部中因不如实报告个人有关事项等问题,被取消提拔资格3902人,调离岗位35人,改任非领导职务17人,免职58人,降职14人;发现问题线索移交纪检监察机关给予党纪政纪处分160人;受到批评教育4.16万人,责令作出检查1.43万人,通报批评856人,诫勉5891人,取消后备干部资格698人。[52] 由上可见,我国对公职人员不申报、不如实申报行为的处分相当轻微。这样宽松的申报不公示的模式以及轻微的处分方式,社会公众和理论界对此颇有微词,认为应该加大对公职人员不申报、不如实申报行为的处罚力度。

其中争议的焦点问题之一表现为是否设立不申报、不如实申报财产罪。否定论认为:其一,增设不申报、不如实申报财产罪并非各国普遍立法现象;其二,刑法谦抑性原则要求谨慎使用刑法的形式应对社会治理问题;其三,我国刑法对贪污腐败行为设立诸多条款并配置了较重刑罚,增设不申报、不如实申报财产罪既与现行刑法如巨额财产来源不明罪难以协调,又难以借助刑罚威慑实现一般预防功能。如有学者认为"一旦发现申报不实或者拒不申报者,除了承担相应的行政责任外,及时启动侦查以发现其财产的真实来源。如证实系贪污贿赂犯罪所得,则构成相应的犯罪。如查明申报不实,本人又无法说明巨额财产来源,应以巨额财产来源不明罪定罪量刑。如但经查实是合法所得,属于单纯的违反财产申报制度的行为,对该行为予以行政处分似乎是比较合适的,故也就没有必要增设新的罪名"。[53] 然而经过研究,我们赞

---

[51] 孔祥仁:《美国财产申报制度简介》,载《中国监察》2001年第8期。

[52] 《2015年全国领导干部个人有关事项报告抽查核实工作取得良好成效》,载《光明日报》2016年1月26日,第3版。

[53] 参见孙国祥:《财产申报制度建构中的相关问题刍议》,载《江海学刊》2010年第2期。

同肯定论,即应增设不申报、不如实申报财产罪。[54] 理由如下:其一,已有部分国家立法设立不申报、不如实申报财产罪,况且一国是否对某行为犯罪化并不以外国是否有立法例为前提而应视本国治理实践的合理需要为条件。其二,增设本罪是为了严密反腐败刑事法网,本属查漏补遗之机,并不违反谦抑性原则。其三,增设本罪可以与现行刑法相协调,本罪与巨额财产来源不明罪之间的关系可以从以下方面解释。首先,两者目的和功能不同,本罪着眼于以及侧重于预防腐败,而巨额财产来源不明罪着眼于以及侧重于惩治腐败。其次,如前所论,如果行为人真实履行了财产申报义务,便可以历年财产申报表证明财产的来源,就能解决行为人难以搜集证据证明巨额财产的合法性的问题,从而否定巨额财产来源不明罪成立。如果没有如实履行财产申报义务,并事后不能举证合法来源,且侦查控诉机关也无法证明是贪腐财产,便可以历年财产申报表作为证据链的一环证明巨额财产来源不明罪的成立。其四,不申报、不如实申报财产的行为具有违法性,主观有责,其既与腐败直接相关,又比其他腐败行为的侦查控诉更为容易,并且能提高腐败惩罚成本增强预防腐败的能量,因此具有独立处罚的意义。

第三节　利益处理制度

一、利益处理制度概论

(一)利益处理理论基础

利益处理,又称资产处理,是指对资产或利益进行民事、商事法律上的处分。在反腐倡廉语境下,利益处理,是指由于公职人员所有或占有的股票、证券、投资等个人经济利益与其所担任的职务或履行的公务存在现实的或潜在的利益冲突,依法定规则和程序对所涉经济利益予以市场售卖或合格信托等方式处分,消除或回避利益冲突的制度。

因此,利益处理的本质是利益冲突情境中化解冲突的一种制度工具。

---

[54] 我国很早就有增设不申报、不如实申报财产罪的论述与建议(参见刘仁文:《"中日公务员贿赂犯罪问题国际学术研讨会"综述》,载《法学研究》1994 年第 4 期)。甚至还有学者认为应分别设为拒不申报财产罪、不如实申报财产罪、伪造或变造财产申报信息罪并给予不同刑罚(参见刘志勇:《中国官员财产申报:现状及对策》,载《政治学研究》2012 年第 4 期)。

从施行利益处理制度的各国和地区来看,利益处理一般与财产申报制度联系在一起,是保障财产申报制度得以有效实施的一种保障性辅助制度。财产申报制度的直接目的是发现可能产生利益冲突的个人利益。而利益处理制度是公职人员自主发现或者通过申报财产发现存在或可能存在利益冲突时,对所涉个人利益的一种处置方式,这种处置方式有利于消除或避免利益冲突。

(二)利益处理与防止利益冲突

公职人员在履行公职过程中遭遇利益冲突情境,一般而言具有以下三种符合社会正当期待的回避利益冲突的选择:

1. 退出公职:个人利益与公共利益发生冲突是以履行公职为中介和载体的。因此若退出公职,在具体事务上,个人利益与公共利益便失去了发生冲突的中介和载体,也就彻底消除了利益冲突。但这种选择是最下策的消极方式,不可能一产生利益冲突就让公职人员退出公职,不利于公职的妥当稳健履行。

2. 公务回避:个人利益与公共利益发生冲突是以履行公职为中介和载体的,那么利益冲突必然涉及某项具体公务的履行。公职人员可以就该项公务决策时,以离席回避、禁言回避、不行使表决权回避、不履行职责回避等方式,避免利益冲突。这种选择虽然在一定程度上降低职务对公务决定的影响从而避免利益冲突,但仍属于消极的防范措施。一则公职人员所担任的职务不是任何所涉利益冲突的公务都可以回避;二则即便可以回避也会因此影响公职人员的工作成效;三则当此项利益冲突处于常态化、持久化形态时,便会直接或间接致使公职的职能失灵或丧失,影响公共权力的效率。

3. 利益处理:既然不宜退出公职和某些情况下不宜回避公务,在保障公共利益不受损害的路径导向上,我们的目光就应放在如何适当处理个人利益上。法律保护公职人员合法的私有利益,因此也不能要求公职人员以牺牲个人利益,只能以对个人利益影响最小的方式维护公共利益,出售或信托个人利益的方式就成为有效的选择。

因此利益处理,是让公职人员对所涉冲突的个人利益进行民事、商事法律上的处分,是利用经济手段保障公职平稳正当地履行,在不影响履行公务的前提下,以利益最大化和受损最小化原则维护公职人员的合法的个人利益，是化解利益冲突的最佳方案。

利益处理是化解利益冲突的经济性制度工具，其做功理论模型是剥离性工具。有学者认为这是一种较为激进的手术式解决模式。[55] 剥离性工具是指把公职人员与其所涉个人利益剥离开来，使其无法直接控制个人利益，也就可以降低、控制、阻断、消除公职人员在履行公职中追求个人利益的动机和陷入利益冲突困境了。利益冲突是个人利益与公共利益发生冲突，那么将与公共利益发生冲突的个人利益和公职人员剥离开来，公职人员便不会受此利益的干扰而做出不利于公共利益的决定和行为，也就不会产生利益冲突了。这类个人利益往往与市场运作相关的经济利益，通常是巨大的甚至特别巨大。因此若不以规范他律的应激机制适当将公职人员与所涉个人利益剥离开来，这类个人利益所产生的巨大吸引力很容易攻破公职人员的伦理自律防线，促使公职人员在利益冲突情境中追求个人利益而实施违法违规行为。

（三）利益处理的两种主要方式

如前所论，利益处理是一种剥离性的经济工具，是指公职人员主动或依法律法规将所涉冲突的个人利益与公职人员剥离开，因此所进行的是诸如市场出售、赠与、合格信托等转移所有权或管理权等民事、商事法律上的处分。而出售、信托是法定的两种主要处分方式。

1. 出售

出售，是指通过商品与货币交换形式，由出卖人转移标的物所有权于买受人，而买受人根据合同支付约定价款的民商事交易行为。出售主要由出卖人、买受人以及标的物三要素构成。利益处理制度中的出售，是指公职人员将所涉冲突的个人利益以正常的市场交易形式公开出卖，并依照规定将出售资料或证明材料上交相关主管部门。其中公职人员是出卖人，市场交易的相对方是买受人，所涉冲突的个人利益是标的物。

它的主要特征表现为：其一，所涉冲突的个人利益由公职人员转移财产所有权给买受人，从而取得收取相应价款的权利，这是出售的主要法律特征

[55] G. Calvin Mackenzie, *Scandal Proof: Do Ethical Laws Make Government Ethical*, Washington D. C.: Brooking Institution Press, 2002, p. 73.

以及主要法律后果。转移财产所有权的法律后果的意义就是将所涉冲突的个人利益与公职人员剥离开,从而实现回避利益冲突的目的。其二,买受人依据权利转移合同取得标的物所有权,从而承担向公职人员支付符合市场规律的价款的义务。公职人员收取约定价款的意义在于实现了公民财产权利,维护了个人合法利益。

通过出售方式处理利益冲突的优点在于,这种剥离方式简单利落,能直接有效化解利益冲突。然而缺点在于,有可能给公职人员造成经济损失。因为由于当时所涉冲突的个人利益并不处在一个良好的合理的市场环境,通过急忙出售不利于实现公民财产利益最大化,从而损害了公职人员的财产权利。

2. 信托

美国信托法权威学者 Bogert 将信托定义为"信托是一种忠实关系,在此关系中,一人拥有财产所有权,然而受到衡平法上义务的限制,必须为他人的利益而管理或使用该财产。"[56]我国《信托法》第 2 条规定:"本法所称信托,是指委托人基于对受托人的信任,将其财产权委托给受托人,由受托人按委托人的意愿以自己的名义,为受益人的利益或者特定目的,进行管理或者处分的行为。"因此,信托是指通过委托与信任联结的方式,由委托人转移标的物的管理、使用、处分权于受托人,而受托人基于为受益人的利益或目的之忠实义务,对标的物进行管理、使用、处分的民商事交易行为。信托主要由委托人、受托人、受益人以及标的物四要素构成。利益处理制度中的信托,是指公职人员所涉冲突的个人利益以合格的信托形式委托给受托人进行管理、使用和处分,并依照规定将信托资料或证明材料上交相关主管部门。其中公职人员是委托人;适格的自然人、法人可以成为受托人;在信托中享有信托受益权的人是受益人,委托人和受托人可以是受益人;所涉冲突的个人利益是标的物,也即信托财产。

它的主要特征表现为:其一,所涉冲突的个人利益由公职人员转移财产管理、使用、处分权给受托人,但保留信托财产的所有权,这是信托的主要法

---

[56] 原文为"A trust is a fiduciary relationship in which one person is the holder of the title to property subject to an equitable obligation to keep or use the property for the benefit of anther"。George T. Bogert, *Trust*, West Publishing Co. (6th ed. 1987), p. 1.

律特征以及主要法律后果。转移财产管理、使用、处分权的法律后果的意义就是通过分离财产的所有权和管理、使用、处分权,从而将所涉冲突的个人利益与公职人员剥离开,最终实现回避利益冲突的目的。其二,公职人员可以通过将所涉冲突的个人利益委托给他人设立信托的方式成为受益人,从而取得信托财产的受益权。公职人员享受信托利益的意义在于实现了公民财产权利,维护了个人合法利益。

通过信托方式处理利益冲突的优点在于,这种剥离方式可以通过委托他人管理、使用和处分所涉冲突的个人利益,既能有效化解利益冲突,又能实现公民财产利益受损最小化,从而保障公民的财产权利。但是缺点在于,剥离方式需要设立较为复杂的合格的信托关系,并将公职人员对信托财产的所有权和管理、使用、处分权相分离,剥夺了公职人员依照自己意愿管理、使用、处分信托财产的权利,也可能由于受托人违背忠实和有效管理义务,从而给公职人员造成经济损失。

二、利益信托规则比较研究

美国、加拿大建立了较为完善的利益冲突管理规则体系,是理论研究必备的分析对象。而我国香港特区、台湾地区由于和大陆同宗同源,又在社会制度及社会治理模式方面各有不同,通常当作大陆进行制度改革和社会治理改善的重要研究范本。因此,我们选取美国、加拿大和我国香港特区、台湾地区作为利益冲突管理制度体系中关于财产信托的研究对象,以期找到一些科学合理的规范要素作为大陆建立利益处理制度的重要借鉴。(见表6－2)

表6－2　美国、加拿大和中国香港特区及台湾地区利益信托制度比较

内容	美国	加拿大	中国香港特区	中国台湾地区
法律依据	政府道德法案	公务员服务价值伦理法,利益冲突法	公务员事务规例,政治委任制度官员守则	“公职人员财产申报法”
信托类型	合格的盲目信托	保密、冻结、保留信托	全权托管(盲目信托)	强制信托

续表

内容	美国	加拿大	中国香港特区	中国台湾地区
规范主体	国会议员、司法人员，相当文官俸级高于 GS - 15 职等以上行政部门与立法部门的官员、7 职等以上军官（包括本人、配偶及受抚养子女）	第一类：皇家部长、州部长、议会秘书 第二类：除上述之外所有公职人员（包括本人、配偶及未成年受抚养子女）	第 1、2 层职位之公务员及政治委任官员 （公务员部分仅本人；政治委任官员包括本人、配偶及子女）	地区正副领导人；“五院正副院长”，政务人员、公营事业总、分支机构之正副首长，直辖市长，县（市）长（包括本人、配偶及未成年子女）
规范方式	由应办理财产申报的义务人自行选择财产申报或将财产交付合格的盲目信托。选择信托的，可无须办理财产申报。是否信托并无强制性	第一类人员：申报财产有利益冲突之虞时，需要办理信托 第二类人员：申报财产经由主管长官判断有无明显违反利益冲突，有则命令其在市场公开出售财产或办理信托	主管长官经由公职人员申报相关投资或利益的资料判断有无明显违反利益冲突，有则命令其放弃或停止或将投资或利益交由他人全权托管	以“法律”规范特定公职人员将特定财产强制信托
规范标的	投资及收益	公开交易的公司或外国政府证券、自己管理记名的退抚基金及教育基金、以投机目的持有的商品、期货与外汇或股票选择权、担保、权利与其他类似工具等	投资、股票、直接或间接拥有的权益（包括担任公司董事）、地产或房产的任何权益	不动产、上市（上柜）股票
办理期间	并无强制性，无期间规定	在任职之日起 120 日内交付信托	无相关法令规定期间	就（到）职后 3 个月内
信托费用	义务人自行承担	由政府报销义务人法律上、会计上于转让时之合理必要费用	无相关法令规定费用承担	义务人自行承担，免缴登记规费
是否公开	不公开	不公开	不公开	必须公开

上述表6-2是根据美国、加拿大以及我国香港特区、台湾地区的规定所进行的文本比较分析。因此从法律文本来看，可以发现以下特征。其一，从信托的依据来看，都具有相关的利益冲突管理方面的法律依据，值得注意的是台湾地区将财产信托规定在财产申报“法律”内。其二，从信托类型来看，各有不同，说明治理利益冲突的制度措施可以相同但必须结合本国或地区实际情况与规则实施环境做出相应的修正。其中美国采取的是合格的盲目信托方式，加拿大则信托方式有保密、冻结、保留三种可供选择，而我国香港特区采取的是类似盲目信托的全权托管方式，我国台湾地区则采取强制信托的管理方式。其三，从信托义务主体来看，与各国或地区申报财产义务主体相关联，即规范主体范围一般小于或等于申报财产义务主体范围。此外还需注意的是，除本人外，各国或地区根据利害关系原则、家庭财产共有理论等理论，将配偶及子女纳入规范主体范围，从而增强了信托制度的功能的有效性。其四，从规范方式来看，主要存在平行替代类型和线性强制类型。其中美国的财产信托属于平行替代类型，即对所涉冲突的个人利益由公职人员自主选择办理财产申报或者合格的盲目信托（或出售），办理财产申报与合格的盲目信托是化解利益冲突的两项平行选择，只要具备其中之一就可免除另一规则义务。而加拿大和我国香港特区、台湾地区的财产信托则属于线性强制类型，即对所涉冲突的个人利益由公职人员在办理财产申报程序后，经评估存在现实或潜在的利益冲突之虞时，必须进行财产信托（当然也是可以选择出售方式），办理相应的财产信托是在办理财产申报程序后进行的，是递进有序的利益冲突回避措施。此外，我国台湾地区的强制信托还具有独特部分，即部分公职人员申报财产时无须评估特定财产是否存在利益冲突的可能性，就必须依法将特定财产信托。其五，从规范标的来看，投资、股票、基金、债券、期货等金融性财产、财产性权利、财产性利益属于必要的信托标的，美国、加拿大、我国香港特区和我国台湾地区都对此进行了规定。然而对于地产、房产等不动产财产是否需要纳入信托标的范围，存在不同的意见。从法律文本来看，美国和加拿大对此没有明确要求，理论上对于地产、房产等不动产若是属于投资性质的财产是否需要进行信托也有争议，虽然多数意见以及实务上要求办理合格的信托。而我国香港和台湾地区则在规范上明确要求地产、房产等不动产办理信托。其六，从交付信托期间来看，美国和我国香港特区并没有规定强制期间，而加拿大和我国台湾地区则分别规定了自就（到）职之日起120日和3个月内。这其中差异的原因还需要进一步的研究。其七，从信托费用承担方来看，管理信托财产所支出的费用以及信托受托人的报酬都是由信托义务人承担。但对于信托登记以及转让等事务性费用，则各国或地区各有不同，加拿大法律规定，由政府报销义务人法律上、会计上于转让时的合理必要费用。而我国台湾地区规定“其因信托所为之财产权移转登记、信托登记、信托涂销登记及其他相关登记，免纳登记规费”。其八，对于信托文件及相关证明资料是否需要向外公开，存在明显的对立现象。美国、加拿大和我国香港特区，由于采取的是秘密信托方式，而明确规定不得公开信托文件及相关证明资料，因此不仅信托委托人不知晓受托人以及信托财产的管理、使用和处分情况，而且社会公众对此也没有知情权。与此相对，我国台湾地区由于采取的透明强制信托方式，因此信托委托人和社会公众是可以知晓信托情况的。只不过我国台湾地区做了限制性规定，即信托委托人或其法定代理人对信托财产之管理或处分欲为指示者，应事前或同时通知该管受理申报机关，始得为之。

如前所述，各国或地区的法定信托类型并不相同，差异的根本原因在于该国或地区实际情况与规则实施环境的不同。美国的合格的盲目信托，是指作为信托义务人的公职人员依据信托文件成为受益人，只对信托财产及其产生的收益具有受益权，而对信托财产的管理、使用及处分没有决定权和指示、建议权。受托人必须具备特定的身份，只能是具备资质的金融机构、公共审计会计师、律师或经纪人。信托的盲目性表现在委托人对信托受托人及其对信托财产的管理使用和处分的情况没有知情权，信托文件和相关证明资料不公开。加拿大的信托类型分为三种，其中保密信托是指受托人独立作所有有关信托财产管理的投资决定，不接受信托委托人的指示或控制，对特定伦理机构或相关主管机构负责，也即上述的盲目信托。冻结信托是指受托人需要按信托法律关系建立时的情况维持财产原状，不进行变更信托财产状况的管理和处分。保留信托是指受托人需要按信托法律关系建立时的约定，保留产业规划目的而建的控股公司中的权利。无论何种信托类型，加拿大法律规定公职人员不得对信托财产拥有管理或处分控制的权利。我国台湾地区的强制信托，更加凸显了信托关系建立的强制性，即不问公职人员的意愿以及财产的利益冲突可能性，强制将特定财产建立信托关系。但为了弱化这种强制给委托人带来的损害，法律允许事前或同时通知受理申报机关，委托人或其法定代理人就可以依法对信托财产的管理或处分作指示。

三、建立我国的利益处理制度

（一）我国利益处理的现状

我国到目前为止，尚未建立专门的利益处理规则制度。但从利益处理制度所使用的出售、信托措施来看，我国已有相关法律规定。比如 1986 年实施、2009 年修正的《中华人民共和国民法通则》以及 1999 年颁布实施的《中华人民共和国合同法》等相关法律法规和司法解释，就对出售进行了规范。而 2001 年颁布实施的《中华人民共和国信托法》就对信托的设立、信托财产、委托人、受托人、受益人以及信托的变更与终止，做了详细规定，规范了信托行为，保护了信托当事人的合法权益，促进了信托事业的健康发展。

当然，尚未构建起利益冲突管理制度体系，还没有将这些法律规则措施作为利益冲突处理的制度工具加以适用，因而有必要结合我国反腐败实践情况，建立针对治理公职人员利益冲突为目的出售和信托规则。由于在市场上公开出售并无特殊要求，完全符合市场行为，只能在税费上予以优惠，如出售免征交易税、增值税。而利益处理制度对信托除符合《中华人民共和国信托法》基本规定外，还有特殊要求，因此下文将利益处理信托规则作为重点研究。

（二）利益处理信托规则内容设计

1. 义务主体范围

从国际上看，义务主体范围一般界定为具有较高级别领导职务的公职人员。笔者认为在我国语境下，信托义务主体宜在财产申报义务主体范围之内限缩，即中央及省、地和县级地方政府、人大、政协、党委、军委、法院、检察院的正副领导，中央和省级政府各部门正副领导，人民团体、事业单位中相当于地市级副职以上的正副领导，需要办理财产信托。

2. 信托类型

关于信托类型，笔者认为结合我国的基本国情，为实现反腐倡廉的目标，宜选择加拿大模式，即保密信托、冻结信托以及保留信托三类方式供信托义务人结合自身情况选择，以期最大限度地保障公职人员作为公民的财产权利。

3. 信托方式

我国《信托法》第 8 条第 1 款规定:“设立信托,应当采取书面形式”。因此利益处理制度中的财产信托也应当采取书面形式。除此之外,公职人员在订立信托法律关系后,还必须向相关主管机构提交财产信托移转相关文件和财产申报表。

4. 规范标的

我国《信托法》第 7 条规定:“设立信托,必须有确定的信托财产,并且该信托财产必须是委托人合法所有的财产。本法所称财产包括合法的财产权利。”因此信托标的除需要满足合法性质外,还需要加以明确公职人员的哪些财产需要交付信托。笔者认为投资、股票、基金、债券、期货等金融性财产、财产性权利、财产性利益属于必要的信托标的,属于投资性质的地产、房产等不动产也需要纳入规范标的范围。

5. 信托内容

我国《信托法》第 9 条规定:“设立信托,其书面文件应当载明下列事项:信托目的;委托人、受托人的姓名或者名称、住所;受益人或者受益人范围;信托财产的范围、种类及状况;受益人取得信托利益的形式、方法。除前款所列事项外,可以载明信托期限、信托财产的管理方法、受托人的报酬、新受托人的选任方式、信托终止事由等事项。”因此信托文件中除载明上述内容外,还必须明确规定:(1)公职人员不得知晓信托受托人及其对信托利益的管理使用处分情况,并不得为知晓这些情况采取行动;(2)公职人员不得对信托受托人及其对信托利益的管理使用处分作指示或建议;(3)信托受托人不得接受公职人员对信托利益的管理使用处分所作的指示和建议,只对主管机构负责。

6. 办理信托期间

交付信托期间,需要照顾到公职人员对其财产的清理时间,并且结合财产申报期间进行考虑。笔者认为在公职人员就职、到职或者财产变动情况符合信托条件之日起三个月内办理信托手续,这个期间将财产申报期间包含在内,因而是合理的。

7. 信托费用

我国《信托法》第 35 条规定:“受托人有权依照信托文件的约定取得报

酬。信托文件未作事先约定的,经信托当事人协商同意,可以作出补充约定;未作事先约定和补充约定的,不得收取报酬。约定的报酬经信托当事人协商同意,可以增减其数额。”因此关于信托产生的受托人报酬由信托当事人协商约定,由作为委托人的公职人员自己承担。然而公职人员的财产本可不必交付信托,因而办理财产移转登记、信托登记、信托涂销登记及其他相关登记所产生的费用是公职人员本不必支付的费用,但为了利益冲突回避的目的而交付信托,因此有必要对这些法律上、会计上产生的登记规费予以免缴。此外,免缴登记规费也有利于鼓励适格的公职人员积极办理财产信托。

8. 法律责任

信托标的是与公共利益相冲突的个人利益,公职人员违反信托规则,一般采取罚款的形式作为法律责任。其一,对于适格的信托义务人逾期不交付信托、故意不交付信托的,处罚款。其二,对于信托义务人受前项罚款后,经有关主管机构通知限期信托或补正,仍不信托或补正的,按通知的次数连续处罚款。再者,信托委托人违反信托规则故意采取行动知晓信托受托人及其对信托利益的管理使用处分情况,或者故意对信托受托人及其对信托,利益的管理使用处分作指示或建议,处罚款。其三,信托受托人违反信托规则接受委托人对信托利益的管理使用处分所作指示和建议的,处罚款并变更受托人。其四,信托当事人受处罚确定的,由主管机构公示于报纸或官方网站。

第四节　内部行为利益冲突管理制度

一、内部行为利益冲突概论

公职人员在履行公职工作中,为公正顺当处理公共事务所依法实施的附随行为,就是内部行为,与收送礼品馈赠等外部行为是相对的概念。在廉政建设与反腐败视角下,外部行为是指公职人员在履行公职期间,实施与公正顺当履行公务无关的收送礼品馈赠、经商兼职等营利活动的行为。而内部行为是指公职人员在履行公职工作中,为协助公务得以公正顺当履行,遵循依法合理原则,根据公务的性质、类型、事务需要、进展状况等特征而实施的消费、劳动等附随行为。结合研究主题的需要,本节主要研究公职人员在履行公职工作中的职务消费的利益冲突管理问题。

(一)职务消费行为基础理论

经济学将消费分为生产消费和生活消费。职务消费不是为了满足个人生活需要,而是为了满足在公共生产生活的需要,因此属于生产消费。职务消费的经费来源于行政管理费。而行政管理费按照使用要素分为人员经费、办公经费、公用经费。人员经费是用于支付公职人员的劳动报酬和福利津贴,办公经费是用于支付办公设施、日杂办公用品以及维持正常办公的水电通信等费用。因此公用经费是职务消费的经费来源。职务消费的构成要件及其特征主要表现在以下方面:

1. 公职人员是职务消费的主体。根据《联合国反腐败公约》第 2 条第 1 项的规定可知:“公职人员系指:(1)无论是经任命还是经选举而在缔约国中担任立法、行政、行政管理或者司法职务的任何人员,无论长期或者临时,计酬或者不计酬,也无论该人的资历如何;(2)依照缔约国本国法律的定义和在该缔约国相关法律领域中的适用情况,履行公共职能,包括为公共机构或者公营企业履行公共职能或者提供公共服务的任何其他人员;(3)缔约国本国法律中界定为“公职人员”的任何其他人员。但就本公约第二章所载某些具体措施而言,“公职人员”可以指依照缔约国本国法律的定义和在该缔约国相关法律领域中的适用情况,履行公共职能或者提供公共服务的任何人员。”此外在职务消费的条件下,只有在岗在职的公职人员才会因履行公务而产生职务消费的需要。因此因各种原因不在岗、不在职以及离退休的公职人员所产生的消费,不属于职务消费。

2. 以履行公务为职务消费的目的,即因公消费。所产生的消费是为了满足履行公务所需要的,而不是为了满足个人需要。因此在排斥纯粹个人消费的同时,还需要区分假公济私以职务需要为借口的个人消费以及奢侈浪费超标准的职务消费。

3. 以国家财政为职务消费的经费来源。职务消费是保障履行公务所必需的消费性运行成本,因此需要编制预算纳入国家财政。需要注意的是应当由公职人员个人支付的消费,却由下属单位、关联单位以职务消费名义支付报销的,不是职务消费,属于利益冲突行为,甚至是腐败行为。

(二)职务消费行为与利益冲突

公职人员在履行公职过程中,因执行公务所需支付交通用车、通讯、业务招待、差旅、国(境)外考察培训等经费,很容易引发公职人员利益冲突困境。因为执行公务所产生的各项职务支出具有其必要合理的标准线,超过标准线或者假借执行公务为名的个人消费都侵害了公共利益。

公职人员在职务消费方面实施的利益冲突行为主要表现在以下两方面:一是资源分配方面的冲突。财政经费是为实现职能的需要,由权力机关依法进行分配的资金资源,其资源的有限性决定了财政经费必须充分有效地全部用于必要合理的职务消费支出上。比如在执行 A 项公务所需的职务消费上超过必要合理的标准,那么就有可能造成在执行 B 项公务所需的职务消费的经费短缺,从而影响公共事务的处理,妨碍公共利益的充分实现。或者假借执行 A 项公务的名义支列职务消费名目,就可能造成在执行真正的公务时所需的职务消费的经费短缺,也会妨碍公共利益的充分实现。此外超标准的职务消费或者假借执行公务为名的个人消费都会给财政经费造成巨大的浪费,这种浪费行为本身就是对公共利益的侵害。二是公务关系方面的冲突。公职人员在因执行公务所进行交通用车、通讯、业务招待、差旅、国(境)外考察培训等职务消费行为时,如果超过必要合理的消费标准或者假借执行公务为名进行消费而没有受到追究,就可能引发其他公职人员的跟从与攀比,不仅影响财政经费的合理分配,而且会污染公务执行环境,降低公务执行效率。甚至公职人员利用不规范的职务消费行为去结交、献媚、贿赂其他公职人员以追求个人利益,严重污染了公职人员之间单纯的公务关系。因而公职人员在职务消费方面实施的不合规范行为,本质上还是追求个人利益,损害公共利益,是应予规范和防止的利益冲突。

二、职务消费治理制度现状及问题

(一)规范依据

2003 年中纪委二次全会工作报告《全面贯彻党的十六大精神努力开创党风廉政建设和反腐败工作新局面》就提出,要积极探索用改革的办法解决领导干部职务消费中存在的问题。2004 年中纪委、中组部、监察部、国务院国资委印发《国有企业领导人员廉洁从业若干规定(试行)》明确指出国有企业领导人员应当规范职务消费行为。2006 年国务院国资委出台《关于规范中央企业负责人职务消费的指导意见》,进一步推进公职人员职务消费行为的改革。2006 年《中共中央办公厅、国务院办公厅关于加强农村基层党风廉政建设的意见》提出了规范农村基层公务接待活动的要求,禁止村、组基层单位招待党和国家机关工作人员,逐步推进农村基层干部职务消费制度改革。2009 年中央办公厅、国务院办公厅修订并印发《国有企业领导人员廉洁从业若干规定》指出,为履行工作职责所发生的消费性支出及享有的待遇,国有企业领导人员应当勤俭节约,依据有关规定进行职务消费。

根据历年政府工作报告以及 2006 年《国资委关于规范中央企业负责人职务消费的指导意见》可知,职务消费主要包括公务用车配备及使用、通讯、业务招待(含礼品)、差旅、国(境)外考察培训等与企业负责人履行其职责相关的消费项目。其中公务接待、公务用车、公款出国(境)在职务消费中所占比重很大,即争议巨大的"三公消费"。本书主要探讨公职人员在公务接待、公务用车、公款出国(境)职务消费行为的利益冲突管理问题。

(二)公务接待

公共事务的复杂性决定了当公务活动需要跨地区、跨部门、跨层级履行时,就会产生公务接待的需要。如上级单位视察、考察、检查、调研,下级单位汇报、交流,同级单位以及其他地区单位访问、参观,本单位开会,以及国际组织、外国政府和企业访问、参观、会议等活动,就需要依法依规对相关单位和人员进行接待,所产生的费用就形成合法合理的公务接待费用,主要包括交通费用、住宿费用、工作用餐费用以及符合规定的礼品费用。

公务接待方面在实践中主要存在公款吃喝、公款娱乐文体活动、公款旅游以及公款送礼等问题,这是在资源分配和公务关系方面产生的严重的利益冲突。为了治理公职人员职务消费行为的利益冲突,近年来我国专门制定了相关规定。如为严格规范国企负责人职务消费,出台了《关于规范中央企业负责人职务消费的指导意见》(国资委 2006 年)、《国有企业负责人职务消费行为监督管理暂行办法》(监察部等 2012 年)等,明确构建职务消费的具体项目、消费标准、审核与监督程序以及罚则等规则。为严格规范行政事业单位和机关单位的职务消费,出台了《行政事业单位业务招待费列支管理规定》(财政部 1998 年)、《关于业务招待费列支管理有关问题的通知》。为禁止名为开会实为公款旅游,出台了《关于严禁党政机关到风景名胜区开会的通知》(两办 1998 年)、《关于制止以革命传统和爱国主义教育为名组织公款旅游的通知》(中纪委2005年)、《关于制止以各种名目的教育活动为由组织公款旅游活动的通知》(最高法2005年)。为严格规范公务接待职务消费,出台了《中央国家机关和事业单位差旅费管理办法》《中央国家机关出差和会议定点管理办法(试行)》等。为禁止公款吃喝,出台了《关于坚决刹住用公款大吃大喝歪风的紧急通知》(中纪委等2003年)。2013年12月中共中央办公厅、国务院办公厅印发《党政机关国内公务接待管理规定》,对规定的适用范围,公务计划管理,公务接待范围、审查、住宿用餐用车,经费管理,公务接待标准,检查监督与追责等都有明确规定。

(三)公务用车

公务活动跨地区、跨部门、跨层级履行时,也会产生使用交通工具的需要。在交通方面存在着私人交通工具、公共交通工具以及公务交通工具三种类型。其中公职人员在履行公务中为了公共利益和公共目的的需要,可以依法强制征用公民的私有财产。如2012年修订的《中华人民共和国人民警察法》第13条第2款规定,公安机关因侦查犯罪的需要,必要时,按照国家有关规定,可以优先使用机关、团体、企业事业组织和个人的交通工具、通信工具、场地和建筑物,用后应当及时归还,并支付适当费用;造成损失的,应当赔偿。2007年颁布的《中华人民共和国物权法》第44条规定,因抢险、救灾等紧急需要,依照法律规定的权限和程序可以征用单位、个人的不动产或者动产。被征用的不动产或者动产使用后,应当返还被征用人。单位、个人的不动产或者动产被征用或者征用后毁损、灭失的,应当给予补偿。而公职人员在履行公务中可以乘坐公共汽车、出租车、火车等公共交通工具,所需费用可以通过差旅费方式列入财政预算拨付。

但本节所讲的公务用车主要讨论的是第三类,即为公职人员履行公务需要而配备的车辆。公务用车分为一般公务用车和执法执勤等专门用车。一般公务用车是指办理普通公务、机要通信、应急、特种专业技术用车等公务活动的车辆;执法执勤用车是指用于一线办案、稽查、监管等专用车辆。一般公务用车在实践中又分为专车、相对固定用车和普通公务用车。其中专车和相对固定用车是为具有较高行政级别的领导人员提供的,具体标准参见1994年《中共中央办公厅、国务院办公厅关于党政机关汽车配备和使用管理的规定》[57]。普通公务用车是由公职人员根据履行公务的需要依照规定和程序使用由单位统一管理的车辆。而执法执勤用车,如2012年印发的《人民检察院执法执勤用车配备使用管理办法(试行)》第3条规定,本办法所称执法执勤用车是指各级人民检察院用于依法履行职务犯罪案件侦查与预防、侦查监督、提起公诉、刑事审判监督、刑事案件判决裁定监督、控告申诉、民事行政诉讼监督、刑罚执行监督等执法办案职能的专用机动车辆。执法执勤用车又可以分为一般执法执勤用车和特种专业技术用车两类,如《人民检察院执法执勤用车配备使用管理办法(试行)》第4条规定,一般执法执勤用车是指各级人民检察院用于一般调查取证、提讯审讯、诉讼监督、控告申诉等执法办案任务的普通机动车辆和用于重大案件侦查取证、通讯指挥、刑事诉讼等执法办案任务的性能或者配置较高的机动车辆,包括:警车、赃物车、警务保障车和普通办案用车。特种专业技术用车是指需要长期固定装载特殊专业技术设备,用于通讯指挥、侦查取证、现场勘查、检验鉴定、押解、检务保障等执法办案任务的专用车辆,包括:指挥车、侦察车、勘查车、取证车、囚车、和其他特种专业技术用车。

公务用车中存在着公职人员上下班用车,尤其是单位为方便公职人员上下班实行班车接送是否属于公务用车范围的争议。肯定说认为,公职人员上下班与履行公务有关,因此考虑到公职人员工作与居住以及路途情况,实行班车制度接送公职人员上下班应属于公务用车。否定说则主张实行班车制度接送公职人员上下班,是考虑到公职人员工作与居住以及路途情况做出的安排,但并非属于职务消费范畴。公职人员上下班与普通公民上下班并无二致,可选择使用私人或公共交通工具,至于高级别的公职人员使用专车上下班,是出于相应级别的礼遇与安全目的,与职务消费无关。因此无论是专车还是班车都不属于公务用车。笔者赞同否定说的观点,专车与相对固定用车是出于礼遇和保障安全所给予的待遇,与为履行公务所需的目的无关,不属于公务用车;而公职人员所自行选择私人或公共交通工具,或者班车,也是与为履行公务所需的目的无关,不属于公务用车,应坚持社会化、市场化导向,

---

[57] 相关规定还有1989年《中共中央办公厅、国务院办公厅关于中央党政机关汽车配备和使用管理的规定》,以及1999年《中共中央办公厅、国务院办公厅关于调整党政机关汽车配备使用标准的通知》。

所需花费可提供适度的交通补贴。

传统公务用车制度越来越难以适应形势发展需要,车辆配备范围过大、超编制超标准配备、运行管理成本偏高虚高、公车私用严重以及公车使用效率低、不平衡等问题日益突出。当前,我国公务用车改革的实践存在三类模式,如广东地市推行的货币补贴模式,昆明市实施的集约管理模式,以及杭州市开展的补贴与集约派车的综合模式。为规范公务用车运行管理,有效降低行政成本,2014 年 7 月中共中央办公厅、国务院办公厅印发《关于全面推进公务用车制度改革的指导意见》。以坚持社会化、市场化方向,合理有效配置公务用车资源,创新公务交通分类提供方式为指导思想,改革公务用车实物供给方式,取消一般公务用车,普通公务出行实行社会化提供并适度补贴交通费用,从严配备定向化保障的公务用车。指导意见还提出加强公务用车监督检查:把公务用车配备和运行维护费用、交通补贴发放、车辆处置情况等纳入日常和专项审计监督及政务公开范围。党政机关不得以特殊用途等理由变相超编制、超标准配备公务用车,不得以任何方式换用、借用、占用下属单位或其他单位和个人的车辆,不得接受企事业单位和个人赠送的车辆,不得以任何理由违反用途使用或固定给个人使用执法执勤、机要通信等公务用车,不得以公务交通补贴名义变相发放福利。公务人员不得既领取公务交通补贴、又违规乘坐公务用车。

(四)因公出国(境)

公职人员为提高技术水平、改善管理等公务目的而到国(境)外进行考察、培训、学习、研讨、招商、参展、参加会议等,是因公出国(境),属于职务消费。然而因公出国(境)对配合国家总体外交和促进社会经济发展发挥了重要作用的同时,也存在很多利益冲突问题。主要表现在:缺少实质内容的一般性考察、访问、培训过多,违反因公出国(境)管理规定和外事、财务纪律,名为因公出国(境)而实为或附带公款出国(境)旅游现象突出。自 1985 年制定的关于因公出国的各项规定以来,到各部门各行业团体制定的关于因公出国(境)的具体实施规定,到现在比较成熟的规定有中共中央办公厅、国务院办公厅印发《关于进一步加强因公出国(境)管理的若干规定》。该规定从五大方面加强对因公出国(境)的管理:完善出国(境)计划报批制度,建立量化管理机制;规范因公出国(境)审批,强化任务审批管理;加强经费约束,严格经费预算管理；健全监督机制，核查团组境外活动情况；建立检查机制，严肃外事纪律。在公款出国（境）旅游问题上更是接连出台《关于坚决制止公款出国（境）旅游的通知》（2009）、《用公款出国（境）旅游及相关违纪行为适用〈中国共产党纪律处分条例〉若干问题的解释》（2010）、《用公款出国（境）旅游及相关违纪行为处分规定》（2010）。

三、完善职务消费行为利益冲突管理机制

在当前全面改革开放的大环境下，对于政府自身建设虽然提出要建设法治政府、创新政府、廉洁政府和服务型政府，增强政府执行力和公信力，促进国家治理体系和治理能力现代化，但任何改革都需要一个过程。所以可以看到，公职人员职务消费行为利益冲突的治理在国家的努力下取得良好的成效，但仍存在规范执行效力方面的问题。

在累积多年实践经验的基础上，为严格规范公职人员为履行工作职责所发生的消费性支出，2012 年国务院颁布实施了《机关事务管理条例》。这是我国第一部专门规范机关事业单位和有关人民团体的事务管理活动的行政法规。《机关事务管理条例》明确要求建立健全机关运行经费公开制度，定期公布公务接待费、公务用车购置和运行费、因公出国（境）费等机关运行经费的预算和决算情况。县级以上人民政府应当将公务接待费、公务用车购置和运行费、因公出国（境）费纳入预算管理，严格控制公务接待费、公务用车购置和运行费、因公出国（境）费在机关运行经费预算总额中的规模和比例，不得挪用其他预算资金用于“三公消费”。《机关事务管理条例》的实施将原本属于党内法规的规范经验上升到行政法规层级，为国家有效治理职务消费行为提供了法律依据。但是审视公职人员职务消费行为利益冲突的治理实践，仍然存在以下不足。

1. 党内政策主导，制度规范供给不足

在治理公职人员职务消费行为利益冲突方面，全都由党内政策与法规进行主导，在制度规范层面表现为制度措施供给不足，更不用说在法制规范层面的整体缺失。党纪与国法相比，对公职人员的要求应该处于更高更严的标准，然而在治理效果上却呈现尴尬的局面。首先，名严实松、执行不力。从形式上看，党内政策规范对公职人员职务消费行为利益冲突的规制是严厉的，

但由于并未认真严格执行党内政策规范,导致对公职人员职务消费行为利益冲突的治理只停留在纸面文件上。其次,政出多门、权责不明。根据对党内政策规范进行文本分析,可以发现,对公职人员职务消费行为利益冲突的治理主体存在数个部门。从现有治理机制来看,存在着多龙治水的格局,协调得好则善治,反之则恶治。建立完善对公职人员职务消费行为利益冲突管理的分工配合机制,减少部门、各环节、地域之间管理的交叉、重复与空白,形成合力,实现对职务消费全过程、全方位治理。最后,散兵应对、系统不足。对党内政策规范进行文本分析,从整体来看,对公职人员职务消费行为利益冲突管理规范呈现出应急性特征。当出现某种利益冲突与腐败局面时,就会对此类情况施行相应的政策与规定。这种散兵应对方式以及缺乏系统性治理机制,大大削弱了治理效果。

2. 公民参与度低,民间力量开发不足

对公职人员职务消费行为利益冲突的治理及改革均是由党政机关自上而下主导,公众对此参与度较低,没有形成相应的话语权。只有当发生特别严重的职务消费行为利益冲突,并由一件严重事件成为导火索引起社会公众的重大关切,继而发酵成为对执政合法性的质疑时,才会对改革形成推进力量。首先,公众对职务消费的治理及改革的力量开发不足的原因在于"利益集团"阻碍。公职人员因履行公务而以职务消费的名义从中获取私人利益,形成一股强大的利益诱惑。其次,由党政机关自上而下主导公职人员职务消费行为利益冲突的治理及改革,属于"自我革命"性质,然而这种治理模式与改革路径具有天然的不彻底性。最后,虽然一再强调群众路线,但并没有为公众提供多元有效、富有保障的参与公职人员职务消费行为利益冲突的治理及改革的渠道,致使难以调动公众参与积极性和有效性。

第五节　外部行为利益冲突管理制度

一、外部行为利益冲突概论

公职人员在履行公职期间,应以依法处理公共事务为目的开展工作。然而人的社会属性决定了作为人的公职人员不可能存在于一种单一的关系中。因此公职人员实施与履行公职无关的外部行为时,就容易受到社会关系的干扰,这种干扰会影响到作为公民的公职人员的个人利益。一旦受到影响的个人利益与公职人员的公职履行相关联时,就容易形成公共利益和个人利益之间紧张、公共职责和个人立场之间冲突的情境。在反腐倡廉视角下,这些外部行为主要表现为收送礼品馈赠行为、从事经商兼职等营利活动以及利用职权不当得利行为等。

治理外部行为利益冲突的制度工具主要表现为禁止性工具和限制性工具。禁止性工具是指公职人员在履行公职期间,在法律上规定公职人员不得实施与公共利益存在冲突可能性的行为。限制性工具指公职人员在履行公职期间,在法律上对公职人员实施某些与公共利益存在冲突可能性的行为予以限制。限制性工具分为三种类型:其一,完全限制型,是指法律上规定某些特定机关部门不得实施的某些特定外部行为,实际上为禁止性工具。如《法官法》第32条规定了"不得利用职权为自己或者他人谋取私利"等数项禁止性外部行为。其二,部分限制型,是指法律上规定公职人员不得实施与公共利益有冲突的外部行为,在该行为类型中与公共利益没有冲突的部分则不受限制。如各国法律一般会规定禁止兼任与公职有冲突的职务,但没有冲突的职务则可以兼任。其三,条件限制型,是指法律上原则规定公职人员不得实施与公共利益有冲突的外部行为,但符合法律规定的条件则可以实施。

二、收送礼品馈赠禁止限制制度

(一)收送礼品馈赠与利益冲突

不论在何种历史文化背景下的社会环境中,社会交往中礼尚往来不可避免,不应不宜彻底禁止。但允许公职人员在公法或私法上不受限制地接受礼品和馈赠,公职人员所掌握公务的权力会使其接受超出正常社会交往范围的礼品馈赠,从而导致利益冲突甚至腐败,因此不应也不宜彻底放开。可选择的是中间道路,即对公职人员收送礼品馈赠进行合法合理规制,既能堵住因礼品馈赠诱发利益冲突之渠道,又能不影响正常的社会交往。各国立法通常规定可接受礼品馈赠的特殊情况及处理方式,可接受礼品馈赠的价值额度。

例如,加拿大法律规定:"除附带礼物、礼节性招待或其他微小的利益之外,不得索要或接受经济利益的让与,除非该让与是基于可执行合同或雇员的财产利益。如果礼物馈赠影响雇员判断和执行公职则必须拒绝。不得直接或间接接受任何正在与政府交易的个人、集团或组织提供的礼物招待或利益。如果只是一种通常的礼节性表示,或是在招待的标准范围内,且不至于影响雇员的客观性和公正性,不会危及政府的正直形象,就可以接受。如果不可能拒绝不被允许的礼物招待或其他利益,则必须立即报告指定官员。指定官员可以要求该礼物由部门保留,或为慈善目的处置。"[58]日本《国家公务员伦理章程》第3条第1款规定:"不得接受利害关系者赠予的现金、物品或者不动产;不得接受利害关系者的借款、未公开股票、所提供的接待;不得无偿接受物品、不动产的借贷和劳役;不得同利害关系者共同旅行(公务除外)、进行餐饮娱乐活动。"第8条第2款规定:"一定级别以上的公务员在接受超过一定价值额度的礼品馈赠后要进行报告。报告的内容包括:价值额度、接受日期原因、与给予者关系、接受接待的场所之名称地址在场人员数量及职业等。报告书保存一定时间,且任何人可申请阅览。"

(二)公职人员收送礼品馈赠的现状

1.规范依据

我国对于公职人员收送礼品馈赠禁止限制制度的依据来自党纪规范和行政规范性文件。公职人员收送礼品馈赠由于身份的不同分为以公民身份收受和以公职人员身份收受,行为规范对此存在不同的态度。整理现行有效的主要规范文件可知,收送礼品馈赠禁止限制制度主要分为对内公务和对外公务两大块。

其一,对内公务层面,我国对于公职人员收送礼品馈赠禁止限制的规范文件经历了从严格禁止到禁止与登记的过程,属于条件限制型。主要包括以下现行有效的规范文件:1979年《中共中央纪委关于严防干部侵占农村社员劳动所得用来大吃大喝、请客送礼的不正之风的通知》、1985年《中共中央纪委关于严禁对领导干部请客送礼的通知》、1988年《国家行政机关及其工作人员在国内公务活动中不得赠送和接受礼品的规定》、1993年《中共中央办公厅国务院办公厅关于严禁党政机关及其工作人员在公务活动中接受和赠送礼金、有价证券的通知》、1995年《关于中共中央纪委、监察部机关工作人员不准接受可能对公正执行公务有影响的宴请和不准参

[58] Conflict of interest and Post-Employment Code for Public Office Holders(2006), item6, 27, 28, 29.

加用公款支付的营业性场所娱乐活动的具体规定》、1995 年《关于对党和国家机关工作人员在国内交往中收受的礼品实行登记制度的规定》、2000 年《关于各级领导干部接受和赠送现金、有价证券和支付凭证的处分规定》、2007 年《中共中央纪委关于严格禁止利用职务上的便利谋取不正当利益的若干规定》。

其二,对外公务层面,我国对于公职人员收送礼品馈赠禁止限制的规范文件呈现出禁止与例外的特征,属于部分限制型。主要包括以下现行有效的规范文件:1980 年《中共中央关于禁止在对外活动中送礼、受礼的决定》,1980 年《国务院关于在对外活动中不赠礼、不受礼的决定》,1980 年、1984 年修订《国务院关于在对外活动中赠送和接受礼品的几项内部规定》,1993 年《国务院关于在对外公务活动中赠送和接受礼品的规定》,1993 年中共中央办公厅、国务院办公厅关于认真贯彻执行《国务院关于在对外公务活动中赠送和接受礼品的规定》的通知。

2. 主要规范内容及存在的问题

其一,对于礼品范围的规定不明确,具有滞后性。1988 年《国家行政机关及其工作人员在国内公务活动中不得赠送和接受礼品的规定》第 4 条规定,本规定所称的礼品,是指礼物、礼金、礼券以及以象征性低价收款的物品。1993 年《国务院关于在对外公务活动中赠送和接受礼品的规定》第 2 条:本规定所称的礼品,是指礼物、礼金、有价证券。那么劳务、债权、债务、餐饮、旅游、娱乐文体活动等是否属于礼品?

其二,对礼品界限的规定不明确。可能影响公正执行公务的礼品的内涵外延与判断标准不明确。礼品价值的计算标准,是以单次还是若干次,是以单件还是总数计算?1993 年《国务院关于在对外公务活动中赠送和接受礼品的规定》第 7 条,在对外公务活动中接受的礼物,应当妥善处理。价值按我国市价折合人民币 200 元以上的……1995 年《关于对党和国家机关工作人员在国内交往中收受的礼品实行登记制度的规定》第 2 条,党和国家机关工作人员在国内交往中,不得收受可能影响公正执行公务的礼品馈赠……

其三,有学者认为对收受礼品场合的规定不够科学。其认为 1988 年《国家行政机关及其工作人员在国内公务活动中不得赠送和接受礼品的规定》第

3 条的规定,明显没有考虑长久积淀下来的礼尚往来的文化传统。[59]

其四,有学者认为处分过轻。党纪、政纪、批评教育等责任追究方式,明显起不到应有的威慑作用,并且和其他国家把违规收受礼品纳入刑法的范围相比,明显过轻。[60] 本书认为,这是对我国党纪国法阶梯性责任框架和规范立法形态的误读所致。因为违规收受礼品,按照违法性质和严重程度是可以分别处以党纪、政纪处分和刑事处罚,并非将刑事处罚排除在违规收受礼品的法律责任形式之外。

(三)完善收送礼品馈赠禁止限制制度

1. 用利益代替礼品馈赠作为制度基点

礼品馈赠概念不足以涵盖现今公职人员接收好处的全部形式,具有局限性。利益概念的内涵丰富,可以包含任何财产性利益和非财产性利益,与国际接轨。此外用利益代替礼品馈赠概念,更好地体现与符合外部行为利益冲突管理制度的本质特征。

2. 明确收送利益的标准

首先,由于外部行为利益冲突管理制度是一种化解利益冲突的制度性工具,因此收受利益应以是否引发利益冲突作为实质标准。其次,由于收送礼品馈赠等利益会形成公职人员利益冲突困境,干扰公职人员公正顺当有效地履行公职,因此收受利益应以是否影响履行公职作为抽象标准。最后,由于是否引发利益冲突的实质标准和是否影响履行公职的抽象标准,在于探讨收送利益的外部行为禁止限制制度的核心内涵,以实质理性的忠守去辨明社会生活中各种收送礼品馈赠等利益是否会形成利益冲突的本质,因此不在于构建一种实务可操作性的标准。因此需要对礼品馈赠等利益的形态、价值大小、收送利益的场合、收送利益的次数、收送利益双方的关系、对利益的处理等方面做出明确限制,并以此作为具体标准。

3. 完善收送利益的登记和管理

其一,应登记的情形主要包括两类:第一类,因各种原因未能拒收的可能影响公正执行公务的利益,不论利益大小和形态;第二类,国内交往(不含亲

[59] 参见王天笑:《廉正视域下我国公职人员利益冲突问题研究》,郑州大学出版社 2015 年版,第 143~144 页。

[60] 同上书,第 144 页。

属间)收受超过具体标准的,不会影响公正执行公务的利益。第一类应登记后上交国库,第二类应登记后由公职人员享有。其二,登记应写明:利益形态,利益价值,利益来源,赠送利益者与收受利益者之间的关系,赠送利益的目的,赠送和收受利益的场合、时间,赠送和收受利益时的在场见证人及其单位。其三,公职人员收受应登记的利益,应在收受之日(在外地接受利益的,自回本单位之日)起一个月内由本人如实完整填写利益登记表。利益登记表应实行电子化。其四,应登记并上交的利益,应由本人上交至指定部门。其五,利益登记表保存期限为五年,任何公民和组织可实名申请查阅。其六,对于收受后应登记、上交的利益在规定期限内不登记或不如实登记、不上交的,由所在党组织、行政部门或纪检监察机关责令其登记、上交,并根据情节和收受利益价值大小和形态,予以批评教育、罚款、限制晋升、降级、开除公职直至刑罚处罚。若设立不申报财产罪,可以对这类行为进行刑事处罚。此外达到受贿罪成立标准的,可以定受贿罪。

4. 收送利益的检查单

OECD 提供了一份礼品和馈赠的检查单,[61]检查单上的每个项目分别代表一项伦理要求,并且为公职人员解决是否可以收受礼品、什么样的礼品可以收受或禁止收受、如何合法合理地收受礼品,提供了伦理规范和行为规则。对此笔者结合我国基本情况,将其修正为用于可收受利益的自省检查单。(见表 6-3)

表 6-3 可收受利益的自省检查单

伦理规范	自省项目	回答
真诚性	这份礼品是否源自送礼人真挚的情感?	是
纯洁性	【送礼人角度】这份礼品是否仅出自对等交往的情感联络,不具备与我职务相关的利益目的?	是
无私性	【收礼人角度】假如我收受这份礼品时,我是否与送礼人达成一种与我职务相关的予以优先考虑的心理和情感的契约?	否
免责性	假如我收受这份礼品时,我在履行公职时涉及送礼人,是否感到有需要或义务做一些事来回报送礼人?	否

[61] OECD. Managing Conflict of Interest in the Public Service: A Toolkit OECD, 2005, p. 43.

续表

伦理规范	自省项目	回答
独立性	假如我收受这份礼品,我在履行公职时涉及送礼人,能否不受其影响保持独立客观性?	是
公正性	假如我收受这份礼品,一个正直的人是否会质疑我履行公职的公正性?	否
透明性	假如我收受这份礼品,我是否不打算向他人隐瞒?是否按照规定诚实登记或申报这份礼品及其来源?	是
遵从性	这份礼品是否符合法律法规允许的形态和标准?	是

以上这份礼品自省检查单用法:

(1)只有每项自省项目的内心真实想法与答案一栏相符时,才可继续下一项自省项目。

(2)当某一项自省项目的内心真实想法与答案一栏不符时,即刻停止,并且这份礼品是被禁止收受的。

(3)只有所有自省项目的内心真实想法与答案一栏相符时,这份礼品是可以合法合理地收受的。

三、经商、兼职禁止限制制度

(一)经商、兼职与利益冲突

公职人员在履行公职期间,除依法处理公共事务还开展经商办企业或者在任职机关外的单位兼职,会形成高度盖然性的利益冲突困境,具体表现为以下两方面的冲突类型。一是资源分配方面的冲突。把公职人员看作是一种提供公共服务的资源,那么资源的有限性决定了公职人员应该把主要时间、精力、知识和智慧等资源用在履行公职上,积极有效提供公共服务和切实保障公共利益。公职人员兼职、经商必然会分散公职人员的时间、精力、知识和智慧等资源,影响甚至妨碍适当有效履行公职。因此在公职人员资源分配层面会产生利益冲突,通常表现为不履行、不适当履行公职的不作为。二是利益实现方面的冲突。公职人员兼职、经商在未形成全面监管体系前,极易引发公权力的不正当使用。支配公职人员的东西,和支配普通公民的东西,别无二致,都是个人利益,尤其是眼前利益。公权力对实现个人利益具有天然的亲和力。因此在公职人员正当履行公职层面会产生利益冲突,通常表现为不适当履行公职、滥用公共权力通过兼职、经商获取个人利益的作为。

外国法律对公职人员兼职、经商一般适用禁止性工具或限制性工具，如德国专门1997年专门制定了第二部《副业限制法》，波兰也在1997年立法通过了《公职人员从事经营活动限制法》。从各国法律文本分析来看，限制性工具分为三种类型。第一类是禁止类型，如《日本国家公务员法》（1991年修改）第101条第1款规定了敬业的义务："公务员除法律或命令的情况外，应将其工作时间及职务上的注意力全部用于履行职责，只能从事政府负责的职务。公务员除法律或命令规定的情况外不得兼职。即使公务员兼职也不得领取薪金。"第103条规定与私营企业隔离："公务员不得兼任商业、工业或金融业等以营利为目的的私营企业及其他团体的官员、顾问或理事等职务，或自办营利性企业。"第109条规定了罚则："违反者，处一年以下徒刑或3万日元以下罚款。"[62]《德国公务员法》[63]（1985）第65条第2款规定："如果担心因副业而影响公务的履行，则应该明确拒绝担任副业。以下副业应拒绝担任：根据类别和内容特别需要该公务员出面担任，但会因此影响该公务员履行其正当的公务义务时；会和该公务员应履行的公务义务产生矛盾时；是一项在该公务员所属的部门从事或将从事的工作时；会使该公务员的中立性或不偏袒性受到影响时；会使该公务员今后的任职受到明显的限制时；会对公共机关的威信产生不利影响时。"[64]第二类是事先批准或附条件类型，如《日本国家公务员法》（1991年修改）第104条规定："公务员有报酬兼任私营企业以外的事业团体的官员、顾问或理事职务，以及从事其他的一切事业或工作，也需要得到内阁总理大臣及该公务员所属机关的长官许可。"[65]《德国公务员法》（1985）第65条第3款规定："如果公务员未按上司的要求、建议或安排接受副业，或上司未认可该公务员所接受的副业对履行公务的利益，那么该公务员只能在工作时间以外从事该职。如果有特别充分的理由，特别是具有公众的利益时，该副业亦可得到允许。但前提是：与公务利益不冲突，且由此而

---

[62] 孔昌生主编：《外国公务员法选编》，中国政法大学出版社2003年版，第319、320、325页。

[63] 德国公务员法经2012年7月21日的法律第4条作最近一次修订，参见《联邦法律公报Ⅰ》，第1583页。

[64] 孔昌生主编：《外国公务员法选编》，中国政法大学出版社2003年版，第81页。

[65] 同上书，第321页。

损失的时间以后要补上。"[66]第三类是无须批准类型，如《德国公务员法》(1985)第66条规定："公务员不需要经过相关部门批准的兼职活动有：不支付报酬的活动；管理自己的或供该公务员使用的财产；公务员从事写作、科研、艺术或学术工作；公务员在科学研究机构中与教学或研究相关的独立鉴定工作；公务员在所在的工会或职业联合会或自助机构中的从事保护职工利益的工作等。"[67]

(二)公职人员经商、兼职的现状

1. 规范依据

我国对于公职人员经商、兼职禁止限制制度的依据，同样主要来自党纪规范和行政规范性文件。而《公务员法》只对公职人员经商、兼职作了原则性规定。第44条规定，公务员因工作需要在机关外兼职，应当经有关机关批准，并不得领取兼职报酬。第59条第16款规定，不得违反有关规定从事或者参与营利性活动，在企业或者其他营利性组织中兼任职务。

其一，关于禁止公职人员经商办企业的规范性文件主要包括以下规定：1984年《中共中央、国务院关于严禁党政机关和党政干部经商、办企业的决定》只适用于乡以上党政机关在职干部本人，不涉及配偶子女等；1985年《中共中央、国务院关于禁止领导干部的子女、配偶经商的决定》；1986年《中共中央、国务院关于进一步制止党政机关和党政干部经商办企业的规定》将主体扩张为各级党政机关和所属编制序列的事业单位及其干部；1992年《中共中央办公厅、国务院办公厅关于党政机关兴办经济实体和党政机关干部从事经营活动问题的通知》；1993年《中共中央办公厅、国务院办公厅关于转发〈国家经贸委关于党政机关与所办经济实体脱钩的规定〉的通知》；1998年《中共中央办公厅、国务院办公厅关于中央党政机关与所办经济实体和管理的直属企业脱钩有关问题的通知》；2000年《中共中央纪律监察委员会关于中央国家机关各部门制定的司(局)级以上领导干部配偶、子女个人经商办企业的具体规定适用于地方厅(局)级以上领导干部的通知》不准在该领导干部管辖的业务范围内个人从事可能与公共利益发生冲突的经商办企业活

---

[66] 孔昌生主编：《外国公务员法选编》，中国政法大学出版社2003年版，第81页。

[67] 同上书，第82页。

动:放宽了允许管辖业务范围;2001 年《中共中央纪委关于印发〈关于省、地两级党委、政府主要领导干部配偶、子女、个人经商办企业的具体规定(试行)〉的通知》。

其二,关于禁止公职人员兼职的规范性文件主要包括以下规定:1985 年《中共中央办公厅、国务院办公厅关于党政机关干部不兼任经济实体职务的补充通知》只针对党政机关干部在经济实体中兼职,未涉及其他单位和团体。例外需党中央、国务院批准。1989 年《关于清理党和国家机关干部在公司(企业)兼职有关问题的通知》,1994 年《关于部门领导同志不兼任社会团体领导职务问题的通知》将兼职范围扩大到社会团体的领导职务,2013 年《关于进一步规范党政领导干部在企业兼职(任职)问题的意见》进一步完善公职人员在企业兼职限制制度的规则可操作性。

此外作为执政党的十分重要的纪律性党内法规,2018 年新修订的《中国共产党纪律处分条例》,是中国共产党的各级组织和全体党员必须遵守的行为规则,开列负面清单,划出了作为公职人员的党员领导干部不可触碰的底线,把纪律和规矩挺在前面,对深入推进党风廉政建设和反腐败斗争具有十分重要的意义。其中第 94 条对从事经商办企业等营利活动和兼职行为做出了禁止性规定:"违反有关规定从事营利活动,有下列行为之一,情节较轻的,给予警告或者严重警告处分;情节较重的,给予撤销党内职务或者留党察看处分;情节严重的,给予开除党籍处分:(一)经商办企业的;(二)拥有非上市公司(企业)的股份或者证券的;(三)买卖股票或者进行其他证券投资的;(四)从事有偿中介活动的;(五)在国(境)外注册公司或者投资入股的;(六)有其他违反有关规定从事营利活动的。……违反有关规定在经济实体、社会团体等单位中兼职,或者经批准兼职但获取薪酬、奖金、津贴等额外利益的,依照第一款规定处理。"

2. 主要规范内容及存在的问题

(1)规范主体范围

根据上述规范性文件可知,我国不仅将公职人员作为公职人员经商、兼职禁止限制制度的规范主体,而且还将公职人员的配偶、子女纳入规范主体范围,其理论依据是利害关系原则、家庭财产共有理论以及权力运用效应理论。其中公职人员,是指乡级以上党委机关和国家权力机关、行政机关、审判机关、检察机关、军事机关以及隶属这些机关编制序列的事业单位和人民团体的现职人员、不担任现职但未办理退(离)休手续的人员,以及辞去公职或退(离)休未满三年的人员。从文本来看,规范主体范围涵盖很广,然而从实务来看,远远没有实现规范的预期目标。因而我国公职人员经商、兼职禁止限制制度的执行力存在很大问题,致使无法充分发挥行为规范的效力来回避利益冲突。

(2)规范行为范围

首先,在公职人员方面,规范禁止公职人员从事或者参与经商办企业等营利性活动。禁止公职人员在公职之外的在经济实体、社会团体等单位中兼职,但因工作需要在机关外兼职,经有关机关批准,不得在企业领取薪酬、奖金、津贴等报酬,不得获取股权和其他额外利益;兼职不得超过1个;所兼任职务实行任期制的,任期届满拟连任的必须重新审批或备案,连任不得超过两届;兼职的任职年龄界限为70周岁。其次,在公职人员配偶、子女方面,规范禁止在该公职人员管辖的业务范围内从事可能与公共利益发生冲突的经商办企业活动。具体包括以下内容:不准从事房地产开发、经营及相关代理、评估、咨询等有偿中介活动;不准从事广告代理、发布等经营活动;不准开办律师事务所;受聘担任律师的,不准在领导干部管辖地区代理诉讼;不准从事营业性歌厅、舞厅、夜总会等娱乐业,洗浴按摩等行业的经营活动;不准从事其他可能与公共利益发生冲突的经商办企业活动。有批评观点认为,规范的操作性存在缺陷。如《公务员法》第44条规定事先批准和不领报酬作为可兼职的条件,但现实的情况是,背后隐藏输送或交易的利益远远超过所明令禁止的兼职报酬。正所谓抓了芝麻,却丢了西瓜。

(3)规范处理机制

现行有效规范对违反公职人员经商、兼职禁止限制制度的处理,主要是进行纪律处分和技术处理。其中纪律处分机制表现为《中国共产党纪律处分条例》第94条和第97条的规定,即违反规定经商办企业或者兼职的,情节较轻情况下给予警告或者严重警告处分;情节较重情况下给予撤销党内职务或者留党察看处分;情节严重情况下给予开除党籍处分。而技术处理主要表现为选择退出机制,即公职人员违反经商、兼职禁止限制制度,由公职人员选择退出公职或退出所从事的经商兼职等营利性活动;或公职人员配偶、子女违反经商禁止限制制度的，由公职人员选择退出公职或公职人员配偶、子女选择退出从事的经商等营利性活动。如《关于省、地两级党委、政府主要领导干部配偶、子女个人经商办企业的具体规定（试行）》规定："已经从事上述经商办企业活动的，或者领导干部的配偶、子女退出所从事的经商办企业活动，或者领导干部本人辞去现任职务或给予组织处理。本规定发布后，再从事上述活动的，对领导干部本人以违纪论处。"

党的十八大后，我国为贯彻落实中央关于从严管理公职人员的要求，加强公职人员队伍建设和反腐倡廉建设，进一步充实了公职人员经商、兼职禁止限制制度内容。《关于进一步规范党政领导干部在企业兼职（任职）问题的意见》第 6 条规定："限期对党政领导干部违规在企业兼职（任职）进行清理。各地区各部门各单位要根据本意见规定，按照干部管理权限对领导干部在企业兼职（任职）情况进行一次摸底排查，对发现的问题要限期纠正。凡不符合规定的，必须在本意见下发后 3 个月内免去或由本人辞去所兼任（担任）的职务。确属工作需要且符合有关规定精神，但未履行审批或备案程序的，必须在本意见下发后 3 个月内补办手续。兼职（任职）期间违规领取的薪酬，应按中央纪委有关规定执行。"第 7 条规定："清理工作完成后，如再发现党政领导干部有违规在企业兼职（任职）或领取报酬隐瞒不报的行为，一经查实，要按照有关规定严肃处理。各地区各部门各单位在审批和审核党政领导干部在企业兼职（任职）时存在违规行为的，要追究主要领导及有关负责人的责任。"从上述规定可以看出，对于违反规定经商兼职的人员必须以退出公职的方式来回避利益冲突，并且在清理工作完成后，再发现违反规定兼职经商的严肃处理，并追求主要领导和相关负责人的责任。

（三）完善经商、兼职禁止限制制度

经商、兼职禁止限制制度是受到我国自改革开放以来的社会现实的拉力与推力作用。这个规范与现实互相作用的过程表现为：改革开放 + 市场经济的现实→党政机关及干部直接投资经商办企业和兼职→党纪予以禁止→党政机关干部的配偶子女经商办企业突出→党纪予以禁止→股份制和证券市场兴起→党政机关及干部渗透经商兼职→党纪予以禁止……这个过程显露出一个很明显的缺陷，即用于规范公职人员经商、兼职禁止限制制度的党纪法规具有滞后性，缺乏前瞻性和系统性，因此有必要全面清理相关法规党纪，颁布系统系的法律规范,完善公职人员经商、兼职禁止限制制度。

在限制兼职方面,必须明确兼职条件。首先,关于禁止性兼职,即无论有无报酬,公职人员不得以任何方式兼任商业、工业、金融业等以营利为目的的公司企业和其他团体的任何职务(包括管理职务、非管理职务和名誉职务)。其次,关于需事先批准的兼职,即公职人员兼任不以营利为目的的事业单位和其他团体的任何职务,并且不得接受薪酬、奖金、津贴等任何额外利益,必须经过所在机关负责人或上一级机关负责人的批准。再者,关于需要报告的兼职,即公职人员在管理自己所有或享有财产的组织中的兼职活动;从事教育、讲学、科研、艺术、创作等兼职活动,需要年度定期向所在机关负责人或上一级机关负责人报告。最后,还要提高违规成本,增强违法责任。违反公职人员经商、兼职禁止限制制度,除依法承担纪律处分责任,构成犯罪的承担刑事责任,以及进行技术处理外,还需要构建行政处分机制,即根据情节轻重没收因违规从事经商、兼职等营利性活动的违法所得并处以罚金。

四、其他外部行为禁止限制制度

(一)买卖股票和证券投资的限制

对于公职人员能否买卖股票和进行证券投资的问题,对此我国相关规范性文件呈现出从绝对禁止到逐步放宽的特征。如1993年8月最高人民法院发布《关于纠正执法不严和乱收费等不正之风的通知》其中第3条第3项明确规定必须禁止利用职权搞创收:不准买卖股票和购买未经国家批准发行的高利率企业证券。1993年10月,党中央、国务院作出了关于党政机关县(处)级以上领导干部不准买卖股票的规定。然而随着我国证券业市场的逐步发展,证券监管体制也逐步建立,在《证券法》的颁布实施后,证券市场进入到法制化管理状态,公职人员将其合法财产以合法的方式投资于证券市场,是市场经济下的自由行为,是作为公民的公职人员财产权的表现,不应该禁止。为此,我国决定有限制地放宽对公职人员买卖股票进行证券投资的禁令,允许符合规定的公职人员个人依法投资证券市场,买卖股票和证券投资基金。在这种证券市场及其治理状态背景下,2001年4月出台了《关于党政机关工作人员个人证券投资行为若干规定》。然而2015年修订的《中国共产党纪律处分条例》第88条第1款第3项明确规定禁止违反有关规定买卖股票或者进行其他证券投资。对此,有观点指出条例改变了原有关于公职人员买卖股票等证券投资的政策,从部分限制性转变回全面禁止性。对此,需要正确理解原条例第 77 条第 2 项将“个人违反规定买卖股票或者进行其他证券投资”的规定与新条例的条文差别,笔者认为新旧条例之间在公职人员能否买卖股票和进行证券投资的问题上只存在条文规定技术差别,并无实质性差异。

结合现行有效规范性文件,主要有以下几类人员不得买卖股票:(1)上市公司的主管部门以及上市公司的国有控股单位的主管部门中掌握内幕信息的人员及其父母、配偶、子女及其配偶,不准买卖上述主管部门所管理的上市公司的股票。(2)国务院证券监督管理机构及其派出机构、证券交易所和期货交易所的工作人员及其父母、配偶、子女及其配偶,不准买卖股票。(3)本人的父母、配偶、子女及其配偶在证券公司、基金管理公司任职的,或者在由国务院证券监督管理机构授予证券期货从业资格的会计(审计)师事务所、律师事务所、投资咨询机构、资产评估机构、资信评估机构任职的,该党政机关工作人员不得买卖与上述机构有业务关系的上市公司的股票。(4)掌握内幕信息的党政机关工作人员,在离开岗位三个月内,继续受该规定的约束。由于新任职务而掌握内幕信息的党政机关工作人员,在任职前已持有的股票和证券投资基金必须在任职后一个月内作出处理,不得继续持有。

(二)利用职权不当得利行为的限制

《美国行政部门职员道德标准》(2002)第七部分规定:“禁止行政部门职员为了私人利益而利用其公职,或者为了下列人员的利益而利用其公职:职员的朋友、亲戚,或者在与政府没有关系的事项上与其有关系的人员。职员不得为了支持任何产品、服务或企业的目的利用其公职;对于使用非公开信息的经济交易,禁止职员参与;禁止职员许可为了进一步牟取私利的目的而进行的、非公开信息的不当使用;职员具有积极保护和保全政府财产、仅仅为了经认可的目的使用政府财产的义务;在诚实履行公务的目的之外,禁止职员将工作时间用于其他目的,禁止职员鼓励和要求下属将工作时间用于未经认可的活动。”我国台湾地区“公务员基准法草案”第 33 条第 3 款、第 4 款规定:“公务员不得假借职务上之权力、机会或方法,故意加损害于他人;不得利用职权、公款或职务上持有、知悉之消息，直接或间接图自己或他人不法利益；不得为图自己或他人之不法利益而劝说或请托，亦不得接受此项劝说或请托。”第 34 条规定：“公职人员或其关系人，不得与公职人员服务之机关或受其监督之机关为买卖、租赁、承揽等交易行为。”

我国在禁止公职人员利用职权不当得利行为方面尚无相关规制，建议借鉴外国丰富成熟经验，构建利用职权不当得利行为的限制规则，阻止公职人员陷入利用职权不当得利行为的利益冲突困境，净化公职人员履行公职的环境。

第六节　利益冲突回避制度

一、回避机制概论

（一）回避机制的理论基础

回避机制，是指因与所涉事务存在利害关系、无权关系等其他主观或客观不便关系，而采取不承担、不参加、不出席、不讨论、不决定等不作为方式停止、放弃、消除对事务的影响。在反腐倡廉语境下，回避机制，是指公职人员本人、亲属、利害关系人的私人利益与其所担任的职务或履行的公务存在现实的或潜在的利益冲突，依法定规则和程序不担任、不参与讨论、调查、判断、决策和执行等不作为方式停止、放弃、消除对所涉冲突公共事务的影响力，消除或回避利益冲突的制度。因此，回避机制的本质是利益冲突情境中化解冲突的一种制度工具。

回避机制作为一种追求公平正义的制度，本身属于程序正义序列，在反腐败廉政建设中，能够发挥积极维护社会实体正义的作用。

（二）回避机制与防止利益冲突

如前所论，公职人员在履行公职过程中遭遇利益冲突情境，一般而言具有以下三种符合社会正当期待的回避利益冲突的选择：退出公职、公务回避、利益处理。其中利益处理，是公职人员对所涉冲突的个人利益进行民事、商事法律上的处分，是利用经济手段保障公职平稳正当地履行，以利益最大化和受损最小化原则维护了公职人员的合法的个人利益。然而也存在部分财产性利益以及非财产性利益不适宜适用出售或信托方式解决利益冲突的情况，此时只能选择回避或退出公职的方式，保障公职公正履行以及维护公职人员的合理权益。

回避机制化解利益冲突的程序性制度工具，其做功理论模型是回避性工具，这是一种较为温和的熔断错开式解决模式。回避性工具是指：公职人员在履行公职时，不得参与讨论、调查、判断、决策和执行与本人、亲属、利害关系人有关公共事务，以及在任职因有较大影响力的亲属关系或地域关系，而对录用、任用、晋职、职务等予以限制，也不得以任何其他方式对上述事务施加影响力。其效应模式是：终止公职人员对所涉特定事务处理的权力，或防止有较大影响力的亲属关系或地域关系所形成的任职环境，从而降低、控制、阻断、消除公职人员在履行公职中追求个人利益的动机和陷入利益冲突困境了。

回避机制具备以下机能：在公职人员方面，首先，回避机制对公职人员具有自我保护作用。由于宗族历史文化、人情关系社会文化的影响，公职人员在履行公职过程中容易受宗族亲属以及各种人情网络的干扰，回避机制以明定程序的方式约束公职人员在受到干扰时不得参与讨论、调查、判断、决策和执行等不作为方式回避，这就为公职人员拒绝人情网络干扰公职的公正履行提供最有说服力的“挡箭牌”，从而避免使自己陷入利益冲突困境甚至腐败局面。因此公职人员利用回避机制规避人情，无疑是对自己合理的保护。其次，回避机制具有预防公职人员腐败的作用。其一，对公职人员履行公职过程中的利益冲突风险提供预警作用，有效防止利益冲突的现实性和冲突发生的严重性。从回避机制的设计来看，在利益冲突达到具体危险性时，就对公职人员、廉政监察机关等提出一种警示，提醒采取相应的回避措施，从而化解利益冲突。其二，为控制利益冲突或腐败风险赢得思考及操作时间。当利益冲突达到具体危险性时，公职人员主动回避或廉政监察机关强制相关公职人员回避，在这期间便足以让公职人员或廉政监察机关有充裕的时间考虑利益冲突解决的办法。在政府方面，回避机制具有廉政宣传宣誓作用。回避机制为化解公职人员利益冲突提供制度上的保障。因此这种回避机制表明政府认识到公职人员不当履行公职追求个人利益所造成的利益冲突严重性并采取了回避机制的治理措施，利益冲突与反腐倡廉是不相容的，以此回应社会公众对廉政的关切和诉求，并对带动社会公众建设廉洁社会发挥宣传的效应。因此回避机制可以起到一种廉政宣传和宣誓的作用。

（三）回避机制的三种主要类型

如前所论，回避机制是一种熔断错开式的程序工具，是指公职人员主动或依法律法规不担任、不参与讨论、调查、判断、决策和执行等不作为方式停止、放弃、消除对所涉冲突公共事务的影响力。从各国或地区关于回避机制的规则来看，一般有任职回避、公务回避和地域回避三种主要回避模式。

首先，任职回避，是指对公职人员的录用、任用、晋职、职务等作出一定的限制，回避的范围主要涉及密切关联、彼此具有较大影响力的亲属关系。即当具有较大影响力的亲属之间在同一系统、部门或同一行业领域内具有领导与被领导、监管与被监管或业务上具有之间影响关系时，就需要一方予以回避来破除利益冲突可能性。其次，公务回避，是指公职人员在履行公务时，因其与所处理的公共事务存在利益冲突的可能性，为保证实体结果和程序进展的公平公正，依法终止其职务的行使或由其他公职人员行使的一种回避法律制度。最后，地域回避，是指由于受宗族历史文化影响，而使人们容易受到宗族亲属关系的干扰，为公职人员清正廉洁履行公职，就有必要从制度上创造隔离宗族亲属关系干扰履行公职的环境。而宗族亲属关系具有很强的地域性，一般是指公职人员的原籍或出生成长地区。因此公职人员需要回避在特定地域担任一定级别的领导职务。需要注意的是，OECD 成员国并无此种回避类型，这是由于东方文化和传统所决定的一种特有回避类型。

回避的极端形式是换岗或辞职。调整公职人员的职务或岗位，安排无涉利益冲突的职务或岗位。若仍未解决利益冲突，或者公职人员为维护个人利益，可以选择放弃公职来彻底实现回避的目的。因此广义上的回避机制包含退出公职的方式。

二、国外利益冲突回避制度之借鉴

国外关于利益冲突回避机制较为成熟，笔者选取几个发达国家的法律文本进行比较分析，以期寻找到回避机制对于化解利益冲突、公正履行公职的作用机理。

其一，从法律规定来看，各国关于回避机制的立法规范主要分为公务员职业道德及廉政法规、公务员管理法规以及行政程序法规三种类型，以及以上类型的交叉。如美国关于回避机制主要规定在《行政部门雇员道德行为准则》中,加拿大关于回避机制主要规定在《公职机关利益冲突和离职规则》中,属于公务员职业道德及廉政法规类型;而法国关于回避机制主要规定在《公务员总章程》,瑞士关于回避机制主要规定在《联邦雇员法》《联邦委员会与联邦行政组织管理法》中,则属于公务员管理法规类型;德国关于回避机制主要规定在《联邦德国行政程序法》中,葡萄牙关于回避机制主要规定在《葡萄牙行政程序法》中,则属于行政程序法规类型。当然还有很多国家的立法属于分散式,会在公务员职业道德及廉政法规、公务员管理法规以及行政程序法规中规定相应的回避机制。

其二,从回避类型来看,各国法律一般会规定任职回避、公务回避两种主要类型,有些国家还会规定离任回避和地域回避类型。如在任职回避方面,美国《佛罗里达州公务官员及雇员道德法》规定:公职人员不能让他们的亲属到他服务的或他有管辖权或支配权的机构里供职。[68] 英国《地方政府雇员行为准则》的附录指出:申请任命的候选人在申请时应书面向当局主要行政负责人报告;是否明知与该当局的任何成员或该当局下属任何高级职务的官员有关系,故意不报告则丧失任职资格,任命后被发现未报告的被解职。当局的成员及高级官员也应向当局报告,是否明知与所提候选人存在关系。[69] 在公务回避方面,《美国行政部门职员道德行为标准》第五部分"公务履行中的公正性"包括了两个回避条款,对产生不工作表象的情形进行了规定。第一条"个人与商业关系"规定如果公职人员参与某些政府事务,就可能导致对该公职人员的公正性的疑问,则该公职人员在参与这些事务之前应当取得特别的授权。[70] 不得利用过去的职务和影响接受酬礼;禁止在与过去有业务关系的机构就业或取得报酬;不得泄露政府机密以谋取好处等,如法国、澳大利亚、墨西哥等。[71] 这些规定被认为是离任回避机制。由于宗族文化和传统影响,在东亚地区还存在地域回避的类型。

---

[68] 参见王天笑:《廉正视域下我国公职人员利益冲突问题研究》,郑州大学出版社 2015 年版,第 115 页。

[69] 同上。

[70] 《美国行政部门职业道德行为标准》,载《国外反腐败法律法规选编》,中央纪委法规室、监察部法规司编译,中国方正出版社 2002 年版,第 539 ~ 540 页。

[71] 傅礼白:《国家公务员制度概论》,山东大学出版社 2004 年版,第 169 页。

其三,从回避事由的规定方式和主要内容来看,主要分为概括式和列举式。比如英美法系国家主要倾向于概括式,即法律只概括性地规定有偏颇之虞或招致不公正嫌疑就需要回避,但需注意的是英美法系承认判例作为法源,因此判例会对这种概括式法律规定形成充分的补充。比如美国《联邦行政程序法》规定:依本编第557条规定主持听证的职员和参加裁决的职员,必须不偏不倚地执行职务,主持人或参加人在任何时候可以主动回避。英国《行政法》规定:任何直接的金钱利益关系,都是导致裁判者资格丧失的理由;行政机关工作人员同时以二种以上身份参与同一案件的,应当回避。而大陆法系国家主要倾向于列举式,即法律以列举的方式规定回避的各种事由,这种方式符合大陆法系法律规范的针对性和完整性特征,便于实务适用。如《联邦德国行政法》第20条第1款规定下列人员不得在行政程序中为行政机关工作:本人是参与人的;是参与人亲属的;是参与人的法定代理人或指定代理人;是代理参与人之人的亲属;为报酬而为参与人服务,或作为董事会、监事会或其他类似机构的成员为其服务的人;在其官方职务范围以外坚定或提供其他服务的人。《葡萄牙行政程序法》第44条第1款规定,在下列情况下,公共行政当局的机关据位人或人员,不得参与行政程序,或公共行政当局公法或私法上的行为或合同:(a)其本人,或因身为他人代理人或无因管理人,有利害关系者;(b)其配偶、任一直系血亲或姻亲、二亲等内之旁系血亲或姻亲、任何与其在共同经济下生活之人等人,或因身为他人的代理人,有利害关系者;(c)其本人,或因身为他人的代理人,就与应作出决定的问题类似的问题有利害关系,或此情况发生于上项所包括的人身上者;(d)曾以鉴定人或受托人的身份参与该程序,或曾对拟解决的问题作出意见书者;(e)其配偶、直系血亲或姻亲、二亲等内之旁系血亲或姻亲、任何与其在共同经济下生活之人等,曾以鉴定人或受托人的身份参与该程序者;(f)利害关系人或其配偶采取司法行为,针对该机关据位人或人员、其配偶或直系血亲者;(g)属针对山该机关据位人或人员,又或(b)项所指之任一人作出或参与作出之决定之上诉者。[72]

其四,从回避程序的类型来看,各国法律一般会规定自行回避、申请回避

---

[72] 参见应松年主编:《外国行政程序法汇编》,中国法制出版社2004年版,第340页。

两种主要类型,有些国家还会规定强制回避类型。自行回避是指公职人员认识到在履行某项公务时具有利益冲突的可能性,而主动向主管机关或负责人提出回避参与履行该公务的程序。申请回避是指行政相对人或利害关系人认为公职人员履行某项公务时具有利益冲突的可能性,而以法定形式向主管机关或负责人提出终止公职人员参与履行该公务资格的程序。如《葡萄牙行政程序法》第45条第1款、第2款规定:“一、如出现引致行政当局的任何机关据位人或人员须回避的事由,则视情况而定,该机关据位人或人员应将该事实立即告知有关上级或有领导权的合议机关主席。二、在作出确定性决定或作出行为之前,任何利害关系人可申请回避的宣告、申请时应详细说明构成回避事由的事实情节”[73],就分别规定了自行回避和申请回避。法律只规定了自行回避类型,其典型代表是奥地利。《奥地利普通行政程序法》第7条只规定了:“行政人员遇下列情形应自行回避并请求代理”的类型,其《官员法》规定:“即公务员在任职或者执行公务时,认为具备回避的条件而自行申请回避任该职务或执行该公务,而不承认公务相对人拥有申请回避的权力。”而对于强制回避,是指主管机关或负责人认识到公职人员履行某项公务时具有利益冲突的可能性,而强制终止公职人员参与履行该公务资格的程序。如《联邦德国行政法》第21条第1款规定:“偏袒涉嫌人本身是行政机关领导的,不自动放弃的,依监督机关命令行事。”

其五,从回避的效力来看,法律规定主要涉及回避后代理问题和回避前的行政行为的效力问题。例如,《葡萄牙行政程序法》第46条规定:“一、宣告机关据位人或行政当局人员须回避后,在该程序内须由有关的法定代任人代替该机关据位人或人员,但其上级决定接管该问题者除外。二、如属合议机关,而无代任人或不可指定代任人,则该机关在须回避的成员不参与下运作。”该规定明确指出回避后,需要有相关的代任人继续推进行政程序,若无则须回避的成员不得参与行政程序的运作。《葡萄牙行政程序法》第51条第1款规定:“须回避的机关据位人或行政当局人员参与的行为或合同,是依据一般规定可撤销的行为。”而对于回避前的行政行为的效力问题,则需要结合行政行为考察,并不当然无效或可撤销。

---

[73] 参见应松年主编:《外国行政程序法汇编》,中国法制出版社2004年版,第341页。

三、完善我国的回避制度

(一)我国回避机制的现状

1996 年为了保证国家公务员依法执行公务,促进国家行政机关的廉政建设,人事部根据《国家公务员暂行条例》发布了《国家公务员任职回避和公务回避暂行办法》。2006 年 1 月 1 日实施的《公务员法》[74],为了规范公务员的管理,促进勤政廉政,以法律的形式对我国公务员履行公职过程中发生利益冲突时实行回避制度。同年,为了加强对党政领导干部的管理和监督,保证领导干部公正履行职责,促进党风廉政建设,根据《公务员法》《党政领导干部选拔任用工作条例》和有关法律法规,制定《党政领导干部任职回避暂行规定》。及至 2011 年,中共中央组织部、人力资源和社会保障部结合社会发展以及廉政建设的环境,根据公务员法和有关法律法规制定了《公务员回避规定(试行)》(以下简称《回避规定》)。因此当前我国现行有效回避机制的法律依据主要是《公务员法》和《回避规定》。

此外我国部分地方和行业领域已颁布利益冲突回避法,如 2009 年 7 月温州市发布《温州市国家工作人员利益冲突回避暂行办法》、2014 年 11 月黄山市实施《黄山市国家工作人员利益冲突回避办法(试行)》、2011 年 12 月卫生部印发《关于卫生系统领导干部防止利益冲突的若干规定》、2012 年 2 月最高人民法院印发《关于人民法院落实廉政准则防止利益冲突的若干规定》、2012 年 12 月中国人民银行印发《中国人民银行工作人员防止利益冲突暂行规定》、2013 年 12 月工业和信息化部办公厅印发《工业和信息化部机关工作人员防止利益冲突暂行规定》、2015 年 3 月中国证券业协会关于证券公司做好利益冲突管理工作的通知。

1. 回避类型及事由

根据《公务员法》和《回避规定》可知,我国法定的回避类型分为任职回避、地域回避和公务回避。

首先是任职回避,是指对公职人员的录用、任用、晋职、职务等作出一定的限制。其一,任职回避的主要目的在于使公务员之间分离工作关系和亲属

---

[74] 该法已于 2018 年 12 月 29 日修订。

关系,使之单纯化仅保留纯粹的工作关系。其二,回避的亲属范围,主要是指夫妻关系;直系血亲关系,包括祖父母、外祖父母、父母、子女、孙子女、外孙子女;三代以内旁系血亲关系,包括伯叔姑舅姨、兄弟姐妹、堂兄弟姐妹、表兄弟姐妹、侄子女、甥子女;近姻亲关系,包括配偶的父母、配偶的兄弟姐妹及其配偶、子女的配偶及子女配偶的父母、三代以内旁系血亲的配偶。其三,回避的内容,主要包括公务员凡有上述亲属关系的:不得在同一机关担任双方直接隶属于同一领导人员的职务或者有直接上下级领导关系的职务,也不得在其中一方担任领导职务的机关从事组织、人事、纪检、监察、审计和财务工作。其中直接隶属,是指具有直接上下级领导关系;同一领导人员,包括同一级领导班子成员;直接上下级领导关系,包括上一级正副职与下一级正副职之间的领导关系。其四,任职回避由于地域或者工作性质特殊,有时候需要变通执行任职回避。比如一些少数民族聚居区以及外事部门的公务员任用,就可能出现变通处理的。根据规定,变通执行的,由省级以上公务员主管部门规定。

其次是公务回避,是指公职人员在履行公务时,因其与所处理的公共事务存在利益冲突的可能性,为保证实体结果和程序进展的公平公正,而对其参与履行公务的资格作出一定的限制。其一,公务回避的主要目的是将身处各种可能影响公正处理公共事务之利害关系的公务员予以冻结,换上没有利益冲突负担的公职人员处理,保障公务的公正性。其二,回避的利害关系范围,主要包括涉及本人利害关系的、亲属关系人员的利害关系的以及其他可能影响公正执行公务的。其三,回避的公务活动范围,主要包括考试录用、调任、职务升降任免、考核、考察、奖惩、交流、出国审批;监察、审计、仲裁、案件审理;税费稽征、项目资金审批、监管;其他应当回避的公务活动。其四,公务回避的形式,一般表现为不参加有关调查、讨论、审核、决定,也不以任何方式施加影响等不作为。

最后是地域回避,是指由于受宗族历史文化影响,人们容易受到宗族亲属关系的干扰,为使公职人员清正廉洁履行公职,而对公务员任职的地域作出一定的限制。其一,地域回避的主要目的是从制度上创造隔离宗族亲属关系干扰履行公职的环境,防止公务员利用宗族亲属关系拉帮结派形成影响中央政令畅通的地方势力,以及辅助任职回避和公务回避功能的实现。其二,回避的范围是本人成长地。其三,回避适用的机关,是指乡级机关、县级机关及其有关部门,其中乡级机关、县级机关主要是指乡级、县级党委和政府;有关部门主要是指县级纪检机关、组织部门、公安部门、县级法院、县级检察院。其四,回避的职位,是指上述机关或部门的主要领导职务,即正职领导成员。其五,符合地域回避条件的原则上需要履行回避义务,但民族自治地方的少数民族领导干部的地域回避存在困难的,可以按照有关法律规定并结合当地实际情况变通处理。

2. 回避程序

根据《公务员法》和《回避规定》可知,我国法定的回避程序的方式分为自行回避、申请回避和强制回避三种类型。

自行回避是指公职人员认识到在履行某项公务时具有利益冲突的可能性,而主动向主管机关提出回避参与履行该公务的程序。申请回避是指行政相对人或利害关系人认为公职人员履行某项公务时具有利益冲突的可能性,而以法定形式向主管机关提出终止公职人员参与履行该公务资格的程序。强制回避,是指主管机关认识到公职人员履行某项公务时具有利益冲突的可能性,而强制终止公职人员参与履行该公务资格的程序。根据我国法律规定,其中任职回避和地域回避适用同一回避程序,回避程序的方式只适用自行回避、申请回避两种类型;而公务回避适用单列的回避程序,回避程序的方式适用自行回避、申请回避和强制回避三种类型。

首先,自行回避的程序有三步骤:(1)提出请求,即公职人员在录用、任用、晋职中或处理公共事务过程中,发现存在利益冲突的可能,符合回避条件的,自行向主管机关提出回避请求。(2)审核请求,即在任职或地域回避中,由任免机关组织人事部门按照管理权限进行审核,并提出回避意见报任免机关,在报任免机关决定前,应当听取公务员本人及相关人员的意见。在公务回避中,由所在机关进行审查作出是否回避的决定,并告知申请人。(3)作出决定,即主管机关作出回避决定的,在任职或地域回避中,职务层次不同的,一般由职务层次较低的一方回避;职务层次相同的,根据工作需要和实际情况决定其中一方回避。在公务回避中,由所在机关调整公务安排。

其次,申请回避的程序有两步骤:(1)提出请求,即在任职或地域回避中,所在机关发现公职人员在录用、任用、晋职中存在利益冲突的可能,符合回避条件的,向主管机关提出回避申请。在公务回避中,利害关系人或主管领导发现公职人员处理公共事务过程中存在利益冲突的可能,符合回避条件的,向所在机关提出回避申请。(2)审核请求和作出决定两个步骤与自行回避的程序相同。

最后,强制回避的程序有两步骤:(1)在公务回避中,所在机关发现公职人员处理公共事务过程中存在利益冲突的可能,符合回避条件的,可以直接作出回避决定。这一步骤直接体现上下级公务员之间的领导关系。(2)作出回避决定后,由所在机关调整公务安排。

3. 回避效力

根据《回避规定》第 14 条规定:"公务员必须服从回避决定。无正当理由拒不服从的,应当予以免职。公务员应当主动报告应回避的情形。有需要回避的情形不及时报告或者有意隐瞒的,应当予以批评教育;影响公正执行公务,造成不良后果的,应当给予相应处分。"由上可知,首先,公职人员必须服从主管机关作出的回避决定,在任职或地域回避中,职务层次不同的,一般由职务层次较低的一方回避;职务层次相同的,根据工作需要和实际情况决定其中一方回避。在公务回避中,公职人员必须停止参与处理所涉冲突的公共事务。其次,公职人员无正当理由拒不服从回避决定的,应当予以免职,这样可以彻底消除、阻断利益冲突。最后,公职人员有需要回避的情形不及时报告或者有意隐瞒的,应当予以批评教育;影响公正执行公务,造成不良后果的,应当给予相应处分。

(二)我国回避机制的问题及其完善

从法律规范文本来看,我国的利益冲突回避机制已经具备了比较完备的水平。因此从规范妥适性看,基本上能够完成保障公职人员公正履行职责,促进廉政建设。然而从目标达成度和政策配合度来看,回避机制对于公职人员利益冲突的规范作用并未充分发挥。此外,回避机制本身也存在一些可以完善的地方。

1. 回避的关系范围

前配偶、婚约关系人,以及现实中广泛存在并对公务员有着较强影响的师生关系、同学关系、恩怨关系涉及的人员,是否属于应回避的范围,缺少明确性规定。对此《联邦德国行政法》第 20 条明确规定以下情况仍视为须回避的亲属:(1)有婚约者;(2)配偶、直系血亲或姻亲、兄弟姐妹的配偶和配偶的兄弟姐妹关系中,婚姻关系已不存在的;(3)直系血亲或姻亲、兄弟姐妹、兄弟姐妹的子女、兄弟姐妹的配偶和配偶的兄弟姐妹、父母的兄弟姐妹关系中,因收养为子女,血亲关系或姻亲关系已消灭的;(4)形同父母子女,长时间共同生活于一个家庭中具有养护关系的人,养父母与养子女关系中,共同生活关系已不存在,但仍如同父母子女相互联系的。[75] 在我国亲族群体文化背景下,似乎更应该重视这类可能对公职人员公正履行公职有干扰的"准亲属关系"。因此建议对已消失的婚姻关系、已消失的收养抚养关系、婚约关系、师生关系、同学关系、恩怨关系等纳入《回避规定》第 11 条第 3 款"其他应当回避的公务活动"中加以考察。

2. 回避的程序

回避程序应该包括回避的提出主体、提出方式、提出时限,对回避的审查与举证,回避的决定,回避的实施,回避的法律后果,违反回避规定的法律责任,回避的法律救济等内容。但我国对回避的提出方式、提出时限,缺少明确性规定。

关于地域回避的质疑。首先,根据《回避规定》第 8 条的规定,地域回避是指本人成长地。然而我国并无任何规则对"本人成长地"的内涵外延有过界定,无法满足地域回避的执行需求。在幅员广阔、人员流动频繁的我国,人的一生可能会在好几个不同的地区生活成长,到底哪一个或哪几个生活的地区可以以及为何被界定为需要回避的成长地?成长地是界定为乡镇、县、地市还是省份,其地理范围也是不明确的。其次,搜索我国公职人员的官方简历,一般会注明籍贯或出生地,很少会注明成长地。那么在公职人员的录用、任用、晋职中,到底是怎么考核成长地的?更重要的是,很难根据官方公布的资料明确界定公职人员的成长地,也就很难执行地域回避。最后,整理我国因贪污腐败被依法处分的公职人员,在其违纪违规违法的正式认定文件中,也很难找到其贪污腐败与成长地有何种高度盖然性关系。相反即便有效执行地域回避,也很难找到实行异地任职与贪污腐败有何种高度盖然性关系。

---

[75] 参见应松年主编:《外国行政程序法汇编》,中国法制出版社 2004 年版,第 88 页。

3. 回避的法律后果及救济程序

在作出回避决定前，该公务员能否不受任何限制地继续履行公职。若受限，则受何种程度限制？若决定回避，在作出回避决定前，该公务员因履行公职所完成的和未完成的行为是否合法有效？若决定回避，该公务员因履行公职所完成的和未完成的行为在何种情况与条件下，应撤销或维持？应该回避而未回避，是否属于可撤销的行政行为之违反法定程序？这些问题都没有得到法律规范的明确规定。笔者认为，任职或地域回避中，在作出回避决定前，应该暂缓公职人员的录用、任用、晋职公告的效力；在公务回避中，为保障公务的平稳顺当有效履行，公职人员原则上应中止处理公共事务，经主管机关决定才可以继续参与。在作出回避决定前，该公务员因履行公职所完成的和未完成的行为，由主管机关在作出决定时一并予以确认或否定效力。应该回避而未回避的情况下所作的行政行为，属于违反法定程序之可撤销的行政行为，但并不必然予以撤销。在决定回避的情况下，该公务员因履行公职所完成的和未完成的行为，可以根据行政行为的具体内容予以撤销或部分撤销，或者撤销会给国家利益、社会公共利益造成重大损害的以及对利害关系人的权利不产生实际影响的可以不撤销行政行为。另外，根据实务中出现当事人利用回避机制滥用申请回避的权利，因此还需要明确回避的法律救济，即需要明确所涉冲突的当事人以何种方式在何期限向何部门进行申诉。根据我国民事、行政和刑事诉讼法规定，对回避决定不服的，可以申请复议一次。笔者认为，如果设立专职治理利益冲突的主管机构，对回避决定不服的，当事人可以在接到回避决定之日起 5 日内以书面形式向主管机构申请复议一次。

第七节　离职后行为利益冲突管理制度

一、离职后行为利益冲突理论基础

（一）离职后行为与利益冲突

个人利益与公共利益发生冲突是以履行公职为中介和载体的。因此若公职人员离职，便失去了发生冲突的中介和载体。但由于公职人员履行公职的经历、所积累的人脉资源，以及因公职而知悉的信息，在一定时期内形成

"影子公职",[76]具有一定的剩余影响力。这种"影子公职"仍可作为发生利益冲突的中介和载体,公职人员离职后某些行为凭借剩余影响力也可能产生利益冲突。因此有必要对公职人员离职后的行为进行规范来防止发生利益冲突。

我国离职公职人员利益冲突问题比较突出,这与我国的历史文化传统、政治体制形态、经济发展阶段、人事组织制度以及社会治理环境等,具有无法超脱的关系。党政领导干部在职时通过各种途径和方式所结成的关系网、人情局、权力链、利益共同体,在离退休或辞去公职后将传统的公职组织权力关系演变为隐藏在各种利益网络化中的影响力关系,并通过这种类似"行使权力"的方式运用剩余影响力为自己或他人谋取利益,从而引发利益冲突和腐败。主要表现为:公职人员离职后再就业,如以再就业为方式进行洗钱;事后兑付;利用剩余影响力介入、影响或干涉相关公职人员履行公务,为自己或单位谋取不正当利益等。

(二)"影子公职"理论模型

如前所述,公职人员离职后的行为是以"影子公职"作为发生利益冲突的中介和载体的,因此有必要探讨"影子公职"的理论模型和作用机理。影子公职(shadow public office),又可以称为平行公职(parallel public office),是指游离于现行公务员法及其他法律法规和党纪规范体系之外的,可能引发公权力风险和利益冲突等问题的影响力中介。

影子公职,是通过在职时以各种途径和方式所结成的关系网、人情局、权力链、利益共同体,进行影响力扩张的一种方式。这种方式的核心是把传统的公职组织权力关系演变为隐藏在各种利益网络化中的影响力关系。这种影响力关系看上去像传统公职但仅是行使传统公职的功能而没有传统公职受法律法规授权并规范的组织关系和结构,作为传统公职的影子存在。影子公职的基本特征主要表现在以下三方面:其一,剩余影响力大小和范围受原公职职务、级别高低和领域影响较大;其二,由于离退休或辞去公职后不在职,不受针对在职公职人员的法律法规约束和机关的严格监管,隐蔽性较大;其三,由于受约束和监管较少,活动空间较大。

---

[76] 影子公职的说法,借鉴金融学"影子银行"和英国政治学"影子内阁"而来。

影子公职主要包括三类:一是在职公职人员对其他并无隶属监管领导关系的公职人员发挥影响力,二是离职公职人员对在职的公职人员发挥剩余影响力,三是公职人员的近亲属和关系密切人通过在职或离职公职人员或其他公职人员发挥影响力。我国《刑法》第388条对这三类情况都作了规定:(1)国家工作人员利用本人职权或者地位形成的便利条件,通过其他国家工作人员职务上的行为,为请托人谋取不正当利益,索取请托人财物或者收受请托人财物的,以受贿论处。(2)国家工作人员的近亲属或者其他与该国家工作人员关系密切的人,通过该国家工作人员职务上的行为,或者利用该国家工作人员职权或者地位形成的便利条件,通过其他国家工作人员职务上的行为,为请托人谋取不正当利益,索取请托人财物或者收受请托人财物……(3)离职的国家工作人员或者其近亲属以及其他与其关系密切的人,利用该离职的国家工作人员原职权或者地位形成的便利条件实施前款行为的,依照前款的规定定罪处罚。

第一类是应用影子公职方法的在职公职人员,这些公职人员仍受法律法规约束和机关的严格监管,同时获得人事组织和公职权力的支撑,但他们将影子公职的操作方法运用到了引发利益冲突和腐败的活动中。第三类是支配在职公职人员,或者将在职公职人员、离职公职人员作为媒介支配其他在职公职人员,所形成的影子公职。其中此处所讲的影子公职,主要是第二类,即离职公职人员对在职的公职人员发挥剩余影响力,从而引发利益冲突的情形。

二、国外离职后行为利益冲突管理机制之借鉴

(一)限制性制度工具

《联合国反腐败公约》第12条第5款规定:"在合理期限内,对原公职人员的职业活动或者对公职人员辞职或者退休后在私营部门的任职进行适当的限制,以防止利益冲突,只要这种活动或者任职同这些公职人员任期内曾经担任或者监管的职能直接有关。"这是国际公约对各缔约国在公职人员离职后行为利益冲突管理方面提出的明确要求,同样,OECD成员国对公职人员离职后的限制也主要集中在期间限制、交往限制、信息使用限制、就业限制等方面。

一是期间限制,其实质就是给离职公职人员的剩余影响力和所获知的机

密信息制造一个冰冻期,经过冰冻期摊薄、弱化、减少以至消除这种剩余影响力,来化解利益冲突。期间的长短由各国法律依据本国国情加以规定,一般最短期间为1年,最长期间为5年,如美国规定为2年,加拿大规定为1年,德国规定为5年。二是交往限制,是指法律上对公职人员的公务交往和受公职影响的社会交往作出一定限制,其目的在于限制和预防干扰公职的公正顺当履行,以避免可能的利益冲突。三是信息使用限制,是指公职人员因履行公职获知机密信息,在其离退休或辞去公职后有可能利用或使用这些非公开的信息谋利,影响市场竞争和政府决策的公正公平性。如加拿大的《公务员利益冲突与离职后行为法》规定:"前公职人员亦不应向他们的当事人提供咨询,提供公众尚不知道的有关他们曾工作过的部门或在他们任职期满一年曾有直接或实质性关系的部门的计划和政策。"澳大利亚的《公务人员行政准则》也规定:"公务人员退休或辞职后,原则上不禁止在企业任职。在'脱钩'后,不得泄露过去所掌握的文件或事实,否则以犯法论处。"四是再就业限制,主要是指公职人员离退休或者辞去公职后,对其再就业的工作领域、性质、行业和服务对象有所限制。OECD成员国一般严格禁止公职人员到与政府有业务关系和合同关系的私营企业中就业,因为若不禁止,公职人员很可能与未来的雇主合谋。

因此,离职后行为利益冲突管理机制主要是限制性制度工具。美国理论界曾对此有一番争论,焦点主要集中在:公职人员离职后再就业予以期间限制是否可以防止利益冲突?公职人员离职后能否与原同事保持社交往来?公职人员离职后再就业能否使用其在职期间获取的非机密信息?对这些问题的探讨有助于我们更深刻地理解公职人员离职后行为的利益冲突,更好地构建和完善相关治理机制。笔者认为,公职人员离职后再就业予以期间限制可以有助于防止利益冲突。理由在于,根据公职人员离职前所担任的职务、从事的领域的特征,随着公职组织的更新调整,其"影子公职"是有影响力期限的。因而期间限制,就是依法控制这个影响力期限,其实质就是给离职公职人员的剩余影响力和所获知的机密信息制造一个冰冻期,经过冰冻期摊薄、弱化、减少以至消除"影子公职"的剩余影响力,来化解利益冲突。此外,公职人员离职后能与原同事保持正常的社交往来。人是社会中的人,其社会属性决定了人处于各种社会关系以及社会交往中,公职人员作为公民也同样拥有正常的社会交往的需要和自由。如果阻止公职人员离职后与原同事保持正常的社交往来,无疑是违背人性和社会发展本质的。因此,只要公职人员离职后能与原同事之间的交往,属于正常的社交,不会干扰在职的原同事履行公职,就不应予以禁止。需要限制的是那些不严格区分公生活与私生活容易引发利益冲突的交往行为。最后,公职人员离职后再就业是否可以使用其在职期间获取的非机密信息,要对所谓的"非机密信息"分类探讨。如果"非机密信息"是指实际上还没有向一般公众传播的信息以及经请求可以公开但尚未授权向公众公开的信息,而这些信息是离职的公职人员因履行公职而知道的,那么公职人员离职后就不得使用其在职期间获取的非机密信息从事财务交易或不适当地用于获取自己或其他人的私人利益。因为这些信息虽然不具有机密性质,但在尚未公开前使用就违背了公众获取信息的平等权或者侵害了公共机构或他人的利益,从而产生利益冲突。如果"非机密信息"是指实际上不需要向一般公众传播的信息,或没有公开的实质价值的一般信息,或者公众可以自由获取到而公职人员只不过是在职期间获取的信息,那么公职人员离职后就可以用于从事财务交易或获取自己或其他人的私人利益。因为这些信息本已公开或不具备公开的价值,公职人员离职后使用也不违背了公众获取信息的平等权,没有侵害公共机构或他人的利益,从而不会产生利益冲突。

(二)各国、地区对离职后再就业的限制规则

各国或地区在法律上对于公职人员离职后再就业提出了性质、工作领域、行业和服务对象以及回避期间的限制。根据限制的类型可以分为永久性禁止和部分或附条件限制两种类型。

1. 永久性限制规则

如《美国法典》第 18 编第 207 条(a)(1)明确规定:"行政部门的任何政府官员或雇员离职后,永远不得就某项他在职时曾亲自和实质性参与的特定事务,故意担当他人的代理人或律师在正式或非正式场合出面,或明知而故意试图施加影响,与美国任何部门、机构、法院或军事法院的官员或雇员进行口头或书面联系。"[77]加拿大法律也明确规定:"任何时候前雇员都不得为了

---

[77] 参见《美国政府道德法 1989 年道德改革法 行政部门雇员道德行为准则》,蒋娜等译,中国方正出版社 2013 年版,第 299 页。

或者代表任何个人、商业实体、组织或联盟参与任何特定的、正在进行中的，并且政府为其中一方的程序、交易、谈判或案件：如果在此之前前雇员曾经就同样的问题为部门行事或建议部门行事；如果会导致赠与非常规运用的，或非纯商业、或非个人性质的利益。”[78]

永久性限制规则是针对特定公职人员在特定领域、事项的永久性禁止的规定。其理论模型表现为预防事先合谋事后兑现型的利益冲突，即为了制止公职人员在职时就特定事务与任何非国家机关（机构）的法人或其他组织、自然人达成以离职后再就业等利益换取特定事务上的利益的互利协议，就必须得永久性禁止公职人员离职后，获得该法人或其他组织、自然人所提供的工作，让这种互利协议的后半部分永不能合法兑现，来阻止公职人员在职时就特定事务为该法人或其他组织、自然人谋取利益，从而破坏这种互利协议形成的基础和环境，达到实现预防事先合谋事后兑现型利益冲突的发生。

2. 部分或附条件限制规则

如《美国法典》第 18 编第 207 条（b）（1）明确规定：“任何美国行政部门、立法部门的前官员或前雇员，在其离职前一年之内曾代表美国亲自并实质性参与任何正在进行的贸易或条约谈判，而且当时能接触到根据第 5 编第 552 条中可以免于公开披露的贸易或条约谈判信息，在其离职后一年内不得以这种信息为基础，明知而从事代理、协助或提供咨询给任何他人有关正在进行的贸易或条约谈判的事务。”[79]

部分或附条件限制规则是针对公职人员离职后在规定期间内，不得从事法律规定的特定领域、事项的活动的规定。其理论模型表现为利用信息优势获利型的利益冲突，即为了制止公职人员在职时曾亲自并实质性参与正在进行的贸易或条约谈判，因此知晓了免于公开披露的贸易或条约谈判信息，并利用这种信息优势与法人或其他组织、自然人达成以信息换贸易或条约谈判事务上的利益的互利协议，就必须得设置合理的脱密冰冻期来弱化、减少以至消除信息优势，达到实现预防利用信息优势获利型利益冲突的发生。

---

[78] Conflict of interest and Post-Employment Code for Public Office Holders（2006）, item41.

[79] 《美国政府道德法　1989 年道德改革法　行政部门雇员道德行为准则》，蒋娜等译，中国方正出版社 2013 年版，第 301 页。

3. 违反再就业限制的处罚

《美国法典》第18编第216条明确规定:“任何违反公职人员离职后再就业限制规则的行为将处以1年以下有期徒刑,或5万美元的罚款,或两种刑罚共同适用。蓄意实施违反公职人员离职后再就业限制规则的行为,处以5年以下有期徒刑,或5万美元罚款,或两种刑罚共同适用。”[80]日本法律也规定:公务员离职后两年内,不得同意或在与其离职前5年间人之的,与人事院规定的国家机关或特定独立行政法人有密接关系的私营企业任职。违反地,处1年以下徒刑或3万日元以下罚款。韩国则设置违反就业限制罪,并处1年以下拘役或1000万韩元以下罚金。

三、完善我国离职后行为利益冲突管理制度

我国公职人员离职后行为利益冲突管理制度现实基础,是20世纪80年代随着老干部退休制度建立,又处于改革开放发展市场经济的时期,社会环境和市场对这些离职公职人员存在双向的巨大拉力,而离职公职人员所具有的剩余影响力极易被利用谋取个人利益,从而引发与公共利益的冲突。我国离职后行为限制制度的主要内容有:再就业限制、活动限制、期间限制、禁止使用处分因公职而持有或知悉的信息,和法律责任组成。

(一)我国离职后行为利益冲突管理机制现状

关于再就业限制制度的规范性文件主要有:1985年《中共中央办公厅、国务院办公厅关于党政机关干部不兼任经济实体职务的补充通知》,1986年《中共中央、国务院关于进一步制止党政机关和党政干部经商办企业的规定》,1988年《中共中央办公厅、国务院办公厅关于县以上党和国家机关退(离)休干部经商办企业问题的若干规定》进一步包含离退休干部,不得经商办企业、任职、居间取酬、金融等。

活动限制制度主要用于规制公职人员离职后的商业活动,相关规范性文件主要有:1984年《中共中央、国务院关于严禁党政机关和党政干部经商、办企业的决定》,其第4条规定,严禁套购倒卖、走私贩私、偷税漏税、买空卖空、

---

[80] 《美国政府道德法 1989年道德改革法 行政部门雇员道德行为准则》,蒋娜等译,中国方正出版社2013年版,第323页。

牟取高利、从事皮包公司等。1988年《中共中央办公厅、国务院办公厅关于县以上党和国家机关退(离)休干部经商办企业问题的若干规定》,其第1条规定,不得居间取酬、参与倒卖、索要物资、进行金融活动。

关于期间限制制度的规范性文件主要有:1986年《中共中央、国务院关于进一步制止党政机关和党政干部经商办企业的规定》,其规定为2年;1988年《中共中央办公厅、国务院办公厅关于县以上党和国家机关退(离)休干部经商办企业问题的若干规定》,其规定为2年加上事先批准;1993年《国家公务员暂行条例》,其第73条规定为两年内须经批准;1995年《国家公务员辞职辞退暂行规定》,其规定为两年内须经批准;2004年《关于党政领导干部辞职从事经营活动有关问题的意见》,其明确指出:3年内不得从事和原职务管辖有关活动。2006年《中华人民共和国公务员法》,其第102条第1款明确规定:公务员辞去公职或者退休的,原系领导成员的公务员在离职3年内,其他公务员在离职两年内,不得到与原工作业务直接相关的企业或者其他营利性组织任职,不得从事与原工作业务直接相关的营利性活动。

关于法律责任的规范性文件主要有:1988年《中共中央办公厅、国务院办公厅关于县以上党和国家机关退(离)休干部经商办企业问题的若干规定》,其第5条规定,本人要及时纠正;不纠正的追究机关负责人责任。2006年《中华人民共和国公务员法》,其第102条第2款规定,由其原所在机关的同级公务员主管部门责令限期改正;逾期不改正的,由县级以上工商行政管理部门没收该人员从业期间的违法所得,责令接收单位将该人员予以清退,并根据情节轻重,对接收单位处以被处罚人员违法所得一倍以上五倍以下的罚款。2009年《刑法修正案七》,其规定了利用影响力受贿罪。

(二)我国离职后行为利益冲突管理机制的问题及完善

1.加强离职审计监督

《公务员法》第86条规定,公务员辞职或者被辞退,离职前应当办理公务交接手续,必要时按照规定接受审计。《审计法》第25条规定,审计机关按照国家有关规定,对国家机关和依法属于审计机关审计监督对象的其他单位的主要负责人,在任职期间对本地区、本部门或者本单位的财政收支、财务收支以及有关经济活动应负经济责任的履行情况,进行审计监督。然而我国对于公职人员离职审计监督存在法律规定过于笼统,缺乏可操作性和执行力不足的问题。反腐败司法实践中几乎看不到通过审计监督方式发现、查处贪腐犯罪案件,因此这种审计监督内控方式肯定存在问题,有必要进行改革。

2. 完善法律规范

其一,法律规范之间缺乏协调。如1996年、2001年、2007年所颁布和修订的《律师法》第36条规定,曾担任法官、检察官的律师,从人民法院、人民检察院离任后两年内,不得担任诉讼代理人或者辩护人。而《法官法》和《检察官法》规定,法官、检察官从法院、检察院离任后2年内,不得以律师身份担任诉讼代理人或者辩护人。那么按照《法官法》和《检察官法》,法官、检察官从法院、检察院离任后2年内,可以律师以外的身份担任诉讼代理人或者辩护人,但这与《律师法》相矛盾。因此有必要梳理公职人员离职后行为利益冲突管理相关的法律规范,修正改善法律规范之间相矛盾的地方。

其二,法律规范有待细化,可操作性有待增强。如我国《公务员法》第102条第1款规定"公务员辞去公职或者退休的,原系领导成员的公务员在离职三年内,其他公务员在离职两年内,不得到与原工作业务直接相关的企业或其他营利性组织任职,不得从事与原工作业务直接相关的营利性活动。"这一规定有待细化和完善。例如,什么是"与原工作业务直接相关"?"任职"的含义是什么,仅仅是指担任正式职务,还是包括了非正式职务,如顾问、代理人、经纪人、信托人等,以及没有正式和非正式头衔但企业需要时出面为其排忧解难并获取报酬。此外,一些离职公务员进入非营利性组织,利用其原来的职务影响、人际关系等资源进行为其拉赞助或为其事实上的营利活动出力等"灰色腐败"行为,也应该加以限制。

其三,完善期间限制。除规定在期间内不得任职和从事营利性活动外,增加不得担任律师、顾问等以任何形式代表、代理、指导、提供咨询、协助与原工作业务直接相关的公司企业或其他营利性组织,与政府作为其中一方的交易、谈判等事务,或对公务决策施加影响力,并不得以此为目的在任何场合以任何方式与政府工作人员进行任何形式的联系。

其四,借鉴国外,增加永久性禁止条款。例如,公职人员离退休或辞去公职后,永远不得就其在职时曾亲自和实质性参与的特定事项,而代表任何个人、公司企业等商业法人、团体组织,或者故意担当其代理人或律师在正式或非正式场合出面,或以施加影响为动机,与政府部门工作人员进行口头或书面联系。不得代表、代理、指导、提供咨询、协助外国政府、政党,与我国政府作为其中一方的交易、谈判等事务,或对我国的公务决策施加影响力,并不得以此为目的在任何场合以任何方式与我国政府工作人员进行任何形式的联系。

其五,我国缺乏对使用、处分因公职而持有或知悉的信息禁止规定,有必要在反腐败视角下加以完善。如规定,公职人员不得通过任何未授权的方式使用、处分因公职而持有或知悉的非公共信息。其中非公共信息是指公职人员因公职而持有或知悉的尚未向一般公众公开的信息,主要包括依据法律法规列为秘密的信息,依据法律法规或其他判决、命令不得披露的信息,以及实际上还没有向一般公众公开或普通公民依法请求查询可以获知但尚未向一般公众公开的信息。其中对于列为秘密的信息,我国刑法分别对侵犯国家秘密和商业秘密的行为规定了数个罪名加以保护。

3. 提供咨询服务

法律意识模糊,对相关法律规范的不知晓、不熟悉、不明白,是离职公职人员违法违规的重要原因之一。因此应该在公职人员离退休前或辞去公职时提供离职后行为规范的宣讲教育和咨询服务,发放离职后行为规范指引手册、操守样本和一些常见问题及其答案。这种宣讲教育和咨询服务可以作为证据使用,即可以作为否定离职公职人员违反离职后行为限制规范时没有明知的辩解,进而肯定故意责任的存在。

4. 改善责任追究方式,提高违规成本,增强违法责任

其一,1988 年《中共中央办公厅、国务院办公厅关于县以上党和国家机关退(离)休干部经商办企业问题的若干规定》第 5 条规定,对违反本规定的退休干部,其原所在机关应及时纠正;不按规定纠正的,要追究该机关主要负责人的责任。笔者认为,追究离退休干部原所在机关的主要负责人责任,是不科学的。首先,违反行为与责任同在原则;其次,原机关及负责人与离退休干部之间,缺乏报告—管理的机制;最后,原机关负责人承担的只是监督过失责

任,与离退休干部违法违纪行为的严重程度不协调。

其二,有学者认为:"将违反离职后行为限制制度的行为纳入犯罪圈并设置刑罚,故意犯从重处罚;并对接收该离职公职人员的单位及其负责人也要予以处罚。"[81]笔者认为,难以将违反公职人员离职后行为限制制度的行为纳入现行刑法,存在法律条文协调和立法技术障碍问题,应侧重于行政法律框架内处理此类违法行为,因此目前暂无入刑必要。但如果要入刑的话,可以借鉴外国立法例,设置为:国家机关工作人员离退休或辞去公职后,故意违反国家离职后行为限制法规,处 3 年以下有期徒刑、拘役、管制,单处或并处罚金;同时构成其他犯罪的,依照数罪并罚的规定处罚。对接收在限制期间内的离职公职人员的单位,追缴因该离职公职人员所获的全部收益,并处罚金,并对单位直接负责的主管人员和其他直接责任人员,处一年以下拘役、管制,单处或并处罚金。

第八节 "裸官"行为利益冲突管理制度

一、"裸官"的基础理论

(一)"裸官"的概念

"裸官"是我国普通公众对亲属与主要财产在国境外的公职人员的戏谑称谓,常表现为公职人员将配偶、子女送往欧美等国移居,再将主要财产转移给已移居国境外的配偶子女的情形。

2010 年中共中央办公厅、国务院办公厅印发《关于对配偶子女均已移居国(境)外的国家工作人员加强管理的暂行规定》(以下简称《暂行规定》),第 2 条对"裸官"作了规范界定。首先,"裸官"是指"配偶、子女均已移居国(境)外的;没有子女,配偶已移居国(境)外的;没有配偶,子女均已移居国(境)外的"三类国家工作人员。其次,"裸官"的外延排除了"经组织批准引进的海外高层次人才、国家特需高级科技人才和通过其他途径回国的海外高层次人才"的国家工作人员。最后,明确"移居国(境)外"的含义,即"获得外

---

[81] 参见王天笑:《廉正视域下我国公职人员利益冲突问题研究》,郑州大学出版社 2015 年版,第 171 ~ 172 页。

国国籍，或者获得国（境）外永久居留权、长期居留许可”的情形。

有学者认为从风险预警和管理角度看，《暂行规定》的“裸官”范围偏小，应在对“裸官”的外延进行扩张。对“裸官”腐败风险分析，可以分为四个等级：A 级，《暂行规定》中“裸官”范围；B 级，配偶已“移居国（境）外”；C 级，子女中至少有一位或全部已“移居国（境）外”；D 级，子女中至少有一位或全部在国（境）外留学但并未“移居国（境）外”。从 A 至 D“裸官”的腐败风险依次降低。[82] 还有学者将“裸官”分为“全裸”和“半裸”两种类型，即全裸是指配偶、子女乃至主要财产都在境外；半裸是指配偶、子女一方移居国境外。此外有观点认为，在《暂行规定》明确排除的海外高层次人才的国家工作人员类别，实质上也应纳入“裸官”监管规范范畴。因为具有海外高层次人才的身份背景，并不必然断绝其腐败的风险，因此不足以成为其游离监管规范之外的充分条件。[83]

2014 年中共中央组织部发布的《配偶已移居国（境）外的国家工作人员任职岗位管理办法》（以下简称《任职岗位管理办法》），将“裸官”界定为“配偶已移居国（境）外的；没有配偶，子女均已移居国（境）外的”的两类国家工作人员，并且包含“经组织批准引进的海外高层次人才、国家特需高级科技人才和通过其他途径回国的海外高层次人才”类别的国家工作人员，大大扩展了《暂行规定》中“裸官”的规范范围。本书赞同《任职岗位管理办法》对“裸官”范围的界定，并认为“裸官”不仅仅是指配偶子女移居国（境）外而单身一人在国内担任公职的国家工作人员，而且认为“裸官”是一种极易引发利益冲突和腐败的行为。

（二）“裸官”的调研结果分析

根据社科院对“裸官”的调研结果分析，“裸官”存在以下几个问题：其一，认可一定级别的公职人员的配偶、子女可以取得外国国籍或永久居留权、长期居留许可的公职人员占相当大的比例，分别是 38.9% 的公职人员认可配偶可以获得，46.7% 的公职人员认可子女可以获得。与公职人员相比，34.2% 的公众认可配偶可以获得，39.7% 的公众认可子女可以获得。值得思

---

[82] 参见任建明：《“裸官”腐败风险及其制度预防》，载《理论视野》2011 年第 4 期。

[83] 同上。

考的是,我国公众与公职人员对"裸官"的认同度具有如此高的程度,削弱了我国对"裸官"行为利益冲突治理的制度基础。其二,公职人员对限制"裸官"存在比较高的抵触现象,尤其是级别越高越认可配偶子女拥有移居国境外的权利。其三,公众的文化程度与反对"裸官"呈现正相关关系,即公众的学历越高,就对公职人员的配偶、子女拥有外国国籍或永久居留权、长期居留许可的反对比例越高。不过公众对公职人员的子女移居国境外问题上比对公职人员的配偶要宽容一些。其四,不同政治面貌的公众来对待公职人员的配偶子女移居国境外问题的调查结果表明,只有中共党员身份的公众认可比例高于反对比例,其他民主党派人士、共青团员、无党派人士以及群众的反对比例高于认可比例。因此非中共党员身份的公众更倾向于反对"裸官"。不同职业状况的公众来对待公职人员的配偶子女移居国境外问题的调查结果表明,有职业的人员与学生认可比例高于反对比例,而无业人员与离退休人员则反对比例高于认可比例。由此可见,经济地位以及对前景期望的差异对不同职业状况的公众在对待"裸官"问题上有一定的影响。[84]

(三)"裸官"与利益冲突

公职人员对国家和公民负有政治忠诚义务,在履行公职期间不得背弃国家和公民。公职人员在履行公职期间,选择将配偶、子女送往海外移居,从主观层面分析:(1)可能存在"裸官"出于良善动机将配偶、子女送往海外移居的情形:如尊重配偶、子女独立自由;子女在海外学成后归国报效国家等。(2)可能存在"裸官"出于不良动机将配偶、子女送往海外移居的情形:如对本国的前途缺乏信心的情形,没有与国家和人民同舟共济的志愿;为预谋贪腐后潜逃海外做准备的情形,没有遵守法律和道德的志愿。因此,第二种情形的"裸官",显然违背了政治忠诚义务,损害了国家形象,破坏了国家凝聚力。

因此"裸官"是特别容易发生利益冲突甚至腐败的薄弱环节和入侵关口。"裸官"现象在预防腐败实践中被认为是典型的利益冲突和腐败的警报性征兆。"裸官"形成腐败动机在实践中分为三种类型。一是事先型,即

---

[84] 参见田禾:《公职人员禁止行为研究》,社会科学文献出版社 2013 年版,第 180 ~ 196 页。

公职人员在成为"裸官"之前,就预谋着将配偶、子女送往海外移居,然后将贪腐所得的主要财产转移给已移居国境外的配偶、子女。二是事中型,即公职人员并非出于不良动机将配偶、子女送往海外移居的过程中,产生利用移居国境外的配偶、子女方便洗钱的腐败动机。三是事后型,即公职人员在成为"裸官"之后,当配偶、子女不能自我解决所需移居留学等费用时,仅凭"裸官"在国内的工资与津贴等合法收入一般难以满足配偶、子女在海外留学移居的费用需求,此时就容易产生通过贪腐来解决问题的动机。

世界各国一般对担任国家公职的人员提出了国籍和成为公民年限的限制。之所以做此种限制,一是在抽象层面出于公职人员的政治忠诚的考虑;二是在具象层面出于法律管辖权的要求,毕竟一国法律一般只能有效管辖本国公民。当公职人员将配偶、子女送往欧美等国移居,并取得外国国籍或永久居留权,甚至还将主要财产转移给已移居国境外的配偶子女,其对本国的政治忠诚度受到普通公众的质疑是无可非议的。当其配偶子女根据外国宪法宣誓效忠他国时,如何要求公职人员根据我国宪法及法律效忠中国和人民,这本身就是法律、政治以及伦理上的困境和冲突。此外虽然"裸官"不都是、不一定成为外逃腐败人员,但"裸官"具备出逃海外的便利性,也给本国法律将其归案制裁带来了障碍,不仅未忠实完整地履行消极的道德忠诚义务,也有悖于积极的法律忠诚义务。

二、"裸官"行为的利益冲突报告监管制度

我国对"裸官"行为利益冲突规范性治理措施,主要是中共中央办公厅和国务院办公厅印发的《关于领导干部报告个人有关事项的规定》。1997 年中共中央办公厅和国务院办公厅印发的《关于领导干部报告个人重大事项的规定》第 3 条第 3 项指明"本人、子女与外国人通婚以及配偶、子女出国(境)定居的情况"属于应报告的重大事项范畴,但第 7 条指出"对报告的内容,一般应予保密。组织认为应予公开或本人要求予以公开的,可采取适当方式在一定范围内公开",因此可知此类报告属于党政机关内部报告措施,从实践来看并没有严格执行与处理。到 2006 年中共中央办公厅印发《关于党员领导干部报告个人有关事项的规定》第 3 条第 5 项仍规定党员领导干部应当报告

"配偶、子女出国(境)定居及有关情况",但与1997年的报告规定一样并没有规定处置措施。由于随着我国的反腐败治理实践的推进发现"裸官"与腐败存在较强的关系,并且达到社会严重关切程度,监察部与国家预防腐败局于2010年2月印发《国家预防腐败局2010年工作要点》明确指出要加强对配偶子女均已移居国(境)外的公职人员管理相关规定的具体落实办法,这是中央机关首次将"裸官"的规范性监管列为工作重点加以强调。而中共中央办公厅和国务院办公厅2010年7月印发的《关于领导干部报告个人有关事项的规定》第3条再次强调:"领导干部应当报告下列本人婚姻变化和配偶、子女移居国(境)外、从业等事项。"

其一,根据现行有效的规定,需要报告配偶、子女移居国(境)外情况的主体范围包括:各级党的机关、人大机关、行政机关、政协机关、审判机关、检察机关、民主党派机关中县处级副职以上(含县处级副职,下同)的公职人员;人民团体、事业单位中相当于县处级副职以上的公职人员;大型、特大型国有独资企业、国有控股企业(含国有独资金融企业和国有控股金融企业)的中层以上领导人员和中型国有独资企业、国有控股企业(含国有独资金融企业和国有控股金融企业)的领导班子成员;以及副调研员以上非领导职务的公职人员和已退出现职、但尚未办理退(离)休手续的公职人员。

其二,根据现行有效的规定,报告配偶、子女移居国(境)外情况的方式主要有初任报告、年度报告和变动报告三种类型。笔者认为,年度报告对于公职人员配偶、子女移居国(境)外情况的监管不仅发挥不了作用,而且其烦琐的程序性事务会给公职人员带来额外的不必要的负担。毕竟公职人员的配偶、子女情况不会像公职人员的财产那样频繁变动,即便发生变动,也可以通过变动报告方式实现监管目的。因此配偶、子女移居国(境)外情况的只需要在其初次担任公职和配偶、子女移居国(境)外情况发生变动时向主管机关予以书面报告即可。

其三,"裸官"报告的公示与监察。同财产申报一样,公职人员的配偶、子女移居国(境)外情况属于公民个人信息范畴,容易引发侵犯公民隐私权的质疑。同样和财产申报一样,公职人员配偶、子女移居国(境)外情况报告制度是一项管理公职人员利益冲突的道德法律,其通过防止利益冲突间接实现预防腐败的作用,是反腐败的基础性的间接辅助措施,其理论依据是透明政府理论。更何况,在我国大量发生的"裸官"外逃的腐败案件深深刺痛着公众的神经和对政府的信心,而公众却对我国公职人员群体中"裸官"的现状知之甚少,严重侵犯了公民对国家权力和政府运作的知情权。因此必须构建公职人员配偶、子女移居国(境)外情况的公示规则。此外,和财产申报不一样的是,公职人员的配偶、子女情况可以很容易进行核查,因此需要建立起公职人员配偶、子女移居国(境)外情况的实质监察规则。

三、"裸官"行为的利益冲突任职岗位管理制度

鉴于领导干部报告个人有关事项的规定,只是对公职人员提出了报告配偶子女移居国境外有关情况的要求,并没有设立任何监管与处理"裸官"制度措施的规定,也就难以起到促使公职人员廉洁自律的作用,更遑论形成治理"裸官"腐败的制度效应。

为贯彻落实党的十七大和十七届四中全会精神、推进惩治和预防腐败体系建设,回应社会关切、促进国家工作人员廉洁自律,推进反腐倡廉制度建设,中共中央办公厅、国务院办公厅 2010 年 5 月印发的《暂行规定》第 2 条对"裸官"作了规范界定,并且在第 5 条明确规定:"本规定适用人员办理的公共事务,涉及其配偶、子女移居国家和地区的,应当向本单位主管部门主动说明情况。存在利益冲突的,应当自行回避,或者由主管部门责成其回避。"

由于 2010 年印发的"裸官"管理规定,仍没有在治理腐败制度建设的深度上触及"裸官"的监管,因而 2014 年中共中央组织部为进一步推进"裸官"的规范性监管制度建设,制定发布了《任职岗位管理办法》。该管理办法对"裸官"的规范性监管制度建设和完善主要体现在以下几个方面:

(1)对"裸官"的适用范围进行了扩展。其一,"裸官"的内涵是指"配偶已移居国(境)外的;没有配偶,子女均已移居国(境)外的"的两类国家工作人员。与 2010 年《暂行规定》相比,增加了"子女没有移居国(境)外,但配偶已移居国(境)外的"一类国家工作人员。其二,"裸官"的外延,包含"经组织批准引进的海外高层次人才、国家特需高级科技人才和通过其他途径回国的海外高层次人才"类别的国家工作人员。也即《任职管理办法》认可了"海外

高层次人才”也可能腐败，不应游离监管规范之外的观点。其三，保留了对“移居国（境）外”的界定，即“获得外国国籍，或者获得国（境）外永久居留权、长期居留许可”的情形。

（2）对“裸官”适用岗位任职回避的处理规定。《任职管理办法》第3条规定“裸官”不得在下列工作岗位任职：①党委、人大、政府、政协、纪委、法院、检察院领导成员岗位，上列机关的工作部门或者机关内设机构负责人岗位；②国有独资和国有控股企业（含国有独资和国有控股金融企业）正职领导人员、事业单位主要负责人岗位，及其掌握重大商业机密或其他重大机密的领导班子成员和中层领导人员岗位；③涉及军事、外交、公安、国家安全、国防科技工业、机要、组织人事等部门中的重要岗位；④掌握国家安全事项，以及发展和改革、财政、金融监管等重大经济或科技安全事项等方面的工作岗位；⑤其他不适合由配偶已移居国（境）外的国家工作人员任职的岗位。

（3）对“裸官”适用岗位任职调整的一方退出机制的处理方法和程序。即若“裸官”在第3条规定的岗位任职，就适用“裸官”调整现岗位或者其亲属放弃“移居国境外”的一方退出机制。《任职管理办法》第4条第1款规定：对配偶已移居国（境）外的国家工作人员，且在本办法第三条所列岗位任职的，组织人事部门应当与其谈话，由其配偶（没有配偶的由其子女）主动放弃外国国籍、国（境）外永久居留权和长期居留许可，或调整其现岗位。《任职管理办法》第4条第2款规定了亲属放弃“移居国境外”的程序，即“主动放弃的，应以移居国家（或地区）有关部门办理的注销手续为证。因移居国家（或地区）的法律原因无法办理注销手续的，须上缴所有移居证件，并主动申请列为公安部门出入境管理的登记备案人员。”《任职管理办法》第5条规定了“裸官”调整现岗位的程序，即“任职岗位调整应当按照干部管理权限，由组织人事部门提出建议，按程序报党委（党组）决定。组织人事部门应当将党委（党组）的决定报上一级组织人事部门备案。”

（4）对“海外高层次人才和国家特需高级科级人才”适用事先特别审批程序。其一，亲属移居国境外的，但本人仍是中国国籍、没有海外永久居留权、长期居留许可的，在第3条所列岗位任职的，需要事先特别审批，在第3条所列岗位之外任职的无须事先特别审批。《任职管理办法》第6条第1款规定:经组织批准引进的海外高层次人才和国家特需高级科级人才,如其配偶已移居国(境)外[没有配偶,子女均已移居国(境)外]的,确因工作需要需在第三条所列岗位任职的,在作出决定前须报经上一级组织人事部门批复同意。其二,亲属移居国境外,并且本人也获得海外永久居留权、长期居留许可的,不得在第3条所列岗位任职,在第3条所列岗位之外任职的需要事先特别审批。《任职管理办法》第6条第1款规定:如本人也已获得外国国籍或者获得国(境)外永久居留权、长期居留许可的,不得在第三条所列岗位任职。确因工作需要需在第3条所列岗位以外任职的,在作出决定前须征求上一级组织人事部门的意见。

(5)规定了"裸官"违反监管处理办法的责任。《任职管理办法》第7条规定:配偶已移居国(境)外的国家工作人员不服从组织调整、交流决定的,给予批评教育;拒不改正的,依照法律及有关规定免职或者降职调离原岗位使用;构成违纪的,依照有关规定给予纪律处分。

四、"裸官"行为利益冲突管理制度的完善

截至2014年12月,结合开展领导干部报告个人有关事项工作,全国副处级以上"裸官"清理工作基本完成。根据新华社报道,全国共有3200余名副处级以上干部报告了配偶或者没有配偶但子女均已移居国(境)外的情况;对近千名在限入性岗位任职且配偶或子女不愿意放弃移居的领导干部,全部进行了岗位调整。与2012年"两会"期间,时任国家预防腐败局马駇局长面对记者关于中国"裸官"的数量提问时,直言拿不出准确数据相比,取得了一定的工作进展,虽然这项进展在普通公民眼中被定性为监察工作的失职。然而在全国公职人员群体中究竟有多少"裸官",哪些公职人员是"裸官",并未向社会公开。公众难免担忧反腐倡廉事业下的"裸官"治理会不会成为运动式的行动?因为公众对"裸官"状况及其治理,知情权没有得到充足的保障,更遑论监督权的行使。

"裸官"受到规制的根本原因不在于"裸",而在于"贪腐"和"出逃"。治理"裸官"不仅要建立一套常态化的有效机制,通过法律制度的形式实现治理目标,而且在这套法律机制中要充分保障公众的知情权和监督权的行使,通过提高公民的参与度和积极性来完善对"裸官"行为利益冲突规范性治理

以及助益反腐倡廉事业和构建清廉高效的政府。

1. 改进、创新“裸官”监管的技术手段

完整掌握“裸官”的真实信息，是治理“裸官”的前提，然而我国对“裸官”完整信息的掌握程度不尽如人意。关于公职人员的配偶子女移居国（境）外的情况、配偶子女在国（境）外从业的情况和职务情况、公职人员在国境外的财产和利益情况，都无法得到准确有效证实。所有的信息都依赖于公职人员根据《关于领导干部报告个人有关事项的规定》进行自主申报获取，然而不申报和不实申报的情形依然大量存在，对此相关监管部门碍于监管途径和技术手段的掣肘，无法进行有效核查。比如新华社新闻报道：根据《关于领导干部报告个人有关事项的规定》，2015 年全年共抽查副处级以上干部 43.92 万人。因不如实报告个人有关事项等问题，被取消提拔资格 3902 人，调离岗位 35 人，改任非领导职务 17 人，免职 58 人，降职 14 人；发现问题线索移交纪检监察机关给予党纪政纪处分 160 人；受到批评教育 4.16 万人，责令作出检查 1.43 万人，通报批评 856 人，诫勉 5891 人，取消后备干部资格 698 人。[85] 因此必须改进、创新“裸官”监管的技术手段，大力加强对“裸官”信息的完整有效掌握力度。

2. 加强“裸官”任职的监督与管理

2014 年中共中央组织部出台的《任职岗位管理办法》已经对“裸官”的任职岗位做出了限入性和调整规定，然而为了体现对公职人员政治忠诚度的重视，还可以通过以下措施引导、巩固非“裸官”的积极的法律忠诚义务以及鼓励非“裸官”的消极的道德忠诚义务。如在《任职岗位管理办法》规定之下，可以由“裸官”担任的公职，则同等条件下优先录用、任命非“裸官”。

构建高度透明的“裸官”信息库，主动依照相关法律法规向全社会公开，充分保障公众的知情权和监督权的行使，通过提高公民的参与度和积极性来完善对“裸官”行为利益冲突规范性治理。

---

[85] 周利文：《领导干部要从思想上高度重视个人有关事项的报告》，载新华网：http://www.tj.xinhuanet.com/aige/201611330/3555968_m.html，最后访问日期：2018 年 7 月 7 日。

3. 建立“裸官”行为利益冲突风险预警机制

防患于未然是处事的原则之一，这就要求在公职人员的利益冲突风险点和制定防控措施的基础上，建立“裸官”行为利益冲突风险预警制度，使得公职人员临界“裸官”行为利益冲突风险时，有告知、提醒，做到治理前置。按照人和事的分类，可以分为对人的预警和对事的预警；按照预警的方法分类，可以分为指数预警法、统计预警法和模型预警法。

构建“裸官”行为利益冲突风险预警机制的途径：其一，进行风险识别。通过对“裸官”外逃腐败案件发生的原因及其情况进行全面的统计分析，从中找出关键成因、条件和一系列警兆，发布宏观预警警报。其二，建立“裸官”行为利益冲突风险预警指标体系。将冲突风险发生的关键成因、条件和一系列警兆量化，设立预警临界值。一旦关键成因、条件和警兆数值的变化，超过预警临界值，即发布预警警报并实施风险控制措施。其三，建立“裸官”行为利益冲突风险监测和信息收集机制。拓宽信息收集渠道，加强纪检监察机关与人大、政协等机关的联系，建立纪检监察机关与组织人事、执法、财政、审计、检察、信访等部门的信息共享机制，及时了解“裸官”权力运行过程中廉政工作动态信息。其四，建立“裸官”行为利益冲突风险预警警报、预控和纠偏纠错机制。可以采取三色预警或五色预警的方式，也可以设置其他预警信号进行报警和预控。

附1：

本章借鉴、参考了境外多个国家和地区的反腐败文本与实践经验总结，具体如下：

国际公约	《联合国反腐败公约》
国际组织	经济合作与发展组织《公共服务中的利益冲突管理：OECD的指导原则与成员国经验》（Managing Conflict of Interest in the Public Service: OECD Guidelines and country experience）、《公共领域利益冲突管理手册》（Managing Conflict of Interest in the Public Sector: A Toolkit）、《构建公共信任：OECD国家的伦理措施》（Building Public Trust: Ethics Measures in OECD Countries）、《OECD公共服务中的利益冲突管理指引》（OECD Guidelines for Managing Conflict of Interest in the Public Service）

续表

国际公约	《联合国反腐败公约》
国家和地区	反腐败法规范文本
加拿大	《公职人员离职后行为指导原则》《公职人员利益冲突与离职后行为准则》《公务员服务价值伦理法》《利益冲突法》
英国	《行为规范》(Code of Conduct)、《公务员管理规范》(Civil Service Management Code)、《地方政府雇员行为准则》
德国	《副业限制法》《德国公务员法》《联邦德国行政程序法》《联邦德国行政法》
美国	《行政官员道德准则》《政府道德法案》《美国行政部门职员道德标准》《联邦行政程序法》《美国法典》
日本	《为确立政治伦理而公开国会议员财产等事项之法律》《国家公务员法》《国家公务员伦理法》《国家公务员伦理规程》
法国	《公务员总章程》
澳大利亚	《公务人员行政准则》
瑞士	《联邦雇员法》《联邦委员会与联邦行政组织管理法》
西班牙	《个人利益关联登记制度》
葡萄牙	《葡萄牙行政程序法》
奥地利	《奥地利普通行政程序法》
波兰	《公职人员从事经营活动限制法》
俄罗斯	《2012—2013 年国家反腐败计划》《俄罗斯联邦反腐败法》《公务人员财产申报法》
菲律宾	1960 年“3019 号反贪行为法”、1975 年“677 号总统令”、“1987 年宪法”、1989 年“6713 共和国法令”、1994 年“151 号行政令”、2001 年“12 号行政令”、2004 年“324 号行政令”
越南	《越南社会主义共和国反贪污腐败法》
我国香港特区	《公务员事务规例》《政治委任制度官员守则》
我国台湾地区	“公职人员财产申报法”“公务员基准法草案”“公职人员利益冲突回避法”及实施细则

附 2：

本章主要借鉴、参考了以下党内反腐倡廉法规和国家法律：

类型	时间	发布部门	法规名称
综合	2015年10月21日	中共中央	《中国共产党纪律处分条例》
	2003年12月31日	中共中央	《中国共产党纪律处分条例》
	2015年10月21日	中共中央	《中国共产党廉洁自律准则》
	2010年2月23日	中共中央	《中共中央关于印发〈中国共产党党员领导干部廉洁从政若干准则〉的通知》
	2009年9月18日	中共中央	《中共中央关于加强和改进新形势下党的建设若干重大问题的决定》
	2005年4月27日	全国人大常委会	《中华人民共和国公务员法》
	2006年4月9日	中共中央国务院	《中共中央、国务院关于印发〈《中华人民共和国公务员法》实施方案〉的通知》
	2012年6月28日	国务院	《机关事务管理条例》
	1993年10月5日	中共中央国务院	《关于反腐败斗争近期抓好几项工作的决定》
	2005年1月3日	中共中央	《中共中央关于印发〈建立健全教育、制度、监督并重的惩治和预防腐败体系实施纲要〉的通知》
	2013年12月	中共中央	《建立健全惩治和预防腐败体系2013～2017年工作规划》
	2004年12月12日	中共中央纪律检查委员会、中组部、监察部、国资委	《中共中央纪律检查委员会、中共中央组织部、监察部、国务院国有资产监督管理委员会关于印发〈国有企业领导人员廉洁从业若干规定(试行)〉的通知》
	2009年7月1日	中共中央办公厅、国务院办公厅	《中共中央办公厅、国务院办公厅关于印发〈国有企业领导人员廉洁从业若干规定〉的通知》
财产申报制度	2010年5月26日	中共中央办公厅、国务院办公厅	《中共中央办公厅、国务院办公厅印发〈关于领导干部报告个人有关事项的规定〉的通知》
利益处理	2001年4月28日	全国人大常委会	《中华人民共和国信托法》
职务消费行为	2008年3月13日	中共中央办公厅、国务院办公厅	《中共中央办公厅、国务院办公厅印发〈关于进一步加强因公出国(境)管理的若干规定〉的通知》
	1991年8月15日	中共中央办公厅、国务院办公厅	《中共中央办公厅、国务院办公厅转发〈关于因公出国人员审查的规定〉的通知》

续表

类型	时间	发布部门	法规名称
职务消费行为	2014年7月16日	中共中央办公厅、国务院办公厅	《中共中央办公厅、国务院办公厅关于印发〈中央和国家机关公务用车制度改革方案〉的通知》
	2016年1月4日	财政部、中国人民银行	《财政部、中国人民银行关于印发〈单位公务卡管理办法(试行)〉的通知》
	1980年6月25日	中共中央纪律检查委员会	《关于杜绝接待工作中不正之风的通知》
	2006年6月8日	国资委	《国务院国有资产监督管理委员会关于规范中央企业负责人职务消费的指导意见》
	2012年2月13日	财政部、监察部、审计署、国资委	《财政部、监察部、审计署、国资委关于印发〈国有企业负责人职务消费行为监督管理暂行办法〉的通知》
	1998年5月14日	财政部	《行政事业单位业务招待费列支管理规定》
	1998年7月21日	国务院机关事务管理局	《国务院机关事务管理局关于业务招待费列支管理有关问题的通知》
	1998年11月10日	中共中央办公厅、国务院办公厅	《中共中央办公厅、国务院办公厅关于严禁党政机关到风景名胜区开会的通知》
	2014年9月28日	中共中央办公厅、国务院办公厅	《中共中央办公厅、国务院办公厅关于严禁党政机关到风景名胜区开会的通知》
	2005年6月16日	中共中央纪律检查委员会	《中共中央纪律检查委员会关于制止以革命传统和爱国主义教育为名组织公款旅游的通知》
	2006年11月13日	财政部	《财政部关于印发〈中央国家机关和事业单位差旅费管理办法〉的通知》
	2006年11月13日	财政部	《财政部关于印发〈中央国家机关出差和会议定点管理办法〉的通知》
	2013年12月8日	中共中央办公厅、国务院办公厅	《党政机关国内公务接待管理规定》
	2014年7月16日	中共中央办公厅、国务院办公厅	《中共中央办公厅、国务院办公厅印发〈关于全面推进公务用车制度改革的指导意见〉》
	2009年2月20日	中共中央办公厅、国务院办公厅	《中共中央办公厅、国务院办公厅关于坚决制止公款出国(境)旅游的通知》
	2010年8月12日	监察部、人力资源和社会保障部	《用公款出国(境)旅游及相关违纪行为处分规定》

续表

类型	时间	发布部门	法规名称
收送礼品馈赠	1979 年	中共中央纪律检查委员会	《中共中央纪委关于严防干部侵占农村社员劳动所得用来大吃大喝、请客送礼的不正之风的通知》
	1980 年 8 月 16 日	中共中央	《中共中央关于禁止在对外活动中送礼、受礼的决定》
	1984 年 3 月 31 日	国务院	《国务院关于修订在对外活动中赠送和接受礼品的几项内部规定的通知》
	1985 年	中纪委	《中共中央纪委关于严禁对领导干部请客送礼的通知》
	1988 年 12 月 1 日	国务院	《国家行政机关及其工作人员在国内公务活动中不得赠送和接受礼品的规定》
	1993 年 12 月 5 日	国务院	《国务院关于在对外公务活动中赠送和接受礼品的规定》
	1993 年 4 月 27 日	中共中央办公厅、国务院办公厅	《中共中央办公厅、国务院办公厅关于严禁党政机关及其工作人员在公务活动中接受和赠送礼金、有价证券的通知》
	1995 年 4 月 30 日	中共中央办公厅、国务院办公厅	《关于对党和国家机关工作人员在国内交往中收受的礼品实行登记制度的规定》
	1995 年	中共中央纪律检查委员会、监察部	《关于中共中央纪委、监察部机关工作人员不准接受可能对公正执行公务有影响的宴请和不准参加用公款支付的营业性场所娱乐活动的具体规定》
	2001 年 3 月 26 日	中共中央纪律检查委员会、监察部	《中共中央纪委、监察部关于印发〈关于各级领导干部接受和赠送现金、有价证券和支付凭证的处分规定〉的通知》
经商兼职等从事营利活动	1984 年 12 月 3 日	中共中央国务院	《中共中央、国务院关于严禁党政机关和党政干部经商、办企业的决定》
	1985 年 5 月 23 日	中共中央国务院	《中共中央、国务院关于禁止领导干部的子女、配偶经商的决定》
	1985 年 7 月 9 日	中共中央办公厅、国务院办公厅	《中共中央办公厅、国务院办公厅关于党政机关干部不兼任经济实体职务的补充通知》
	1986 年 2 月 4 日	中共中央国务院	《中共中央、国务院关于进一步制止党政机关和党政干部经商、办企业的规定》

续表

类型	时间	发布部门	法规名称
经商兼职等从事营利活动	1988 年 10 月 3 日	中共中央办公厅、国务院办公厅	《关于县以上党和国家机关退(离)休干部经商办企业问题的若干规定》
	1989 年 2 月 5 日	中共中央办公厅、国务院办公厅	《中共中央办公厅、国务院办公厅关于清理党和国家机关干部在公司(企业)兼职有关问题的通知》
	1992 年 6 月 26 日	中共中央办公厅、国务院办公厅	《中共中央办公厅、国务院办公厅关于党政机关兴办经济实体和党政机关干部从事经营活动问题的通知》
	1993 年 10 月 9 日	中共中央办公厅、国务院办公厅	《中共中央办公厅、国务院办公厅关于转发〈国家经贸委关于党政机关与所办经济实体脱钩的规定〉的通知》
	1994 年 4 月 13 日	国务院办公厅	《国务院办公厅关于部门领导同志不兼任社会团体领导职务问题的通知》
	1998 年 7 月 2 日	中共中央办公厅、国务院办公厅	《中共中央办公厅、国务院办公厅关于党政机关领导干部不兼任社会团体领导职务的通知》
	1998 年 11 月 8 日	中共中央办公厅、国务院办公厅	《中共中央办公厅、国务院办公厅关于中央党政机关与所办经济实体和管理的直属企业脱钩有关问题的通知》
	2000 年 5 月 9 日	中共中央纪律检查委员会	《中共中央纪委关于印发〈关于"不准在领导干部管辖的业务范围内个人从事可能与公共利益发生冲突的经商办企业活动"的解释〉和〈省(部)级领导干部配偶、子女个人经商办企业或在外商独资企业、中外合资企业任职情况登记表〉的通知》
	2000 年 8 月 22 日	中共中央纪律检查委员会	《中共中央纪律检查委员会关于中央国家机关各部门制定的司(局)级以上领导干部配偶、子女个人经商办企业的具体规定适用于地方厅(局)级以上领导干部的通知》
	2001 年 2 月 8 日	中共中央纪律检查委员会	《中共中央纪委关于印发〈关于省、地两级党委、政府主要领导干部配偶、子女个人经商办企业的具体规定(试行)〉的通知》
	2013 年 10 月 19 日	中组部	《中共中央组织部印发〈关于进一步规范党政领导干部在企业兼职(任职)问题的意见〉的通知》

续表

类型	时间	发布部门	法规名称
利用职权不当得利	2007年5月29日	中共中央纪律检查委员会	《中共中央纪委关于印发〈中共中央纪委关于严格禁止利用职务上的便利谋取不正当利益的若干规定〉的通知》
再就业等离职后行为	1985年7月9日	中共中央办公厅、国务院办公厅	《中共中央办公厅、国务院办公厅关于党政机关干部不兼任经济实体职务的补充通知》
	1986年2月4日	中共中央国务院	《中共中央、国务院关于进一步制止党政机关和党政干部经商、办企业的规定》
	1988年10月3日	中共中央办公厅、国务院办公厅	《关于县以上党和国家机关退(离)休干部经商办企业问题的若干规定》
	2004年4月8日	中共中央办公厅	《关于党政领导干部辞职从事经营活动有关问题的意见》
利益冲突回避	1996年5月27日	人事部	《国家公务员任职回避和公务回避暂行办法》
	2006年	中共中央办公厅	《党政领导干部任职回避暂行规定》
	2011年12月12日	中共中央组织部、人力资源和社会保障部	《中共中央组织部、人力资源和社会保障部关于印发〈公务员回避规定(试行)〉的通知》
裸官行为	2010年5月19日	中共中央办公厅、国务院办公厅	《关于对配偶子女均已移居国(境)外的国家工作人员加强管理的暂行规定》
	2014年2月	中共中央组织部	《配偶已移居国(境)外的国家工作人员任职岗位管理办法》

第七章　廉政教育与反腐败社会参与

反腐败需要社会的参与，但同时，至少部分社会公众也参与到了这个社会的腐败之中。反腐败需要从社会公众那里获取反腐败的信息和智力支援，但同时，反腐败也是一门具有高度专业性的学问，普通公众也需要认识究竟什么是看似不合理却有效的反腐败措施。因此，如何设置妥当的制度，将社会公众纳入有效的反腐败过程中来，是一个值得深入探讨的话题。

第一节　社会环境对于反腐败的意义

一、两种不同的腐败治理环境

当前世界上存在两种不同的政府治理模式，两者特征迥异，但都有非常廉洁的例子，一种是建立在文化之上的进化型伦理管理模式（evolutionary culture-based ethics management model），另一种是建立在服从之上的革命型伦理管理模式（revolutionary compliance-based ethics management model）。西方国家一般是采用第一种模式，典型代表是芬兰；而亚洲国家则是采用第二种模式，典型代表是新加坡。前者的背景是福利主义和社会平等主义，后者是经济发展主义；在民主的程度上，前者是民主体制，享有高度的言论自由、公民自由，采用多党制，而后者采用了一种半专制（或柔性专制）的模式，自由受到一定的限制，往往是一党处于主导性地位；在政治的作用上，前者采用了政治多元主义，反腐用的是一种参与者同意的制度性支撑，后者更多依赖于领导者个人，领导者的反腐政策对于支撑反腐败扮演着关键性角色；在行政管理的特性与反腐败机构这一方面，前者的行政管理是干净、透明的，没有独立的反腐败机构，后者也具有干净的行政管理，但拥有一个强势的反腐败机构;在反腐败的结构性支撑上,前者倚重文化价值和规范,后者依靠政治临高和制度性措施;在反腐败政策的形成过程方面,前者采用的是一种渐进的、演化的、整合的方式,后者用的是革命性的、精心设计的反腐败策略;在反腐败政策进路上,前者采用的是一种柔性、全面的反腐方式,没有专门的反腐败政策或者立法,后者采用的是强反腐主义,用的是一种先锋主义的方式,反腐败政策和立法具有重要的作用;在反腐败政策的特点上,前者采用了轻缓的措施,如伦理与文化规则与原则、统治,注重规则与价值的内化,后者习惯于用严厉的措施,通过侦查、服从、控制、处罚等方式来反腐。①

在芬兰,文化和行政体系通过各种各样的方式促成了清廉的政府,法律的执行和司法体系在对抗腐败的大框架之内实际上并非主要的因素。如果以国际标准进行衡量,芬兰的反腐败措施和机构都比较弱,它没有独立的、专门进行腐败调查、起诉的机构。这说明,在芬兰,腐败并没有被视为一个独立的现象,因此不需要专门的法律规定或者专门的监察机构,甚至不需要一个特别的策略或者行动计划。相反,反腐败措施被融入了"好的治理"这一根植于法治的整体政策之中。② 芬兰这种文化体系的形成,经历了很长的时间。但这并不意味着中国毫无可借鉴之处,中国的反腐败之路,应当存在轻重缓急。对于长远的方面而言,形成一种清廉的文化当然具有重要的意义。

历史传统影响对于腐败具有重要的意义。芬兰这样的环境可能有利于抑制腐败,而相反的情形,则可能会因为特定的文化规则催生腐败。由于特定的历史先例,行贿和受贿可能被在社会观念上认为是可以接受的;而没有这种先例的国家,同样的行为则可能受到厌弃。在容忍腐败的社会环境中,随着时间的推移,行贿者和受贿者能发展出很有效的腐败套路。③ 新加坡和我国香港的情形就是如此。

---

① See Ari-Veikko Anttiroiko, Good Governance in Context, Learning from Anti-corruption Policies, MPRA Paper No. 67807, posted 10. November 2015 17:26 UTC, Online at https://mpra.ub.uni-muenchen.de/67807/, p. 13.

② See Ari-Veikko Anttiroiko, Good Governance in Context, Learning from Anti-corruption Policies, MPRA Paper No. 67807, posted 10. November 2015 17:26 UTC, Online at https://mpra.ub.uni-muenchen.de/67807/, p. 10.

③ See Rajeev K. Goel, Michael A. Nelson, Causes of Corruption: History, Geography and Government, *Journal of Policy Modeling* 2010 32(4):433-447, at 434.

在英国殖民地时期，腐败被公众看作一种低风险、高回报的生活方式，因为腐败的官员很少被抓，即便被抓，也很少受到严厉的处罚。[④] 香港更是如此，在20世纪70年代中期以前，香港的腐败蔓延到全社会的每个角落，成为日常生活的一部分，政府官员通过种种方式"勒索"市民。为了获取必需的公共服务，市民需要向政府官员提供各种"茶钱""黑钱"和"派鬼"，很多官员联合起来进行腐败行为的"集团式腐败"。公共服务机构之中的腐败也相当严重，如救护车送病人就医需要"茶钱"，消防员灭火需要"开喉费"，医院病人也需要"打赏"清洁工才能取得开水和便盆。市民要使用公共机构的资源，就必须知道怎样行贿。面对如此普遍的腐败行为，香港的普通民众唯有"顺应"潮流，无可逃避。[⑤]

基于当前我国的国情，我国当前的反腐败更适合选择第二种模式，因为这能更好地利用当前我国的政治资源，回应我国历史上沉重的文化与社会习性包袱。所以，我国的反腐败必须在很大程度上依靠正式的司法资源，借助于执政者的意志、严格的立法与执法、强力的反腐败政策，并设置独立的反腐败机构，以公权力推动反腐。但这并不意味着在我国的反腐败过程中，社会性的参与不重要，只需要依赖于国家正式的反腐败制度。因为即便是新加坡的反腐败模式，社会参与也起到了非常重要的作用。"新加坡的反腐受到了公众警醒的支撑，他们积极主动地报告有腐败嫌疑的情形。由此形成了强烈反对腐败的社会氛围。"[⑥]新加坡还建立公民委员会（citizens committees），为公民提供发泄不满、救济权利的途径。[⑦] 同样，在香港，反腐败也没有完全建立在正式的制度之上。百里渠对"葛柏事件"进行调查之后，认为"整个香港都是在佣金的基础上运行"，腐败已经构成香港民众的一种公共认知，更多的人不是去反对腐败，而是参与到腐败之中。他认为，香港当局要想彻底改变

---

④ See Jon S. T. Quah, Combating Corruption in Singapore: What Can Be Learned?, *Journal of Contingencies and Crisis Management*, Vol. 9 (2001) (1), p. 29.

⑤ 参见段龙飞、任建明：《关于香港廉政公署的反腐败教育战略》，载《理论探索》2008年第4期。

⑥ See Ari-Veikko Anttiroiko, Good Governance in Context, Learning from Anti-corruption Policies, MPRA Paper No. 67807, posted 10. November 2015 17:26 UTC, Online at https://mpra.ub.uni-muenchen.de/67807/, p. 13.

⑦ See Aymo Brunetti, Beatrice Weder, A Free Press is Bad News for Corruption, *Journal of Public Economics* 2003 87(7): 1801 - 1824, at 1803.

这一被动局面，就需要进行一场“静悄悄的革命”。因此，1974 年香港廉政公署成立之初就制定了执行、预防和教育“三管齐下”的战略。其中的教育战略就是专门针对香港民众的腐败认知问题，通过对香港民众进行全方位的反腐败教育，力图增加腐败分子的“心理成本”和创造“一个普遍谴责腐败的社会大环境”。[⑧] 与新加坡和中国香港面临同样沉重历史包袱的中国内地，也不能忽略廉政教育的意义。因为即便要依靠正式的反腐败制度，也应当辅以非正式的教育，因为民众受教育的程度更高，市民社会更警醒，被赋予的权利更多，反腐败就会更容易成功。[⑨]

二、社会参与在反腐败体系中的作用

一种倾向于廉洁、主张权利、克制权力的文化，对腐败具有非常大的影响。据实证研究表明，曾有过英国殖民地经历的国家或地区的整体廉洁程度要比没有这种经历的国家或地区高。而其中非常重要的一个因素就是英国所代表的一种主流法律文化，因为普通法传统提供了一种限制权力、保护权利的机制，更重要的是，在这些国家，大都设有高级别的司法管理体制。[⑩] 另外，一个国家的民主水平也能影响腐败的程度。民主国家的腐败程度更低，因为腐败的官员或者政治家将面临失去其公职的威胁；相反，在更加不民主的国家，官员则可能拥有独特的寻租的机会。[⑪] 当然，只有持续性的民主才能对腐败起到抑制作用，实证研究表明，有 40 年以上持续性民主实践对腐败的抑制具有显著效果，有 20 ~ 30 年的民主实践，也能一定程度上降低腐败。[⑫] 当然，民主和言论自由必须结合起来，才能对腐败犯罪具有预防的作用。[⑬] 这

---

⑧ 参见段龙飞、任建明：《关于香港廉政公署的反腐败教育战略》，载《理论探索》2008 年第 4 期。

⑨ See Ari-Veikko Anttiroiko, Good Governance in Context, Learning from Anti-corruption Policies, MPRA Paper No. 67807, posted 10. November 2015 17：26 UTC, Online at https://mpra.ub.uni-muenchen.de/67807/, p. 15.

⑩ See Daniel Treisman, The Causes of Corruption：A Cross-national Study, *Journal of Public Economics* 76 (2000), pp. 399 – 457, at 426 – 427.

⑪ See Rajeev K. Goel, Michael A. Nelson, Causes of Corruption：History, Geography and Government, *Journal of Policy Modeling* 2010, 32(4), pp. 433 – 447, at 436.

⑫ See Daniel Treisman, The Causes of Corruption：A Cross-national Study, *Journal of Public Economics* 76 (2000), pp. 399 – 457, at 439.

⑬ See Christine Kalenborn, Christian Lessmann, The Impact of Democracy and Press Freedom on Corruption：Conditionality Matters, *Journal of Policy Modeling*, 2013, 35(6), pp. 857 – 886, at 858.

一对因素起作用的风湿如下：言论自由有助于为选民提供知识与信息，并进一步通过民主来选择党政者，由此预防腐败。这一机理也得到了实证研究的证实。[14] 同样地，民主和自由也有助于对腐败的惩处。因为在民主、政治更加开放的体系中，腐败的曝光率会更高。结社和表达的自由，能催生公共利益团体和记者基于一种使命和权利去曝光权力滥用行为。更多的公民介入，将促成更严密的监视。在民主的体制内，只要有选举的契机，官职的竞争者就会有激励去发现并公开在位者滥用公职的行为。当然，这也在一定程度上与经济密切关联，经济的发展促进了教育、识字能力和去人格化的关系，这些因素中的任何一个都能增加腐败被注意和挑战的概率。[15]

相反地，一种倾向于腐败的文化，则不仅能纵容权力的存在，也会诱发具体的公职人员实施腐败行为，对于已经发生的腐败行为也可能产生一定的同情，以至于可以容忍对腐败不问责。

在一种倾向于服从和崇拜权力的社会里，在权力面前，民众更倾向于推定所有现实存在的权力都是合理的，很少会去质疑权力的正当性和存在范围，对权力的运作会采用一种逆来顺受的态度。或者，即便对权力的现状有所不满，也只不过是不满于特定的人享有了权力，只会产生一种“可取而代之”的念头。

此外，在面对具体的权力之时，普通民众也会选择主动参与腐败，尤其是在腐败普遍存在的环境中，行贿是一种很划算甚至是迫不得已的投资方式。当然，除了利益上的诱惑之外，行贿人与受贿人一样，也在某种程度上面临着不得不行贿的压力。当自己周围腐败频发，同时仅有很少一部分行贿人被处罚，普通公民若不通过行贿“谋取不正当利益”，就将陷入比较劣势，不仅得不到原本可以争取的“不正当利益”，甚至会部分丧失应有的正当利益。[16] 这完全可能导致一种局面，即整体上厌恶腐败，但在具体情形下，自己也参与腐

---

[14] See Shyamal K. Chowdhury, The Effect of Democracy and Press Freedom on Corruption: An Empirical Test, *Economics Letters*, Oct. 2004, Vol. 85 Issue 1, pp. 93 - 101, at 94 & 100.

[15] See Daniel Treisman, The Causes of Corruption: A Cross-national Study, *Journal of Public Economics* 76 (2000), pp. 399 - 457, at 404.

[16] 在贿赂犯罪多发的环境中，行贿人通过“谋取不正当利益”蛀空了一部分可供分配的总体利益，完全符合法律规定的“正当利益”就会减少。因此不行贿的人，实际上分得的“正当”利益，远低于平均值，而所得低于平均值，在社会中就丧失了竞争力。正如大多数人都超载运输时，不超载的人就会失去市场竞争力，难以获得最基本的盈利甚至亏损。

败。另外,他们也可能对腐败的官员抱有某种同情,认为在这种环境之下,没有严重超过平均线的腐败是可以接受的。这就意味着,很难期待他们参与腐败的预防。

最后,如果普通的公民对权力没有任何质疑,自己也参与腐败,认同一定程度的腐败,则在腐败发生后,民众参与腐败问责的可能性就不会很高。因此,很难期待他们参与举报腐败,而对于腐败犯罪而言,这一点具有非常重要的意义,尤其是对一个普遍发生的社会而言。另外,从腐败分子的角度考虑,如果一个社会的公民敌对腐败,具有一种与腐败斗争的倾向,腐败分子就会受到震慑。⑰ 一个社会对腐败的容忍度,即便不能体现腐败的客观状况,也代表着该社会中腐败被暴露的风险指标。⑱

第二节 通过教育塑造抑制腐败的国民品性

香港在 1974 年通过的《廉政专员公署条例》中,明确将“教育公众认识贪污的害处”和“争取和促进公众支持打击贪污”作为廉政专员的职责。其教育的内容包括:第一,通过广泛的宣传,使社会公众了解廉政公署的反腐败职能,以及廉政公署的反腐败成效。第二,提高社会民众有关反腐败的知识。第三,动员社会民众参与反腐败。第四,增加腐败者的期望成本,主要是采取“后向整合”战略,通过对社会公众特别是年轻一代的长期教育,去营造一个普遍谴责腐败的社会大环境,以增加腐败分子的心理成本和社会不认同感。⑲受其启示,我们认为中国内地的廉政教育应包括如下内容:

一、形成科学的腐败观念

国民形成科学的腐败观念,是营造一种清廉文化的基本前提。科学的腐

---

⑰ See Ting Gong, Shiru Wang, Jianmin Ren, Corruption in the Eye of the Beholder, Survey Evidence from Mainland China and Hong Kong, *International Public Management Journal*, 18(3), pp. 458 – 482 (459).

⑱ See Ting Gong, Shiru Wang, Jianmin Ren, Corruption in the Eye of the Beholder, Survey Evidence from Mainland China and Hong Kong, *International Public Management Journal*, 18(3), pp. 458 – 482 (460).

⑲ 参见段龙飞、任建明:《关于香港廉政公署的反腐败教育战略》,载《理论探索》2008 年第 4 期。

败观念，应当覆盖腐败的危害、原因以及有效的反腐败的途径。

(一)对腐败危害的客观认识

形成科学腐败观念的基本前提是，对腐败本身的危害有科学的认识。虽然目前腐败有严重的危害的观点已经被普遍接受，但仍然会有人认为腐败是经济发展的副产品，甚至认为腐败能够促进经济发展，认为“腐败是经济引擎的润滑剂”，认为“企业以行贿换取市场准入、节约等待成本、是一种高效率的投资”等等。也有人认为，腐败能够改善人和人之间的关系，否则具有温情的社会会被冷冰冰的规则关系取代，那样的社会将导致人和人之间过于冷漠。

而这些观点都是荒谬的。首先，如果润滑剂的理论是正确的，则高程度的腐败将与高程度的官僚体系效率相联系，也需要更少的管理投入。而事实证明，高腐败程度的国家，医疗和教育服务的量和质都更差。因此，即便腐败加速了个人层面的交易，也会导致要求以腐败的方式进行的交易量剧增，由此抵消个案交易层面的效率。[20] 通过计量经济学的分析，如果将新加坡的腐败水平提高到墨西哥的水平，相当于将税收提高了 21 ~ 24 个百分点。这就是腐败对经济发展造成的制约。[21] 此外，需要用腐败维持的人际关系，并非建立在情感之上的关系，而是赤裸裸的钱权交易。要想人和人之间建立真正和谐的关系，前提是所有人都能不屈从于权力掌控者而过上一种有尊严的生活。研究同样表明，高度的腐败与高度的收入不平等联系在一起。腐败指数恶化一个数量级，将导致基尼指数增加大约 4. 4 个百分点。[22] 因此，即便繁荣与腐败可以并存，腐败也必将造成社会的裂痕。

因此，必须认识到，腐败是一种贻害无穷的社会现象。可能有少数人从腐败中受益，但绝大多数人因此而受损。“一旦达成某种腐败平衡，则统治者、部分顶级公务员以及少数私人企业从中受益，而整个社会则因此而受损。”[23]

---

[20] See Arvind K. Jain, Corruption: A Review, *Journal of Economic Surveys*, Feb. 2001, Vol. 15, Issue 1, pp. 71 – 121 (92).

[21] Ibid., pp. 71 – 121 (95).

[22] Ibid., pp. 71 – 121 (97).

[23] Robert Klitgaard, International Cooperation against Corruption, *Finance & Development / March* 1998, pp. 3 – 6, at 5.

（二）对腐败原因科学认识

在本书的第一部分中，已经分析了各种腐败的原因学说，并得出了不受限制的权力是腐败根本原因的结论。但应当注意到，在普通民众中，仍有不少人将腐败归因于官员道德水平低下、经济的发展、改革开放、缺少绝对的集权人物等原因。

公婷等人通过对我国香港和内地的学生进行调查后发现，中国内地和香港特区的受访者对腐败的容忍态度有很大的不同，呈现出了一些看起来非常矛盾的结果。应当引导人们正确地认识腐败的原因。民众腐败原因观，决定了对待腐败的态度，进一步决定了民众在反腐败过程中的行为选择。据实证调查显示，当前中国内地对腐败犯罪的原因、结果以及应对方式的态度，呈现出了非常矛盾的面向。内地的被访学生对抽象的腐败呈现了比香港学生更宽容的一面，但对具体情形下的腐败个案，其容忍程度又比香港学生更低。[24]这在某种程度上说明，内地民众更多侧重于对特定腐败分子的负面情绪，而香港特区的民众更多倾向于表达对整个腐败现象的不满；由此导致的区别是，内地的民众可能更倾向于惩罚个人，而香港特区的民众可能更倾向于宽容在特定环境中腐败的个人，而将责任归于催生腐败的社会环境；内地对腐败的反感是针对具体个人的，对腐败的宽容是针对抽象的腐败现象的，而香港地区对腐败的反感是针对抽象的腐败现象的，而宽容则是针对具体情形下腐败的个人的。

对腐败原因缺乏科学的认识，很容易导致一个普通民众选择错误的反腐败的方向，并因此与专业的意见相悖。这就涉及对有效反腐途径的认识。

（三）对反腐败有效途径的认识

有效的反腐途径，应当围绕限制权力这个核心加以探索。因此，如果民众对腐败的归因是错的，就必然导致其对反腐败对策的错误认识。如果将腐败归因于官员道德水平的低下，就会主张对官员个人的道德谴责，最终的结果是引发对官员个人的憎恶，并最终导致重刑主义，同时忽视对制度缺失的反思。如果将腐败的原因归于经济的发展，则要么会为了追求经济的发展容忍腐败，

㉔ See Ting Gong, Shiru Wang, Jianmin Ren, Corruption in the Eye of the Beholder, Survey Evidence from Mainland China and Hong Kong, *International Public Management Journal*, 18(3), pp. 458 – 482 (475).

要么会主张回到计划经济的时代,由此让权力过多地介入经济,造成更严重的腐败。如果将腐败归因于极权人物的缺位,就会主张回到集权时代。

因此,为了让反腐败获得民众的有效支持和参与,就必须引导社会公众认识到反腐败的有效途径。

社会参与对于反腐败具有重要的意义,而有效的参与又建立在对腐败正确认识的基础之上。因此,增加对廉政教育的投入具有很高的价值。这也得到了实证研究的佐证,据研究,在人均 GDP 相同的状况之下,政府对教育的投入与腐败的程度呈负相关关系,而且两者的关联性非常强。[25] 不过,教育应当如何展开?这是接下来必须思考的问题。

二、形成正确面对权力的观念

一个社会的国民,究竟如何对待权力,会在很大程度上影响腐败的遭遇,并进一步影响一个社会的腐败程度,这就是经常所述的文化传统对腐败的影响。基于我国历史上长期为集权统治所控制,思想上也长期收儒家文化的影响,因此国民很难形成健全的权利意识,也因此尚未真正形成抑制腐败的主流文化。抑制腐败的文化中,核心要素之一就是平等的观念。

有研究指出,宗教信仰能影响廉洁程度。其中的核心因素在于,宗教信仰中对待阶层体制的态度,能够形成一种文化环境,并进而影响到民众对腐败的态度。那种更具阶层特征的宗教(如天主教、东正教、伊斯兰教)占主导地位的地方,服从当权者更常见;相反,质疑和挑战权力拥有者更可能在更强调平等和个人主义的宗教中产生,如新教。实证研究表明,新教徒在国民人口中占的比例,与廉洁程度具有显著但微弱的联系:人口中每增加 5% ~ 10% 的新教徒,国家的腐败指数将降低 0.1 个点。有证据表明,这里的因果关系可能在于:新教信仰所塑造的个人主义和自力更生观念削减了腐败。Lipset 和 Lenz 也得出类似的结论:新教信仰抑制腐败,部分是因为它与个人主义、非家庭主义观念的紧密联系。[26]

---

[25] See Arvind K. Jain, Corruption: A Review, *Journal of Economic Surveys*, Feb. 2001, Vol. 15 Issue 1, pp. 71 - 121 (96).

[26] See Daniel Treisman, The Causes of Corruption: A Cross-national Study, *Journal of Public Economics* 76 (2000) 399 - 457, at 428.

因此,要形成一种抑制腐败的社会观念和环境,就有必要通过教育等塑造个人主义、平等主义的观念,尤其是认识到一切权力属于人民的观念,任何没有法律明确授权的权力存在形式,民众都有权利进行质疑。这样,前文提出的围绕限制权力的制度,如“权力不入清单即无效”制度,才能获得好的运行环境,并获得民众的支持。这里所述的民众支持,不仅是心理上的支持,还是现实的参与。因为究竟存在哪些不必要的权力、在清单之外的权力、冗余的繁文缛节等,作为权力相对人的普通公民有着最切身的体验,让他们介入,能精准地定位到应当清除或规范的权力。

不要让民众作为鼓掌和喝彩的观众,而要让民众认识到权力是需要监督的,权力不监督是会腐败的,而且要让他们没有任何权力的掌控者会是一个例外。要让他们认识到真正的民主是什么,他们具有哪些权限,他们有哪些途径实现这些权限,而且必须让这些权利的行使具有真正的利益驱动。

三、形成理性的反腐观念

反腐败,应当建立在事前预防腐败的基础上,事后的惩罚只具有补充性的意义。这一观念具有重大的意义,因为民众很容易对腐败作出情绪化的回应,即要求严惩已经发生的腐败犯罪,尤其是已经被发现的特定的腐败犯罪分子,往往容易被作为发泄对整个腐败现象不满情绪的对象。而实际上,腐败的根源并非个人道德上的堕落,而是限制权力的制度上存在漏洞。因此,应当引导民众认识到当前反腐败最关键的是形成有效的反腐败制度,在问责层面,也应当注重处罚的不可避免性和利益的剥夺,而非注重死刑和长期的自由刑。

在这种意义上,应当引导民众放弃对重刑的坚持。尤其是在腐败存量巨大的社会里,应当适当地引导民众将反腐败的重心放在预防将来的腐败犯罪上,考虑对腐败存量作批量处理的可能性。同时,也应当引导民众支持廉洁公职人员的正当利益,以降低反腐败的阻力。在这里,可能涉及几个迫切需要解决的问题:

第一,腐败犯罪死刑的废除。腐败犯罪的死刑不只是没有理论上的正当性根据,它也没有任何现实意义,甚至还会成为预防腐败犯罪的障碍,即提高引渡潜逃贪官的难度。“死刑犯不引渡”是一个国际法上的基本原则。如果腐败犯罪存在适用死刑的可能性,引渡就会面临障碍。虽然可以通过国际惯例和对方的要求,经外交承诺不判处死刑克服这一障碍,但这只能针对个案进行,需要付出更高的成本;如果不能成功,就只能寻找成本更高的方案替代引渡,如"天网行动"。引渡不成功不仅意味着经济上的损失,[27]更意味着犯罪预防效果上的折损,因为难以被引渡意味着潜逃是一种值得考虑的选择,而潜逃会降低惩罚的概率,惩罚概率的降低则必然会影响一般预防的效果,不仅不利于处罚已经存在的腐败犯罪,还会导致民众对规范有效性信赖的降低,不利于防止腐败的增量。此外,由于潜逃到国外需要更强大的经济保障,因此一旦有官员将潜逃作为选项之一,就会进一步腐败以累积更多的财富,形成"因为腐败想潜逃,为了潜逃再腐败"的恶性循环。因此,腐败犯罪的死刑既没有理论根基,也没有现实意义。这基本上已经是业内的共识。[28] 因此,应当采用适当的方式与民众进行沟通,引导其认识死刑对于反腐败的无意义,并引导其同意在立法上废除腐败犯罪的死刑。

第二,有条件赦免部分罪犯的可能性。鉴于当前反腐败存量过大并因此导致反腐败阻力过大的现实,任建明教授提出了一种以"3 + 2"为主要内容的有部分条件的部分赦免策略,其中"3"是要同时符合 3 个赦免条件,即时间条件、态度条件、情节条件。时间条件,即赦免时限可以选在启动彻底治标行动之日,而到治标行动结束之时,赦免政策则停止执行。可以把这个时期称之为赦免期。态度条件,即只有那些主动坦白的腐败分子才有可能被赦免,而所有被他人揭发出来的腐败分子都不在赦免之列。情节条件,即只有情节不严重的,才有可能被赦免。所谓"2"是在符合全部 3 个赦免条件的情况下,可免除 2 项责任,即"行政"和"刑事"责任。但其他责任包括经济和社会责任则是不能免除的,其腐败犯罪所得必须没收充公,给国家、社会和单位造成

---

[27] 究竟贪官外逃造成了多少损失,目前的观点并不统一。有资料称自 20 世纪 90 年代以来至 2012 年已经有 16,000 ~ 18,000 名贪官潜逃,携款 8000 亿元;也有资料认为截至 2001 年只有 4000 多名贪污贿赂犯罪嫌疑人携公款 50 多亿元在逃(参见《90 年代以来外逃贪官或达 18,000 人 携款 8000 亿》,载 http://economy.gmw.cn/2012-10/14/content_5356557.htm,最后访问日期:2016 年 6 月 19 日)。但毫无疑问,贪官外逃造成的经济损失不是一个小数目。

[28] 即便也有学者认为当前中国废除腐败犯罪的死刑"条件还不成熟",也并非从专业视角得出的结论,而是考虑到了民意的压力。参见赵秉志:《论中国非暴力犯罪死刑的逐步废止》,载《政法论坛》2005 年第 1 期。

的损失必须要赔偿。当然,这一过程必须尽可能地公开透明,而且必须尽可能地将所有的腐败存量消化清楚,并建立"黑名单"和"红名单"制度。[29] 对于一个有着腐败沉重历史包袱的国家而言,这一制度构建具有重要的意义。

第三,行贿与受贿的特殊自首制度。贿赂犯罪刑事司法的最大困境在于惩罚概率低,其重要原因之一是贿赂犯罪往往在私底下发生,证据难以获取,行贿人和受贿人形成了攻守同盟。为了瓦解这种攻守同盟,就有必要从"囚徒困境"的原理中得到相应的启发,制造行贿人与受贿人之间的不信任,让双方形成的同盟从内部崩塌。为了促使行贿人主动交待,一方面须确保行贿人不主动交待时将面临一定的不利益。因此,应当在立法上确保行贿和受贿在成立犯罪范围上的对称性。[30] 因而有必要删除行贿罪的"为谋取不正当利益"这一限制条件,设置对有影响力的人行贿罪[《刑法》第 390 条之一,即《刑法修正案(九)》第 46 条已设立],因为只有这样才能一方面维持行为规制机能,另一方面给行贿者的主动交待带来一定的压力。另一方面,应当同时设立针对此罪的特别自首制度。这样的制度设计,也完全可以推广至所有贿赂类型的犯罪(单位行贿罪、对单位行贿罪、介绍贿赂罪),而不仅仅是狭义的行贿罪。因此,对于被追诉前主动交待行贿行为的,应当免除刑事责任。当然,这里的免除刑事责任,只是因为追究刑事责任无助于实现预防犯罪的目的,[31]并不意味着该行为是完全合法的,不妨碍根据《刑法》第 64 条的规定追缴行贿人因为行贿获取的违法所得。除了行贿罪的特殊自首制度之外,为了加深行贿人和受贿人之间的不信任感,也应当确立受贿罪的特殊自首制度。根据《刑法修正案(九)》第 44 条第 3 款的规定,受贿人在提起公诉前如实供述自己罪行、真诚悔罪、积极退赃,避免、减少损害结果的发生的,可以从轻、减轻或者免除处罚,情节严重或者情节特别严重的,可以从轻处罚。[32] 结

---

[29] 参见任建明:《清除腐败历史"存量"的策略之争》,载《廉政瞭望》2015 年第 9 期。

[30] 参见叶良芳:《行贿受贿惩治模式的博弈分析与实践检验——兼评〈刑法修正案(九)〉第 44 条和第 45 条》,载《法学评论》2016 年第 1 期。

[31] 当前的责任观念,已经被注入了预防必要性的内容。例如 Roxin 的答责性(Verantwortlichkeit),就是传统的有责性(Schuld)和预防必要性的融合。Vgl. Claus Roxin, Strafrecht AT, Bd. I, 4. Aufl., Beck, 2006, S. 64 ff. 机能的责任论则直接将责任视为一般预防的衍生物。Vgl. Günther Jakobs, Schuld und Prävention, Mohr, 1973, S. 32.

[32] 这种立法的变动,实际上在很大程度上受到了同等处罚论的影响,也即在自首的处理上,也尽量让行贿人和受贿人的待遇趋于一致。但这种方案既不公平,也无益于犯罪预防的有效性。

合前述分析，这一规定提供给受贿人的激励同样既不确定也不充分。为了确保受贿人有足够的动力自首，也必须将可以型多功能情节变为应当型单功能情节。因此，受贿人在被追诉前主动交待受贿行为的，应当免除处罚；情节严重或者情节特别严重的，应当减轻处罚。同样地，这种制度也应当推及利用影响力受贿罪和单位受贿罪等犯罪。以此为内容的特别自首制度，结合刑法解释论上的特定结论，[33]将摧毁受贿人与行贿人之间的信任关系，[34]瓦解两者结成的同盟，不但让行贿人和受贿人都不敢实施新的犯罪，也有助于行贿人和受贿人主动交待已经发生的贿赂犯罪。对于未然之罪，由于行贿人没了后顾之忧，在行贿之后主动交待罪行的可能性非常高，受贿人就会因为担心行贿人的揭发而不敢受贿；行贿人也会反过来担心受贿人不接受贿赂反而告发自己（接受贿赂的一方不构成犯罪），或者害怕受贿人在接受贿赂后为了获得从宽处理主动交待，因而不敢行贿。对于已然之罪，由于行贿人在行贿后会有所不安，怀疑受贿人是否担心自己主动交待而将贿赂主动交给司法机关或者主动交待罪行，有了这种恐惧心理后，行贿人为了不受刑事追究，便会主动交待行贿事实；受贿者也会担心因对方的主动交待而陷入被动，因此赶在对方之前主动交待罪行。[35] 如此一来，双方将陷入猜忌与怀疑的恶性循环，既难以建立起互信而实施新的犯罪，即便实施了犯罪，也将争先主动向司法机关主动交待罪行。这种制度能通过制造相互的不信任实现"不敢腐"从而遏制腐败增量，也能通过犯罪人的主动交待罪行提高处罚概率，消解腐败存量，进而提高一般预防的效果。最重要的是，这种方案既没有牺牲罪刑规范的行为规制机能，又不会给侦查环节增加过重的负担，甚至也不会过多地增加刑罚执行负担，因为通过免除刑事责任、免除或减轻刑罚，真正需要执行的刑罚量不至于过高。这种在实践中非常有效的制度，可能与民众的直觉相冲突，因此通常难以得到民众的认同。因此，反腐败的教育应当提供一种渠道，让民众在反腐败的问题上能够接触到科学的反腐败方案，让民众的反腐败观念逐渐去

---

[33] 行贿人为了谋取不正当利益给国家工作人员以财物，行为实施完毕，行贿罪即既遂；受贿人索取、收受贿赂后将其退还给行贿人不影响受贿罪的成立。

[34] 当今，安全、可靠是受贿人与行贿人接触时最看重的本质之一。参见尤梓：《贪官眼中的行贿人》，载《廉政瞭望》2016 年第 4 期。因此，通过制度制造不信任感对预防腐败犯罪具有重要的意义。

[35] 参见张明楷：《刑事立法的发展方向》，载《中国法学》2006 年第 4 期。

情绪化、理性化。

四、塑造反腐败的主人翁意识

我们每个人都是腐败是受害者，因此，反腐败也是我们每个人的责任。而且，由于腐败的严重性，也只有当我们每个人都参与反腐败的时候，腐败才能无处藏身，廉洁才有可能实现。然而，我们绝大多数人是现实主义者，因此，廉政教育应当让人看到参与反腐败的充分的理由。

（一）自己不参与腐败

自己不参与腐败，是反腐败主人翁意识最基本的前提。然而，据调查，我国某省有29%的受访者表示愿意用行贿方式来换取办事方便，而且，由于访谈是以电话方式开展的，难免有些受访者在表达对该问题的观点时有所顾虑。因此，有13%的受访者的回答为“看情形，很难说”。如果把该部分回答算入愿意行贿当中，那么为了办事方便，受访者“愿意”向本地公职人员行贿的比例高达42%。而2013年，透明国际发布的世界行贿指数调查结果表明：行贿率最低的国家丹麦、芬兰、日本和澳大利亚等，行贿意愿只有1%；所有统计国家的平均指数也仅为27%。我国的情况，即便是在保守估计的情形下，也超过了全球平均水平。[36] 这说明，至少不少民众仍能接受参与腐败行为。为了改变这种状况，得分析究竟是什么在决定行贿意愿。有学者通过统计分析发现，在其他条件不变的情况下，公众感知到的政府腐败程度越高，“其行贿发生的概率也就越高；公众的腐败容忍度越高，其行贿的概率也就越大；一旦有行贿和被索贿经历尤其是行贿经历，公众行贿概率会更高；此外，居民年收入与行贿发生的概率存在显著的正相关关系，即当居民的年收入每增加一个单位时，其行贿的发生概率就会增加17%左右”。[37] 在这些因素中，可以也值得改变的是政府腐败程度、公众腐败容忍度，而改变的方式是通过执政者的反腐败决心、反腐败行动以及反腐败的成果来改变民众的印象。

（二）对反腐败参与机制的认识

如果要让民众参与反腐败，必须为其提供参与的途径；即便制度设计为

---

[36] 参见孙宗锋等：《公众行贿意愿研究——来自G省的调查数据》，载《东北大学学报》（社会科学版）2015年第4期。

[37] 同上。

其提供了参与的可能性，也得让其认识到这些可能性。因此，应当将其参与权利限制、公职人员违规行为举报、腐败犯罪控告的所有途径通过廉政教育的方式传达给每一个人，具体到操作层面需要的每一个细节。

而在中国大陆，公民的政治参与意识和能力还有待提高，这也会直接影响到我国公民对反腐败的参与。1987 年的问卷调查得出的结论是，在所调查的 1373 人的样本总数中，竟有 55. 35% 人误将民本主义和开明专制当作民主；法治意识方面，在所调查的 1720 人的样本总数中只有 3. 35% 人主张权力需要限制或认为民主的含义是限权分权，57. 1% 的人对从事政治活动应遵守规则缺乏认识。而在政治能力中的认知能力方面，在所调查的 1025 人的样本总数中，有 38. 39% 的人对政治体制的知识和现状缺乏了解，在参与能力方面竟有 80% 的人没有参加过任何组织、协会和团体的经历。[38] 这说明，我国公民对于参与公共事务和管理的能力亟待提升，而且这种提升应当是知识层面的改善，而不能体现为道德层面的说教或者是行动意愿方面的动员。

另外，也需要让公众认识到自己参与权利所受到的保障。单纯的道德说教是没有意义的，更实际的是，一方面为民众参与腐败提供利益刺激，另一方面打消民众内心的顾虑。前者要求设置一种反腐败红利共享制度，让参与举报的人获得现实的好处，设置举报有奖的惯例，而且必须确保相关利益的实现。另外，又必须确保参与反腐败的人不因此而受到打击、报复，用制度和对制度的坚决执行解除其心理上的负担。鉴于民众参与对于反腐败而言是一种特别重要的社会职能，有必要修订当前的报复陷害罪，不要求是国家机关工作人员本人实施，应删除“滥用职权、假公济私”等要件，所有对控告人、申诉人、批评人、举报人实行报复陷害的行为，或者用暴力、胁迫等方法妨碍控告、申诉、批评、举报的行为，都应当纳入该罪的惩罚范围。

第三节　公众参与反腐败的制度性安排

实证研究表明，国民教育程度更高的国家，其公民更能意识到自己的权

㊳ 参见闵琦：《中国政治文化——民主政治难产的社会心理因素》，云南人民出版社 1989 年版，第 138、164、178、221 页。

利和义务,因此更不容易参与腐败,其接受反腐败政策的难度也更低。[39] 因此,教育是反腐败的有力武器。不过,教育理念只有转化为现实的制度,才能得到很好的执行和保障。因此,应当在反腐败立法中规定如下原则和制度:

1.【社会参与原则】反腐败坚持专门工作与群众路线相结合,鼓励、支持民间力量参与反腐败工作,共建廉洁社会。

这是社会参与原则的要求。反腐败不能只靠国家。一方面,国家的力量是有限的。另一方面,过度依赖国家,会进一步扩张权力的空间,造成新的腐败。而民间力量参与反腐,不仅能提高反腐败的效率,也有助于通过对反腐败的参与营造清廉的社会环境,同时起到反腐败教育的作用。

2.【廉政教育的主体与内容】监察委员会下设的廉政教育部门负责反腐败的教育工作。教育的对象包括国家工作人员、公众。廉洁教育应当与腐败发生的原因、有效的腐败犯罪预防措施结合起来,针对不同的对象采用不同的教育方式。

教育是预防腐败非常重要的措施之一,因此应当设置专门的廉洁教育部门,以推动廉洁教育。这是香港反腐败带来的重要启示。不过教育应有针对性,不能流于说教。而应当是科学的腐败观念、有效的反腐败措施等。

3.【针对公职人员的廉政教育】针对国家工作人员的廉洁教育,应当包括其应当遵守的行为规范与道德守则、腐败高发领域、防止陷入腐败的具体方法、面临腐败诱惑及困境时的救济途径、腐败的后果、正当的权利及保障等。

针对国家工作人员的廉政教育,不能限于道德说教,而是应当与腐败犯罪的原因结合起来,引导国家工作人员认识腐败的危害,以及过一种不腐败的生活的可能性。教育还应当引导国家工作人员认识自己的正当权利,让其意识到不腐败也可能获得正当的权利保障。

4.【针对公民的廉政教育】针对公民的廉政教育内容,应包括腐败的危害、典型腐败的形式与范围、有效的反腐败方案、我国反腐败法律的规定、反腐败机构的设置、预防与惩治腐败的程序、我国反腐败的行动与成效、公民所

---

[39] See Rajeev K. Goel, Michael A. Nelson, Causes of Corruption: History, Geography and Government, *Journal of Policy Modeling* 2010,32(4),pp. 433 - 447, at 436.

拥有的抵制腐败与反腐败的权利等。

监察委员会廉政教育部门应针对不同的对象设置不同的廉政教育内容。国家将廉洁教育的内容纳入我国义务教育和高等教育的课程体系。除学校教育之外,国家还应采取其他多种方式针对所有公民推动廉洁教育。

针对公民的反腐败教育,同样不能停留在道德说教之上,而是应在了解腐败发生的原因、潜在的腐败危险、公众面临的与腐败相关的主要问题等内容的基础之上,针对不同的对象设置不同的教育内容。为了形成廉洁的文化,应当将廉洁教育纳入基础教育和高等教育的内容。

5.【反腐败的社会参与】国家支持民间的反腐败研究,鼓励民间组织在探索腐败原因、确定腐败高危与高发领域、提供反腐败科学方案等方面建言献策。

腐败是一种非常复杂的社会现象,因此反腐败应当鼓励民间的参与,鼓励民间力量探索反腐败的原因、提供有关反腐败对策的建议。

6.【反腐败参与的奖励与保障】反腐败机构设立腐败举报奖励基金,奖励举报腐败行为的个人与组织,并采取有效的措施保护举报人的安全。

除非举报人所举报的内容完全属于捏造的事实,且举报人旨在诽谤或者陷害被举报人,否则举报人即便举报失实,也不得被追究刑事或行政责任。被举报人因举报失实所受的损害,可以通过监察委员会澄清事实并予以说明等方式予以救济。

不少腐败行为都没有直接的被害人,由此导致腐败行为难以被发现。为了提高腐败行为的惩罚概率,有必要采取措施鼓励对腐败行为的举报,同时保护举报人不受打击、报复,同时必须尽可能地避免以诬告陷害罪、诽谤罪等压缩正当的举报权。

第八章　反腐败的国际合作

随着经济全球化,货物、服务、资金、人员等跨境流通已经越来越脱离地域的限制,这一方面使全球资源配置效率的提高,经济不断发展,另一方面也对各国应对跨境犯罪提出了更高的要求。以腐败为例:为了逃脱本国的制裁,腐败分子往往会想方设法将腐败所得转移到境外,同时通过各种手段出逃他国。这就不仅需要国家扎紧国内篱笆,严防腐败分子出逃与腐败资金外流,更需要国家加强国际合作,化解国与国之间的法律冲突,通过司法协助,将"漏网之鱼"绳之以法。

依据不同的标准,反腐败的国际合作存在多种类型,如:依据区域范围的不同,可以分为双边合作、区域性合作和多边国际合作(全球合作);依据合作内容的不同,可以分为打击合作、预防合作、教育合作等;依照合作手段的不同,可以分为引渡条约、司法协助、国际刑警合作、直接合作等[①]。根据本书的章节安排,本章主要探讨反腐败国际合作中有关打击合作即对外逃腐败官员的缉拿、腐败资产的返还(简称"追逃追赃")等问题,至于预防合作、教育合作等内容将在本书其他章节中分别予以论述。

第一节　我国反腐败国际合作的现状

有关打击腐败犯罪的国际合作主要包括追逃与追赃两部分,分别针对人和财物。追人是为了进行追诉和审判,实现社会正义,彰显党和政府反腐败的决心和魄力,震慑国内外的腐败分子,为重构政治生态扫清道路;追物是为

---

① 参见任建明:《反腐败制度与创新》,中国方正出版社2012年版,第385~386页。

了挽回财产损失,减少国有资产的流失,同时也有助于查清犯罪事实,摧毁外逃人员的对抗资本,粉碎腐败分子的侥幸心理,为追逃创造条件。由于种种原因,中国的反腐败国际合作起步较晚,进入新世纪后,逐渐步入正轨,双边合作、区域性合作和全球合作进展显著,成果丰硕。

一、法律制度的建设与探索

截至目前,除批准加入的《联合国反腐败公约》《联合国打击跨国有组织犯罪公约》外,我国与53个国家缔结了刑事司法协助条约或协定(其中生效48项),与41个国家缔结了引渡条约(其中生效31项)。[②] 通过这些协议与条约,我国已经初步建立了对外刑事司法协助网络,奠定了我国与其他国家开展刑事司法协助工作的法律基础。与此同时,随着实践的开展,针对国际合作中陆续出现的问题,我国不断拓展观念,创新制度,发展出了一系列行之有效的合作机制。

(一)积极开展引渡合作,同时灵活采用多样化引渡替代措施

引渡是反腐败国际合作最直接、最有效的方式。目前,我国主要通过两种途径进行展开引渡:一是依据双边引渡条约或者多边刑法公约中的引渡条款进行引渡,二是依据互惠原则开展引渡合作。目前,与我国签订双边引渡条约的国家已有39个。但是全球共有200多个国家和地区,这显然无法满足现实需求。而且,在这些缔约的国家中,作为腐败分子主要外逃的目的地的国家并不多。此外,由于美国、加拿大等国家在引渡问题上持"条约前置主义",这使得引渡合作困难重重。因此,在实践中,我国大胆创新,探索出了多种行之有效的替代措施:

1. 遣返。这是利用腐败分子洗钱犯罪、违反所在国移民或出入境管理法等理由,由所在国对其进行直接审判,从而改变其法律地位,营造迫使其接受遣返的一种合作方式。由于在客观效果上与引渡相同,因而也被称为"事实引渡"。

2. 劝返。这是国家机关在发现地国相关部门的配合或不干涉下,直接或

② 参见陈雷:《中国反腐败国际合作暨境外追逃追赃的法律与实践》,载第六届当代刑法国际论坛"反腐败国际经验与中国实践"学术研讨会会议文集,北京,2015年8月,第238页。

间接地采取劝说沟通的方式,使得刑事外逃人员主动或同意回国归案的一种刑事司法措施。自 2007 年胡星案以来,公安机关、检察机关采取劝返模式追讨效果显著,是一种高效便捷的追逃方式。

3. 驱逐出境。这是各国立法普遍规定的,专门用于外国人的刑罚手段或行政制裁措施。由于腐败犯罪分子在出逃他国时往往伴随着洗钱、欺诈等犯罪行为,这些行为与逃往国往往有牵连,因此逃往国可在管辖范围内对其进行审判,待其服刑完毕后,根据逃往国驱逐出境的判令,采用执法合作的措施将其押解回国。

4. 异地起诉。这是指对于那些拒不接受劝返、遣返的腐败分子,可以向外国提供腐败犯罪嫌疑人非法转移犯罪所得和使用作假手段办理移民手续的证据材料,使该国执法机关以洗钱犯罪和违反移民法方面的犯罪为由对其提起刑事诉讼,在当地绳之以法。③

目前,遣返与劝返是我国在开展境外追逃工作中主要采用的方式。

(二)刑民交叉,多种手段进行国际追赃

在追赃国际合作中,刑事方式是我国常用的手段,这不仅能有效惩罚出逃的腐败分子,更能发挥一般预防的作用,震慑国内外潜在的腐败分子。刑事方式主要包括:(1)进行引渡、遣返等国际合作时,顺带移交腐败资产;(2)利用腐败资产所在国的犯罪所得法或其他国内法进行追赃;(3)依据我国《刑事诉讼法》第 298 条的规定,④通过违法所得没收特别程序开展国际追赃。

除前述刑事手段外,我国在实践中还采用民事诉讼的方法进行追赃。这主要包括两种方式:一是由被害单位或其代表人作为原告,向国内案发所在地的惹您法院提起确认之诉或侵权之诉等诉讼,待人民法院对原告具有的对赃款赃物的所有权予以确认,并作出返还或者赔偿等的民事判决后,可以通过申请承认与执行外国民事判决程序请求相关国家执行;二是原告向腐败资产所在国的法院提起民事诉讼,通过外国法院判决返还财产。该种手段以侵权法为法律依据,降低了举证责任,大大便利了追赃的效率。

---

③ 杜邈:《反腐败国际刑事司法协助的新趋势》,载《法治研究》2012 年第 12 期。

④ 该条规定:对于贪污贿赂犯罪、恐怖活动犯罪等重大犯罪案件,犯罪嫌疑人、被告人逃匿,在通缉 1 年后不能到案,或者犯罪嫌疑人、被告人死亡,依照刑法规定应当追缴违法所得及其他涉案财产的,人民检察院可以向人民法院提出没收违法所得的申请。

二、实践效果

近年来,我国在反腐败国际合作中多管齐下,海外追逃追赃效果明显。有数百名潜逃海外的腐败分子通过引渡、移民遣返、劝返等方式缉拿回国受审,还有一些贪官通过异地追诉的方式在逃亡目的地国家受到了法律的制裁。[⑤] 这其中一批具有社会影响力的大案较为引人注目,如广东开平支行余振东案、黑龙江银行行长高山案。余振东、高山回国受审是我国开展海外追逃追赃的成功典范,展现了我国开展反腐败国界合作的坚定意志,极大地震慑了外逃腐败分子,在社会上产生了积极的影响。特别是自十八大以来,凌厉反腐成为"新常态","加强反腐败国际合作,加大海外追赃追逃、遣返引渡力度"更是成为中共十八届四中全会通过的《中共中央关于全面推进依法治国若干重大问题的决定》中的战略目标。由此,我国加大了反腐败国际合作的步伐,展开了"猎狐""天网"等专门的跨境追逃追赃行动。

"猎狐"行动始于2014年7月,该行动不同于传统的反腐败追逃追赃形式,它由公安部牵头,主要针对诈骗、金融类犯罪等普通经济犯罪的嫌疑人展开。由于该行动主要采取国际警务合作的方式,形式多样,对司法程序的要求也没那么高。2015年"猎狐行动"继续执行,不同的是该年度的行动增强了对于贪腐犯罪的针对性。根据中央反腐败协调小组的统一部署,在"猎狐2015"专项行动中,公安部积极会同中央组织部、最高人民法院、最高人民检察院、中国人民银行、国家外汇管理局等部门联合开展治理违规办理和持有因私出入境证照、打击利用离岸公司和地下钱庄向境外转移赃款等专项行动。

"天网"行动由多个专项行动组成,分别由中央组织部、最高人民检察院、公安部、人民银行等单位牵头开展。公安部牵头开展"猎狐2015"专项行动,重点缉捕外逃职务犯罪嫌疑人和腐败案件重要涉案人。最高人民检察院牵头开展职务犯罪国际追逃追赃专项行动,重点抓捕潜逃境外的职务犯罪嫌疑人。人民银行会同公安部开展打击利用离岸公司和地下钱庄向境外转移赃款专项行动,重点对地下钱庄违法犯罪活动,利用离岸公司账户、非居民账户等协助他人跨境转移赃款等进行集中打击。中央组织部会同公安部开展

---

⑤ 马海军:《加强反腐败国际合作让外逃贪官无处藏身》,载《社科纵横》2015年第2期。

治理违规办理和持有因私出入境证照专项行动，重点对领导干部违规办理和持有证照情况进行清查处理，并对审批、保管环节负有责任人员进行追责。⑥

按照中央反腐败协调小组“天网”行动统一部署，为打击震慑外逃腐败分子，国际刑警组织中国国家中心局与2015年4月22日公布了100名外逃国家工作人员和重要腐败案件涉案人的国际刑警组织红色通报信息。⑦“红色通缉令”中的涉案人员包含因贪腐逃到境外的人员，涉嫌贪污和受贿的人员比例占到60%。各国警方在街道红色通缉令之后，可以对犯罪嫌疑人进行临时拘捕和引渡。发布红色通缉令的方式是国际警务合作的一部分，有助于国际刑警展开工作，对潜逃海外的腐败分子也起到一定的震慑作用。2016年1月1日，“百名红通”10号嫌犯裴健强作为第19名到案人员被抓获回国。截至2015年11月底，国际追逃追赃工作追回863人，其中党员和国家工作人员196人。⑧

第二节 我国反腐败国际合作中的“瓶颈”

反腐败的国际合作不仅是国内司法活动的延伸，同时也是政治性极强的外交活动，合作中会涉及国家与国家、国家与国际组织、国内法与国外法以及国际条约之间的复杂关系，而这些关系无疑也是制约有效开展国际合作的“瓶颈”。

一、阻碍反腐败海外追逃的因素

（一）政治因素

我国是社会主义国家，这决定了我国与西方发达国家的意识形态存在本质的区别，“冷战”虽已结束多年，但是历史思维惯性却依然或多或少地存在于西方国家中，再加上我国国内法制建设的不完善且宣传上存在偏差，这导

⑥ 搜狐新闻：《国际追逃追赃启动天网行动　集中力量抓捕腐败分子》，载搜狐网：http://news.sohu.com/20150326/n410373258.shtml，最后访问日期：2016年3月31日。

⑦ 《关于公布涉腐人员国际刑警组织红色通报的公告》，载中华人民共和国公安部官网：http://www.mps.gov.cn//n16/n2009301/n4377778/index.html，最后访问日期：2016年3月31日。

⑧ 《“百名红色通缉令”中第19人被捉！都是些什么人？》，载浙江在线：http://www.zjol.com.cn/05zjol/system/2016/01/06/020979331.shtml，最后访问日期：2016年3月31日。

致西方发达国家对我国的司法环境、人权状况一直存有偏见。这些政治上的因素对于开展反腐败国际合作的影响是巨大的。

以引渡为例。在引渡制度中,“政治犯不引渡”是一项各国公认的原则。由于腐败犯罪嫌疑人一般都是国家工作人员,与政治有着千丝万缕的联系。而正如前述,中西方政治体制的差异以及政治议题本身的敏感性,在我国与不同政体的西方国家进行反腐败国际合作时,“政治犯不引渡”往往会成为掣肘。因为关于政治犯的含义和范围缺乏明确性,各国解释不尽一致,而且有的政治活动兼有普通罪行。判定某种犯罪行为是否属于政治犯罪的决定权属于被请求引渡的国家,因此政治犯不引渡原则可能被歪曲或者滥用。而且长期以来,中国实行一种涉外事务归口管理的体制,外交部门承担着相当广泛的协调和把关职责。我国《引渡法》颁布以前,外交机关属“主管机关”之一,对国际刑事合作拥有相当大的决策权,引渡程序也缺乏相应的法律规范,因而引渡被赋予了浓厚的外交行政色彩,有时甚至重于它的司法色彩或者刑事色彩。⑨

此外,就遣返而言,各个国家尤其是法制比较健全的国家很注意对非法移民的人权保护,一般不愿意让被遣返者回国受到刑事追诉,甚至允许非法移民以回国后可能遭受刑事追诉或者迫害为由申请难民身份。在实践中,很多腐败分子对抗遣返大打所谓的“迫害”或“酷刑”两张牌,这给遣返带来了很大的障碍。

(二)法律因素

由于历史、文化、社会等多重原因,我国刑法中对于腐败犯罪依然保留着死刑,但是大多数西方发达国家废除了死刑,即使像美国、日本这样没有废除死刑的,在司法实际中死刑适用的数量也非常少。因此,死刑问题成了我国在开展反腐败国际合作特别是引渡与遣返中的主要障碍。尽管《联合国公约》没有明确规定“死刑犯不引渡”原则,但是该项原则是西方国家普遍实行的一项引渡原则,以往只有废除了死刑的国家提出要求,现在不管是否废除死刑,各个国家都会提出类似要求。由于被遣返国家需要树立“人道主义”形象,因此接受“死刑不引渡”条款就成了与其开展引渡合作、遣返逃犯所应

---

⑨ 参见任建明:《反腐败制度与创新》,中国方正出版社 2012 年版,第 391 页。

达成的共识。[10]

此外，作为引渡的替代措施，劝返在海外追逃过程中既能使追逃方经济、快捷地实现追逃目的，又能化解外逃国的法律、外交争议，维护当地安宁，因此在“猎狐”“天网”行动中应用率很高[11]。但是，其中的很多法律问题尚未妥善解决，这无疑会对劝返的持续进行产生不良影响。以自首为例，2014 年 10 月 10 日，最高人民法院、最高人民检察院、公安部、外交部联合发布《关于敦促在逃境外经济犯罪人员投案自首的通告》（以下简称《通告》）。该《通告》套用以往敦促国内在逃人员投案自首公告的模式，没有充分考虑逃往境外人员可能面临的一些特殊境遇，如犯罪嫌疑人被当地执法机关或者司法机关采取限制人身自由措施时，其接受劝返能否认定为投案自首的问题就值得研究。

（三）人员因素

据统计，自 1987 年至 2014 年，我国关于国际刑事合作的条约（协定）已经超过了 130 个，其缔约数量以大约平均每年 5 个的速度递增，但遗憾的是，这些法律武器的实际利用率却不高。除了前文所列举的政治、本国法律规定本身的因素外，也与我国一些司法机关和办案人员对有效开展涉外追逃人员追赃有畏难情绪或者不得要领，进而导致信心不足有关。这里的原因是多方面的：一是因为境外追逃难度大、取证难，在实际执行中往往过分依赖执法合作或者警务合作，这种做法虽然简单易行但是这很容易导致办案机关处于守株待兔的局面[12]；二是一些司法机关和办案人员对如何有效地开展境外追逃所知有限，对国际法律制度和有关国家的法律不熟悉；三是国内相关部门的配合度不高。境外追逃牵涉部门众多，公检法三机关都有各自的国外对口部门和途径，这就容易导致各自为政、互不服气的情形；四是境外追逃涉及人力、物力和经费巨大，仅根据全国检察机关披露，追缉一名外逃到东南亚的嫌疑罪犯，所需经费要 10 万美元以上，追缉一名逃到南美国家的嫌疑罪犯，所需经费在 20 万美元以上，追缉一名外逃到美国、加拿大的嫌疑罪犯，至少在

---

⑩　参见新华网文章：《中国加速追逃海外贪官“死刑不引渡”条款成难点》，载新华网：http://www.chinanews.com/fz/2014/10-22/6707302.shtml，最后访问日期：2016 年 3 月 31 日。

⑪　参见黄风：《建立境外追逃追赃长效机制的几个法律问题》，载《法学》2015 年第 3 期。

⑫　同上。

50 万美元以上。[13] 这就导致中央主管机关只能将有限的资源投放到大案、要案上，而地方办案机关受限于财力、物力，对于反腐败追逃的国际合作只能有限参与。

二、我国反腐败追赃国际合作中的具体问题

对于腐败资产的追回，《联合国反腐败公约》规定了两种途径：一是直接追回措施，二是间接追回措施。所谓“直接追回”，是指资产流入国依据资产流出国的请求，通过民事诉讼确认资产的合法权属、判令向受害者支付赔偿以及简易确权程序等途径将腐败资产予以返还。所谓“间接追回”，是指资产流入国依据资产流出国的请求，通过承认与执行请求国的没收裁决或是自主作出没收裁决、根据管辖权对于本国境内的与腐败有关的犯罪进行刑事追诉以及不经定罪的没收程序等途径将腐败犯罪所得予以没收并返还。[14] 但是，《联合国反腐败公约》规定的腐败资产追回机制能够有效地适用于我国，不仅取决于我国与国外在反腐败领域的国际合作状况，而且取决于我国国内法与该机制的协调程度，这也是其中的关键。[15] 实事求是地讲，我国还有不少问题。

（一）民事诉讼追回机制中的问题

在直接追回措施中，需要请求国向被请求国提出诉请或主张，其中提出民事诉讼是重要的一种方式。根据前文所述，近年来我国在海外追逃追赃中也注重灵活应用这一途径，如北京市人民检察院早在 2000 年办理的李化学追逃追赃案件中，指导和协助被害单位在澳大利亚法庭提起民事诉讼，成功追回 800 多万元赃款，在余振东案开展追赃工作中，由受害单位中国银行在境外提起民事诉讼，也是该案追赃的主要方式。[16] 尽管如此，在实际应用中，由于主体不适格而造成的困境依然存在。根据《联合国反腐败公约》第 53 条第 1 项规定，尽管外国政府可以成为民事诉讼的原告，但是我国坚持国家及

---

[13] 参见马海军、贺小霞：《中国海外追逃反腐败国际合作中的问题与对策》，载《社科纵横》2014 年第 1 期。

[14] 参见陈洁淼、程冉：《我国应建立海外追赃资产分享制度——以〈联合国反腐败公寓〉为视角》，载《安徽大学学报》（哲学社会科学版）2016 年第 1 期。

[15] 朱立恒：《我国应对跨国反腐败犯罪的问题与对策》，载《比较法研究》2011 年第 3 期。

[16] 参见陈雷：《论我国追赃国际合作的法律依据和主要方式》，载《法治研究》2013 年第 12 期。

其财产豁免原则的情况下，我国政府很难以民事诉讼原告身份在外国法院向外逃贪官提起民事诉讼。此外，由于我国刑法长期以来一直将腐败犯罪视为一种无被害人的犯罪，因此，对于腐败犯罪而言，只能由检察机关提起刑事诉讼，而无所谓被害人提起民事赔偿诉讼问题。根据我国刑事诉讼法的规定，在刑事附带民事诉讼中，检察机关或者被害人对于被告人提起的民事赔偿请求必须以刑事审判为前提条件，如果没有刑事审判，就不存在附带民事诉讼问题。但是，由于我国没有建立刑事缺席审判制度，因此，对于逃亡国外的贪官，我国恰恰又无法启动刑事审判程序。在这种情况下，我国检察机关或者被害人很难通过附带民事诉讼制度来追回已经被转移到国外的腐败资产。最后，在受贿类案件中，由于没有受害单位的存在，由谁提起民事诉讼就成了难题。

（二）刑事没收制度的缺陷

在境外追赃问题上，《联合国反腐败公约》所规定的"没收事宜的国际合作"是反腐败国际合作的重要形式。这类合作主要分为两种：一是请求国向被请求国提出没收请求，被请求国将该请求提交本国主管机关，由该机关根据该国法律作出没收裁决并执行；二是被请求国对外国主管机关作出的没收裁决予以承认并执行。[17] 在近年几起成功追回赃款的追赃案件中，第一种合作是常态，而第二种合作作为最有效率的合作方式在我国的实践中却举步维艰，这主要是因为：在我国腐败犯罪行为所产生的赃款一般只能通过罚金、没收等措施予以追回。在我国刑事诉讼中，罚金、没收措施都是以生效的刑事判决为前提的。但是，在贪官外逃而我国缺乏刑事缺席审判制度的情况下，连刑事审判都无法启动，就更不要说罚金和没收了。对此，《刑事诉讼法》自2012年修改时引进了特别刑事没收程序，但是在没收与定罪"一揽子"处理思维定式的束缚下，现行的司法解释仍然要求在该特殊程序中首先要求涉嫌的犯罪达到"案件事实清楚，证据确实、充分"的程度，如此高的证明标准使得检察院进退维谷。另外，我国缺乏承认与执行外国刑事裁判的相关制度。我国虽已加入《联合国反腐败公约》多年，但是实践中，我国一些刑事司法机关往往以没有国内法依据为由，对于外国提出的冻结或者扣押在我国境内发

---

[17] 参见黄风：《建立境外追逃追赃长效机制的几个法律问题》，载《法学》2015年第3期。

现的违法资产的司法求助请求予以拒绝。根据国际互惠原则,这就使我国在向外国提出同类请求时也往往处于相当被动的地位。

此外,从法理上看,随着腐败犯罪的发生、结束直至被追诉、裁决,再到没收的执行,涉案腐败资产的所有权人已经经历了从腐败发生地国到被请求地国的转变,[18]被请求地国在执行没收后,没收后的财产根据其国内法不仅排除了犯罪人的支配和控制,更排除了原发生地国的支配与控制。正是由于被请求国对于没收资产拥有绝对的控制权,其往往以“不违反执行本国法”或者“请求国必须提供生效的判决”为条件,来对抗腐败资产返还的请求。[19] 这也是资产返还困难的主要症结所在。

第三节 我国反腐败国际合作的完善

有学者指出:反腐败要向纵深推进,取得更大的成效,必须要通过“统筹国内国际两个大局”来达到反腐败的全覆盖,对腐败分子采取全收拾(惩治),从而既形成有利震慑,又切实维护法律尊严。[20] 为达到这一目的,必须对当前我国反腐败国际合作中存在的问题予以妥善解决。

一、国际形象的宣传

目前,如何加快与西方国家签订引渡等条约,提升我国海外追逃追赃的层次是我国开展反腐败国际合作的重点。但是我国与西方国家存在意识形态上的差异,有时往往还带有误解,这成了阻碍我国与其签订引渡条约的重要因素,但这也并非不可克服。事实证明,“冷战”的结束后,随着国与国之间交往的日渐频繁,很多固有的成见正在改变。对此,我们不能被动地等待西方国家观念的转变,而应积极主动地宣传自己。反腐倡廉有助于我国在国际上树立清廉、负责的国家形象,而加强海外追逃是其中的重要手段。同样,

---

⑱ 根据民法原理,公法上的行为,如没收、裁决等,也是导致资产物权发生变动、所有权取得的方式。

⑲ 参见陈洁淼、程冉:《我国应建立海外追赃资产分享制度——以〈联合国反腐败公寓〉为视角》,载《安徽大学学报》(哲学社会科学版)2016 年第 1 期。

⑳ 许春华:《追逃追赃——反腐败走向纵深的逻辑选择》,载《先锋队》(下旬刊)2015 年 1 月号。

一个人权进步的、法治的中国也有利于推进中国的反腐败国际合作。为此，我国要大力加强人权保障制度建设，充分尊重人权，宣传我国人权事业取得的成就，让国际社会了解中国人权状况。同时，要践行依法治国的基本国策，认真考虑如何把反腐败运动纳入现代法治的轨道，使其摆脱“运动化”“时效化”的色彩，而成为一种日常化的有效治理国家的有机组成部分。最后，对与国内外各种反华势力、反社会主义势力，以及那些强加于中国的法治和人权状况的污蔑和不实之词，我国必须要加以揭露和驳斥。只有这样，才有利于在国际上特别是西方国家中树立我国尊重人权的法治国家形象，从而有利于我国同更多的国家签订合作条约，提高我国反腐败国际合作的等级。

二、死刑政策的活用

死刑问题是横亘在我国与西方国家中展开有效反腐败国际合作的大山。但是，短期内在我国刑法中废除贪污贿赂的死刑并不现实。一方面，从民意来看，由于我国的腐败现象比较严重，受我国历史上采用群众运动式反腐模式影响，更有人主张多杀来震慑腐败犯罪，尽管这些观点并不符合国际主流趋势，也未必是一种理性思维，但是也反映了民众对于腐败分子的态度，而且对于腐败犯罪的民愤在短期内也无法消除，民众对于死刑的态度也只能引导，但这需要一个很长的过程。另一方面，从当前挖掘出的腐败现象来看，高级官员家族式、规模化腐败令人震惊，一些地方、领域的塌方式腐败也不鲜见，这些都对中国的政情、经济造成了难以估量的损毁，因此，在“减少腐败存量、遏制腐败增量、重构政治生态”的这段关键时间内有必要发挥死刑的一般预防功能。尽管如此，我国也还是应该采取务实的态度和做法来缓解死刑问题对于推进反腐败国际合作的影响。

死刑问题虽然涉及立法，但同时也是具体犯罪中的量刑问题。我国引渡法明文规定：“对于量刑的承诺，由最高人民法院决定。”这可以为被引渡人员免于死刑提供法律依据。近年来，我国与西方国家缔结引渡条约时也涉及了死刑问题。例如，中国与西班牙签署的引渡条约中相互承诺，除非请求方做出被请求方认为足够的保证不判处死刑，或者在判处死刑的情况下不执行死刑，否则被请求方“应当拒绝引渡”。这是我国与外国签订的第一个表明涉及死刑立场变化的条约。这些务实的做法值得在实践中继续推广并逐步制度化。

三、法律制度的创新

（一）扩大自首适用范围

自首作为世界各国刑事立法中普遍采纳的量刑制度，不仅能鼓励犯罪人犯罪后改过自新，同时也可以减少国家对刑事侦查、审判等的人力、物力的投入，符合刑罚经济原则。[21] 因此，自首在我国的刑事司法中发挥着不可替代的作用，已成为我国宽严相济刑事政策的重要体现。对于出逃境外的腐败分子，有学者认为，从刑事政策的角度出发，我们应当着眼于促使和鼓励其改变和放弃与我国司法机关对抗的态度，致力于消除在引渡、遣返或者移交方面存在的法律困难或障碍，进而以节俭、有效的方式利用司法和外交资源。因此，只要他们自愿归国、自愿接受引渡和遣返的行为，在主观上反映其悔罪的态度，并在客观上导致境外相关审查程序的终止、简化或者提前完成的，就应当具备了自首所要求的“自动投案”的条件。同时，不宜将其在外国是否被采取强制措施或者被提起法律程序作为区分自首的界限。[22]

本书赞同这一观点。对照我国刑法规定的自首适用条件，在审查出逃境外的腐败分子是否适用该情节时，其症结在于在被外国司法机关或其他执法机关采取限制人身自由的措施时，是否满足自首所要求的“尚未归案”或“主动归案”的条件。例如，在引渡或移民遣返程序中，外国执法机关或者主管机关通常会根据请求方的请求，对在本国境内被发现的在逃人员采取临时拘禁措施，从而启动引渡或者遣返程序，另外辩诉交易中也存在刑事羁押的程序。[23] 对此，本书以为不应将被外国有关机关采取强制措施等同视为国内犯自首认定中“已被采取强制措施”。首先，外国司法机关或执法机关采取强制措施适用的是该国自己的法律，其适用与接触完全不依赖于我国的法律和我国司法机关。其次，根据前文所述，即使腐败分子在因引渡或者移民遣返程序而被采取强制措施时，也有可能因为两国政治关系、所在国法律等其他

---

[21] 参见林亚刚：《刑法学教义（总论）》，北京大学出版社 2014 年版，第 600 页。

[22] 参见黄风：《建立境外追逃追赃长效机制的几个法律问题》，载《法学》2015 年第 3 期。

[23] 一般而言，引渡程序中的羁押可以不受期限的限制，移民遣返中的羁押措施有比较严格的期限限制，可以比较容易地转化为保释或者监视居住。参见黄风、刘丽：《逃往境外人员自首认定问题研究》，载《中国刑事法杂志》2010 年第 10 期。

因素，而使该程序陷入“拉锯战”或“僵局”，此时腐败分子若出于自愿，主动要求引渡或者遣返，从而缩短程序或者避免纠纷时，从自首的立法本意出发，应当为其构建“黄金桥”。

(二)落实特别没收程序

从功能上看，在我国的刑事诉讼体制中创造性地增加特别没收程序是为了改变只注重追究刑事责任而忽视没收违法所得的做法，在一定程度上弥补了我国缺乏缺席审判制度的缺陷，同时也是为了履行《联合国反腐败公约》的义务。但是对于该制度的性质以及证明标准，学者之间还有较大的争议。有学者认为，它不同于普通刑事诉讼程序中的缺席审判，而是一种在刑事诉讼法中设置的定罪与违法所得分离处理的特别程序。本质上是一种对物的诉讼，无须纠缠于犯罪嫌疑人、被告人是否犯罪。[24] 也有学者认为，该程序是民事诉讼程序，类属于民事诉讼中的确认之诉。[25] 上述对于该制度的定性之争会直接影响司法适用中对于证明标准的要求以及相关程序的适用。

本书赞成将该特别没收程序定性为民事诉讼的观点。理由如下：首先，根据前文所述，在司法解释中，该程序被视为刑事特别程序，其证明标准却与一般刑事程序标准相同，而刑事案件的举证责任严于民事案件，在犯罪嫌疑人、被告人缺失的情况下，这几乎是不可能完成的，这就难免使得该特别程序成为“空中楼阁”。而定性为民事诉讼，不仅可以简化程序，更可以降低证明标准，从而使该制度迅速得到落实。其次，我国刑事诉讼中已经规定了刑事附带民事诉讼制度，这里的民事诉讼在本质上仍然属于民事程序而非刑事程序，这就为将特别没收程序定性为民事诉讼提供了体系支撑。

因此，在特别没收程序中，检察院可以承担起刑事附带民事诉讼案件中的职能，独立提起特别没收程序，从而获得生效判决，使之成为国际追赃的法律依据，从而保护国有资产免于流失，维护国家利益。

(三)构建资产分享制度

在反腐败国际合作中，资产分享制度具有经济利益刺激的优势，能对他国缉捕出逃者起到巨大的激励作用，而且遣缉捕过程中也确实需要投入大量

---

[24] 参见陆海：《也论构建我国追回腐败资产的法律机制》，载《法学评论》2013 年第 1 期。

[25] 参见万毅：《独立没收程序的证据法难题及其破解》，载《法学》2012 年第 4 期。

的人力、财力、物力。因此,这种折中又切合实际的做法是西方国家之间普遍的做法。[26] 但是长期以来,我国对于在反腐败国界合作中与他国进行资产分享一直持消极态度,有学者认为,与他国分享资产的做法不公平[27]。还有学者从我国《刑法》第64条的规定出发,认为我国已经明示了对于犯罪资产我国拥有所有权,归属我国国有的犯罪资产不应与他国分享。[28] 本书认为,这两个观点都过于片面。首先,从道义上讲,流入他国的腐败资产应当全部返还给资产流出国,但是毕竟现在资产正在被流入国“管理”与“掌控”,对流入国而言,这些资产可以成为其经济发展的资本,其完全可能想方设法地延迟归还期限,甚至可能不顾道义而“据为己有”,对资产流出国而言,这会大大降低追回腐败资产的确定性。与其被动地等待,不如务实地设计资产分享制度,提高取得部分资产的确定性,从而使这部分资产刺激我国经济发展,同时震慑海内外的腐败分子。着眼于长远,随着我国国际地位的提升,秉着互惠原则,将来他国请求我国追逃资产时,我国也能从中获取一定的利益。而且对于协助我国追逃追赃付出大量努力的外国政府,我国应该适当予以经济补偿。其次,根据《刑法》第64条的规定,对于应当予以没收的犯罪资产一律上缴国库,国家当然拥有所有权,但是正因为国家拥有所有权,所以在国际合作中,政府当然可以代表国家对于这部分资产进行处分,这在法理上并无不妥。而且根据前文所述,在境外追赃中,往往需要被请求国在该国的法律框架下对于腐败资产进行没收,那么根据该国的法律这部分资产就有可能成为其国家财产,此时单方面强调我国对于这部分财产拥有所有权其实并无多大意义,也会使双方的合作谈判陷入僵局。

因此,本书赞成设立并完善资产分享制度。值得注意的是,资产分享协定已被中央反腐败协调小组国际追逃追赃工作办公室列为工作重点。该办公室将建立与有关国家的反腐败执法合作机制,加快引渡条约、刑事司法协助条约、资产分享协定等的谈判、缔约、履约进程。[29] 这说明我国政府已经开

---

[26] 参见杜邈:《反腐败国际刑事司法协助的新趋势》,载《法治研究》2012年第12期。

[27] 参见储怀植、郭明跃:《联合国反腐败公约与中国反腐败国际合作研究》,载《刑法论丛》2007年第1期。

[28] 毛兴勤:《违法所得没收裁定的域外执行:机遇、挑战与进路》,载《法治研究》2014年第3期。

[29] 《中国与加拿大将签“分享和返还被追缴资产协定”》,载中华网:http://news.china.com/domesticgd/10000159/20141202/19035118_all.html#page_2,最后访问日期:2016年4月3日。

始重视该制度。今后，我们需要细化该项制度的规定，对于一些前置问题进行深入探讨，如合理费用的扣除问题等。

四、人员配置的优化

（一）加强业务培训，提高办案人员综合素质

反腐败国际合作不仅需要办案人员精通查处腐败案件的业务能力，同时有需要通晓各国的法律情况，更需要灵活应用各种外交手段，因此必须十分重视境外追逃追赃队伍综合素质的培养。首先，建议国家建立反腐败国际合作案件的专项基金，不仅为海外追逃追赃过程产生的费用提供财力支持，同时也为各种培训活动的开展提供经费保障。我们必须正视境外追逃追赃需要大成本的投入，但这是我们必须付出的代价，从境外追逃追赃对于反腐败国家战略的意义而言，所有的投入都是值得的。其次，要有针对性地开展培训，加强部门之间、国家之间的交流，提高办案人员的业务素质。对于执法办案人员的培训工作，应建立起一种长效的学习机制，培训一批人员专门从事反腐败国际合作工作，进一步加大海外追逃的力度。

（二）统合部门优势，调动地方办案积极性

反腐败国际合作中的打击合作，涉及最高人民法院（负责对嫌疑人的量刑承诺）、最高人民检察院（负责境外追逃追赃的取证程序规范性文件）、外交部（负责境外工作的外交配合）、公安部（负责境外侦查）、司法部（负责提出司法协助请求）、人民银行（负责反洗钱的调查和监管等）等多个部门[30]，每个部门都依据自己的职能各有特点与优势。为此，我国成立了中央反腐败协调小组国际追逃追赃办公室，致力于建立统一高效的协调工作机制。这一举措是对近几年来中央多部门配合协调开展国际合作的成功经验的贯彻与落实。今后应以此为开端，努力将实务中的宝贵经验转化为具体的举措，推进反腐败国际合作成效的深化。在本书看来，随着国家监察委员会的成立，这一协调工作将主要由国家监察委员会进行全面统筹。

此外，反腐败国际合作不能仅靠中央“单枪匹马”地冲锋，鉴于当前出逃

---

[30] 参见《中国追捕外逃贪官　被要求承诺不判处死刑》，载《北京青年报》2014 年 10 月 13 日，第 A3 版。

境外的腐败分子人员多、涉案资产数量大以及全国中央地方联动全面反腐的局势，必须推进地方特别是省一级的境外追逃追赃工作，落实经费保证政策，提高办案队伍配置，调动其工作积极性。据统计，自 2014 年中央成立“反腐败协调小组国际追逃追赃办公室”以来，全国 31 个省区市和新疆生产建设兵团已全部成立省一级“追逃办”。省级“追逃办”成员单位一般有 6 到 12 家左右。绝大多数省份的成员单位都包括省级纪委、组织部、法院、检察院、公安厅、安全厅、司法厅、外事办和人民银行当地分行。部分省市还将财政厅、审计厅、旅游局、银监局、国资委、政法委、台办、海关、民委、电信、移动、联通等部门和单位纳入了协调机制。今后，随着国家监察体制改革在各地区的逐步推进，各地可以监察委员会为核心，统筹本地区的国际追逃追赃。

附件：中华人民共和国反腐败法
（学术建议稿及说明）

第一章　总　　则

第一条　为了预防腐败并有效惩治腐败，维护社会公共利益，保护公民、法人和其他组织的合法权益，实现廉洁政治，根据宪法，制定本法。

【法条说明】从世界范围来看，当腐败问题比较严重时，集中立法是治理腐败较为成功的经验。自十八大以来，中央领导曾多次表态要加快推进反腐败国家立法，坚决遏制和预防腐败现象，这既彰显了执政党的反腐决心，也顺应了社会民众的反腐呼声。

第二条　国家反对一切形式的腐败行为，对任何组织和个人实施的腐败行为，依法追究责任。

国家不向任何腐败人员妥协，不向任何腐败人员提供庇护。

第三条　本法所称腐败行为，是指下列几类：

（一）国家工作人员滥用权力或影响力谋取利益的行为及其对向行为；

（二）与国家工作人员关系密切的人利用影响力谋取利益的行为及其对向行为；

（三）向国家工作人员、与国家工作人员关系密切的人提供不正当利益的行为；

（四）国家工作人员滥用职权、玩忽职守以及其他滥用权力的行为。

本法所称国家工作人员，是指现在或曾经在国家机关、国有公司、企业、事业单位、人民团体中从事公务，或接受国家机关、国有公司、企业、事业单位的委派到非国有公司、企业、事业单位、社会团体中从事公务，以及其他依照法律从事公务的人员。

本法所称与国家工作人员关系密切的人,是指下列几类:

(一)现任或离职的国家工作人员的近亲属;

(二)近亲属以外其他与现任或离职的国家工作人员关系密切的人。

【法条说明】腐败判断是一个规范命题,立足于某一领域或强调某种性质的惯用定义一旦被要求具有全称约束力后,可能会出现不成立或不相容的情况。所以,如果依然企图追求以一个普遍的定义来对所有"腐败"进行概括,很容易导致腐败概念的泛化。我们应当根据我国反腐败的实际需要,进行有重点的"特指",因而立法宜采用列举式定义,而不应用概括全称式定义。

从长远的、根本的目的来看,反腐败自然是为了激浊扬清,荡除社会各个领域中的一切不正之风,使社会和谐有序,充满正能量。但这不可能一蹴而就。就眼下我国的反腐败目标而言,重心在于肃清吏治,加强党风廉政建设,"重构政治生态"应当是今后一段时期我国反腐败的主要目的。中国当前大量滋生的腐败本质上是政治性腐败。因此,在立法中界定"腐败"应当围绕政治性的权力及与之关联的人情关系而展开,突出"重构政治生态"是反腐的重点与目的,而不可将其扩大到包含社会性腐败在内的大众意义上的腐败。而且,从世界上的成功经验来看,通过"重构政治生态",培养清廉官员,从精英开始,然后逐渐扩展到社会的各个领域,最终实现清廉政府和清廉社会也是具有可行性的,如新加坡。此外,我国社会素有"以吏为师"的传统,虽然这一传统是封建时代官本位文化的反映,应当批判,但是从其具有的"群众性基础"来看,也可以作为一种传播反腐思想、树立正确理念的途径而加以批判地利用。当然,如果非公经济部门、个人涉及公部门的腐败,如行贿(受贿的对向行为)、帮助转移赃款(共犯行为)等,则也应当纳入本法规定的腐败的范畴中。从长远来看,随着市场经济的逐步扩大以及政治体制改革的逐步推进,非公经济在社会公共职能所承担的责任比例势必会越来越大,届时可再从社会整体的公平正义出发,考虑将其纳入国家反腐败战略中,进行综合治理。

从起源上看,所谓公权力(政治性的权力)是基于公众共同的需要而产生,凝聚了公共意志以维护公共秩序、增进公共利益、实现权利主体正当利益并最终促进人的自由而全面发展的强制力量和支配性力量。这是人们让渡一部分权利以聚合成公权力的一种应然状态,即公权力蕴含包括公平、公正、正义等原则的价值理性诉求,而且这些诉求主要是通过公权力本身的特征才得以体现的。但是,历史和现实都表明,权力是一种支配他人的力量,具有扩张性和蜕变性。为此,国家制定了一系列规范(包括道德规范、法律规范)来约束权力的使用,使权力的运行符合公共利益的价值取向。而一旦权力的拥有者在权力运行过程中脱离规范的约束,不正当使用权力,就偏离了公益的目的。中外各种腐败案例充分证明了滥用权力是产生腐败的主要元凶。从实现廉洁政治的反腐败目标出发,应当将一切滥用权力的行为都纳入反腐败体系中,进行综合治理。因而,在本法的定义中,利益是界定腐败行为时的非必要因素,在第三类腐败行为中就不需要利益因素。

第四条 反腐败以系统性的预防措施为主,事后的责任追究为辅,刑事处罚为补充,反对不必要的重刑。

【法条说明】反腐败活动应当以事先的预防为主,防患于未然,这是最有效的方式,也能尽可能地避免腐败行为负面效果。在腐败犯罪发生过后,应当优先适用行政处分、行政处罚等措施,尤其要避免适用重刑。因为对于腐败犯罪效果而言,惩罚的概率远比处罚的严厉程度重要。

第五条 因腐败行为遭受损害的,可以要求相应的责任主体承担赔偿责任。

【法条说明】这是利益剥夺原则的要求,通过这一规定,可以让腐败行为所造成的所有损害都能得到弥补,也会让腐败行为所获得的利益被彻底剥夺。为了激励民间力量参与反腐,民事赔偿的执行顺序应当优于罚金。民事责任的承担范围,应当超出狭义的腐败行为,可以扩展至狭义腐败行为的关联行为,包括狭义的腐败行为、行贿与介绍贿赂的行为、腐败犯罪预防失职的行为。

第六条 反腐败工作应当依法进行,尊重和保障人权,维护公民和组织的合法权益。

【法条说明】这是法治和人权原则的要求。超越法律、践踏人权的反腐败,本身又会成为新的腐败源头。因此必须将反腐败纳入法治的轨道,创造一种守法的良好氛围,只有这样才能从源头上营造一种更清廉的环境。

第七条 反腐败坚持专门工作与群众路线相结合，鼓励、支持民间力量参与反腐败工作。

【法条说明】这是社会参与原则的要求。反腐败不能只靠国家。一方面，国家的力量是有限的。另一方面，过度依赖国家，会进一步扩张权力的空间，造成新的腐败。而民间力量参与反腐，不仅能提高反腐败的效率，而且有助于通过对反腐败的参与营造清廉的社会环境，同时起到反腐败教育的作用。

第八条 国家主动寻求与其他国家或地区进行反腐败合作，积极履行我国签署的国际条约规定的义务，遵循国际反腐败的普遍原则。

【法条说明】基于我国腐败行为发生的现实状况，我国的反腐败必须与国际社会进行充分的合作，并让这种合作常态化（而不是仅仅通过某些非常态的行动）。只有这样，才能让腐败分子不会通过国际合作的障碍找到逃避的空间。在国际合作的过程中，国家应尽量摒弃意识形态的障碍，也不要计较某个具体案件的经济收益，因为有腐败必罚、让腐败无处可藏本身就具有很高的价值。

第二章 反腐败的国家战略与推进

第九条 建立高效廉洁的政府，形成清廉的社会环境，是国家的政治责任，国家将反腐败工作纳入国家整体安全与发展战略。

【法条说明】该条从国家政治责任和国家安全的高度，强调反腐的必要性和重要性。

第十条 国家反腐败的目标是建立清廉政府与社会，保障我国社会主义现代化事业的顺利推进和民众福祉的提升。

国家反腐败工作坚持标本兼治、综合治理、惩防并举、注重预防，形成完善的腐败预防体系和惩治制度。

【法条说明】该条提出我国反腐的目标，保证整个反腐立法活动的“有的放矢”。明确强调反腐是个综合、复杂性问题，需要综合治理。

第十一条 国家将反腐败工作与政治体制和经济体制改革相联系，积极推动经济体制、政治体制改革，从根本上消除和减少腐败产生的体制性根源。

国家切实推进政府治理方式改革，大力实施简政放权改革措施，解决市场体系不完善、政府干预经济和社会过多的问题。

【法条说明】反腐的战略支柱之一,即反腐与政治和经济体制改革的关系。

第十二条 国家将反腐败工作与法治建设协调推进,大力推进依法治国方略,以法治规范国家权力,从制度上预防和减少腐败的发生。

【法条说明】反腐的战略支柱之二,反腐与法治建设的关系。

第十三条 国家重视廉洁政府与廉洁社会的协调建设,重视反腐中的民众参与,提升全民反腐意识,构建对腐败零容忍的社会环境。

【法条说明】反腐的战略支柱之三,清廉政府与清廉社会建设的关系。没有清廉社会,无法形成清廉政府。

第十四条 国家重视对权力的全面有效监督,以科学的制度设计,保障国家权力公正、透明和按照程序运行,防止腐败的滋生。

【法条说明】反腐的战略支柱之四,反腐与权力监督的问题。

第十五条 国家重视廉政教育建设,廉政教育与思想教育、纪律教育、社会公德、职业道德、家庭美德教育和法制教育相结合。

【法条说明】反腐的战略支柱之五,反腐与教育(包括廉政教育、思想教育和社会教育等)的问题。

第十六条 国家建立反腐年度报告制度,保障国民对国家反腐事项的知情权。反腐败年度报告应包括以下主要内容:

(一)我国年度履行反腐国际公约的情况;

(二)年度腐败形势;

(三)年度反腐的成效与存在的问题;

(四)其他重要事项。

【法条说明】建立反腐败年度报告制度,显示政府的内心自信,通过有关数据让国家和整个社会重视严峻的腐败问题;另外也可以时刻警示国家重视对腐败的治理,不能懈怠。

第十七条 国家支持和鼓励有关部门创新腐败预防与惩治制度改革,支持和鼓励有关部门进行有益的反腐改革探索。

第十八条 各级人民政府及其有关部门应当组织开展日常性的反腐倡廉教育,并指导、督促有关单位做好反腐宣传教育工作。

国家支持各类企事业单位、人民团体和学校积极开展各类形式的反腐相关教育与培训,采取多种方式提高社会和公民的反腐倡廉意识。

【法条说明】如何有效反腐,有赖于各级国家机关和社会积极探索,所以,要鼓励反腐的各项改革措施和各个方面的探索。

第三章　反腐败的机构与设置

第十九条　国家设立中华人民共和国监察委员会,是最高国家监察机关,统一领导和指挥全国反腐败工作,直接向全国人民代表大会负责,并接受监督。

县级以上地方人民政府设立相应的监察委员会,负责本地区反腐败工作,对本级人民代表大会及其常务委员会和上一级监察委员会负责,并接受监督。

【法条说明】党的十八届六中全会明确指出,落实全面从严治党战略部署和深化国家监察体制改革的决策部署,构建权威高效的国家监察体系,推进国家治理体系和治理能力现代化。各级党委应当支持和保证同级人大、政府、监察机关、司法机关等对国家机关及公职人员依法进行监督。由此可以看出,未来监察机关的发展趋向是从政府部门中脱离出来,与其他的国家机关相平行,最终形成"一府一委两院"的新体制格局。王岐山书记也明确指出,监察委员会整合行政监察、预防腐败和检察机关查处贪污贿赂、失职渎职以及预防职务犯罪等工作力量,实质上是反腐败机构。因此,监察委员会是今后我国独立的反腐败机构。

关于监察委员会的级别与地位,应当使其从行政机关中独立出来,作为行使国家监察职能的专责机关,只对权力机关——人民代表大会负责。在全国层面,应当明确"中华人民共和国监察委员会"为独立的国家级单位,直接向全国人民代表大会负责并汇报工作,是我国的最高反腐败机构,统一领导和指挥全国反腐败工作。在地方层面,县级以上地方人民政府应设立相应的监察委员会,与同级人大、政府、法院、检察院相平行。

第二十条　国家监察委员会建立专职巡视机构和派出机构,对地方反腐败工作进行指导与监督。

必要时,经有管辖权的上级监察委员会指定,下级监察委员会可以跨区域对腐败案件进行管辖。

【法条说明】考虑到当前反腐形势和腐败案件的数量,不宜采取跨行政区划的监察委员会管理体制。为了避免监察委员会办案时受到所在地区党政机关的阻力,可采取以下方法解决:第一,监察委员会采取垂直领导体制,人事、经费等独立于地方行政机关;第二,有管辖权的上级监察委员会可以指定下级监察委员会跨区域管辖;第三,国家监察委员会可设立巡视与派出机构,直接领导、监督、指导某一区域的反腐败工作。

第二十一条 国家监察委员会主任由全国人民代表大会选举和任免,对全国人民代表大会及其常务委员会负责并汇报工作。

地方各级监察委员会主任由本级人民代表大会选举和任免,对本级人民代表大会及其常务委员会负责并汇报工作。

监察委员会副主任、委员由监察委员会主任提请本级人民代表大会常务委员会任免。

监察委员会主任、副主任不得兼任政府其他职务。

【法条说明】如果行政机关能够在任命反腐败机构领导人方面为所欲为,反腐败机构的工作人员就会有因为其正常的职务行为而被无端降级、撤职或解聘的风险,从而影响其工作的积极性,而反腐败机构的工作实效以及公众对其的信任也会即刻丧失。因此,监察委员会应当拥有相对独立的选人权和用人权,不能受到其他行政机关的干涉,其人员的任免应由对应级别的人民代表大会及其常委会选举或任免,对人大负责并报告工作。如国家监察委员会主任应由全国人民代表大会选举和任免,而不应向国务院各部部长那样,经过国务院总理的提名决定人选;地方各级监察委员会主任也应由地方各级人民代表大会选举和罢免。其他工作人员则由主任提请本级人民代表大会常务委员会任免。

具体到机构的人事编制与安排方面,监察委员会的工作人员应当由公务员、司法人员与其他专业人员(如非公务员编制的高级会计、审计人员等专业技术人员)组成。其中,监察委员会的正副职负责人不得再兼任政府的其他职务,以杜绝各种领导关系的干涉与牵绊。

第二十二条 监察委员会系统实行国家监察委员会垂直管理的领导体制,业务经费由国家财政统一保障,分别列入中央和省级预算。

【法条说明】反腐败机构的独立性是其开展反腐败工作的关键所在。为减少利益集团和地方政府的阻挠，避免受到地方保护主义的横加干涉，监察委员会系统应实行国家监察委员会垂直管理的领导体制，上下自成体系，省级以下监察委员会的人、财、物由省级监察委员会统一管理。这一模式组织结构严密，层级关系简单，便于统一指挥和统一行动，有利于提高工作质量和工作效率。

第二十三条 监察委员会内设监督、调查、处置、预防、教育、国际合作等反腐败部门。

【法条说明】反腐败机构被依法赋予的权力越大，其权威性自然也就越高。因此，在反腐败机构的具体权限上，要拥有执行其工作任务所需要的充足资源和充分权力。因此，在构建反腐败机构的职能时，必须坚持惩防结合、预防为主的方针和执法、预防、教育“三管齐下”的工作模式，扭转当前重惩治轻预防的弊端。查处与检控职能虽能够起到阻吓作用，但预防及教育工作亦不可或缺——只有令公民彻底改变对贪污的态度，才可令反贪工作成效持久。这种模式既符合治理腐败犯罪的实际规律，也符合我国反腐战略的基本要求，还符合国际反腐斗争的发展趋势。因此，新设的监察委员会应当设立监督、调查、处置、预防、教育等主要部门，负责相关领域工作。此外，国家监察委员会亦应有部门专门负责国际合作事宜，具体包括反腐败执法、教育等领域的国际合作与协调问题，加大国际追逃追赃力度，努力形成打击跨国腐败犯罪的国际合力。

第二十四条 监察委员会的反腐败职能主要包括：

（一）对本地区所有行使公权力的公职人员依法实施监察；

（二）监督检查公职人员依法履职、秉公用权、廉洁从政以及道德操守情况；

（三）受理对腐败案件的举报，并对举报信息的调查价值做出判断并决定是否立案调查；

（四）调查涉嫌贪污贿赂、滥用职权、玩忽职守、权力寻租、利益输送、徇私舞弊以及浪费国家资财等职务违法和职务犯罪行为，并具有采取谈话、讯问、询问、查询、冻结、调取、查封、扣押、搜查、勘验检查、鉴定、留置等措施的权力；

（五）根据调查的结果，对实施腐败行为的监察对象提出监察建议；对涉嫌职务犯罪的,移送检察机关依法提起公诉。

(六)负责预防腐败工作的组织协调、综合规划、政策制定、检查指导,协调指导党政机关、企业、事业单位、社会团体和其他社会组织的防治腐败工作。

【法条说明】监察委员会应当主要具有以下反腐败职能:

1. 监督。对国家行政机关在遵守和执行法律、法规和人民政府的决定、命令中的问题进行监督和检查是监察委员会的重要职责之一。为了更好适应反腐新形式的要求,应当将监察范围由公务员扩大到人大、政协、检察院、法院中所有履行公务的公职人员、科教文卫体机构的工作人员(如公立医院医生、公立大学老师以及国有企业的管理人员)。监督手段既包括被动监督,如受理对腐败案件的控告、检举;也包括主动监督,如对于腐败犯罪的高发、频发领域,应采取积极介入的方式,定期进行实地巡视,查找并纠正其工作中存在的腐败苗头。

2. 调查。所谓调查,是指监察委员会对违反法定职责的公权力机关和违反法定职务行为规范的公职人员进行调查,通过调取证据,查明违法犯罪问题是否存在。具体而言,即调查涉嫌贪污贿赂、滥用职权、玩忽职守、权力寻租、利益输送、徇私舞弊以及浪费国家资财等职务违法和职务犯罪行为,并具有采取谈话、讯问、询问、查询、冻结、调取、查封、扣押、搜查、勘验检查、鉴定、留置等措施的权力。监察委员会在保留对违反行政纪律行为进行调查处理的权力之外,还应基于整合检察机关的反贪力量而拥有对腐败刑事案件的侦查权,如监视居住、拘留、逮捕等。

此外还须强调的是,在监察委员会的调查部门中,不宜将违纪、违法调查权与刑事侦查权分立,而应予以资源整合,赋予各纪检监察室以完整的案件调查权与侦查权,以免将先前纪检监察与检察机关力量分散和横向沟通的成本转移到监察委员会内部。这是因为犯罪案件必然伴随着违纪、违法行为,很难说哪些证据仅属于行为人违纪、违法的证据,哪些仅属于行为人犯罪的证据。在案件事实与证据大量重合的情况下,分工调查将会浪费资源,影响效率。而调查针对的只是查明是否存在违纪、违法或犯罪事实,最终应当对行为人如何惩处是由审理或审判机关决定的,而不应由调查机关先行过滤。

3. 处置。所谓处置,系针对调查的违纪违法情况依据党内法规、行政纪律和国家法律法规进行审查定性,并给予处分处理。调查结束后,调查部门应将收集到的证据材料等一并提交给相关部门,由其进行审查后作出进一步的处理意见。根据调查结果与案件定性,监察委员会对实施腐败行为的监察对象应当具有下列处置权:第一,对事实不清、证据不足的,退回调查部门补充证据或重新调查。第二,腐败行为违法但尚未构成犯罪的,应给予监察建议,建议相关单位的人事部门依法对行为人给予警告、记过、记大过、降级、撤职、开除等行政处分。第三,腐败行为涉嫌构成犯罪的,应当移送检察机关审查起诉,追究刑事责任。需要强调的是:为了避免监察委员会权力过大,成为新的超级机构,有必要对其的处置权进行严格限制与制约。因此,其不能具有对行为人直接予以行政处分的权力,而只有处分的建议权——行政机关如有正当理由,可以不采纳监察建议。

4. 预防。实践早已证明:预防腐败和惩治腐败结合的状况决定着反腐败的整体成效。甚至在某种程度上,预防腐败比惩治腐败更为重要,能够从源头上遏制腐败的滋生与蔓延。因此,国家监察委员会应设立专门的预防腐败机构,开展针对性强、专业化程度高的腐败预防工作。

5. 教育。廉政教育和预防是一体两面,相互促进的关系。为了净化社会风气、营造良好的反贪氛围,监察委员会应当通过新闻媒体、社区宣传、课堂教育等方式积极开展廉政教育,使廉洁拒腐的观念深入人心,争取与促进公众支持打击腐败行为。提高基层民众的反腐败意识是锻造反腐改革的政治决心的起点。一旦社会大众的反腐意识得到了大幅提升,使抵制腐败成为社会的道德底线,就会从根本上降低腐败发生的概率。如果整个社会没有形成反腐败的共识,反腐机构就将如同无源之水,失去反腐工作方向和价值目标。

第二十五条 监察委员会应当严格审查政府机构、社会公共团体的工作规范流程及程序,对可能诱发贪腐案件的环节提出监察建议,并通过新闻媒体、社区宣传、课堂教育等方式积极开展廉政教育。

【法条说明】监察委员会应当建立起完善的腐败审查机制,介入可能诱发贪腐案件,增加其预防寻租、权力滥用、腐败的机制性要素,以减少发生腐败行为的可能性。组织力量积极探索、参与和推动政务信息公开、政府采购、产权交易、官员财产申报、工程建设、招标投标等领域的预防腐败制度建设。

在开展教育工作时,还需要选取重点,并根据不同对象的特点采取不同的方法与措施，走向专业化，提高针对性。例如，应当注重对国有企业主管人员廉政意识的教育培训，加深其对腐败的认识以及如何应对腐败环境，从而降低其实施行贿、职务侵占、贪污等违法犯罪行为的风险。再如，应当将青少年作为重点教育人群，将廉洁教育纳入中小学课堂，通过开展一系列生动活泼的活动，努力营造廉洁的社会氛围，使青少年从小树立廉洁的观念和信念。这势必会对我国未来的廉政工作和反腐败斗争产生深远的影响。

第二十六条 监察委员会设置内部监督机构。对有违纪违规及诚信问题等不良记录的工作人员，应当依法解职。

第二十七条 监察委员会设置投诉机构，负责监察、复审所有涉及监察委员会及其人员的投诉，并对监督、举报的公民身份信息严格保密。

【法条说明】应当对反腐败机构建立起完善的内外部监督与制约机制，绝不能使监督权成为滋生腐败问题的土壤。在内部监督与制约上，监察委员会内部可效仿香港廉政公署的L组，设置内部监督机制以及建立内控机制，对办案过程开展“一案双查”——既复查案件本身情况，也查明案件调查人员依纪依法履职情况，并具有对违法者予以内部行政或纪律处分的权限。对于涉嫌腐败犯罪的内部工作人员，也应毫不留情地对犯罪嫌疑人进行侦查取证。此外，还可效仿香港廉政公署的咨询委员会，设立具有广泛代表性与足够实权，能够相对独立地活动的监察审查咨询委员会，吸收监察委员会之外的专家学者与社会名流参与反腐工作。除了执法监督之外，还可以设立道德委员会，要求内部工作人员恪守最高的诚信水平，通过对其产生巨大的道德压力，从而强化职业伦理。

在外部监督与制约上，除了人大监督、司法监督、媒体监督之外，应当充分发挥人民群众的力量，通过将反腐败机构运行流程与处理事项的透明化，如定期公布反腐败报告等方式，使大家能够在充分了解的基础上对公权力进行监督，使普通民众拥有参与反腐败的合理途径。应设置相应的投诉机构，负责监察、复检所有涉及监察委员会及人员的投诉，并提供信访、电话、信件、网络、社交媒体等多种通畅的表达意见的渠道。如果社会公众或单位对监察委员会的工作常规及程序有任何不满、投诉或检举意见的，均可通过这些途径上报给监察委员会的监督机构进行监察或复检，并得到及时的回应。当然，必须对监督、举报的公民身份信息进行严格保密，以防打击报复。

第二十八条 人民检察院、人民法院、审计机关以及其他有关国家机关，应当根据分工，实行工作责任制，依法做好反腐败工作。

【法条说明】监察委员会应当与执法、司法、行政机关有机衔接、相互制衡，实现依规治党和依法治国的有机统一。人民检察院负责腐败案件的批捕、审查起诉与法律监督工作，人民法院负责腐败案件的审理工作，审计机关负责对腐败行为进行预防与监督，也是我国反腐败机构的重要组成部分。

第四章 利益冲突管理

第一节 腐败与利益冲突

第二十九条 国家总结利益冲突管理和反腐败的实践经验，为继续推进廉政建设和腐败治理事业，建立和完善利益冲突管理法律规范体系及其实施的环境和保障机制。

【法条说明】本条表明利益冲突治理与反腐败的关系。(1)利益冲突作为廉政建设和预防腐败的一个基础环节和立足点，是随着世界各国和地区的反腐败和构建清廉政府的实践形成的。(2)当前我国处于廉政建设和反腐败攻坚阶段，应当在全面依法治国的战略下加强反腐败法律规范体系的构建与完善，其中利益冲突治理法律规范体系是预防腐败的重要的长效机制。(3)当前我国利益冲突治理规范性措施依据主要来自执政党的政策和规范性党纪文件，在全面依法治国战略下，有必要将执政党的治理利益冲突和反腐败的实践经验和意志依法上升为国家意志，以国家法律的形式巩固治理成果和继续推进廉政建设和反腐败治理事业。

第三十条 本法所称利益冲突是指国家工作人员在履行公共职责过程中，面临公共利益和个人利益相互冲突的情境，以及因其作为或不作为，直接或间接为本人或特定关系人谋取财物、财产性利益或非财产性利益的行为。

【法条说明】本条表明利益冲突的概念。(1)主体有国家工作人员说、公职人员说、公务员说。由于公务员适用范围较窄，而公职人员表述在我国法律规范中不常见，而国家工作人员是常用表述，概念范围也较为明确，因此采取国家工作人员说。(2)利益冲突既是一种具有危害可能性的潜在的以公权力谋取个人利益的伦理情境，又是一种具有现实危害性的客观实在的以公权力谋取个人利益的腐败行为。因此利益冲突表现为公职人员在履行公共职责过程中,常会陷入公共益和个人利益之间紧张、公共职责和个人立场之间冲突的伦理困境,此时表现为潜在的腐败可能性;一旦公职人员选择追求、实现与公共利益相冲突的个人利益时,就表现为转化为现实的腐败行为。利益冲突是引发腐败的先在伦理困境以及现实化和类型化后成为腐败的直接行为后果和重要表现形式。(3)利益冲突表现为个人利益与公共利益之间的冲突,因而落脚点在"利益",并可以解释为财物、财产性利益或非财产性利益。

第三十一条 监察委员会设置利益冲突管理机构,负责国家工作人员公职伦理道德监督、财产申报与利益处理、职务消费监察、收送礼品馈赠等利益监察、从事经商、兼职等营利性活动监察、离职后行为监察、裸官任职监察、回避等利益冲突管理事务。

【法条说明】本条表明利益冲突管理机构的性质、地位,以及职责。

第三十二条 为了预防腐败和加强廉政建设,国家根据国情建立和完善公职伦理制度,为国家工作人员提供公职伦理管理指引。

【法条说明】本条表明利益冲突与公职伦理的关系。利益冲突可以表现为以公权力谋取个人利益的伦理情境。当公职人员面临个人利益和公共利益可能发生冲突的伦理困境时,为了促使公职人员做出符合社会期待的选择和行为,相应的法律规定必不可少,更根本的是公职人员的伦理道德观念。法律规定在面临利益冲突困境时为公职人员指明符合社会期待的路径,而伦理道德观念是指明符合或违背社会期待的方向,并为其提供做出选择和行为的内在驱动力。由于公职伦理与一国的历史文化传统、政治文明制度、经济发展水平和社会治理环境等具有明显的内生相关性,因此具有时空属性,不可脱离本国的实际情况。但对主要国家和地区的公职人员行政伦理制度进行结构性分析可知,主要由核心理念、基本操守、预防教育措施以及惩处规则等构成。

第三十三条 国家鼓励社会专业团体等民间力量,依照法律法规的规定,配合主管机构参与利益冲突管理工作。

【法条说明】由于我国利益冲突的治理及改革实践均是由党政机关自上而下主导,公众对此参与度较低,没有形成相应的话语权。公众对利益冲突的治理及改革的力量开发不足的原因在于"利益集团"阻碍。由党政机关自上而下主导利益冲突的治理及改革,属于“自我革命”性质,然而这种治理模式与改革路径具有天然的不彻底性。虽然一再强调群众路线,但并没有为公众提供多元有效、富有保障的参与利益冲突的治理及改革的渠道,致使难以调动公众参与积极性和有效性。因此在构建和完善利益冲突治理法律规范体系及其实施环境和保障机制时,有必要以法律的形式确定社会专业团体等民间力量,依照法律法规的规定,配合主管机构参与利益冲突治理工作。

第三十四条 违反利益冲突管理规范的,应承担相应的法律责任,构成犯罪的,依法追究刑事责任。

【法条说明】应制定相应的利益冲突管理制度实施细则,配置合理的法律责任。

第二节 行为规范

第三十五条 为了规范利益冲突管理工作,加强促进透明度,国家应制定并实施财产申报与利益处理法律制度。

【法条说明】本条表明财产申报与利益处理法律制度的性质和目的。(1)财产申报制度是一项管理利益冲突的道德法律,其通过防止利益冲突间接实现预防腐败的作用,是反腐败的基础性的间接辅助措施。(2)财产申报制度是监控公职人员财产状况的重要手段。这种监控公职人员财产状况的措施在制度设计时一般存在两种直接目的:一是旨在管理利益冲突,二是防范非法致富。这两类不同目的对制度本身构建、配套设施的要求以及制度施行效果等都有重要影响。

第三十六条 本法所称财产申报,是指国家工作人员定期或在任职、离职等特定时段,或资产有重大增加等特定条件下,就本人和配偶、共同生活子女的财产状况,向主管机构申报,并向社会公众进行公示的法律制度。

本法所称利益处理,是指国家工作人员所有或占有的股票、证券、投资等个人经济利益与其所担任的职务或履行的公务存在现实的或潜在的利益冲突,依法定规则和程序对所涉经济利益予以市场售卖或合格信托等方式处分的法律制度。

【法条说明】本条表明财产申报与利益处理法律制度的概念。

第三十七条 为了促进公职伦理道德和增强公众对政府的信心,国家工作人员有义务就其本人和配偶、共同生活子女的财产状况，向主管部门申报。

【法条说明】本条表明财产申报的义务主体范围和内容范围。(1)财产申报制度是一项管理利益冲突的道德法律，因此其直接功能在于透明决策实现防止利益冲突的作用，主要功能在于促进公职人员行政伦理道德和诚信体系的建立以及巩固增强公众对政府的信心。(2)由于我国正处于政治经济和社会急剧变革的转型时期，在生产、贸易、财务、税收以及金融等各方面的经济活动尚未形成体制性全面监管体系，因此财产申报的主体范围不宜过窄仅限于高级公职人员，也不宜过宽囊括所有公职人员。根据中共中央办公厅和国务院办公厅2010年7月印发的《关于领导干部报告个人有关事项的规定》第2条规定，可知现行需要报告财产的主体范围是指副处级和相当于副处级及其以上级别的公职人员。将副处级以上领导干部作为我国的财产申报主体范围，是大致符合我国基本国情的，但并不符合财产申报制度法治化的精准治理策略。因此应该研究和构建以可能发生利益冲突为标准的精准申报治理类型，取代以级别或权力、职权为标准的粗放申报治理类型。(3)现行有效的《关于领导干部报告个人有关事项的规定》第4条规定，需要报告的财产范围是本人、配偶和共同生活的子女的收入、房产、投资等财产。具体包括：①本人的工资及各类奖金、津贴、补贴；②本人从事讲学、写作、咨询、审稿、书画等劳务所得；③本人、配偶、共同生活的子女的房产情况；④本人、配偶、共同生活的子女投资或者以其他方式持有有价证券、股票（包括股权激励）、期货、基金、投资型保险以及其他金融理财产品的情况；⑤配偶、共同生活的子女投资非上市公司、企业的情况；⑥配偶、共同生活的子女注册个体工商户、个人独资企业或者合伙企业的情况。从构建长效反腐机制视角出发，结合基本国情，应该采取以利益冲突治理目的为主，以防范非法致富目的为辅的制度构建类型。需要申报可能影响履行公职以及大宗财产的利益，而非包罗申报主体的所获取的所有利益。因此财产和利益的来源、物权状况、流转状况、投资情况、与商业组织的关系、兼职情况、礼品和招待、负债和借贷、房产、土地以及任何大宗财产等是申报的主要内容。根据利害关系原则、家庭财产共有理论、权力运用效应理论以及我国反腐败治理的实践情况，除了需要公职人员申报本人的财产状况外，还需要申报其配偶和共同生活子女的财产状况。

第三十八条 国家在利益冲突管理机构中设立财产申报管理部门，统一负责受理、公示、审查和监管财产申报和利益处理工作。主管部门以可能发生利益冲突为标准采取类型纳入、分类管理的治理方式。

【法条说明】本条表明财产申报和利益处理的主管机构及其职责内容与治理方式。(1)财产申报的管理机构，主要有独立型、隶属型和制约型三种。根据现行有效的《关于领导干部报告个人有关事项的规定》第8条规定，领导干部报告个人有关事项，按照干部管理权限由相应的组织(人事)部门负责受理。财产申报的受理和审查机构的设立，首先要体现出财产申报是一项治理利益冲突的道德法律性质，因此可以设立专职的伦理机构来履行职责。其次为实现财产申报防范非法致富的制度目的，需要核实申报信息的真实性和完整性，需要受理和监管主体具有较强的调查申报信息真实性和完整性的能力以及相应的配套资源和措施，因此财产申报的受理和审查机构必须具备专业性。因此可以引入会计师事务所参与财产申报的受理和审查工作，这也是属于民间力量参与预防腐败的方式之一。最后，在当前反腐败实践状况和经济文化社会国情下，财产申报的受理和审查机构必须具备独立性，才能不受干扰最大限度地、完整地实现财产申报制度预防腐败的间接功能。因此可以在全国人民代表大会设立专职治理利益冲突的公职人员伦理委员会，统一负责受理、审查和监管财产申报工作，向全国派驻常规设置的廉政伦理委员，组织、人事、财务等不受地方机关单位的约束，就能实现主管机关的伦理性、专业性和独立性。(2)理论界对申报与公示两者之间的关系颇有争议，存在分离论和一体论两种观点。分离论认为，财产申报与财产公示是两项可以分离的财产监控制度措施，分别具有不同的制度目的与承担着不同的廉政功能。申报与公示两者相对而言，申报是适格的公职人员向主管机构提供家庭财产信息，主动表明清正廉洁以及愿意接受反腐败监督的表面态度，其主要目的在于建立公职人员的诚信体系；而公示则是主管机构依照法律规定的范围和程序向社会公开公职人员所申报的家庭财产信息，接受社会公众检验监督的行为，其主要目的在于借助公开透明的公民监督方式和力量助力反腐。这也正是在非常清廉的国家没有设立财产公示的原因之一。一体论认为，财产申报与财产公示是两项不可分离的财产监控制度措施，其制度目的和功能具有同一性。如果申报的财产不公示，则财产申报治理利益冲突预防腐败的功能也就失效了。现行有效的《关于领导干部报告个人有关事项的规定》采取了申报但不公示的模式。我们认为根据我国当前反腐败实践状况和经济文化社会国情,在公职人员的伦理体系尚未完善成熟,以及社会管理实践中尚未形成和建立一整套对于全社会的生产、贸易、财务、税收以及金融等各方面的经济活动的全面、系统、严格的监管体系的状况下,不设立财产公示制度是不能满足反腐倡廉事业的实践需求的。因此应该采取申报且公示的模式,即有必要以公开透明的方式向地区、行业或全社会公示所申报的财产信息,以取得社会公众对公职人员职业群体和政府的信心,帮助建立公职人员诚信伦理体系,以及以公众监督参与的方式完善财产监控体系实现预防腐败的功能。

第三十九条 国家工作人员有义务依照法律法规的规定,进行初任申报、年度申报,当财产发生重大变化时,还应进行变动申报。

【法条说明】本条表明财产申报的方式。除年度申报和初任申报外,还应采取变动申报方式,方能更好地实现财产申报防止利益冲突以及防止非法致富的制度目的。

第四十条 主管部门应根据法律法规的规定,对外公示和受理国家工作人员的财产申报信息的查询。

任何国家机关、单位、社会团体和国家工作人员、公民,不得超出财产申报法律制度的目的获取、使用财产申报信息,否则依照法律法规承担行政责任,构成犯罪的承担刑事责任。

【法条说明】本条表明财产申报信息可依法获取和使用,但若以违法的方式获取和使用将承担责任。

第四十一条 主管部门应根据法律法规的规定,采取合适比例抽查以及凡提必核的监察方式。

【法条说明】本条表明主管机构的监察方式。现行有效的《关于领导干部报告个人有关事项的规定》第 13 条规定:“纪检监察机关(机构)、组织(人事)部门接到有关举报,或者在干部考核考察、巡视等工作中群众对领导干部涉及个人有关事项的问题反映突出的,按照干部管理权限,经纪检监察机关(机构)、组织(人事)部门主要负责人批准,可以对有关领导干部报告个人有关事项的材料进行调查核实。”根据以上规定,在监察方面采取了消极监管模式。然而十八大以来,随着反腐败的推进,实践中开始采取比例抽查的方式进行主动核查监管,无疑增强了财产申报制度预防腐败的作用。对此,我们认为,囿于申报主体的基数巨大和申报内容的复杂性以及未成型的监管体系下核查的能力,采取合适比例抽查以及凡提必核的监察方式,是合理的选择。

第四十二条 为了适应社会发展情况,国家应根据《信托法》等相关法律法规,制定和实施国家工作人员合格信托法律制度,消除或回避利益冲突。

【法条说明】本条表明利益处理方式之一的合格信托。法律保护公职人员合法的私有利益,因此也不能要求公职人员以牺牲个人利益,只能以对个人利益影响最小的方式维护公共利益,出售或信托个人利益的方式就成为有效的选择。通过信托方式处理利益冲突的优点在于,这种剥离方式可以通过委托他人管理、使用和处分所涉冲突的个人利益,既能有效化解利益冲突,又能实现公民财产利益受损最小化,从而保障公民的财产权利。

第四十三条 国家工作人员不履行、不适当履行财产申报和利益处理义务,应当依照法律法规的规定承担责任。

主管部门及其国家工作人员、配合主管部门的社会团体及其工作人员,违反财产申报与利益处理法律,也应依照法律法规的规定承担行政责任,构成犯罪的承担刑事责任。

【法条说明】本条表明财产申报和利益处理制度中的义务主体、主管机构和参与主体的责任。

第四十四条 国家根据基本国情,重点建立和实施以公务接待、公务用车、公款出国(境)为主要内容,并与社会发展相适应的职务消费制度。

本法所称的职务消费,是指国家工作人员在履行公职工作中,为协助公务得以公正顺当履行,遵循依法合理原则,以国家财政为经费来源,根据公务的性质、类型、事务需要、进展状况等特征而实施的消费。

【法条说明】本条表明以三公消费为主要内容的职务消费制度。职务消费制度的概念。(1)公职人员是职务消费的主体。只有在岗在职的公职人员才会因履行公务而产生职务消费的需要。因此因各种原因不在岗、不在职以及离退休的公职人员所产生的消费,不属于职务消费。(2)以履行公务为职务消费的目的,即因公消费。所产生的消费是为了满足履行公务所需要的,而不是为了满足个人需要。因此在排斥纯粹个人消费的同时,还需要区分假公济私以职务需要为借口的个人消费以及奢侈浪费超标准的职务消费。

(3)以国家财政为职务消费的经费来源。职务消费是保障履行公务所必需的消费性运行成本，因此需要编制预算纳入国家财政。需要注意的是应当由公职人员个人支付的消费，却由下属单位、关联单位以职务消费名义支付报销的，不是职务消费，属于利益冲突行为，甚至是腐败行为。(4)公职人员在职务消费方面实施的利益冲突行为主要表现在以下两方面：一是资源分配方面的冲突。财政经费是为实现职能的需要，由权力机关依法进行分配的资金资源，其资源的有限性决定了财政经费必须充分有效地全部用于必要合理的职务消费支出上。比如在执行A项公务所需的职务消费上超过必要合理的标准，那么就有可能造成在执行B项公务所需的职务消费的经费短缺，从而影响公共事务的处理，妨碍公共利益的充分实现。或者假借执行A项公务的名义支列职务消费名目，就可能造成在执行真正的公务时所需的职务消费的经费短缺，也会妨碍公共利益的充分实现。此外超标准的职务消费或者假借执行公务为名的个人消费都会给财政经费造成巨大的浪费，这种浪费行为本身就是对公共利益的侵害。二是公务关系方面的冲突。公职人员在因执行公务所进行交通用车、通讯、业务招待、差旅、国(境)外考察培训等职务消费行为时，如果超过必要合理的消费标准或者假借执行公务为名进行消费而没有受到追究，就可能引发其他公职人员的跟从与攀比，不仅影响财政经费的合理分配，而且会污染公务执行环境，降低公务执行效率。甚至公职人员利用不规范的职务消费行为去结交、献媚、贿赂其他公职人员以追求个人利益，严重污染了公职人员之间单纯的公务关系。因而公职人员在职务消费方面实施的不合规范行为，本质上还是追求个人利益，损害公共利益，是应予规范和防止的利益冲突。

第四十五条 国家建立和实施限制收送礼品馈赠等利益制度。

本法所称的礼品馈赠，是指礼物、礼金、有价证券、劳务、债权、债务、餐饮、旅游、娱乐文体活动等财物和财产性利益。

除附带礼物、礼节性招待或其他微小的利益之外，国家工作人员不得赠予、索要或接受超过标准的财物和财产性利益。

建立和实施收送利益的报告、登记和管理制度，制定自省检查规则。国家工作人员当场难以拒绝超过标准的礼品馈赠，状态解除后须在一个工作日内立即向主管部门报告。

【法条说明】本条表明收送礼品馈赠等利益制度的概念和治理方式。(1)对公职人员收送礼品馈赠进行合法合理规制,既能堵住因礼品馈赠诱发利益冲突之渠道,又能不影响正常的社会交往。(2)明确收送利益的标准。首先,由于外部行为利益冲突治理制度是一种化解利益冲突的制度性工具,因此收受利益应以是否引发利益冲突作为实质标准。其次,由于收送礼品馈赠等利益会形成公职人员利益冲突困境,干扰公职人员公正顺当有效地履行公职,因此收受利益应以是否影响履行公职作为抽象标准。最后,需要对礼品馈赠等利益的形态、价值大小、收送利益的场合、收送利益的次数、收送利益双方的关系、对利益的处理等方面做出明确限制,并以此作为具体标准。(3)完善收送利益的登记和管理,以及制定收送利益的检查单。

第四十六条 国家建立和实施限制经商、兼职等从事营利性活动制度。

国家工作人员不得以任何方式从事经商办企业活动。国家工作人员的配偶、子女,不得在该国家工作人员管辖的业务范围内从事可能与公共利益发生冲突的经商办企业活动。

【法条说明】本条表明经商、兼职等从事营利性活动制度与利益冲突关系。(1)公职人员在履行公职期间,除依法处理公共事务还开展经商办企业或者在任职机关外的单位兼职,会形成高度盖然性的利益冲突困境,具体表现为资源分配和利益实现两方面的冲突类型。(2)公职人员经商、兼职具有以下特征:①从文本来看,规范主体范围涵盖很广,然而从实务来看,远远没有实现规范的预期目标。因而我国公职人员经商、兼职禁止限制制度的执行力存在很大问题,致使无法充分发挥行为规范的效力来回避利益冲突。②经商、兼职禁止限制制度是受到我国自改革开放以来的社会现实的拉力与推力作用。这个规范与现实互相作用的过程表现为:改革开放 + 市场经济的现实→党政机关及干部直接投资经商办企业和兼职→党纪予以禁止→党政机关干部的配偶子女经商办企业突出→党纪予以禁止→股份制和证券市场兴起→党政机关及干部渗透经商兼职→党纪予以禁止……这个过程显露出一个很明显的缺陷,即用于规范公职人员经商等从事营利性活动禁止限制制度的党纪法规具有滞后性,缺乏前瞻性和系统性,因此有必要全面清理相关法规党纪,颁布系统系的法律规范,完善公职人员经商等从事营利性活动禁止限制制度。

第四十七条 无论有无报酬,国家工作人员不得以任何方式兼任商业、工业、金融业等以营利为目的的公司企业和其他团体的任何职务(包括管理职务、非管理职务和名誉职务)。

国家工作人员兼任不以营利为目的的事业单位和其他团体的任何职务,并且不得接受薪酬、奖金、津贴等任何额外利益,必须经过所在机关负责人或上一级机关负责人的批准。

国家工作人员在管理自己所有或享有财产的组织中的兼职活动;从事教育、讲学、科研、艺术、创作等兼职活动,需要年度定期向所在机关负责人或上一级机关负责人报告。

【法条说明】本条表明兼职限制制度内容。首先,关于禁止性兼职,即无论有无报酬,公职人员不得以任何方式兼任商业、工业、金融业等以营利为目的的公司企业和其他团体的任何职务(包括管理职务、非管理职务和名誉职务)。其次,关于需事先批准的兼职,即公职人员兼任不以营利为目的的事业单位和其他团体的任何职务,并且不得接受薪酬、奖金、津贴等任何额外利益,必须经过所在机关负责人或上一级机关负责人的批准。再次,关于需要报告的兼职,即公职人员在管理自己所有或享有财产的组织中的兼职活动;从事教育、讲学、科研、艺术、创作等兼职活动,需要年度定期向所在机关负责人或上一级机关负责人报告。最后,还要提高违规成本,增强违法责任。违反公职人员经商、兼职禁止限制制度,除依法承担纪律处分责任,构成犯罪的承担刑事责任,以及进行技术处理外,还需要构建行政处分机制,即根据情节轻重没收因违规从事经商、兼职等营利性活动的违法所得并处以罚金。

第四十八条 国家建立和实施国家工作人员离职后行为规范制度。

【法条说明】本条表明离职后行为限制制度内容。个人利益与公共利益发生冲突是以履行公职为中介和载体的。因此若公职人员离职,便失去了发生冲突的中介和载体。但由于公职人员履行公职的经历、所积累的人脉资源,以及因公职而知悉的信息,在一定时期内形成"影子公职",具有一定的剩余影响力。这种"影子公职"仍可作为发生利益冲突的中介和载体,公职人员离职后某些行为凭借剩余影响力也可能产生利益冲突。因此有必要对公职人员离职后的行为进行规范来防止发生利益冲突。我国离职公职人员利益冲突问题,与其他国家相比显得非常突出,这与我国的历史文化传统、政治体制形态、经济发展阶段、人事组织制度以及社会治理环境等，具有无法超脱的关系。党政领导干部在职时通过各种途径和方式所结成的关系网、人情局、权力链、利益共同体，在离退休或辞去公职后将传统的公职组织权力关系演变为隐藏在各种利益网络化中的影响力关系，并通过这种类似“行使权力”的方式运用剩余影响力为自己或他人谋取利益，从而引发利益冲突和腐败。主要表现为：公职人员离职后再就业，如以再就业为方式进行洗钱；事后兑付；利用剩余影响力介入、影响或干涉相关公职人员履行公务，为自己或单位谋取不正当利益等。

第四十九条 国家工作人员辞去公职或者退休的，原系领导成员的国家工作人员在离职三年内，其他国家工作人员在离职两年内，不得到与原工作业务直接相关的企业或者其他营利性组织任职；不得从事与原工作业务直接相关的营利性活动；不得担任律师、顾问等以任何形式代表、代理、指导、提供咨询、协助与原工作业务直接相关的公司企业或其他营利性组织，与国家机构作为其中一方的交易、谈判等事务，或对公务决策施加影响力，并不得以此为目的在任何场合以任何方式与政府工作人员进行任何形式的联系。

【法条说明】本条表明期间限制和再就业限制。(1)期间限制，其实质就是给离职公职人员的剩余影响力和所获知的机密信息制造一个冰冻期，经过冰冻期摊薄、弱化、减少以至消除这种剩余影响力，来化解利益冲突。期间的长短由各国法律依据本国国情加以规定。(2)再就业限制，主要是指公职人员离退休或者辞去公职后，对其再就业的工作领域、性质、行业和服务对象有所限制。(3)部分或附条件限制规则是针对公职人员离职后在规定期间内，不得从事法律规定的特定领域、事项的活动的规定。其理论模型表现为利用信息优势获利型的利益冲突，即为了制止公职人员在职时曾亲自并实质性参与正在进行的贸易或条约谈判，因此知晓了免于公开披露的贸易或条约谈判信息，并利用这种信息优势与法人或其他组织、自然人达成以信息换贸易或条约谈判事务上的利益的互利协议，就必须得设置合理的脱密冰冻期来弱化、减少以至消除信息优势，达到实现预防利用信息优势获利型利益冲突的发生。

第五十条 国家工作人员辞去公职或离退休后，永远不得就其在职时曾亲自和实质性参与的特定事项，而代表任何个人、公司企业等商业法人、团体组织,或者故意担当其代理人或律师在正式或非正式场合出面,或以施加影响为动机,与国家工作人员进行口头或书面联系。不得代表、代理、指导、提供咨询、协助外国政府、政党,与我国政府作为其中一方的交易、谈判等事务,或对我国的公务决策施加影响力,并不得以此为目的在任何场合以任何方式与我国国家工作人员进行任何形式的联系。

【法条说明】永久性限制规则是针对特定公职人员在特定领域、事项的永久性禁止的规定。其理论模型表现为预防事先合谋事后兑现型的利益冲突,即为了制止公职人员在职时就特定事务与任何非国家机关(机构)的法人或其他组织、自然人达成以离职后再就业等利益换取特定事务上的利益的互利协议,就必须永久性禁止公职人员离职后,获得该法人或其他组织、自然人所提供的工作,让这种互利协议的后半部分永不能合法兑现,来阻止公职人员在职时就特定事务为该法人或其他组织、自然人谋取利益,从而破坏这种互利协议形成的基础和环境,达到实现预防事先合谋事后兑现型利益冲突的发生。

第五十一条　国家工作人员不得通过任何未授权的方式使用、处分因公职而持有或知悉的非公开信息。

【法条说明】本条表明信息使用限制。信息使用限制,是指公职人员因履行公职获知机密信息,在其离退休或辞去公职后有可能利用或使用这些非公开的信息谋利,影响市场竞争和政府决策的公正公平性。如果"非机密信息"是指实际上还没有向一般公众传播的信息以及经请求可以公开但尚未授权向公众公开的信息,而这些信息是离职的公职人员因履行公职而知道的,那么公职人员离职后就不得使用其在职期间获取的非机密信息从事财务交易或不适当地用于获取自己或其他人的私人利益。因为这些信息虽然不具有机密性质,但在尚未公开前使用就违背了公众获取信息的平等权或者侵害了公共机构或他人的利益,从而产生利益冲突。如果"非机密信息"是指实际上不需要向一般公众传播的信息,或没有公开的实质价值的一般信息,或者公众可以自由获取到而公职人员只不过是在职期间获取的信息,那么公职人员离职后就可以用于从事财务交易或获取自己或其他人的私人利益。因为这些信息本已公开或不具备公开的价值,公职人员离职后使用也不违背了公众获取信息的平等权,没有侵害公共机构或他人的利益,从而不会产生利益冲突。

第五十二条 符合一定条件的国家工作人员应当向主管部门报告本人婚姻变化和配偶、子女移居国(境)外、从业等事项。

移居国(境)外,是指获得外国国籍,或者获得国(境)外永久居留权、长期居留许可。

【法条说明】本条表明对所谓"裸官"的限制,符合条件的国家工作人员有向主管机构报告义务。公职人员对国家和公民负有政治忠诚义务,在履行公职期间不得背弃国家和公民。公职人员在履行公职期间,选择将配偶、子女送往海外移居,从主观层面分析:①可能存在"裸官"出于良善动机将配偶、子女送往海外移居的情形:如尊重配偶、子女独立自由;子女在海外学成后归国报效国家等。②可能存在"裸官"出于不良动机将配偶、子女送往海外移居的情形:如对本国的前途缺乏信心的情形,没有与国家和人民同舟共济的志愿;为预谋贪腐后潜逃海外做准备的情形,没有遵守法律和道德的志愿。因此,第二种情形的"裸官",显然违背了政治忠诚义务,损害了国家形象,破坏了国家凝聚力。因此"裸官"是特别容易发生利益冲突甚至腐败的薄弱环节和入侵关口。"裸官"现象在预防腐败实践中被认为是典型的利益冲突和腐败的警报性征兆。

第五十三条 国家建立和实施配偶已移居国(境)外的或者没有配偶,子女均已移居国(境)外的国家工作人员的任职管理制度。

不得在国家机关担任领导职务,不得在国家机关的工作部门或内设机构担任负责人职务。不得担任国有独资和国有控股企业(含国有独资和国有控股金融企业)正职领导人员、事业单位主要负责人,及其掌握重大商业机密或其他重大机密的领导班子成员和中层领导人员职务。不得担任涉及军事、外交、公安、国家安全、国防科技工业、机要、组织人事等部门中的重要职务。不得担任掌握国家安全事项,以及发展和改革、财政、金融监管等重大经济或科技安全事项等方面的职务。

【法条说明】本条表明对"裸官"的任职管理制度。(1)由于2010年印发的"裸官"管理规定,仍没有在治理腐败制度建设的深度上触及"裸官"的监管,因而2014年中共中央组织部为进一步推进"裸官"的规范性监管制度建设,制定发布了《配偶已移居国(境)外的国家工作人员任职岗位管理办法》。

该管理办法对"裸官"的适用范围进行了扩展,也对"裸官"适用岗位任职回避作出了处理规定。(2)为了体现对公职人员政治忠诚度的重视,还可以通过以下措施引导、巩固非"裸官"的积极的法律忠诚义务以及鼓励非"裸官"的消极的道德忠诚义务。如在《配偶已移居国(境)外的国家工作人员任职岗位管理办法》规定之下,可以由"裸官"担任的公职,则同等条件下优先录用、任命非"裸官"。(3)构建高度透明的"裸官"信息库,主动依照相关法律法规向全社会公开,充分保障公众的知情权和监督权的行使,通过提高公民的参与度和积极性来完善对"裸官"行为利益冲突规范性治理。(4)防患于未然是处事的原则之一,这就要求在公职人员的利益冲突风险点和制定防控措施的基础上,建立"裸官"行为利益冲突风险预警制度,使得公职人员临界"裸官"行为利益冲突风险时,有告知、提醒,做到治理前置。

第五十四条 对配偶已移居国(境)外的或者没有配偶,子女均已移居国(境)外的国家工作人员的任职管理适用一方退出机制。

【法条说明】本条表明对"裸官"适用岗位任职调整的一方退出机制的处理方法和程序。

第五十五条 经国家主管部门批准引进的海外高层次人才和国家特需高级科技人才,如其配偶已移居国(境)外或者没有配偶,子女均已移居国(境)外的,确因工作需要需在管制岗位任职的,在作出决定前须报经上一级组织人事部门批复同意。

如本人也已获得外国国籍或者获得国(境)外永久居留权、长期居留许可的,不得在管制岗位任职。确因工作需要需在管制岗位以外任职的,在作出决定前须征求上一级组织人事部门的意见。

【法条说明】本条表明对"海外高层次人才和国家特需高级科级人才"适用事先特别审批程序。

第三节 利益冲突回避制度

第五十六条 利益冲突回避形式分为自行回避、依申请回避和强制回避。国家工作人员应主动或依法律法规不担任、不参与讨论、调查、判断、决策和执行等不作为方式停止、放弃、消除对所涉冲突公共事务的影响力。

国家工作人员明知存在利益冲突的,向主管部门提出回避的申请,或自行停止可能造成利益冲突的行为。

利害关系人可以就可能存在的利益冲突向主管部门提出回避申请。

主管部门对国家工作人员应回避而未回避的行为,应及时采取强制回避。强制回避可采取暂停国家工作人员执行现职务,或制止可能发生利益冲突的行为。

【法条说明】本条表明回避机制的程序类型。(1)个人利益与公共利益发生冲突是以履行公职为中介和载体的,那么利益冲突必然涉及某项具体公务的履行。公职人员可以就该项公务决策时,以离席回避、禁言回避、不行使表决权回避、不履行职责回避等方式,避免利益冲突。(2)回避机制化解利益冲突的程序性制度工具,其做功理论模型是回避性工具,这是一种较为温和的熔断错开式解决模式。回避性工具,是指公职人员在履行公职时,不得参与讨论、调查、判断、决策和执行与本人、亲属、利害关系人有关公共事务,以及在任职因有较大影响力的亲属关系或地域关系,而对录用、任用、晋职、职务等予以限制,也不得以任何其他方式对上述事务施加影响力。其效应模式是:终止公职人员对所涉特定事务处理的权力,或防止有较大影响力的亲属关系或地域关系所形成的任职环境,从而降低、控制、阻断、消除公职人员在履行公职中追求个人利益的动机和陷入利益冲突困境了。(3)回避机制具备以下机能。在公职人员方面,首先,回避机制为公职人员拒绝人情网络干扰公职的公正履行提供最有说服力的“挡箭牌”,从而避免使自己陷入利益冲突困境甚至腐败局面,具有自我保护作用。其次,回避机制具有预防公职人员腐败的作用。其一,对公职人员履行公职过程中的利益冲突风险提供预警作用,有效防止利益冲突的现实性和冲突发生的严重性。其二,为控制利益冲突或腐败风险赢得思考及操作时间。在政府方面,回避机制具有廉政宣传宣誓作用。回避机制为化解公职人员利益冲突提供制度上的保障。因此这种回避机制表明政府认识到公职人员不当履行公职追求个人利益所造成的利益冲突严重性并采取了回避机制的治理措施,利益冲突与反腐倡廉是不相容的,以此回应社会公众对廉政的关切和诉求,并对带动社会公众建设廉洁社会发挥宣传的效应。(4)自行回避是指公职人员认识到在履行某项公务时具有利益冲突的可能性,而主动向主管机关提出回避参与履行该公务的程序。申请回避是指行政相对人或利害关系人认为公职人员履行某项公务时具有利益冲突的可能性，而以法定形式向主管机关提出终止公职人员参与履行该公务资格的程序。强制回避，是指主管机关认识到公职人员履行某项公务时具有利益冲突的可能性，而强制终止公职人员参与履行该公务资格的程序。

第五十七条 任职回避或地域回避中，在作出回避决定前，应该暂缓国家工作人员的录用、任用、晋职公告的效力。在公务回避中，为保障公务的平稳顺当有效履行，国家工作人员原则上应中止处理公共事务，经主管机关决定才可以继续参与。

在作出回避决定前，该国家工作人员因履行公职所完成的和未完成的行为，由主管机关在作出决定时一并予以确认或否定效力。

在决定回避的情况下，该国家工作人员因履行公职所完成的和未完成的行为，可以根据行政行为的具体内容予以撤销或部分撤销，或者撤销会给国家利益、社会公共利益造成重大损害的以及对利害关系人的权利不产生实际影响的可以不撤销行政行为。

【法条说明】本条表明回避的法律后果及救济程序。在作出回避决定前，该公务员能否不受任何限制地继续履行公职。若受限，则受何种程度限制？若决定回避，在作出回避决定前，该公务员因履行公职所完成的和未完成的行为是否合法有效？若决定回避，该公务员因履行公职所完成的和未完成的行为在何种情况与条件下，应撤销或维持？应该回避而未回避，是否属于可撤销的行政行为之违反法定程序？这些问题都没有得到法律规范的明确规定。我们认为任职或地域回避中，在作出回避决定前，应该暂缓公职人员的录用、任用、晋职公告的效力；在公务回避中，为保障公务的平稳顺当有效履行，公职人员原则上应中止处理公共事务，经主管机关决定才可以继续参与。在作出回避决定前，该公务员因履行公职所完成的和未完成的行为，由主管机关在作出决定时一并予以确认或否定效力。应该回避而未回避的情况下所作的行政行为，属于违反法定程序之可撤销的行政行为，但并不必然予以撤销。在决定回避的情况下，该公务员因履行公职所完成的和未完成的行为，可以根据行政行为的具体内容予以撤销或部分撤销，或者撤销会给国家利益、社会公共利益造成重大损害的以及对利害关系人的权利不产生实际影响的可以不撤销行政行为。另外，根据实务中出现当事人利用回避机制滥用申请回避的权利,因此还需要明确回避的法律救济,即需要明确所涉冲突的当事人以何种方式在何期限向何部门进行申诉。根据我国民事、行政和刑事诉讼法规定,对回避决定不服的,可以申请复议一次。如果设立专职治理利益冲突的公职人员伦理委员会,对回避决定不服的,当事人可以在接到回避决定之日起五日内以书面形式向公职人员伦理委员会申请复议一次。

第五章 预防腐败、廉洁教育与公众参与

第五十八条 监察委员会预防腐败部门负责腐败的预防工作。

监察委员会预防腐败部门应当组建腐败预防小组。小组由反腐败机构成员、司法机关代表、专家以及公民代表组成。

腐败预防小组负责根据腐败发生的基本原理、腐败发生的现实情况等确立高危的腐败发生领域,发布本地区的腐败犯罪预警年度报告,并对腐败的预防提供建议。

【法条说明】腐败行为的预防具有非常重要的意义,其意义更甚于腐败行为的惩罚。因此有必要设立专门的部门来负责腐败行为的预防工作。腐败的预防应当讲究科学性,并尽可能顾及腐败的客观情况,因此有必要吸收司法机关、专家以及公民代表参加预防腐败工作。

第五十九条 被确定为腐败高危领域的权力主体,应当结合腐败预防小组提出的腐败预防建议确立腐败预防制度,报送监察委员会预防腐败部门。预防腐败部门负责检验其预防制度的有效性,并对其提出修正意见。

被确定为高危领域的权力主体未按照腐败预防小组提出的建议建立腐败预防制度,或者未采纳其修正意见,或者对前述制度执行不力,导致严重腐败犯罪发生的,依照《刑法》三百九十七条的规定追究相应主管人员或者其他直接责任人的责任,从重处罚。

【法条说明】腐败预防的工作应当具有针对性,尤其针对腐败行为高发的领域。为了确保监察委员会预防建议的效力,应当追究不履行预防腐败义务行为的法律责任。

第六十条 除法律规定的特别理由之外,所有依法从事公务的主体都应当将其享有权力的详细信息进行公示,公示的内容应包括:

(一)权力存在的法律依据;

(二)权力存在的必要性、意义;

(三)权力的具体内容;

(四)权力的运行程序;

(五)相对人的救济途径;

(六)权力的具体负责人;

(七)权力的监督主体与监督程序;

(八)权力滥用或不积极履行职责的法律后果;

(九)权力与相关权力之间的衔接、权责划分。

未经公示的权力即为无效。权力主体因未履行公示义务导致其权力无效的,不免除其法定职责。

【法条说明】这是权力清单制度的内容,也是权力限制原则的延伸。限制权力,是预防腐败的最关键内容。为了清除超越法律的权力,防止权力的运行程序、责任主体等不明晰,成为腐败犯罪发生的源头,有必要建立权力清单制度,凡不进入这一清单的权力应当推定为无效。但为了防止相应的权力主体通过这种方式逃避法律规定的职责,必须规定,即便因为没有履行权力公示的程序而导致权力无效,也不免除其法律职责。

第六十一条 监察委员会下设的腐败预防部门负责检查、监督权力公示情况。凡权力的存在与运行不符合本条第一款、第二款规定的要求的,应告知其上级机构或监管机构,后者应责令权力主体及时予以纠正。

监察委员会在检查、监督权力公示情况的过程中,可吸收各级人大代表、学者和公民代表参加,听取其意见。

权力信息公示平台应提供公开渠道以供普通公民、学者、民间组织对权力的合法性、必要性、合理性、现实运行状况发表意见。对于相应意见,权力主体应及时在该平台作出合理解释,并同时将解释内容报送监察委员会。

【法条说明】这是有关权力清单制度具体执行的程序性规定。普通公民对权力运行合理与否有非常敏锐的感知,因此应当重视民间的意见表达。

第六十二条 权力主体在实施权力的过程中,不得衍生出任何不必要的程序。监察委员会腐败预防部门对此进行监督,其程序与权力公示程序相同。

民间机构和公众有权通过权力公示平台发表的有关简化权力运行程序的建议,相应的权力主体必须回应公民的质询并将回应内容公布至权力公示平台。

在法律没有特别规定的情形之下,权力运行的过程和结果必须保持公开、透明。

【法条说明】这是有关削减权力运行程序的措施。权力运行的过程,是腐败行为发生的具体场所。为了预防腐败犯罪,一方面要尽可能地缩短、简化权力运行的过程,另一方面应当尽可能地遵循公开、透明的程度。

第六十三条 权力运行遵循自由裁量最小化原则。在不违背权力设置宗旨的前提下,应优先适用电子化操作替代人工操作,以形式判断替代实质判断。自由裁量权的运行过程和结果应予以公开。

权力主体应对自由裁量权的存在提供充分的理由并将理由在权力公示平台进行公示,监察委员会的预防腐败部门负责审核自由裁量权的理由说明。对于缺乏正当根据的自由裁量权,监察委员会应告知其上级或监管部门,后者应责令相应主体及时予以纠正。

【法条说明】这是限制自由裁量权的措施,自由裁量权是腐败现象的另一重要原因。因此必须采取措施限制裁量权,在自由裁量权不可避免的前提之下,应当将其适用的过程和结果进行公开。

第六十四条 监察委员会下设的廉洁教育部门负责反腐败的教育工作。教育的对象包括国家工作人员、公众。廉洁教育应当与腐败发生的原因、有效的腐败犯罪预防措施结合起来,针对不同的对象采用不同的教育方式。

【法条说明】教育是预防腐败非常重要的内容之一,因此应当设置专门的廉洁教育部门,以推动廉洁教育。这是香港反腐败带来的重要启示。不过教育应有针对性,不能流于说教。

第六十五条 针对国家工作人员的廉洁教育,应当包括其应当遵守的行为规范与道德守则、腐败高发领域、防止陷入腐败的具体方法、面临腐败诱惑及困境时的救济途径、腐败的后果、正当的权利及保障等。

【法条说明】针对国家工作人员的廉政教育,不能限于道德说教,而是应当与腐败犯罪的原因结合起来,引导国家工作人员认识腐败的危害,以及过一种不腐败的生活的可能性。教育还应当引导国家工作人员认识自己的正当权利,让其意识到不腐败也可能获得正当的权利保障。

第六十六条 针对公民的廉洁教育内容,应包括腐败的危害、典型腐败的形式与范围、有效的反腐败方案、我国反腐败法律的规定、反腐败机构的设置、预防与惩治腐败的程序、我国反腐败的行动与成效、公民所拥有的抵制腐败与反腐败的权利等。

监察委员会廉洁教育部门应针对不同的对象设置不同的廉洁教育内容。国家将廉洁教育的内容纳入我国义务教育和高等教育的课程体系。除学校教育之外，国家还应采取其他多种方式针对所有公民推动廉洁教育。

【法条说明】针对公民的反腐败教育，同样不能停留在道德说教之上，而是应在了解腐败发生的原因、潜在的腐败危险、公众面临的与腐败相关的主要问题等内容的基础上，针对不同的对象设置不同的教育内容。为了形成廉洁的文化，应当将廉洁教育纳入基础教育和高等教育的内容。

第六十七条　国家支持民间的反腐败研究，鼓励民间组织在探索腐败原因、确定腐败高危与高发领域、提供反腐败科学方案等方面建言献策。

【法条说明】腐败是一种非常复杂的社会现象，因此反腐败应当鼓励民间的参与，鼓励民间力量探索反腐败的原因、提供有关反腐败对策的建议。

第六十八条　反腐败机构设立腐败举报奖励基金，奖励举报腐败行为的个人与组织，并采取有效的措施保护举报人的安全。

除非举报人所举报的内容完全属于捏造的事实，且举报人旨在以诽谤或者陷害被举报人，否则举报人即便举报失实，也不得被追究刑事或行政责任。被举报人因举报失实所受的损害，可以通过监察委员会澄清事实并予以说明等方式予以救济。

【法条说明】不少腐败行为都没有直接的被害人，由此导致腐败行为难以被发现。为了提高腐败行为的惩罚概率，有必要采取措施鼓励对腐败行为的举报，同时保护举报人不受打击、报复，同时必须尽可能地避免以诬告陷害罪、诽谤罪等压缩正当的举报权。

第六章　国际合作

第六十九条　中华人民共和国根据缔结或者参加的国际条约，或者按照平等互惠原则，与其他国家、地区、国际组织开展反腐败国际合作。

第七十条　国家监察委员会负责统筹协调国际追逃追赃工作。

各省、自治区、直辖市的监察委员会负责协调本地区的国际追逃追赃工作。

【法条说明】反腐败国际合作中的打击合作,涉及最高人民法院、最高人民检察院、外交部、公安部、司法部、人民银行等多个部门,每个部门都依据自己的职能各有特点与优势。为此,我国成立了中央反腐败协调小组国际追逃追赃办公室,致力于建立统一高效的协调工作机制。这一举措是对近几年来中央多部门配合协调开展国际合作的成功经验的贯彻与落实。但是,这是非常规的举措,没有明确的法律依据。随着国家监察委员会的成立,这一协调工作应当由国家监察委员会进行全面统筹。

此外,反腐败国际合作不能仅靠中央"单枪匹马"地冲锋,鉴于当前出逃境外的腐败分子人员多、涉案资产数量大以及全国中央地方联动全面反腐的局势,必须推进地方特别是省一级的境外追逃追赃工作,落实经费保证政策,提高办案队伍配置,调动其工作积极性。随着监察体制改革在各地区的逐步推进,各地可以监察委员会为核心,统筹本地区的国际追逃追赃。

第七十一条 涉及腐败犯罪的刑事司法协助、引渡和被判刑人的移管,依照有关法律规定执行。

第七十二条 通过反腐败国际合作破获腐败犯罪案件的,中华人民共和国政府可以与有关国家分享查获的非法所得、由非法所得获得的收益以及其他涉案款项。

对于请求国司法机关作出的没收裁决,如果没有直接财产被害人,中华人民共和国可以与请求国依照国际公约或者针对个案达成的协议,在执行没收裁决之后,按照一定比例合理分享没收资产。

【法条说明】首先,从道义上讲,流入他国的腐败资产应当全部返还给资产流出国,但是毕竟现在资产正在被流入国"管理"与"掌控",对流入国而言,这些资产可以成为其经济发展的资本,其完全可能想方设法地延迟归还期限,甚至可能不顾道义而"据为己有",对资产流出国而言,这会大大降低追回腐败资产的确定性。与其被动地等待,不如务实地设计资产分享制度,提高取得部分资产的确定性,从而使这部分资产刺激我国经济发展,同时震慑海内外的腐败分子。着眼于长远,随着我国国际地位的提升,秉着互惠原则,将来他国请求我国追逃资产时,我国也能从中获取一定的利益。而且对于协助我国追逃追赃付出大量努力的外国政府,我国应该适当予以经济补偿。其次,根据《刑法》第 64 条的规定,对于应当予以没收的犯罪资产一律上缴国库,国家当然拥有所有权,但是正因为国家拥有所有权,所以在国际合作中,政府当然可以代表国家对于这部分资产进行处分,这在法理上并无不妥。在境外追赃中,往往需要被请求国在该国的法律框架下对于腐败资产进行没收,那么根据该国的法律这部分资产就有可能成为其国家财产,此时单方面强调我国对于这部分财产拥有所有权其实并无多大意义,也会使双方的合作谈判陷入僵局。而设立并完善资产分享制度可使上述难题迎刃而解。

第七十三条 国家鼓励外逃人员回国归案,对于自愿接受引渡或者遣返,从而使境外相关审查程序终止、简化或提前完成,确保引渡、遣返或移交的实现,并且回国后如实供述主要犯罪事实的,依照法律应当认定为自首。

国家鼓励被判处没收个人全部财产的服刑人员及其家属主动将境外资产调回国内,司法机关应当将其境外资产调回情况纳入服刑表现考察内容。

【法条说明】对照我国刑法规定的自首适用条件,审查出逃境外的腐败分子是否适用该情节时,经常纠结于当行为人在被外国司法机关或其他执法机关采取限制人身自由的措施时,是否仍满足自首所要求的"尚未归案"或"主动归案"的条件。例如,在引渡或移民遣返程序中,外国执法机关或者主管机关通常会根据请求方的请求,对在本国境内被发现的在逃人员采取临时拘禁措施,从而启动引渡或者遣返程序,另外辩诉交易中也存在刑事羁押的程序。对此,不应将被外国有关机关采取强制措施等同视为国内犯自首认定中"已被采取强制措施"。首先,外国司法机关或执法机关采取强制措施适用的是该国自己的法律,其适用与接触完全不依赖于我国的法律和我国司法机关。其次,即使腐败分子在因引渡或者移民遣返程序而被采取强制措施时,也有可能因为两国政治关系、所在国法律等其他因素,而使该程序陷入"拉锯战"或"僵局",此时腐败分子若出于自愿,主动要求引渡或者遣返,从而缩短程序或者避免纠纷时,从自首的立法本意出发,应当为其构建"黄金桥"。

第七十四条 通过反腐败国际合作取得的材料可以在行政处罚、刑事诉讼中作为证据使用,但我方承诺不作为证据使用的除外。

第七章 附 则

第七十五条 本法自　　年　　月　　日起施行。

图书在版编目(CIP)数据

反腐败国家立法研究 / 莫洪宪主编. -- 北京 : 法律出版社, 2020

ISBN 978-7-5197-4947-7

Ⅰ. ①反… Ⅱ. ①莫… Ⅲ. ①反腐倡廉-立法-研究-中国 Ⅳ. ①D922.110.4

中国版本图书馆CIP数据核字(2020)第177009号

反腐败国家立法研究
FANFUBAI GUOJIA LIFA YANJIU

莫洪宪 主编

责任编辑 黄倩倩
装帧设计 李 瞻

出版 法律出版社
总发行 中国法律图书有限公司
经销 新华书店
印刷 三河市龙大印装有限公司
责任校对 王晓萍
责任印制 陶 松

编辑统筹 学术·对外出版分社
开本 710毫米×1000毫米 1/16
印张 23
字数 347千
版本 2020年11月第1版
印次 2020年11月第1次印刷

法律出版社/北京市丰台区莲花池西里7号(100073)
网址/www.lawpress.com.cn
投稿邮箱/info@lawpress.com.cn
举报维权邮箱/jbwq@lawpress.com.cn
销售热线/400-660-8393
咨询电话/010-63939796

中国法律图书有限公司/北京市丰台区莲花池西里7号(100073)
全国各地中法图分、子公司销售电话:
统一销售客服/400-660-8393/6393
第一法律书店/010-83938432/8433 西安分公司/029-85330678 重庆分公司/023-67453036
上海分公司/021-62071639/1636 深圳分公司/0755-83072995

书号:ISBN 978-7-5197-4947-7
定价:128.00元